货币银行学

（第六版）

姚长辉 吕随启◎著

北京大学出版社
PEKING UNIVERSITY PRESS

U0369516

图书在版编目（CIP）数据

货币银行学／姚长辉，吕随启著. -- 6 版. -- 北京：北京大学出版社，2025. 2. --（光华思想力书系）. ISBN 978-7-301-35720-0

Ⅰ. F820

中国国家版本馆 CIP 数据核字第 20246UC719 号

书　　　　名	货币银行学（第六版）
	HUOBI YINHANG XUE（DI-LIU BAN）
著作责任者	姚长辉　吕随启　著
责 任 编 辑	闫静雅
标 准 书 号	ISBN 978-7-301-35720-0
出 版 发 行	北京大学出版社
地　　　址	北京市海淀区成府路 205 号　100871
网　　　址	http://www.pup.cn
微信公众号	北京大学经管书苑（pupembook）
电 子 邮 箱	编辑部 em@pup.cn　总编室 zpup@pup.cn
电　　　话	邮购部 010-62752015　发行部 010-62750672　编辑部 010-62752926
印 刷 者	天津中印联印务有限公司
经 销 者	新华书店
	730 毫米×1020 毫米　16 开本　27 印张　588 千字
	1998 年 9 月第 1 版　2002 年 9 月第 2 版　2005 年 8 月第 3 版
	2012 年 9 月第 4 版　2018 年 9 月第 5 版
	2025 年 2 月第 6 版　2025 年 2 月第 1 次印刷
定　　　价	79.00 元

丛书编委会

顾　问

厉以宁

主　编

刘　俏

编　委（按姓氏笔画排列）

王　辉　　王汉生　　刘晓蕾　　李　其　　李怡宗

吴联生　　张圣平　　张志学　　张　影　　金　李

周黎安　　徐　菁　　黄　涛　　龚六堂　　路江涌

滕　飞

丛书序言一

很高兴看到"光华思想力书系"的出版问世,这将成为外界更加全面了解北京大学光华管理学院的一个重要窗口。北京大学光华管理学院从 1985 年北京大学经济管理系成立,以"创造管理知识,培养商界领袖,推动社会进步"为使命,到现在已经有近四十年了。这些年来,光华文化、光华精神一直体现在学院的方方面面,而这套"光华思想力书系"则是学院各方面工作的集中展示,同时也是北京大学光华管理学院的智库平台,旨在立足新时代,贡献中国方案。

作为经济管理学科的研究机构,北京大学光华管理学院的科研实力一直在国内处于领先位置。光华管理学院有一支优秀的教师队伍,这支队伍的学术影响在国内首屈一指,在国际上也发挥着越来越重要的作用,它推动着中国经济管理学科在国际前沿的研究和探索。与此同时,学院一直都在积极努力地将科研力量转变为推动社会进步的动力。从当年股份制的探索、证券市场的设计、《中华人民共和国证券法》的起草,到现在贵州毕节试验区的扶贫开发和生态建设、教育经费在国民收入中的合理比例、自然资源定价体系、国家高新技术开发区的规划,等等,都体现着光华管理学院的教师团队对中国经济改革与发展的贡献。

多年来,北京大学光华管理学院始终处于中国经济改革研究与企业管理研究的前沿,致力于促进中国乃至全球管理研究的发展,培养与国际接轨的优秀学生和研究人员,帮助国有企业实现管理国际化,帮助民营企业实现管理现代化,同时,为跨国公司管理本地化提供咨询服务,从而做到"创造管理知识,培养商界领袖,推动社会进步"。北京大学光华管理学院的几届领导人都把这看作自己的使命。

作为人才培养的重地,多年来,北京大学光华管理学院培养了相当多的优秀学生,他们在各自的岗位上做出贡献,是光华管理学院最宝贵的财富。光华管理学院这个平台的最大优势,也正是能够吸引一届又一届优秀的人才的到来。世界一流商学院的发展很重要的一点就是靠它们强大的校友资源,这一点,也与北京大学光华管理学院的努力目标完全一致。

今天，"光华思想力书系"的出版正是北京大学光华管理学院全体师生和全体校友共同努力的成果。希望这套丛书能够向社会展示光华文化和精神的全貌，并为中国管理学教育的发展提供宝贵的经验。

北京大学光华管理学院名誉院长

丛书序言二

"因思想而光华。"改革开放走过的四十余年,得益于思想解放所释放出的动人心魄的力量,我们经历了波澜壮阔的伟大变迁。中国经济的崛起深刻地影响着世界经济重心与产业格局的改变;作为重要的新兴经济体之一,中国也越来越多地承担起国际责任,在重塑开放型世界经济、推动全球治理改革等方面发挥着重要作用。作为北京大学商学教育的主体,光华管理学院过去近四十年的发展几乎与中国改革开放同步,积极为国家政策制定与社会经济研究源源不断地贡献着思想与智慧,并以此反哺商学教育,培养出一大批在各自领域取得卓越成就的杰出人才,引领时代不断向上前行。

以打造中国的世界级商学院为目标,光华管理学院历来倡导以科学的理性精神治学,锐意创新,去解构时代赋予我们的新问题;我们胸怀使命,顽强地去拓展知识的边界,探索推动人类进化的动力。2017 年,学院推出"光华思想力"研究平台,旨在立足新时代的中国,遵循规范的学术标准与前沿的科学方法,做世界水平的中国学问。"光华思想力"扎根中国大地,紧紧围绕中国经济和商业实践开展研究;凭借学科与人才优势,提供具有指导性、战略性、针对性和可操作性的战略思路、政策建议,服务经济社会发展;研究市场规律和趋势,服务企业前沿实践;讲好中国故事,提升商学教育,支撑中国实践,贡献中国方案。

为了有效传播这些高质量的学术成果,使更多人因阅读而受益,2018 年年初,在和北京大学出版社的同志讨论后,我们决定推出"光华思想力书系"。通过整合原有"光华书系"所涵盖的理论研究、教学实践、学术交流等内容,融合光华未来的研究与教学成果,以类别多样的出版物形式,打造更具品质与更为多元的学术传播平台。我们希望通过此平台将"光华学派"所创造的一系列具有国际水准的立足中国、辐射世界的学术成果分享到更广的范围,以理性、科学的研究去开启智慧,启迪读者对事物本质更为深刻的理解,从而构建对世界的认知。正如光华管理学院所倡导的"因学术而思想,因思想而光华",在中国经济迈向高质量发展的新阶段，在中华民族实现伟大复兴的道路上，"光华思想力"将充分发挥其智库作用，利用独创的思想与知识产品在人才培养、学术传播与政策建言等方面做出贡献，并以此致敬这个不凡的时代与时代中的每一份变革力量。

北京大学光华管理学院院长

前　言

作为"货币银行学"课程的一本经典教材,本书在结构安排上遵循从理论到实务、从抽象到具体、从简单到复杂的原则,在章节设置上注重内在的逻辑关系,系统而全面地介绍了货币银行学的基本理论与知识。

与第五版相比,本版做了如下内容的更新:

第一,更新了数据资料,几乎所有数据都更新到 2022 年至 2023 年年底。

第二,本版增加了大量的新内容。第一章增补了互联网消费贷款。第二章增补了基准利率与利率走廊。第三章增补的内容较多,包括债券的风险与定价,资产组合模型理论中的马科维茨模型、托宾模型、资本资产定价模型,证券交易中回购交易的作用、期货定价、互换交易的机制与风险,投资基金的评价指标等。第四章增补了投资银行的职能与业务,以及中国对金融控股公司的管理。第七章增补了关于影子银行的理财新规。第九章对于货币供给层次的划分、货币供给的影响因素以及货币供给量数据的可靠性等内容做了补充。第十一章增补了货币政策战略与战术的内容,对货币政策的传导机制、常规和非常规货币政策工具的应用进行了更加深入的阐述。在涉外金融部分也做了一些必要的调整。

第三,本版也进行了一些内容上的删减。第一章删除了关于美国债券种类的介绍,第二章删减了关于中国利率市场化改革的讨论,第四章删减了关于日本金融体系的介绍,第六章大幅压缩了《巴塞尔协议》关于银行资本的规定。

党的二十大指明了我国新发展阶段的奋斗目标,就是在中国共产党的领导下全面建成社会主义现代化强国,实现第二个百年奋斗目标,以中国式现代化全面推进中华民族的伟大复兴。二十大报告提出,高质量发展是全面建设社会主义现代化国家的首要任务。只有推动经济高质量发展,才能筑牢国家繁荣富强、人民幸福安康、社会和谐稳定的物质基础,也才能夯实社会主义现代化强国的技术基础。本书紧紧围绕党的二十大精神,深入阐述金融理论与经济发展的内在逻辑关系,总结金融市场与金融工具的作用与风险,目的是让读者理解金融业的健康成长对实现经济高质量发展具有非常大的作用。

金融是实体经济发展的血液,资本是技术进步的重要推动力。金融市场的直接融资与银行信贷的间接融资的合理竞争，可以降低全社会的融资成本，提升整体金融效率，引导资本流向最需要发展的实体经济，从而推动技术进步与产业升级，助推实体经济发展，为国家的繁荣富强以及社会的和谐稳定奠定雄厚的物质基础。

发达的股票市场，有利于企业股权融资，从而为企业提供理论上无限期限的股权资本，这有利于企业着眼长远，布局未来。

发达的债券市场，有利于企业获得长期的债务资本。长期的债务资本与股权资本相结合，有助于企业获得稳健的资本结构。稳健的资本结构，是企业着眼长远的基础。充裕的长期资本，使得企业在市场上能够获得各类生产要素，包括人才、资源、土地、技术、信息等，从而有助于企业建立起强大的竞争力。

发达的外汇市场，有利于国内市场与国际市场一体化程度的提高，有利于中国企业利用国际金融资源，也有利于国内投资者拓展投资渠道，更好地进行资产的国际化配置，为资本的双向流动进一步拓展空间。

发达的金融体系，可以为中国的绿水青山事业提供强大的推力。绿水青山就是金山银山，这一理念充满了伟大的智慧。碳达峰与碳中和是经济高质量发展的一个重要方面。银行信贷的绿色贷款、证券市场中的绿色债券，都是我国金融创新的重要方面。很明显，通过融资数量与融资价格两个方面的作用，我国的商业银行与证券市场都可以为我国的绿水青山事业提供强大的资金支持。

我国已经消除了绝对贫困，实现了小康社会。在过去的脱贫攻坚进程中，全社会都投入了大量的资金，未来的乡村振兴战略也需要庞大的资金投入。这些资金离不开我国的商业银行与资本市场。

2023年10月召开的中央金融工作会议首次提出金融强国战略，其中包含了六大要素：强大的货币、强大的中央银行、强大的金融机构、强大的国际金融中心、强大的金融监管、强大的金融人才队伍。

本书紧紧围绕金融强国战略，重点阐述这些关键要素，包括货币与信用、银行与金融机构、金融市场与金融工具、中央银行与金融监管、人民币国际化等内容。本书还系统阐释了作为金融基石的信用关系，包括商业信用、银行信用、资本信用、国家信用等。商业银行是最基本的信用，银行信用是最重要的信用，银行信用对商业信用的参与和支持有利于提升商业信用水平。银行信用的本质是为经济和社会提供货币流动性，货币发行与流通必须符合经济运行的需要，通货膨胀与通货紧缩都不利于经济和社会的稳健运行。

银行系统的稳健运行，对我国经济和社会至关重要。银行运行面临多种风险，包括违约风险、利率风险、流动性风险等。银行通过计提各种风险准备来应对这些风险。银行还需要事先准备足够多的资本来应付看不见的风险。我国的经济已经融入世界，我国银行业也与其他国家的银行一样遵守着《巴塞尔协议》的规定。银行监管的国际化与规范化，有助于我国银行体系的稳健运行。

　　国家运行的本质是国家信用,货币是中央政府发行的,是国家信用的重要标志。政府债券也是国家信用的重要方面。我国地方政府债务负担较重,通过中央政府信用的适度介入,把短期的利率较高的地方政府债务置换成期限较长的利率较低的债务,有助于防范系统性金融风险。本书论述了国债与经济增长、货币流通的关系,总结了我国国债市场的发展与创新。

姚长辉　吕随启

2025 年 1 月

目 录

第四篇　涉外金融　333

第一篇

信用、利率与金融市场

第一章　信用与现代经济

第一节　信用的特征与种类

信用是现代金融的基石,现代社会中多种多样的金融交易都是以信用为纽带而展开的。本书就是从分析现代金融的基石——信用——开始的。

一　信用的定义与特征

信用是以偿还本金和支付利息为条件的借贷行为。信用具有以下特征:

第一,信用的媒介是货币。由于货币具有价值尺度和价值贮藏职能,因此,货币而非其他物品自然而然地成为信用的媒介。

第二,信用是以偿还本金和支付利息为条件的。信用这种经济行为是以收回本金为条件的付出,或以偿还为义务的取得;是以取得利息为条件的贷出,或以支付利息为前提的借入。经济行为不是一般的社会行为。在社会行为中,借贷行为是很普遍的,无利息的借贷也是司空见惯的。但无利息的借贷一般不是信用关系,而是互助友爱、互通有无的社会关系。有些无息借贷也是信用关系,例如,一些西方国家的银行对企业的活期存款不付利息,这虽然使企业损失了一定的经济利益,但银行却给予这些企业相应的服务和获得贷款的权利。因此,这些企业的银行存款实际上也是有息的。可以这样讲,在市场经济条件下,借贷行为也受等价交换原则的约束,即借贷必须偿还和支付利息。

第三,信用是价值运动的特殊形式。价值运动的一般形式是通过商品的买卖关系来实现的。在买卖过程中,卖者让渡商品的所有权和使用权,并取得货币的所有权和使用权;而买者则刚好相反。这种买卖关系所形成的等价交换在买卖双方交割之后即宣告完成,即双方同时获得等价。

而信用关系所引起的价值运动是通过货币一系列的借贷、偿还、支付过程来实现的。货币或实物被贷出,其所有权并没有发生转移,只是使用权发生了变化。贷出者只是暂时让渡商品或货币的使用权,而所有权并没有发生变化。在信用关系中,等价交换的对象是商品或货币的使用权。

二　信用在现代经济中的作用

(一) 信用的作用主要表现在其调剂资源余缺,从而实现资源优化配置上

经济主体可以简单划分为个人、企业、政府、金融机构和国外部门。国民收入从收入形态上可以包括这五个部门的收入,而从支出形态上又可以包括这五个部门的支出。国民收入从收入角度计算与从支出角度计算的结果是相等的。但每个具体部门的总收入与总支出却总是不等的,因此,就必然表现为有些部门所占有的社会收入大于其支出,而有些部门却相反。多余的收入暂时让渡给支出过大的部门来使用,但这是有条件的,这一条件就是信用关系所具有的条件。在信用关系条件下,金融盈余意味着债权,金融赤字意味着债务。也就是说,一个部门的债权,必然表现为另一个或另几个部门的债务,且数额相等。

如果没有信用关系,社会资金——实际为社会资源——就无法得到合理的流动和利用。这种债权债务关系普遍存在的现代经济,也被称为信用经济。如果没有信用,现代经济规模就会大大萎缩。

(二) 信用调剂社会资源独特作用的表现

第一,信用调剂资源具有广泛性。通过信用关系参与调剂资源余缺的主体具有广泛性。无论是个人还是工商企业、政府部门、国外部门等都可以通过信用关系让渡或取得商品和货币的使用权。金融机构则更是利用信用关系实现资源优化配置的主体。不仅主体具有广泛性,调剂的对象(客体)和调剂方式更具广泛性。调剂的对象包括商品、货币和资本———一切的社会资源,调剂的方式则包括直接和间接方式。具体而言,信用关系包括商业信用关系、银行信用关系、国家信用关系、消费信用关系、资本信用关系和国际信用关系等。主体、客体及方式的广泛性,意味着信用关系对社会经济的作用是不可替代的。

第二,信用关系可以把众多分散的小额货币变成庞大的社会资本,提高一国的储蓄水平,从而对经济增长产生有力的推动。信用关系在资金流量分析中表现的是对社会资源余缺的调剂,而从规模经济、收益与风险等方面的分析中我们可以看到,信用关系在动员储蓄、降低投资风险、实现规模经济,从而提高投资效果等方面有巨大作用。信用关系之所以能够动员储蓄,在于信用关系动员资金具有自愿性和有偿性;而之所以能够降低风险,实现规模经济,则在于投资者对风险和效益的评估水平要大大高于储蓄者——资金贷出者——的评估水平。

第三,信用关系对国际经济的交往发挥着重要作用。国际经济关系是以经济利益为前提的,而信用关系正具备了这一前提。在经济发展过程中,我国需要引进国外的先进技术、设备和利用国外资金,这都离不开我国与外国的信用关系;我国对外贸易的关系,也需要国内信用与国际信用的支持。虽然在国际关系中,会有无偿援助等非信用关系,但这不

是经济学中的关系,而是国际政治学中的关系;不是信用关系,而是国家间的政治关系。

三 信用的种类

信用可以有不同的划分标准。这些标准包括期限、地域、信用主体等。以期限为标准,可以将信用划分为长期信用与短期信用;以地域为标准,可以将信用划分为国内信用和国际信用;信用主体为标准,可以将信用划分为商业信用、银行信用、消费信用、国家信用、合作信用。信用还有其特殊形式,如高利贷信用和资本信用。本书将重点介绍以信用主体为标准而划分的信用形式,并同时介绍高利贷信用与资本信用。

第二节 高利贷信用

一 高利贷产生的环境

高利贷的字面意思很好理解,即利率过高的信用关系。然而,如何理解利率过高,却并不容易。在西方中世纪时期,认为只要收取利息就是高利贷;在现代社会中,多高的利率算过高,则完全由各国的法律所规定,超过国家规定的利率是不被国家法律所保护的。

高利贷是前资本主义社会中占统治地位的信用形式,这是由当时的社会环境所决定的。农民和手工业者之所以借高利贷,是由于不借不足以维持正常的简单再生产或正常的生活;奴隶主、封建主之所以借高利贷,是为了维持其统治地位或其奢侈的生活。从经济学上解释,如果要负债经营,就要对负债经营所产生的收益与负债成本进行比较,如果无利可图就不会这样操作。可是,前面两类人都不是在这样的情况下借债的。

在前资本主义社会中,自然经济占统治地位,那是金属货币流通的天下,货币数量有限,从而货币的供给是有限的。而贷款需求,无论是农民和小生产者的需求,还是统治阶级的需求,相对于供给而言,都较大。这种供求状况,决定了较高的利率水平。

既然高利贷是前资本主义社会主要的信用形式,为什么在现代信用形式繁多且发达的今天,还存在高利贷信用呢? 主要基于三个方面的原因:

第一,在现代廉价的货币商品无力到达的地方,必然存在高利贷信用。现代经济的典型特征是产品生产和销售的专业化、社会化。社会化的生产提高了生产效率,增强了商品供给能力。与此相适应,货币作为特殊商品,其供给也是社会化了的。廉价的货币商品是产品生产和销售社会化的条件。但现代的货币商品还没有占领全部经济领域,有些领域或地方是廉价的货币商品无力到达或不愿到达的,在这些领域或地方,存在产生高利贷的条件。例如,在我国,银行信用作为主要的信用形式,还无法满足某些地区或某些阶层的贷款需求,因此,各种形式的高利贷信用就"应运而生"。如果银行信用,进而廉价的货币商品,随时可以满足各阶层的货币需求,那么,高利贷信用是不会有生存之地的。

第二,在现代经济中,世俗关系还起着较大的作用,而有些世俗关系包含关于借贷条件的内容。有些地域的信用活动,要受当地借贷条件的限制,其中有些条件正是古老的高利贷信用得以产生的条件。

第三,见利忘义。这不是高利贷存在的普遍原因。这与第二个原因,即世俗约定而形成的高利贷刚好相反,这是由于某些人违反了世俗规则,人为将利率提高到一定水平而形成的高利贷。

二 高利贷的作用

高利贷的作用既包括其对经济发展的积极作用,也包括消极作用。

首先,高利贷有积极作用。这表现在两个方面:一是为其使用者解了燃眉之急;二是为某些正当经济活动提供了便捷的资金来源,从而保障了经济活动的运行。高利贷的积极作用,意味着高利贷存在的合理性,这也是在现代经济中高利贷继续存在的理由。由于某些经济活动的风险较大,银行等融资机构拒绝提供贷款,而高利贷就可能为该项活动提供资金来源。

其次,高利贷对经济有破坏作用。在中国,可以说历朝历代都有高利贷,但那时的高利贷几乎都与工商业不相关,都是一个家庭或一个家族有了燃眉之急的大事,才迫不得已借高利贷。而在当今的中国,以各种名目出现的高利贷,几乎都与工商业相关,过高的利率会增大负债成本,不利于社会化的商品生产和销售;过高的利率会使众多借债者倾家荡产,从而给社会带来不安和动荡;高利贷的追债方式,往往与暴力有关,甚至与黑社会相连,这会对社会稳定造成极大的破坏。

市场经济越发达,高利贷的相对规模就越小,提高现代金融的辐射范围是降低高利贷信用的最好选择。

第三节 商业信用

一 商业信用的定义与形式

商业信用是工商企业间以赊销或预付货款等形式相互提供的信用。赊销和预付货款是商业信用的两种基本形式。工业企业所生产的产品需要商业企业进行销售,当销售者缺乏购买这部分产品所需的资金时,工业企业可以采取赊销方式,即约定经过一定期限,比如3个月,由该销售者归还赊销的货款。如果工业企业所生产的是很畅销的产品,但由于自己的资金实力有限而又无法向银行等金融机构筹集资金,该企业就可以向产品的购买者申请信用——要求其预付货款来壮大企业的生产实力,扩大生产规模。在现实生活中,赊销和预付货款是极为普遍的。

二　商业信用是现代经济中最基本的信用形式

在现代经济中,信用种类繁多,而在众多信用形式中,商业信用是最基本的信用,原因在于:

第一,商品交易最基本的形式不是农贸市场式的现金现货交易,即不是在同一时点上货款两清,而是预付货款或延迟支付。预付与延迟支付就必然伴随着信用关系。例如,商品销售者在销售商品时自然希望购买者立即支付,但购买者出于种种原因倾向于延迟支付。销售者因此就会向购买者展示两种价格:即付价格和延迟支付价格。延迟支付价格要高于即付价格,超过的部分实际上是销售者向购买者提供商业信用的条件——借贷期间的利息。例如,在商业信用中,通常有$(2/10, n/30)$的标准,意思是说,如果货款在 10天之内付清,就可以有 2%的折扣;如果超过 10 天,就没有折扣的优惠了。因此,折扣优惠是销售产品的一种激励手段,相当于购买者节省了购买成本——少付了借贷利息。那么,上例中少付的利息换算成年利率是多少呢? 20 天的利率为 2%,一年按 360 天计算,按单利法,年利率相当于 36%,即 $2\% \times 360/20 = 36\%$。

第二,商业信用的主体是社会经济生活中最基本的主体——工商企业。工商企业是社会经济的主体,其交易行为构成了社会经济行为的主要内容。工商企业间的信用行为是分散的,具有社会普遍性。

三　商业信用的作用

(一) 商业信用对经济的润滑以及促使其增长的作用

在市场经济中,工商企业之间存在种种联系:原材料企业与加工企业发生联系,工业企业与商业企业发生联系,批发企业与零售企业发生联系,国内企业通过贸易与国外企业发生联系,等等。在激烈的竞争中,工商企业间的联系因各自寻求有利的条件而不断发生变化;同时,为了竞争的需要,工商企业也会力争稳定彼此间的联系。对于经济稳定和发展而言,这种顺畅的联系是必要的。但在实际活动中,无论是商品供给方还是需求方,都可能缺乏必要的资金,从而使双方间的联系发生阻滞。而商业信用的存在会保证生产和流通过程的顺畅,并为经济的增长提供信用支持。

虽然银行信用在经济生活中起着主要作用,但银行信用的间接性使得银行调剂资金的速度较慢。而社会经济的联系是在以万计、亿计的点上发生的,银行信用不可能在如此分散的买卖决策中完全介入。商业信用的直接性适应了企业决策的分散性。正是这种可以分散决策的商业信用活动,润滑着整个生产和流通领域,促进了经济的发展。

由于商业信用是最基本的信用形式,因此,商业信用的发育程度和运行状况直接影响到一国经济的运行状况。在一国的商业信用体系中,中小企业是弱者。为了建立稳定的信用关系,发达国家通常都有大企业支付法来约束大企业的支付行为。在我国,中小企业正常的应收账款无法得到清偿,大大影响了中小企业的再生产能力。2019 年,我国也出台了管理办法,规定大企业在 30 天之内支付中小企业货款。如果这一政策能够得到有效贯彻,我国的商业信用环境会得到很大的改善,我国的经济也会大大受益。

(二) 商业信用合同化,使分散、自发的商业信用有序可循

市场经济是法治的经济,商业信用是工商企业之间的信用关系,分散性和自发性是其主要特征。商业信用的票据化可以使分散的商业信用统一起来。票据化的结果是法律化,用法律手段约束商业信用,保证商业信用的健康发展。票据化的另一结果是银行信用可以参与商业信用,从而提高商业信用的信用度。银行信用参与商业信用的途径主要是票据承兑和贴现。可见,商业信用的发展不是弱化而是强化市场经济秩序,不是弱化而是强化银行信用。

四 商业信用的中介工具

商业信用是通过商业票据来实现的。所谓商业票据,是工商企业之间因信用关系而形成的短期无担保债务凭证的总称。具体而言,商业票据是随着商品和劳务交易而签发的一种借债凭证。它以商品和劳务的买方为债务人,签发许诺在一定时间后,由买方向卖方支付一定的金额。商品和劳务的卖方凭票在到期日向买方收取现款或在到期之前向金融机构贴现。在金融市场不断发展的今天,原来同商品和劳务交易相联系的商业票据,逐渐演变成一些信誉好的大企业在市场上筹集短期资金的借款凭证。

商业票据有以下三个特性:

第一,虽然商业票据产生于商品交易中,即它有商品交易的背景,但它只反映由此而产生的货币债权与债务关系,而不反映交易的内容,因为交易行为已经完结,商品已经过户。这一特性被称为商业票据的抽象性。

第二,只要商业票据不是伪造的,应该根据票据所载条件付款的人就无权以任何理由拒绝履行义务。这一特性被称为商业票据的不可争辩性。

第三,商业票据的签发不需要提供其他保证,只依靠签发人的信用即可。这一特性被称为商业票据的无担保性。

商业票据的产生和发展有利于按期结算款项,防止无休止地拖欠款项;有利于银行信用参与商业信用,从而提高了商业信用的信用度;有利于企业疏通商品渠道,扩大销售;允许背书或票据转让,简化了交易手续,也减少了企业对资金的占用;有利于确立企业双方的权利和义务,使双方的权责受到法律保护。

五 贴现

贴现是银行贷款的一种,是银行参与商业信用的一种形式。贴现是票据持有者为取得现金,用未到期票据向银行融通资金的行为。银行按一定的贴现率扣除自贴现日至票据到期日的利息之后,将票据余额付给贴现人,票据到期时,银行持有票据并据以向出票人、背书人或票据承兑银行兑取现金。

例:某人持有一张3个月后到期的面值为1 000元的银行承兑汇票,要求另一家银行贴现。贴现银行决定给这张票据贴现,则票据持有者在向银行支付贴现利息后,就可以得到现金。假设贴现银行的贴现率为年10%,则贴现利息等于25元(1 000×10%×3/12)。票据持有人可得975元(1 000−25)。

一般情况下,贴现利息可以通过下面的公式计算:

$$R = Prn$$

其中,R 为贴现利息;P 为票据面额;r 为贴现率;n 为自贴现日至到期日的时间长度,其单位应与贴现率的时间单位保持一致。

由于贴现率的分母是期末值,普通利率的分母是期初值,因此,正常情况下,贴现率会略低一些。

第四节　银行信用

银行信用是指以银行或其他金融机构为媒介、以货币为对象向其他单位或个人提供的信用。银行信用具有广泛性、间接性和综合性三个特征。

(一) 广泛性

银行借贷的对象主要是货币,而货币则是流通和支付手段。在银行信用下,居民个人分散的小额货币可以积聚成巨额的资金,从而满足经济发展对大额资金的需求。在银行信用下,银行或其他金融机构可以把短期货币集中起来,并维持一个稳定的余额,从而满足较长时期的资金需求,较长时期的可贷货币也可以满足短期的货币需求。由于银行信用是以银行为中介,而参与银行信用的主体具有广泛性,信用方式也是多样的,因此,银行信用具有广泛性。

(二) 间接性

在银行信用中,银行和其他金融机构是信用活动的中间环节,是媒介。从筹集资金的角度,银行是货币资金供给者的债务人;从贷放资金的角度,银行又是货币资金需求者的债权人。至于货币资金的所有者同货币资金的需求者,两者之间并不发生直接的债权债务关系。所以,这种资金筹集的方式被称为间接融资。

与间接融资相对的是直接融资。直接融资是指公司、企业、政府从金融市场上直接融通货币资金,其具体方式是发行股票或债券。股票或债券的发行者售出股票或债券,取得货币资金,资金的供给者买进股票或债券,两者之间直接建立了金融联系,而不需要中介者既扮演债务人又扮演债权人。

银行信用的间接性并不是绝对的,银行信用的直接性特征也是存在的。例如,银行通过发行债券直接从金融市场筹集资金;银行不是把资金贷给其他单位,而是自己从事证券投资。我们所说的银行信用的间接性是指其以间接性为主要特征。正因为如此,我们称以商业银行为中介而形成的金融活动为间接金融,以投资银行、证券公司为中介而实现的金融活动为直接金融。银行信用的间接性降低了资金供给者的风险,也使得资金的利用效率得到提高,从而保证银行信用不断扩大。

(三) 综合性

银行是国民经济的中枢。银行业务可以反映国民经济的情况,也可以通过银行灵活地调度资金,促进经济的发展。银行信用的综合性使得银行对国民经济既具有反映和监督作用,又具有调节和管理作用。这里的管理作用不是商业银行所具有的,而是中央银行所具有的。

正是由于银行信用具有以上特征,它才成为现代经济中的主要信用形式。在我国,银行信用作为主要信用形式表现得尤为突出。以 2022 年为例,社会融资规模存量为 344.21 万亿元,其中,对实体经济发放的人民币贷款余额为 212.43 万亿元,外币贷款余额为 1.84 万亿,两者占全社会融资总规模的 62.25%。

第五节 国家信用

一 国家信用的定义与种类

国家信用是国家作为主体而形成的借贷行为。国家作为信用主体,既包括债务人主体,也包括债权人主体。在现代经济中,国家作为债务人而产生的借贷活动极为普遍。

我国的国债于 1981 年开始发行。我国国债的种类包括储蓄国债和记账式国债两种,前者针对社会公众,后者主要针对机构投资者。储蓄国债包括凭证式和电子式,流动性较差,而记账式国债流动性好,可以在银行间市场和交易所市场买卖。2022 年年底,我国贴现国债有 91 天、182 天、273 天三个品种,附息国债的期限品种丰富,涵盖从短期到长期多个期限。

我国于 2009 年开始发行地方政府债券,截至 2023 年 6 月末,我国地方政府债券的规模非常庞大,将近 38 万亿元。其中,一般债券 14.8 万亿元,专项债券 22.9 万亿元。地方政府债券可在我国的银行间债券市场和交易所债券市场交易。

我国于 2002 年开始发行央行票据。央行票据的期限包括 3 个月期、6 个月期、1 年期和 3 年期四个品种,其中以 3 个月期和 6 个月期的品种为主。

我国的政府支持机构债券包括铁道债券和中央汇金债券。铁道债券的发行主体为中国国家铁路集团有限公司(前身为铁道部),中央汇金债券的发行主体为中央汇金投资有限责任公司。

二　国家信用的作用

（一）积极作用

首先,国家信用最主要的作用是平衡财政赤字,从而缓解货币流通,保持物价稳定。当政府的财政支出大于财政收入时,就会表现为财政赤字。财政赤字有五种弥补方法:发行货币、动用历年财政结余、向银行透支、举借外债和举借内债。一般情况下,发行货币和向银行透支都不可避免地会使社会需求成为现实,并且增大货币流通量,从而造成物价上涨。而动用历年财政结余的条件是社会总供给大于总需求,并且可动用的上限是总需求缺口。发行外债可以增加政府的收入,但进口会因外债的借入而增加,而当出口没有相应增长时,国际收支中的贸易收支就会变得不平衡。因此,举借外债弥补赤字是用贸易收支的不平衡取代财政收支的不平衡。弥补财政赤字最好的方法是举借内债。政府举借内债可以通过两条途径缓解总供求的矛盾。其一,由于内债来源于国内投资和消费,因此,举借内债势必会减少国内投资和消费的数量。其二,由于本年财政收入会因债务收入而增加,财政赤字会得以减少或消除,因此,举借内债弥补财政赤字不会改变一国的货币流通量,因而从总体上并不会影响一国的物价水平。

其次,举借内债会影响经济增长。这一影响通过两条途径起作用:一是投资总量,二是投资效率。投资总量和投资效率是影响经济增长的两个决定性因素。举借内债可以改变一国的投资总量。由于社会可以划分为居民个人、企业、金融机构、政府四个部门,举借内债就是政府通过发行债券从其他三个主体那里筹集资金,而这三个主体的边际投资倾向与政府的边际投资倾向是不同的,因此,举借内债会改变一国的投资总量。例如,假定政府向居民个人发行债券,而居民个人的边际消费倾向为40%,又假定政府的举债收入全部用于投资,那么,举债的结果是使举债国的投资总量增加。举债导致投资总量增加还有一条更重要的途径:国债拉动其他投资。国债投资是政府行为,因此会产生信号传递效应,从而引起银行贷款、民间投资的增加。这一点在我国的现实生活中表现得非常明显。改革开放以来,我国政府通过发行国债,大搞国债投资项目,进而带动银行贷款和民间投资增加,有效地刺激了经济增长。举借内债又可以改变一国的投资效率。投资主体间的投资效率是不同的,举债改变了投资的主体结构,因此,投资效率也会发生变化。如果政府的投资效率高于居民、企业的投资效率,而且由于政府可以向存在瓶颈的基础产业进行投资,其投资的乘数作用大于居民、企业投资的乘数作用,那么,政府举借内债并从事投资,无疑会提高全社会的投资效率。

再次,国家信用的发展为宏观金融政策建立了发挥作用的机制。国债市场发行与交易市场的发展为整个金融市场提供了基准利率——到期收益率曲线。该曲线为商业银行等金融机构确定自己的贷款利率提供了参考标准。金融机构在这一标准之上,再考虑违约风险溢价、流动性溢价等因素,以此来确定自己的贷款利率。国债到期收益率曲线也为其他债券的定价建立了标准。国债到期收益率曲线至关重要,没有它就不可能有真正的利率市场化。除了国债的到期收益率曲线,国债的回购利率也十分重要,这也是基准利率的一种。没有发达的债券市场,特别是国债的发行与交易市场,就很难产生准确可靠的基准利率。国债市场的存在和发展为一国利率政策发挥作用提供了场所。在利率市场化的情况下,中央银行只能通过调整短期基准利率,主要是再贴现率,来影响整个市场的利率水平。而对整个市场利率的影响程度则依赖于全社会利率机制的效率。国债市场的发展提升了利率传导的效率,通过迅速影响到期收益率曲线,进而影响全社会的利率水平,实现中央银行利率政策的意图。国债市场的存在和发展为一国货币政策中的公开市场业务提供了发挥效力的场所。通常情况下,中央银行公开市场业务买卖的证券是高级别的短期债券。这是因为中央银行为了调控基础货币,没有必要承担违约风险。之所以主要购买短期债券,是因为短期债券的利率风险低,中央银行购买短期债券不必承担过高的利率风险。正因为如此,国债市场的发展还意外起到了重要作用,即有助于实现国家的金融与货币政策。

最后,发达的国债和地方政府债券市场可以为我国防范与化解重大金融风险提供助力。在 2020—2022 年的新冠疫情期间,我国发行了抗疫特别国债,及时为我国政府筹措了大量的资金,缓解了财政压力。我国已经消除了绝对贫困,实现了小康社会。在过去几年脱贫攻坚的进程中,全社会都投入了大量的资金,未来的乡村振兴战略也需要源源不断的资金投入。我国为了减轻贫困地区的债务偿还压力,采用了通过发行政府债券替代银行贷款的办法。这一办法成效明显,使得借款期限延长、利率降低,从而减轻了债务人的还本付息压力。未来可以通过债券市场的创新,让西部地区地方政府债券的期限进一步延长,同时通过转移支付让中央政府适度替西部省区分担部分债务,这样就可以大大减轻西部地区债务偿还的压力。高质量的经济发展依赖于稳定和谐的社会大环境,而国债和地方政府债券的市场创新大有可为。

（二）消极作用

国债的发行与交易,除了具备上述积极作用,也有不少消极作用,特别是在国债规模过大的情况下。

2022 年,我国国债余额 25 万亿元,地方政府债券余额 35 万亿元,二者之和占国内生产总值(121 万亿元)的比例约为 50%。不少发达国家的政府债务率已经非常高。美国的政府债务率 2007 年为 62%,2016 年增至 75%,2021 年飙升到 120%。日本的政府债务率 2016 年已经超过 250%,2022 年超过 260%。过高的国债规模导致如下的消极后果:

1. 主权违约风险增大,破坏融资环境

债务规模过大,还本付息压力沉重,导致主权评级下降、利率水平攀升,进而影响一国的经济增长。2023 年,惠誉评级公司和标准普尔公司都调降了美国的主权评级,由 AAA 下调到 AA+。这对美国国家信用和金融市场都是一个沉重的打击。

债务危机来临时,并非提高利率就能顺利融到资金,有时要被迫进行债务重组,因此不得不寻求金融援助。债务重组必然导致重大资本损失,这会引起信贷紧缩,进一步威胁经济增长。

债务违约发生时,违约者想要筹措长期资金是不容易的,其会被迫筹措短期资金,因此债务结构的脆弱性更明显。

2. 影响经济增长

前面提到,债务违约时,利率提高,银根紧缩,债务结构变得更加脆弱,这无疑会影响经济增长。不仅如此,影响经济增长的因素还包括:偿债规模的加大,会牺牲投资效率更高的领域,如教育、科技、卫生以及基础设施等的投入;经济波动加剧,会有损于资本积累,甚至导致部分资金逃往国外。

3. 影响金融和社会的稳定

持续恶化的财政状况,会影响中央银行的独立性。本来以维持价格水平稳定为主要目标的中央银行货币政策,会受到很大的干扰。前面已经指出,债务危机导致利率水平提高,而利率水平提高会引起债务偿还负担加重,最终引起政府增发货币。为了缓解债务危机,一国政府就会被迫紧缩财政支出,有些行业就会被迫裁员降薪,这必然导致遭受损失群体产生不满,游行示威、罢工甚至骚乱就会接踵而至。一旦社会稳定受到破坏,就需要相当长的时间和巨大的努力才能恢复。2009 年和 2012 年,在欧盟国家中,希腊、爱尔兰、西班牙、葡萄牙等国发生了债务偿还危机,也引发了这些国家的社会不稳定。

第六节　消费信用

消费信用是企业和金融机构向个人提供的,用以满足其消费需求的信用。消费信用的形式多种多样:商业企业直接以赊销的方式,特别是以分期付款的方式,对顾客提供信用;银行和其他金融机构直接贷给消费者货币用以购买住房、耐用消费品等;银行和其他金融机构对个人提供信用卡,客户凭借信用卡,可以在接受该种信用卡的商店购买商品;互联网平台公司与银行合作,向消费者提供信贷支持;等等。

一　消费信用的中介工具——信用卡

(一) 信用卡的起源

信用卡是银行或信用卡公司向个人提供的,可以凭其向指定商店或其他服务性企业购买商品或享受其他服务的凭证。消费者持有信用卡,在特定的商店或服务部门购买商品或享受服务时,不必支付现金,只需将卡片交给商店在签购单上打印卡号,输入金额,然后消费者签字,商店或服务部门就可将签购单送银行办理收款。这种结算方法具有先消费后付款、避免携带大量现金、方便灵活的特点。

最早的信用卡于 1915 年诞生在美国。当时，美国的一些百货商店和饮食企业为了招揽生意，就在一定范围内发给顾客信用筹码，顾客可以在这些发行筹码的商店及其分号赊购商品，分期付款。这种做法起到了笼络顾客、方便购物、扩大销售的效果。这种单纯用于赊购商品的信用卡被称为零售信用卡，它是信用卡的雏形，后来又出现了用于旅游业的信用卡。

最初的信用卡所提供的信用实际上属于商业信用范畴，信用卡所涉及的只是发卡人和持卡人的双边关系。持卡人在接到通知后，要及时归还赊欠的款项。由于信用卡发行者的经营范围有限，信用卡的使用也受到一定的限制。

1952 年，美国加州富兰克林国民银行作为金融机构首先进入信用卡领域。从那以后信用卡业务得到了空前的发展。银行作为买卖双方之外的第三者发行信用卡，使信用卡由过去仅限于买卖双方之间的信用工具，发展成为一种银行信用形式。银行发行的信用卡，允许持卡人先消费后付款，付款可一次，也可多次付清，从而使买卖双方都更加便利。

（二）信用卡的发展

银行发行信用卡初期，基本上是分散作业，各自独立发行，很难使信用卡的功能得到最大限度的发挥。事实上，银行信用卡要得以发展，必须具备两个条件：第一，要有足够多的客户愿意使用这种信用卡，使特约商户有利可图；第二，要有足够多的特约商户愿意接受这种信用卡，使持卡人使用信用卡变得十分方便。这两个条件是相辅相成的。由于在信用卡发展的初期，发行信用卡的银行多而分散，因此特约商户必须同较多的银行打交道，清算手续变得复杂了；而众多的银行发行信用卡，持卡人必须持有多家银行发行的信用卡，否则，其消费就会受到一定的限制，而持有多家银行发行的信用卡，消费者的消费便利性也就无法实现了。正因为如此，信用卡的联营就成为必然。信用卡联营使得信用卡成为国际通用的支付方式，大大提高了信用卡的效率。概括起来，联营信用卡有以下四个优点：

第一，方便持卡人消费。由于若干家发卡银行联营，各家发卡银行的特约商户可相互受理参与联营的各家发卡银行所发行的信用卡，使持卡人能方便地购物消费。而且由于发卡银行的自动提款机联结成网，持卡人可在各联营银行的提款机上取款，持卡人持卡的便利性大大提高了。

第二，产生规模经济，提高效益。信用卡业务投资大、收益慢，小银行难以承受。而联营为加快发展信用卡业务提供了最经济的途径。由一家主要银行提供清算网络，参与联营的银行通过支付一定比例的费用就可加以利用，避免了网络重复建设，提高了网络的利用效率，增加了效益。

第三，方便特约商户清算款项。信用卡联营之后，各家发卡银行可相互受理特约商户递交的签单，便于商户及时向银行收取款项。

第四，有利于发卡银行加强管理，避免风险。参加联营的发卡银行定期召开联席会，就一定时期业务中出现的问题相互磋商,寻求对策,对于降低风险、拓展业务、提高管理水平是非常有利的。

在美国,1966 年,吸收中小银行参加联营而形成的信用卡公司,后来发展成为现在的维萨(VISA)集团。另一家主要的信用卡公司是万事达(MasterCard)。

(三)信用卡的运作流程

图 1-1 显示了现代信用卡的运作流程,主要包括信用卡国际组织、发卡单位和代理/收单单位、特约商户、持卡人四类主体,因此称为四方作业结构。

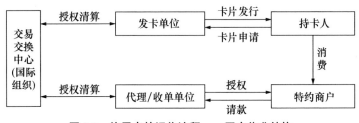

图 1-1　信用卡的运作流程——四方作业结构

1. 交易交换中心

主要的信用卡国际组织有维萨、万事达、美国运通(American Express)、日本国际信用卡公司(JCB)、中国银联等。它们的职能包括:授权会员(银行)使用商标办理业务,制定组织所属的各项业务的规章及程序,执行各项作业规范,研究开发新的金融支付产品,构建并营运全球支付作业网络及系统,协调及仲裁会员间的各项作业,以及通过其全球服务中心延伸会员银行支付产品的服务范围。交易交换中心的创设大大提升了交易与支付结算的效率,但也构成了全球支付系统的垄断,甚至成为金融霸权的一个重要方面,因为全球 200 多个国家和地区几乎所有的支付结算都要经过交易交换中心,而交易交换中心是要按照交易额的一定比例收费的。其中,维萨公司服务于全球 1.5 万家金融机构发行的超过 34 亿张信用卡在 6 000 多万个商家产生的交易结算。2023 年 6 月 2 日,维萨公司的市值达到 4 100 亿美元,万事达公司的市值也超过了 3 500 亿美元。

2. 发卡单位和代理/收单单位

发卡单位和代理/收单单位一般是商业银行,它们通常是交易交换中心(国际组织和银联)的会员。银行通常同时扮演两个角色:作为发卡行接受申请者的申请,审核该申请者的材料,若合格则将信用卡发放给持卡人;作为收单行负责招徕特约商户。

3. 特约商户

特约商户与银行合作,为持卡人提供刷卡及其他服务,同时享有一定的权利和义务。

4. 持卡人

一个自然人在成功申请到一张信用卡后就成为持卡人。持卡人可以使用其信用卡在商户那里消费,并可以在信用额度内透支。持卡人的信用记录也被发卡行记录在案。

以上四方的持续活动使得信用卡成为电子货币，取代了一部分现金的职能，并且它的方便和易于防伪，使它成为现代经济活动中越来越重要的"血液"。

（四）信用卡收费

信用卡的使用，要向发卡银行以及清算机构支付费用。通常包括下面几种：① 商户回佣。就是持卡人选择使用信用卡结算时，特约商户支付给发卡银行及其清算组织的结算手续费。随着刷卡交易量的快速上升，商户回佣也快速增长，这给信用卡的发卡银行带来了巨大利益，也给商户带来了成本压力。② 年费收入。年费是信用卡的重要收入来源，但由于信用卡业务竞争激烈，银行一般都有达到一定条件即可免年费的优惠。③ 取现手续费。取现手续费是指银行为信用卡持有人提供境内外小额现金支取服务收取的费用，境内取现一般按取现金额的1%或2%收取。各家银行对取现手续费上下限的规定有所不同，一般最低2元，最高100元。境外取现手续费一般是取现金额的3%。

二 互联网消费贷款

随着信息科技的日新月异，互联网消费贷款成为越来越受消费者欢迎的信用形式，在给我国商业银行的业务创新带来机遇的同时，也形成了严峻挑战。互联网消费贷款主要发生在电商平台的分期付款场景，资金直接用于支付所购买的产品或服务。还有另外一种消费贷款——现金贷，主要发生在线下消费场景，如旅游、教育、医疗等。互联网消费贷款的参与者除商业银行之外，还有消费金融公司、小额贷款公司、网络平台公司等。互联网平台与金融机构的合作方式多种多样，包括助贷、联合贷等。2021年，我国互联网消费贷款的用户超过3亿，互联网消费贷款的规模超过20万亿元。

我国互联网消费贷款的发展经历了大起大落。2008年，中国人民银行颁布了《关于小额贷款公司试点的指导意见》，小额贷款公司的批复下放到省级政府，从而为互联网贷款创造了空间，也为网络贷款的乱象埋下了伏笔。2010年，阿里巴巴公司获得了互联网小额贷款公司的营业执照，互联网消费贷款正式启动。2015年，助贷模式兴起，蚂蚁金服上线了花呗和借呗，微信上线了微粒贷。2016年，大中小银行、消费金融公司纷纷入局，商业银行成为网络平台的"打工仔"。2019年，蚂蚁金服和微粒贷的用户数以亿计，累计发放的消费贷款超过万亿元。2020年，我国颁布《商业银行互联网贷款管理暂行办法》，出台了互联网贷款中助贷、联合贷、自营的监管标准。同时，国家清理P2P（互联网金融点对点借贷平台），互联网小额贷款公司纷纷退场。2021年，出台个人信用信息"断直连"，颠覆了助贷业务流程，明确互联网平台不能与金融机构直接交互个人信息，而是需要通过征信公司进行数据交互，或跳转到银行线上环境进行直接申请。

我国互联网消费金融经过喧嚣而混乱的发展已日渐规范。曾经的资金提供方P2P、小贷公司等已经退出，只剩下商业银行和消费金融公司。其中，商业银行占据消费金融市场的半壁江山。

商业银行参与互联网消费贷款有三种模式:助贷模式、联合运营模式、自营模式。

助贷模式也可以细化为助贷兜底模式、分润模式、导流模式。由于银行消费贷款的营销成本较高,银行自己的获客能力也不够,因此借助于网络平台,即助贷机构的帮助,由网络平台负责消费者的贷前风险审查和贷后催收,银行可以实现对消费者的贷款发放。在贷款发放过程中,商业银行可以要求担保公司为其贷款做担保,这就生成了助贷兜底模式。这种模式中,业务的大部分利润都流入第三方担保公司,因为担保公司承担了主要的违约风险。由于担保公司承受违约风险的能力有限,远远低于商业银行,因此兜底模式逐渐被分润模式替代。分润模式中,商业银行作为出资方,承担违约风险,获得实收利息的70%左右,而将30%左右的实收利息给助贷平台支付服务费。在助贷模式中,还有一种导流模式。网络平台公司的任务是为商业银行提供潜在的客户信息。银行按照放款金额的1%~3%向平台公司支付服务费。这种模式的缺点是,平台公司通常把相对较差的客户导流给银行,从而使银行的客户质量受到影响。

联合运营模式中,商业银行是主导,因此贷款的关键环节都回归到了商业银行。平台公司按照商业银行的要求筛选客户,并在平台上展示银行的金融产品。借款人到银行的网络界面申请贷款,银行在自己的网络界面上审批贷款、发放贷款、收回贷款本息。联合运营模式中,商业银行提升了自己在网络上的获客能力,风险控制更独立、更有效、更合规。

自营模式是指商业银行凭借自己的获客能力,通过银行自己的网上界面发放消费贷款。

第七节　其他信用形式

一　资本信用

(一) 资本信用的定义与作用

资本信用实际上就是资本市场信用,也就是通过资本市场实现的资金借贷或转移。具体而言,资本信用包括股票信用和公司债券信用,这些信用所包含的"有条件的借贷行为"都与前面几节所说的信用有所不同。股票作为股份公司筹措资本的工具,其信用体现在公司的盈利水平和整个股票市场的状况上。股票虽不能退,但股票收益源于股息和资本利得,股票的偿还本金和支付利息是通过股票流通和股份公司盈利来实现的,这一偿还的信用度与整个资本市场的状况密不可分,因此属于资本市场信用。

公司债券是股份公司发行的有制约性偿还义务的信用工具。由于公司债券有流通市场,因此其偿还的保证程度或者说信用程度既与发行公司的经营水平有关,也与整个债券市场的状况有关。例如,哪种债券被允许发行,要经过证券市场主管部门的批准,其资信级别要经过市场权威机构的评定,其上市流通也要遵守约定的规则。所有这些,都在很大程度上保障了债券投资者的权益,而这种保障是以债券市场健康运转为前提的。因此,公司债券也属于资本市场信用。

本书将在第三章重点介绍股票和公司债券这两种信用工具。在这里,主要阐述如何看待资本信用的作用,以及如何分析判断资本信用的运行是健康的。

第一,一国的经济增长依赖于产业投资的增加、人力资源的使用和技术的进步,这是最基本的经济增长理论所揭示的结论。因此,评价资本信用,包括评价其他信用形式,都要看该种信用对产业投资、人力资源和技术进步的作用。

第二,产业投资是人作用于自然,或者人服务人的过程。产业投资都是由单个项目实现的。一个项目需要最低的投资额才能建成,只有建成的项目才能形成生产力,并最终创造出财富。在没有信用的情况下,人们实现产业投资只能靠自身的力量去攒钱,而攒够了钱再来做项目,会大大推迟投资,最终影响经济增长。在有信用的情况下,人们可以通过信用,帮助产业投资达到那个必要的投资规模,而帮助的过程也就是金融投资的过程。由于信用种类很多,因此帮助产业投资达到必要投资规模的选择也有很多。其中,银行信用可划分为存款人到银行存款和银行贷款给企业两个阶段。银行信用属于间接金融。另外,资本信用也是一个非常重要的选择,甚至比银行信用更为重要。

第三,资本信用包括股权融资、债券融资等。股权投资的特点是承担较大的风险,但最终获取剩余权益。仅有股权投资的一级市场是不够的,因为投资者不仅需要投资具有收益性,也需要市场具有流动性,以满足自身对流动性的需要。由于需要流动性,因此证券的二级市场就是必要的。二级市场包括证券交易所、场外交易市场等。因此,二级市场的存在是为了满足一级市场的融资需要。

第四,由于有了证券交易,证券价格就发生了波动,因此,证券投资的风险也就产生了。为了回避风险,投资者需要对证券进行分析,而一般人不具备这方面的能力,很多人也没有进行证券分析的时间,因此,有人就需要别人替他投资,这样证券投资基金也就产生了。封闭式投资对投资基金管理人的激励较弱,开放式基金的激励较强,因此,开放式基金后来成为基金市场的主体。为了进一步吸引资金进入股票市场,合格的外国机构投资者(QFII)被允许入市,沪港通、深港通等也被创立,这样一部分国外资金也被允许进入中国股票市场。另外,为了回避风险,就需要有回避风险的金融工具。这样,指数期货就产生了,股票期权也产生了。

第五,公司债券也属于资本信用,而且在国外,公司债券在很大程度上替代了银行贷款。其中一个重要的理由是公司债券的资本信用性质,要求债券发行者接受资本市场监管者的审核、承销商的评判、评级者的考核、投资者的认可等。随着公司债券的大量发行,公司债券的交易市场也建立了起来。而债券投资有多种风险,为了让更多投资者在债券市场投资,各种避险工具和市场方式被创造了出来。

第六，一个国家为了实现技术进步，需要在技术研究与开发等方面进行投资，而技术研究与开发有很大的风险，传统的银行信贷不可能参与。但有一种资本叫风险资本（Venture Capital）。风险资本承担了风险，也得到了获取巨额收益的机会，因此风险投资产生并逐渐发展壮大。

总之，资本市场演进的主要逻辑是让投资者敢于、愿意、能够在股票市场和债券市场上进行投资。

（二）如何看待一国的资本信用健康与否

前面是把资本信用放入一个国家的大环境中来分析其作用的。那么，如何分析一个国家的资本信用是否健康呢？本书有以下观点：

第一，上市公司的融资能力。上市公司通过新股发行、定向增发等再融资途径从资本市场获取资本的能力，决定了其未来在产业投资中成长与壮大的潜力。如果上市公司再融资的能力有限，再高的股价指数也不能说明股票市场健康。

第二，上市公司"务正业"的程度。如果上市公司通过股票市场获得资金后并没有从事自己的产业投资，而是通过多种方式将资金用于股票投资等非主营业务，那么其即便获得再多的营业外收入，也不能说资本市场就是健康的，因为炒作股票这样的金融投资不是创造社会财富的源泉。

第三，上市公司从事产业投资的效率。上市公司通过资本市场获得资金，而且是长期资金，可以谋划长远，不断增强自己在行业中以及国际上的竞争力，通过更有效地提供产品和服务创造社会财富。如果上市公司只是一味地投资于低水平、高污染、高耗能的产业及产品，是无法长期支撑其较高的股价的，对股票市场的健康也不利。

（三）我国资本信用发展中的制约因素

有许多因素制约着我国资本信用的发展：

第一，诚信意识与诚信制度的建立。无论是股票市场还是公司债券市场，都是重要的融资与投资的场所，没有信用的存在是不可能实现融资与投资的。我国股票市场上曾经发生过多起欺骗上市、披露虚假信息乃至上市公司老总携款外逃的事件。投资者进行股票与债券的投资，前提是信用关系的存在，而信用关系的维护需要法律的、制度的支持，但我国在这方面还很欠缺。

第二，公司质量是资本信用存在的基石。上市公司通过发行股票和债券实现了融资，但融资并不是目的，投资并且最终产生收益才是最终的目的。公司质量不好，或者公司质量好三年坏三年，是无法在投资者心目中建立信任感的。为此，需要监管当局、中介服务机构、投资者等多方面的努力，既不能让质量低劣的公司去资本市场融资，又要阻止实现融资的公司的质量下滑。

第三，公司治理水平有待提高。尽管我国上市公司的治理水平在不断提高，但仍大量存在权力制衡不到位、高管持股比例偏低等问题。由于长期性的制度问题没有得到解决，上市公司短期行为比较突出,这使得公司绩效受到影响,股票投资者没有获得应有的回报。

第四,中介机构的自律意识及服务水平有待提高。股票及债券发行中的中介机构,包括投资银行、会计师事务所、律师事务所等,还需要提高自律意识及服务水准。我国曾发生过若干起上市违规事件,与某些中介机构的行为有着密切的关系。

二 合作信用

合作信用是指在一定范围内由出资人相互提供信用的方式,包括信用合作社和互助储金会等。我国过去的城市信用社大多数已被整合为城市商业银行,2017 年前后大量的农村信用社被整合为农村商业银行或农村合作银行。这样一来,我国的合作信用就更不发达了。我国合作信用不发达的原因有以下几个方面:第一,合作信用的产权不清,这从根本上破坏了良性循环的基础。第二,县域资金大量外流,经营环境不良。国有商业银行的退出,使得资金也随国有银行一起流向城市。再加上邮政储蓄的吸存,就形成了县域经济资金大量外流的局面。第三,管理水平低,员工素质难以适应业务发展的需要。第四,合作信用规模小,创新能力差,服务落后。

合作金融仍然是许多发达国家金融业中不可或缺的重要组成部分。合作金融的优势在于满足弱势群体的金融需求。弱势群体可以通过团体合作、资金联合的方式实现互助。

三 国际信用

国际信用是国家间相互提供的信用,是国际经济发展过程中资本运作的主要形式。国际信用包括政府贷款、国际金融机构贷款、商业贷款、补偿贸易、出口信贷等多种形式,本书将在最后一篇进行充分的阐述。

思考题

1. 信用在经济生活中发挥着怎样的作用?
2. 如何理解高利贷信用的存在? 我国的地下钱庄等为什么有生存的土壤?
3. 商业信用通常有哪些工具? 银行信用如何参与商业信用?
4. 请思考如何提升我国商业信用的水平。
5. 我国国债市场发展的进程如何? 主要成就与主要问题是什么?
6. 我国信用卡发展呈现什么特点?
7. 我国为什么要整顿互联网消费金融?
8. 请梳理我国金融创新的脉络。
9. 我国资本市场是否健康的标准如何确定?

第二章 利　　率

第一节　利息的实质与利率的种类

一　利息的实质

现代社会将贷出货币、收取利息视为正常的事情,货币因贷放而增值也深深植根于现代经济观念中。我国历史上,对利息也一直采取肯定的态度。但在西方中世纪时期,利息被认为是不合理的,因此有偿借贷都被视为高利贷而受到禁止。17 世纪,英国古典政治经济学创始人威廉·配第(William Petty)指出,利息同地租一样公道、合理,符合自然规律。威廉·配第认为:"假如一个人在不论自己如何需要,在到期之前也不得要求偿还的条件下,借出自己的货币,则他对自己所受到的不方便可以索取补偿,这是不成问题的。这种补偿,我们通常叫作利息。"①

利息的存在使人们产生了这样一种观念,即货币可以自我增值。如何解释利息的来源或者说利息的实质,成为理解利息的首要问题。关于利息的学说有很多,这里只介绍庞巴维克的时差利息学说和马克思的剩余价值利息学说。

庞巴维克(Böhm-Bawerk)是奥地利的经济学家,他最早提出时差利息论。庞巴维克认为,利息是由现在物品与未来物品之间在价值上的差别所产生的。一般情况下,对于现在时间点上具有一定质量、一定数量的商品而言,消费者可以作出两种选择:一种是现在消费,另一种是推迟消费。如果现在消费,可以给消费者带来消费这一商品所产生的享受;而如果现在不消费,消费者只能延迟其享受。对于一般的消费者而言,消费时间点越是提前,就越能给自己带来消费的满足感。而对于同样的商品,消费者作出的两种选择是不对等的。那么,如果他现在作出了推迟消费的决策,就说明推迟了的消费与现在的消费所带来的享受是不同的,他在未来的消费中除了消费前面所说的商品,还要有贴水,即还要有额外的消费。否则,这两种选择就无法对等。这一额外的消费,就成为消费者暂时让渡某一商品或某一货币给自己带来的利息。所以,利息是时间偏好的产物。

马克思对利息有深刻的分析。他针对资本主义经济中的利息指出:"贷出者和借入

---

① 威廉·配第:《赋税论》,陈冬野等译,商务印书馆 1963 年版,第 45 页。

者双方都是把同一货币额作为资本支出的。但它只有在后者手中才执行资本的职能。同一货币额作为资本对两个人来说取得了双重的存在，这并不会使利润增加一倍。它所以能对双方都作为资本执行职能，只是由于利润的分割。其中归贷出者的部分叫作利息。"①所以马克思认为，利息的实质是利润的一部分，是剩余价值的特殊转化形式。

马克思的利息学说来源于古典经济学理论。亚当·斯密在《国民财富的性质和原因的研究》中指出："以资本贷出取息，实无异由出借人以一定的年产物让与借用人。但作为报答这种让与，借用人须在借用期内，每年以较小部分的年产物，让与出借人，称作利息；在借期满后，又以相等于原来由出借人让给他的那部分年产物，让与出借人，称作还本。"②

利息是信用关系成立的条件，利息的存在使信用关系得以产生、发展、壮大，从而促进了社会经济的发展。

二 利率的主要种类

利率就是利息率，是指借贷期间所形成的利息额与本金的比率。

现实生活中的利率都是以某种具体形式存在的，如6个月的贷款利率、2年期的存款利率、贴现利率，等等。金融市场不断发展，新的融资工具不断被创造出来，利率的种类不断增加。正是这些繁杂的利率构成了一个庞大的利率体系，在这个体系中，利率按照不同的标准可以划分出多种类别。

（一）基准利率

基准利率是在众多利率中起决定作用的利率，通常是利率曲线中短端的利率。基准利率的变动能直接影响商业银行的资金成本，并传递给其他市场和经济主体，进而对经济产生影响。

基准利率是中央银行执行货币政策的重要手段。以美国为例，联邦基金利率（Federal Funds Rate）是美国最重要的基准利率。该利率是由美联储各会员银行为调整准备金头寸而相互拆放联邦基金形成的利率，美联储本身也借助公开市场买入和卖出联邦基金，从而对联邦基金利率产生决定性影响。

美联储于2008年创设了准备金（余额）利率（Interest Rate On Reserve Balances，IORB），并在2021年消除了商业银行超额准备金利率与法定准备金利率之间的区别，将其统一为准备金余额支付利息。美联储也于2015年正式创设了隔夜逆回购报价利率（The Overnight Reverse Repurchase Offering rate，ON RRP），该利率是美联储为非银行金融机构隔夜存款制定的利率。

---

① 马克思、恩格斯：《马克思恩格斯全集》（第25卷），人民出版社1974年版，第396页。
② 亚当·斯密：《国民财富的性质和原因的研究》（上卷），商务印书馆1979年版，第324页。

　　IORB 与 ON RRP 是由美联储管理的利率,也就是由美联储决定的利率。这两个被管理的利率,一个是存款利率,一个是贷款利率,形成了联邦基金利率的上下限,美联储再通过公开市场上的债券买卖,迫使联邦基金利率在这样的上下限之间波动,从而形成利率走廊(Interest Rate Corridor)。具体而言,IORB 是上限,在准备金特别充裕、联邦基金利率很低的情况下,IORB 的利率被定得高一些,就会使得货币市场中资金富余的银行把资金存入美联储,而不是借给其他银行,这样联邦基金利率就会随着 IORB 的上调而上升。ON RRP 是下限。如果联邦基金利率低于 ON RRP,非银行金融机构就会通过隔夜回购获得资金存入在美联储开设的专门账户,而不是通过货币市场将多余的资金借给银行,这样,由于套利活动,联邦基金利率就不会低于 ON RRP。通过这种方法,美联储将直接管制与市场机制相结合,可以有效地将市场利率水平控制在自己的期望水平之内。

　　美国最重要的基准利率是联邦基金利率,联邦基金利率不是"被管理的利率",而是作为美联储调控目标的市场利率。随着联邦基金利率的上调,美国银行间拆借利率(American Interbank Offered Rate, Ameribor)和有抵押的隔夜融资利率(Secured Overnight Financing Rate, SOFR)都将上升。其中,Ameribor 是基于美国金融交易所进行的没有抵押的拆借利率;SOFR 是国库券回购市场进行的回购交易生成的利率。这两者都是美国重要的市场基准利率。

　　欧洲中央银行有三大关键利率:存款便利利率、边际贷款便利利率、主要再融资操作利率。存款便利(Deposit Facility, DF)是指金融机构将每天多余的头寸存入中央银行,相当于超额准备金。边际借贷便利(Marginal Lending Facility, MLF)是欧洲中央银行向金融机构提供的以合格债券为质押的融资。主要再融资操作(Main Refinancing Operation, MRO)利率,是欧洲中央银行向货币市场注入的期限为一周的贷款利率,该贷款要求商业银行以合格的担保品为质押。边际借贷便利利率以及 DF 利率构成欧洲中央银行利率走廊的上下限,MRO 利率为政策利率,位于走廊中间。

　　中国的利率走廊以超额准备金利率为下限,以常备借贷便利(Standing Lending Facility, SLF)为利率上限,通过逆回购等公开市场操作来调节,使金融机构间的 7 天回购利率围绕着中国人民银行 7 天逆回购利率波动。具体而言,我国中央银行的基准利率主要包括两种:一是每日开展的逆回购操作而生成的逆回购利率,特别是 7 天逆回购利率;二是2014 年创设的几乎每月都会开展的中期借贷便利(Medium-term Lending Facility, MLF)生成的中期借贷便利利率。中期借贷便利的期限更多的是 3 个月、6 个月、1 年,每个月月中(15 日)进行操作。中央银行的政策利率会直接影响市场基准利率。其中,7 天逆回购利率会直接影响银行间存款类金融机构以利率债为质押的 7 天回购利率"DR007",中期借贷便利利率会直接影响贷款市场报价利率(Loan Prime Rate, LPR)。LPR 创设于 2019 年,是全国银行间同业拆借中心按去掉最高和最低报价后计算算术平均值得到的,包括 1 年期和 5 年期以上两个品种。MLF 利率也会直接影响国债的收益率。DR007、LPR、国债收益率这三个市场基准利率分别影响货币市场利率、信贷市场利率和债券市场利率。可以用图 2-1 说明我国的基准利率及其影响机制。

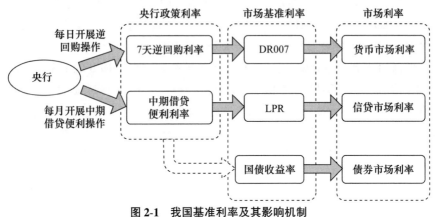

图 2-1　我国基准利率及其影响机制

在浮动利率债务中，基准利率或参考利率由市场报价决定。如英国的基准利率为伦敦银行间同业拆借利率（London Interbank Offered Rate，LIBOR），是伦敦的银行间交易市场所涉及的利率。LIBOR 常常作为商业贷款、发行债务的利率基准。LIBOR 也是很多浮动利率的参考利率。与 LIBOR 相近，日本的基准利率为东京同业拆借利率（Tibor），欧盟的基准利率为欧元银行同业拆借利率（Euribor）等。我国浮动利率债务的基准利率是上海银行间同业拆借利率（Shanghai Interbank Offered Rate，Shibor）。该利率是由信用等级较高的银行自主报出的人民币同业拆出利率计算确定的算术平均利率。Shibor 的品种包括隔夜、1 周、2 周、1 个月、3 个月、6 个月、9 个月及 1 年。

（二）固定利率与浮动利率

固定利率是指在借贷期内不作调整的利率。实行固定利率便于借贷双方准确计算成本和收益。但在通货膨胀的情况下，债权人要承担较大的损失。为了降低债权人的风险，浮动利率应运而生。

浮动利率是指借贷期间可以调整的利率。一般情况下，借贷利率与一个参考利率挂钩，并在参考利率之上加上一个贴水，即

　　　　利率＝参考利率＋贴水

有时浮动利率的确定是在参考利率的某一个倍数 b 之上，再加上一个贴水，从而产生了杠杆化的浮动利率，即

　　　　利率＝b×参考利率＋贴水

由于固定利率可以分解为浮动利率和逆浮动利率，因此相应地，有了浮动利率，也就自然会出现逆浮动利率。逆浮动利率的确定则是在一个最高利率的基础上减去参考利率与某个系数 c 的乘积，即

利率=固定值−c×参考利率

由于浮动利率与逆浮动利率都有非负的限制,因此自然会产生利率的顶(Cap)和底(Floor)的概念。顶是借款人支付的最高利率。底是借款人支付的最低利率。

例:某一债券,固定利率为8%,面值为600万元,期限为5年。将债券本金分割为200万元浮动利率债券和400万元逆浮动利率债券。浮动利率的确定公式为

$$C_{月}=\text{LIBOR}_{月}+1\%$$

其中,$C_{月}$为浮动利率债券的票面利率。

问:如何确定逆浮动利率债券的利率?如何确定二者的顶和底?

由于固定利率债券的票面利率为8%,因此,浮动利率债券与逆浮动利率债券票面利率的加权平均也一定是8%。这里的权重是两种债券的面值。因此有

$$8\%=\frac{1}{3}C_{月}+\frac{2}{3}C_{i月}$$

即　　　$$8\%=\frac{1}{3}(\text{LIBOR}_{月}+1\%)+\frac{2}{3}C_{i月}$$

$$C_{i月}=11.5\%-0.5\times\text{LIBOR}$$

这里,$C_{i月}$为逆浮动利率债券的票面利率。

由于参考利率LIBOR的最低值为0,因此,逆浮动利率债券的顶,就是LIBOR为0时的利率,在本例中为11.5%。逆浮动利率的顶的值得到之后,浮动利率的底也就得到了,本例中为1%。逆浮动利率债券的底为0,此时参考利率LIBOR为23%,则浮动利率的顶为24%。

在此只是通过债券合成的方式说明金融中利率的顶和底是如何产生的。在实践中,浮动利率和逆浮动利率的顶和底的设计,一定要考虑到债务人的债务偿还能力并提升债券的吸引力。比如,商业银行的负债基本上是短期的,为了降低利率风险,商业银行希望自己的资产不是固定利率的,而是利率敏感的,或者说是浮动利率的。这样一来,不管利率发生怎样的变化,商业银行资产的收益总能与其负债成本相匹配,并且能够提供稳定的利差。正因为如此,浮动利率贷款或者债券更受商业银行等金融机构的欢迎。

逆浮动利率的风险要比浮动利率的风险高得多。一般来说,市场利率下降(上升)之后,债券的价格将上升(下降),但浮动利率债券价格上升(下降)不会太大,因为浮动利率确定的时间间隔很短。而逆浮动利率就不同了。当市场利率下降时,逆浮动利率债券的价格会上升得更快,这是因为一般债券的价格变化会受到两股相反力量的影响。由于市场利率下降,债券未来现金流会变得更为值钱,使得债券价格上升。但一般债券的再投资收益能力下降了,原因是市场利率下降了。逆浮动利率债券受到两股方向一致的力量的共同影响,除了未来现金流变得更值钱,逆浮动利率会使债券利息逆潮流而上,这样逆浮动利率债券价格上升得更快。市场利率上升后,逆浮动利率债券价格下降的幅度会更大,

因为一方面,最低收益要求提高,驱使价格下降;另一方面,市场利率上升,逆浮动利率债券利息却在下降。逆浮动利率的风险特殊性,使得逆浮动利率债券可以用来平衡债券组合的整体风险。

(三) 名义利率与实际利率

名义利率是指不考虑物价上涨对利息收入的影响时的利率。在信用关系中,债权人不仅要承担到期无法收回本金的风险,而且要承担购买力风险,即通货膨胀使得债权人的真实收益下降的风险。实际利率或真实利率就是从这一角度产生的。

实际利率是指当物价不变时的利率,例如,假定某年度物价没有发生变化,某人从其他人那里取得一年期的 100 万元贷款,年利息额为 5 万元,则名义利率与实际利率相同,都是 5%。

在现实生活中,物价不发生变化的情况是极为少见的。如果某一年的通货膨胀率为 10%,这一年年初的 100 万元就相当于当年年底的 110 万元,或者年底的 100 万元就相当于年初的 90.91 万元。为了避免通货膨胀给本金带来的损失,假设债权人依然要获得 5% 的真实利率收益,那么,该债权人要以多高的名义利率贷出他手中的货币呢?

乍一看,债权人应以 15% 的名义利率贷出货币,即名义利率成为真实利率与通货膨胀率之和,即

$$r=i+p$$

其中,r 为名义利率,i 为真实利率,p 为通货膨胀率。

按照上述公式,假设最初真实利率等于名义利率,即 $r=i$,则

$$p>0,\ r>i$$

$$p<0,\ r<i$$

实际上,$r<i$ 是无法成立的,这并不是说物价不可以回落,而是说名义利率不可为负。一旦通货的升值率大于实际利率,债权人就可以因货币升值而获得收益,但债权人不会向债务人倒付利息。在现实生活中,名义利率只能大于或等于真实利率,即 $r \geqslant i$。

前面的公式 $r=i+p$,是一个不很精确的等式。在这一等式中,债权人并没有完全免除通货膨胀的侵蚀。更具体地讲,只是本金部分免除了通货膨胀的侵蚀,利息部分并没有免除通货膨胀的风险。

正确的公式应为

$$(1+r)=(1+i)(1+p)$$

其中,r、i 与 p 的定义同前,则

$$i=(1+r)/(1+p)-1$$

前例中,名义利率为 15%,通货膨胀率为 10%,真实利率为 4.55%,而不是 5%。

名义利率与通货膨胀之间存在很复杂的关系,原因是通货膨胀的变化非常复杂。一般情况下,名义利率会因物价的上涨而上涨,又会因物价的回落而回落,但由于通货膨胀

发生在前,因此,名义利率与通货膨胀之间的关系就会变得更加令人困惑。

对债权人而言,其所关心的应该是真实收益而不是名义收益。但从众多的研究成果中,人们发现,在相当长的时间内,真实利率的水平很低,甚至为负。

第二节　利息的计算

一　单利与复利

利息可以分为单利与复利。单利是指不管贷款期限的长短,仅按本金计算利息,本金所产生的利息不加入本金重复计算。

单利的计算公式为

$$R = Prn$$

其中,R 为利息,P 为本金,r 为利率,n 为与利率指标相对应的期限。

单利的本息额为 F,则

$$F = P(1+rn)$$

复利是指经过一定的时间(通常为 1 年),将所产生的利息加入本金,逐年计算利息的方法。

复利的一般计算公式为

$$F = P(1+r)^n$$

$$R = P[(1+r)^n - 1]$$

其中,F、P、R、r、n 的含义与前面相同,只是 r 为复利。

值得一提的是,复利反映利息的本质。理由很简单。当一个国家只有单利存在时,债权人会尽量缩短货币贷放的时期,当贷放期结束时,他完全可以把当期的本息收入一并贷放给其他债务人,而当下一个贷放期结束时,他又可以将这一期的本息收入再重新贷放。这时,他所获得的利息就是复利利息。这是任何人都无权干涉的。

二　现值与终值

现值是指投资期期初的价值,终值是指投资期期末的价值。现值与终值是相对而言的,现值相对于其前面的价值而言就是终值,而终值相对于其后面的价值而言又成为现值。现值与终值是可以相互换算的,但换算是通过复利方法来完成的。例如,一笔价值为100 万元的货币存入银行 10 年,银行存款利率为 15%,则 100 万元的现值相当于 10 年后的 404.6 万元。或者反过来,10 年后的 404.6 万元的价值只相当于现在的 100 万元。

现值与终值在进行投资方案选择时是非常有用的工具,在投资决策中,应以现值法为决策依据。

三　连续复利

所谓连续复利,就是指在按单利方法计算的年利率不变的条件下,不断缩短计算复利的时间间隔,所得到的按复利方法计算的利息。例如,假定按单利计算的年利率为7.75%,则这一利率是不允许提高的。如果某银行提出按半年复利计算一次利息,则半年支付的利率为

$$\frac{7.75\%}{2} = 3.875\%$$

按复利方法计算,年利率为

$$(1+3.875\%)^2 - 1 = 7.9\% > 7.75\%$$

而另一家银行又提出按季计算复利,季度利率为

$$\frac{3.875\%}{2} = 1.938\%$$

则按复利计算的年利率为

$$(1+1.938\%)^4 - 1 = 7.978\% > 7.9\%$$

又有银行提出按月计算复利,月利率为

$$\frac{7.75\%}{12} = 0.646\%$$

此时,按复利方法计算的年利率为

$$(1+0.646\%)^{12} - 1 = 8.031\% > 7.978\%$$

很明显,随着计算复利的时间间隔的缩短,按复利方法计算的年利率不断提高,但到底能高到什么程度呢?

假定 r 为年利率(单利), n 是 1 年内计算复利的次数,则用复利计算的年利率 r_e 为

$$\left(1+\frac{r}{n}\right)^n = 1+r_e$$

半年计算一次复利, $\left(1+\frac{7.75}{2}\%\right)^2 = 1.079$

季度计算一次复利, $\left(1+\frac{7.75}{4}\%\right)^4 = 1.07978$

月度计算一次复利, $\left(1+\frac{7.75}{12}\%\right)^{12} = 1.08031$

计算复利的时间间隔越短,1 年内复利的次数也就越多,按复利法计算的利率就越高。当计算复利的时间间隔为无穷小时,即 1 年内复利次数为无穷大时,则

$$\lim_{n\to\infty}\left(1+\frac{r}{n}\right)^n = e^r, \quad e = 2.71828$$

上例中，$\left(1+\dfrac{7.75\%}{n}\right)^n$ 的极值为 $e^{0.0775}=1.806$，即按复利法计算的利率的极值为 8.06%。

如果年利率为 r，期限为 t 年，初始本金为 P，期末本息和为 F，在 t 年内连续复利，则

$$F=P\left(1+\frac{rt}{n}\right)^n$$

$$\lim_{n\to\infty}\left(1+\frac{rt}{n}\right)^n=e^{r\cdot t}$$

有了连续复利，如何将连续复利转换成其他频率的利率呢？

例：连续复利为 10%，相当于半年计算一次复利情况下年利率是多少？

因为连续复利为 10%，相当于年单利为

$$e^{0.1}-1=0.10517$$

相当于半年复利为

$$(1+r_{\text{半}})^2=1+0.10517$$

$$r_{\text{半}}=5.127\%$$

转化单利的年利率为 10.254%。

四　平均利率的计算

假定我们知道今天进行投资，1 年后的收益率为 $r_{0,1}$，下一年的收益率为 $r_{1,2}$，可以计算 2 年内平均的年复利利率。

因为　　　$F=(1+r_{0,1})(1+r_{1,2})$

而 2 年期的投资收益相当于

$$F=(1+r_{0,2})^2$$

所以　　　$(1+r_{0,2})^2=(1+r_{0,1})(1+r_{1,2})$

$$r_{0,2}=\left[(1+r_{0,1})(1+r_{1,2})\right]^{1/2}-1$$

也就是说，在使用年复利的情况下，平均收益率是几何平均数。

由于有了连续复利，计算平均利率就非常简单。在连续复利的情况下，平均利率就是单个利率的简单算术平均。

因为　　　$F=e^{r_{0,1}(\infty)}e^{r_{1,2}(\infty)}=e^{r_{0,1}(\infty)+r_{1,2}(\infty)}$

而　　　　$F=(e^{r_{0,2}(\infty)})^2=e^{2r_{0,2}(\infty)}$

所以　　　$F=e^{r_{0,1}(\infty)+r_{1,2}(\infty)}=e^{2r_{0,2}(\infty)}$

所以　　　$r_{0,2}(\infty)=\dfrac{r_{0,1}(\infty)+r_{1,2}(\infty)}{2}$

第三节 利率的决定

一 古典利率理论

古典利率理论认为,利率取决于储蓄与投资相均衡的那一点。投资是利率的递减函数,即利率提高,投资额下降;利率降低,投资额上升。储蓄是利率的递增函数,即储蓄额与利率成正相关关系。古典的利率理论可以用图 2-2 来表示。

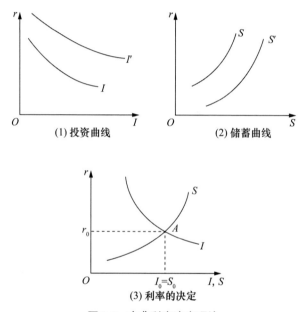

图 2-2 古典利率决定理论

图 2-2 中(1)是投资曲线,即投资与利率的函数关系。投资曲线的移动是由什么引起的呢? 古典利率理论认为,投资曲线的移动,是由投资的边际收益率发生变动造成的。图 2-2(1)中,投资曲线由 I 上升到 I',是由投资的边际收益上升造成的。由于投资的边际收益上升,单位投资可以承担较高的利息成本,因此利率一定时,投资量将增加。反之,当投资的边际收益下降而利率一定时,投资量将减少,否则,增加的投资将产生亏损。

图 2-2(2)是储蓄曲线,即储蓄与利率的函数关系。储蓄曲线的移动是由什么引起的呢? 古典利率理论认为,储蓄曲线的移动,是由边际储蓄倾向发生变动造成的。图 2-2(2)中,储蓄曲线由 S 移到 S',是由边际储蓄倾向提高引起的。由于边际储蓄倾向提高,

在收入与利率一定时,储蓄总量将增加;相反,若边际储蓄倾向下降,在收入与利率一定时,储蓄总量将减少。

图 2-2(3)是利率的决定图。市场的均衡利率是由投资与储蓄两条曲线相交的那一点决定的,图中的 A 点是 I 与 S 的相交点,在这一点上储蓄与投资相等,即 $S_0=I_0$,这一点对应的利率即均衡利率 r_0。

二　新古典的利率理论

新古典利率理论,也被称为借贷资金学说(Theory of Loanable Funds),是对古典利率理论的补充,也是为了批判凯恩斯的流动偏好理论而提出的。新古典利率理论的首倡者是剑桥学派的 D. H. 罗伯森(D. H. Robertson),后来由其他经济学家完善,最后由 A. P. 勒纳(A. P. Lerner)公式化。

新古典利率理论认为,市场利率不是由投资与储蓄决定的,而是由可贷资金的供给和需求决定的。可贷资金的需求包括两个部分:一是投资需求,二是货币贮藏需求。这里影响市场利率的货币贮藏需求不是货币贮藏的总额,而是当年货币贮藏的增加额。用公式来表示,即

$$D_L = I + \Delta H$$

其中,D_L 为可贷资金的需求,I 为投资,ΔH 为货币贮藏的增加额。

可贷资金的供给也由两部分组成:一是储蓄,二是货币当局新增发的货币数量。用公式来表示,即

$$S_L = S + \Delta M$$

其中,S_L 为可贷资金的供给,S 为储蓄,ΔM 为货币当局的货币增发额。

可贷资金学说认为,ΔH 与 I 一样,也是利率的递减函数;ΔM 却不同于 S,ΔM 是货币当局调节货币流通的工具,是关于利率的外生变量,与利率无关。

可贷资金学说认为,储蓄与投资决定自然利率,即 r_0 取决于 $I=S$;而市场利率则由可贷资金的供求关系来决定,用 r_1 表示市场利率,则 r_1 取决于 $D_L=S_L$,即 $I+\Delta H=S+\Delta M$。

均衡利率由 $I=S$ 和 $\Delta H=\Delta M$ 同时成立来决定,此时自然利率与市场利率相等,即 $r_0=r_1$。

但当自然利率与市场利率不相等时,二者又通过什么机制达到均衡呢?

可贷资金学说认为,当 $r_0>r_1$,即自然利率高于市场利率时,由于市场利率 r_1 决定了投资与储蓄,因此有 $I>S$,如图 2-3 所示,在市场利率为 r_1 时,A 点对应的为储蓄 OC,B 点对应的为投资 OD,很明显 $OD>OC$,即 $I>S$。这说明市场存在超额投资。而超额投资在非充分就业的情况下,会带动产量的增加,从而使收入增加。收入增加将使储蓄和贮藏货币都增加。储蓄曲线向右移至 S' 将带动可贷资金需求曲线 $I+\Delta H$ 右移至 $I+\Delta H'$。储蓄曲线的右移将降低自然利率至 r_0'。由于可贷资金的供给曲线 $S+\Delta M$ 右移至 $S'+\Delta M$,市场利率将

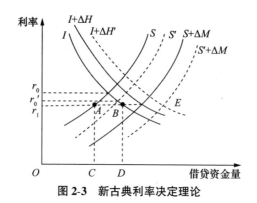

图 2-3　新古典利率决定理论

由 $I+\Delta H'$ 与 $S'+\Delta M$ 两条曲线决定。市场利率将由 E 点决定,这一市场利率可能高于也可能低于自然利率,如果这样,市场利率又会通过收入的改变继续影响可贷资金的供求。直到下面的情况即

$$\begin{cases} I=S \\ \Delta H=\Delta M \end{cases}$$

同时成立时,自然利率与市场利率相等,即

$$r_0=r_1$$

可贷资金理论从流量的角度研究借贷资金的供求和利率的决定,可以直接用于金融市场的利率分析,特别是资金流量分析方法和资金流量统计建立之后,用可贷资金理论对利率决定做实证研究具有实用价值。

三　流动偏好利率理论

流动偏好利率理论是凯恩斯的利率理论。凯恩斯认为,人们对收入有两个选择:一是在总收入中确定消费与储蓄的比例,即是现在消费还是未来消费的选择;二是在储蓄总量确定后,具体储蓄形成的选择,即流动偏好的选择。

凯恩斯认为,人们可以用其收入购买债券,从而获得利息;也可以手持现金,从而满足其交易的需求、谨慎的需求和投机的需求。凯恩斯认为,流动偏好即手持现金是利息的递减函数,而利息则是放弃流动偏好的报酬。

凯恩斯认为,人们持有现金从而满足其交易和谨慎货币需求的量与其收入正相关,与利率无关。用 L_1 表示交易和谨慎货币需求,Y 表示总收入,则

$$L_1=L_1(Y)$$

$$\frac{\mathrm{d}L_1}{\mathrm{d}Y}>0$$

投机需求是利率的递减函数,与收入无关。用 L_2 表示投机货币需求,r 表示利率,则

$$L_2 = L_2(r)$$

$$\frac{dL_2}{dr} < 0$$

因此,货币总需求 $L = L_1 + L_2 = L_1(Y) + L_2(r)$

$dL/dY > 0$; $dL/dr < 0$

货币供给量为 M,其中,M_1 满足 L_1,M_2 满足 L_2。利率取决于货币的供求关系,是人们保持货币的欲望与现有货币数量间的均衡价格,是存量间的平衡,即

$$M = M_1 + M_2 = L_1(Y) + L_2(r)$$

四　IS-LM 模型的利率决定

IS-LM 模型是希克斯(Hicks)、汉森(Hansen)对凯恩斯利率理论的修正。希克斯认为,凯恩斯强调利率取决于货币的供求关系是对的,但将生产率、储蓄的古典因素撇开不顾则是错误的。希克斯认为,货币的因素与实物的因素对收入和利率同时起作用,即收入与利率在投资、储蓄、流动偏好、货币供给四个因素相互影响下被同时决定。

IS 曲线是产品市场均衡时利率与收入相互影响的曲线。由于

$$Y = S + C = I + C$$

因此,$S = I$ 是产品市场均衡的条件。其中,C 为消费。

储蓄 S 是收入 Y 的递增函数,投资 I 是利率的递减函数,因此

$$S(Y) = I(r)$$

$dS/dY > 0$; $dI/dr < 0$

IS 曲线的形成如图 2-4 所示。

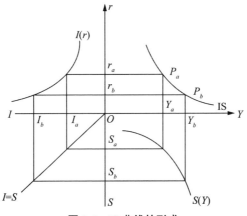

图 2-4　IS 曲线的形成

IS 曲线的位置取决于两条曲线的位置,即 $S(Y)$ 与 $I(r)$ 的位置。当边际储蓄倾向

dS/dY 增大时，IS 曲线将向左下方移动；当 dS/dY 降低时，IS 曲线将向右上方移动。当投资的边际收益增大时，$I(r)$ 向左上方移动，从而 IS 曲线将向右上方移动；当投资的边际收益下降时，$I(r)$ 向右下方移动，从而 IS 曲线将向左下方移动。

从 IS 曲线反映的收入与利率的关系来看，利率较低，则投资较大，从而收入增加，储蓄也将增大。

LM 是在货币市场均衡时反映利率与收入的对应关系的曲线。

货币需求包括交易谨慎需求和投机需求，即

$$L(PY,r)=L_1(PY)+L_2(r)$$

其中，L 为货币需求，L_1 为交易和谨慎的货币需求，L_2 为投机货币需求，Y 为收入，P 为物价指数，r 为利率。

当货币供给等于货币需求时，

$$M=L_1(PY)+L_2(r)$$

其中，M 为货币供给。

在物价指数 P 与货币供给 M 一定时，可以推导出满足货币市场均衡时的国民收入与利率即 Y 与 r 的对应关系，见图 2-5。

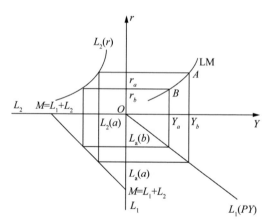

图 2-5 LM 曲线的形成

从图 2-5 可以看出，LM 是一条在第一象限向右上方倾斜的曲线。之所以向右上方倾斜，是因为当收入增加时，L_1 将增加，而 M 一定，因此 L_2 将下降，利率 r 与 L_2 是递减函数关系，因此 r 将上升。

LM 曲线的位置受以下四个因素的影响：货币供给 M，货币需求的两个部分 L_1 与 L_2，物价 P。当货币供给增加时，L_1 不变（因为收入不变），而 L_2 将增大，因此利率将下降，故 LM 曲线将向下移动。当函数 $L_1(PY)$ 的斜率增大即流动偏好增强，也就是相同的收入对应的 L_1 增大时，L_2 将减小，从而利率将上升，因此 LM 曲线将向上移动。当投机需求曲线发生变动,比如向上移动时,说明相对于同样的投机需求,利率上升了,此时 LM 曲线也将向上移动。当物价指数提高时,L_1 将增大,L_2 将下降,利率将上升,此时 LM 曲线亦将向上移动。

市场均衡利率是产品市场与货币市场同时达到均衡时决定的,见图 2-6。

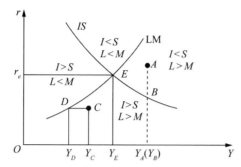

图 2-6　IS-LM 模型中的收入与利率的对应关系

均衡利率与均衡收入是由 IS 曲线与 LM 曲线相交的点 E 决定的。I 与 S、L 与 M 的关系在 IS 与 LM 相交而成的四个部分的关系如图 2-6 所示。

在图 2-6 中,IS 曲线的右上方是产品市场中投资小于储蓄的情况,即 $I<S$。因为任意一点 A 在 IS 曲线的上方,由 A 点向横轴画一条垂直线,与 IS 曲线相交于 B 点,在 B 点 $I=S$,而 A 点对应的收入 Y_A 与 B 点对应的收入 Y_B 相等,但 A 点对应的利率却高于 B 点对应的利率,因此 A 点的投资将小于 B 点的投资,因此 $I<S$。同理,在 IS 曲线之下,$I>S$。

在 LM 曲线之下的任意一点,都是货币需求大于货币供给,即 $L>M$,原因是有任意一点 C,从 C 点向纵轴画一条垂直线,与 LM 曲线相交于 D 点。由于 C 点与 D 点的利率相等,故两者的 L_2 相等,但由于 $Y_C>Y_D$,因此 $L_{1C}>L_{1D}$,因此 $L_C>L_D$,而在 D 点 $L=M$,故在 C 点的货币需求 L_C 大于此时的货币供给 M。同理,在 LM 曲线之上的任意一点,都是 $L<M$。

从 IS-LM 模型我们可得以下结论:利率大小取决于投资需求函数、储蓄函数、流动偏好即货币需求函数、货币供给量。当资本投资的边际效率提高时,IS 曲线将向上移动,利率将上升;当边际储蓄倾向提高时,IS 曲线将向下移动,利率将下降;当交易与谨慎的货币需求增强,即流动偏好增强时,LM 曲线将向上移动,因此利率将上升;当货币供给增加时,LM 曲线将向下移动,利率将下降;当物价指数上升时,LM 曲线将向上移动,利率将上升。

IS-LM 模型是揭示利率决定的比较系统的理论,该模型成为分析利率变动趋势的一个较好的工具。本书所介绍的是最基本的 IS-LM 模型,把其他变量引入会产生更为复杂的 IS-LM 模型,这些模型解释宏观经济的作用也更大一些。

五　其他的利率理论

（一）马克思的利率决定理论

马克思的利率决定理论是以剩余价值在货币资本家与职能资本家之间的分割作为起点的。马克思认为，利息是货币资本家从职能资本家那里分割来的一部分利润，而利润是剩余价值的转化形式。利润本身就成为利息的最高限，达到这个界限，职能资本家能获得的利润即为零。利息也不可能为零，否则货币资本家就不会贷出资本。因此，利率的变化范围是零与平均利润率之间。特殊的情况是利率超出平均利润率或为负。

马克思认为，平均利润率随着技术的发展和资本有机构成的提高有下降的趋势，因此利率也有下降的趋势。虽然平均利润有下降的趋势，却是极为缓慢的过程，在一个阶段，在一个国家内，平均利润率，从而利率是相当稳定的。马克思认为，利率的高低取决于两类资本家对利润分割的结果，因此利率的决定具有很大的偶然性。

（二）影响利率的其他因素

影响利率的因素是多种多样的，前面所述的关于利率决定的理论反映了影响利率的主要因素。除了前面的理论所揭示的因素，经济周期、财政政策、国际经济政治关系等对利率都有不同程度的影响。

在一些经济不发达地区，或者发达国家的非常时期，利率管制也是直接影响利率的重要因素。利率管制的基本特征是由政府有关部门直接制定利率或规定利率变动的上下界限。由于利率管制具有高度行政干预的力量，因此利率决定的经济因素就被排斥了。为什么对利率进行管制呢？理由主要有：

第一，由于经济不发达，资金供给严重不足，因此政府对利率进行管制，目的是促进经济发展以及防止利率过高给经济带来不利影响。很明显，利率上升会增大企业特别是那些负债比率较高的国有企业的负担。为减轻利息负担，政府执行低利率政策，但本质上低利率不一定能增强企业的活力，原因是企业活力的关键在于投资的边际效率，对储蓄者的掠夺在短期内也许会对投资者有利，但在长期内，世界各国还没有一个一直靠低利率政策成功发展经济的例子。

第二，实行利率管制以控制通货膨胀，或者控制通货紧缩。

第三，不发达的金融市场和银行信用的垄断经营造成利率的垄断，并发展为利率管制。

第四，外汇汇率的高低。外汇汇率与利率有密切的关系，有时为了抑制本国汇率的下降，就需要提升本国利率。这里存在利率与汇率的平价关系。

建立市场经济，取消利率管制，依赖于利率机制的形成，在完善的利率机制形成之前，对利率的管制也是迫不得已的。

第四节 利率的作用

利率由众多经济与非经济因素决定,反过来,利率也对众多经济变量产生作用。一般情况下,利率在以下几方面发挥作用:

1. 利率影响货币需求

在流动偏好理论中,利率对交易和谨慎的货币需求没有产生作用,而只对投机性货币需求起作用。也就是说,利率越高,投机性货币需求的机会成本越高,因此该种货币需求就越低。在其他货币需求理论中,利率不仅是作为机会成本出现的,利率本身就是债务人要支付的一种成本。因此,利率的高低与其借贷资金的成本正相关。只要利率上升,借款人的支出就会增大,其借款需求或投资需求就会下降。利率与货币需求的递减函数关系是明确的,但利率变动对货币需求量的影响程度取决于一国的利率环境——利率弹性的大小。

2. 利率对货币供给产生影响

在借贷资金学说中,利率对货币供给没有影响,因为货币供给是一国金融管理机关的政策工具,金融管理机关不是根据利率而是根据货币需求来改变货币供给量的。在其他的货币供给理论中,利率与货币供给也没有直接的相关关系。例如,货币供给量取决于一国的基础货币与货币乘数的大小,而基础货币是中央银行发行的现金以及对商业银行的负债总和,很明显,基础货币与利率没有直接的关系。但二者之间存在间接的关系。这一关系是指由于利率提高,社会存款总额会增大,现金量会缩小,也就是信用回笼使基础货币中的现金量减少。

利率与货币乘数也不存在直接的关系,因为影响货币乘数的直接因素包括现金漏出率、存款准备金率、超额准备金率等。但利率与现金漏出率有间接的关系,主要是利率上升,现金回笼将增加,从而现金漏出率会下降。利率提高后,商业银行的超额准备金的机会成本增大,因此超额准备金率也会下降。总之,利率上升会使货币乘数因现金漏出率和超额准备金率下降而增大,从而加大货币供给。

利率上升使货币供求在两个相反的方面同时产生影响,因此可以缓解货币需求过大的矛盾。同货币需求一样,利率对货币供给的影响也依赖于货币供给弹性的大小。

3. 利率与中央银行的货币政策

中央银行的经济手段包括存款准备金率、再贴现率和公开市场业务。再贴现率政策实际上是中央银行的利率政策。由于在市场经济国家中,货币供给的渠道有较大部分是通过再贴现完成的,因此再贴现率的高低直接影响商业银行向中央银行申请再贴现的成本,从而会影响企业向商业银行贴现的成本。当经济萧条时,中央银行可以降低再贴现率,从而刺激需求;当经济处于通货膨胀时,中央银行可以提高再贴现率,增大投资成本,从而抑制过度的货币需求。

4. 利率与汇率有密切的关系

利率和汇率都是经济生活中敏感的经济变量,二者也存在较密切的关系。一般情况下,在货币可以自由兑换的环境中,一国货币的利率高,对该国货币的需求就比较旺盛,因此会提高该国货币的即期汇率,但在外汇市场上该国货币的远期汇率会下降。利率与汇率存在一定的平价关系。

5. 利率与金融资产的价格密切相关

当利率上升时,股票价格、债券价格都将下降;当利率下降时,二者的价格都将上升。但不同种类的股票和债券的利率风险是不同的。利率的变化不仅影响股票和债券的价格,也会影响金融衍生品的价格,诸如期货、期权、互换等都会随利率的变化而产生波动。

第五节 利率的风险结构与期限结构

一 利率的风险结构

相同期限的金融资产因风险差异而产生的不同利率,被称为利率的风险结构。有很多风险因素影响利率的大小,其中主要有违约风险、流动性风险、购买力风险和税收风险。

(一) 违约风险

1. 违约风险溢价

违约风险,也叫信用风险或者倒账风险。不同债券的违约风险有很大的不同。

一般来讲,中央政府发行的债券是没有信用风险的,而地方政府债券由于其偿还来源不同,违约风险有很大的差别。例如,地方政府发行的一般义务债券是以其税收作为偿还来源的,信用风险很低;而地方政府发行的收益债券,是以某一投资项目所产生的收益或者说净现金流量作为偿还来源的,风险较高。

一般情况下,公司债券是有信用风险的,而信用风险的大小可以用该公司的信用级别来反映。高级别债券信用风险低,而低级别债券信用风险高。通常来讲,金融债券的信用风险较低,原因是金融债券的发行者是商业银行、投资银行、证券公司等,这些金融机构的资信水平相对较高。

资产支撑证券(ABS)或者住房抵押贷款支撑证券(MBS)也有信用风险,原因是抵押贷款的使用者——房屋的购买者,由于某些情况的发生,可能无力支付贷款的本息。

为了吸引投资者,必须适度降低信用风险以提高债券收益的固定性。同时,提高信用级别、降低违约风险也是降低发行成本的必要条件,因为违约风险高,就必须向投资者支付高的违约风险溢价。通常情况下,有下式

$$y-(y+\lambda)P_d=r_f$$

其中,y 为承诺的到期收益率,P_d 为每年发生违约的概率,λ 为证券每年发生违约后价格损失的程度,r_f 为无风险利率。

上式说明,债券的实际收益率应该为无风险利率,实际收益为承诺收益与期望损失之差。承诺到期收益率为

$$y = \frac{r_f + \lambda P_d}{1 - P_d}$$

2. 债券级别

实际上,由于债券存在违约风险,因此应该有违约风险溢价;又由于存在其他风险,如流动性风险等,因此还应该有其他风险溢价。如果把违约风险溢价定义为 α,将其他风险溢价定义为 β,则有

$$y - (y + \lambda) P_d = r_f + \alpha + \beta$$

$$y = \frac{r_f + \alpha + \beta + \lambda P_d}{1 - P_d}$$

违约风险是非常难以计量的,而它又是极为重要的风险,因此,需要对债券进行级别的评定,用级别表示违约风险的大小。表 2-1 是穆迪(Moody's)、标准普尔(Standard & Poor's,S & P)、惠誉国际(Fitch)关于债券级别的标准。

表 2-1　国际著名信用评级公司设定的信用级别

Moody's	S＆P	Fitch	说明
投资级别——高以及中高信用级别			
Aaa	AAA	AAA	金边债券,最安全
Aa1	AA+	AA+	
Aa2	AA	AA	高级别,信用好
Aa3	AA−	AA−	
A1	A+	A+	
A2	A	A	中高级别
A3	A−	A−	
投资级别——中低信用级别			
Baa1	BBB+	BBB+	
Baa2	BBB	BBB	中低级别
Baa3	BBB−	BBB−	
投机级别——低信用级别			
Ba1	BB+	BB+	
Ba2	BB	BB	低级别,投机性
Ba3	BB−	BB−	
B1		B+	
B2	B	B	高投机性
B3		B−	

（续表）

Moody's	S&P	Fitch	说明
高度投机性级别——风险极高，或者处于违约当中			
Caa	CCC+ CCC	CCC+ CCC	风险很高，处境不妙
Ca	CC	CC	很容易违约，非常高的投机性
C	C	C	极度的投机性
	CI		收益性债券——已经不支付利息
	D	DDD DD D	已经违约

违约风险除了包括债券违约的可能性大小，还包括两个方面：一是信用风险溢价发生变化，二是信用级别发生变化。

即使债券不会发生违约，投资者也会关心债券的市场价值，而债券的市场价值和一般债券的到期收益率与无风险债券到期收益率之间的差额有关。这一差额的一部分来自违约风险，这部分溢价被称为违约风险溢价。如果违约风险溢价增大，债券的市场价值将变小。违约风险溢价与经济环境有关。在萧条时，投资者担心债权人用于偿还债券本息的现金流量会下降。这样，违约风险溢价会扩大，因为投资者更愿意购买低风险的债券。

债券信用级别并不是一成不变的，而是由评级公司随时监控和调整的。债券级别可能提高，也可能降低。如果债券本身或者发行公司的信用级别发生出乎意料的下调，将扩大违约风险溢价，从而降低债券价格。

(二) 流动性风险

流动性是指证券的可交易性。流动性风险是指证券因流动性不足而在交易时可能遭受的损失。流动性的强弱有多种衡量方法，主要是指证券转让过程中所产生的交易成本，既包括各种税费支出，也包括价格的折让。

流动性强的证券，需求就会增加，价格就会上升；而流动性弱的证券，需求就会减少，价格就会下降。例如，如图 2-7 所示，有两种证券 A 和 B，在初始状态时，二者的到期收益率相等。

假定 A 证券出于某种原因其交易活跃程度下降，因此证券需求减少，从 D_{0A} 减少到 D_{1A}，从而证券 A 的价格下降，到期收益率从 y_{0A} 上升到 y_{1A}；而证券 B 的交易活跃程度提高，需求增加，从 D_{0B} 增加到 D_{1B}，从而证券 B 的价格上升，到期收益率从 y_{0B} 下降到 y_{1B}。证券 A 和 B 初始的到期收益率相等，而由于二者的流动性发生变化，它们的到期收益率也发生变化，流动性差的证券 A 的到期收益率 y_{1A} 超过了流动性好的债券 B 的到期收益率 y_{1B}，这一差异被称为流动性溢价。

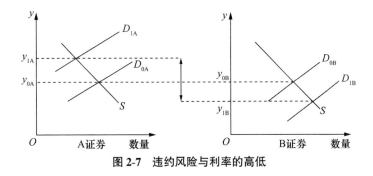

图 2-7　违约风险与利率的高低

流动性溢价说明了一个十分重要的问题:建立债券市场,并提高证券的流动性,可以适度降低证券的到期收益率。而收益要求的下降,是市场创造者的功劳,其中的利益理应由市场的创造者分享。

在证券业中,通常用做市商买入价(Bid Price)与卖出价(Ask Price)之间的差额来表示流动性的大小。如果做市商买卖价差小,说明证券的流动性好;而买卖价差大,则说明证券的流动性不好。表 2-2 反映的是美国债券市场的流动性。[①]

表 2-2　美国不同债券不同经济情况下的买卖价差

证　　券	买卖价差(价格的百分比,%)	
	一般情况下	经济萧条时
国库券	0.002	0.005
A 级金融公司债券	0.120	0.500
B 级产业公司债券	0.500	5.000
MBS	0.060	0.250
长期 Aa 级市政债券	0.250	0.750

流动性风险的大小,与证券自身的特点有很大的关系。如果证券符合大多数投资者的需求,那么投资者购买和持有的积极性就高。

流动性风险的大小,与债券交易场所能够吸引的投资者数量有关。如果债券在集中的交易所交易,由于投资者或潜在投资者分散而且为数众多,交易必然活跃,流动性风险就小。而如果债券由某一证券自营商,比如某一投资银行来做市,这种证券交易的活跃程度就取决于该做市商的实力和声誉。如果该做市商实力强,覆盖面广,服务柜台分布密集,其做市能力就强,其经营的证券的流动性就强。

流动性风险的大小,与该种证券的发行规模有很大的关系。比如,国库券发行量大,发行周期固定且规律性强,投资者众多,流动性自然就强。再比如,美国住房抵押贷款支撑证券由于发行规模大,投资者也相当广泛,因此尽管其交易不在交易所进行,而是在场

---

① Frank Fabozzi(ed.), *Managing Fixed Income Portfolios*, New Hope,PA,p.279.

外市场进行,但其买卖仍然非常活跃。相比之下,某些公司发行的证券由于发行量小,投资者人数少,其流动性自然受到影响。

(三) 购买力风险

债券的一个比较明显的特征是,有明确或比较明确的现金流入量,但债券很难避免物价上涨带来的影响,而股票避免物价上涨的能力则要强得多。

股票的收益主要来自股价的变动。尽管影响股票价格的因素数不胜数,但股价最终是股票价值的反映。股票价格一方面取决于公司的收益,另一方面取决于投资的机会成本——股票资本成本的大小。公司的收益通常与经济环境密切相关,其中也与物价水平相关。上市公司通常有多种手段避免通货膨胀的风险。而由于债券的利息收益是固定的,因此,不管发行者有多强的能力来避免通货膨胀的风险,购买者只能获得名义上固定的利息。这就给投资者带来很高的风险。

由于存在物价的上升,也就产生了名义利率与实际利率两个概念。在金融学中有一个重要的概念叫通货膨胀陷阱。其本意是计算一个投资项目的净现值时,现金流的估算与折现率的估算要同时考虑物价的影响。如果项目的现金流是名义值,即包含着通货膨胀,那么折现率也必须是名义值;如果折现率是剔除物价变化之后的实际值,那么现金流也必须是剔除物价变化之后的实际值。如果分子与分母在对待物价时不一致,就落入通货膨胀陷阱之中了。

(四) 税收风险

一般来讲,不同的投资者有不同的边际税率,不同的债券也有不同的税收待遇。不同时期,投资者所处的税收环境和债券的税收环境也会发生变化。这种影响就是税收风险。1999年下半年,我国开始对存款利息征收20%的税,存款利息的税收待遇就与过去一直执行的企业债券利息、股票股息的税收待遇拉平了,这种变化刺激了对债券的投资。

税收的变化会影响证券的定价。默顿·米勒(Merton Miller)阐述过税收与债券均衡定价的问题。本书在这一基础上展开更进一步的分析。

从税收待遇来讲,投资者可以划分为完全免税的个人和机构投资者,以及不完全免税的个人和机构投资者。图2-8中,y_0为债券需求曲线与纵轴的交点,为完全免税债券的均衡市场利率。由于这些债券是免税的,因此任何投资者购买这种债券都不必缴税。所有投资者在购买相同的债券时,都得到相同的税前收益率。在投资者购买的债券属于完全免税债券时,投资者的税后收益率也相同。因此,债券需求曲线从 y_0 开始有一段是水平状的。这就是对完全免税债券的需求。为了吸引足够多的投资者购买债券,必须逐步提高债券的收益率,以使得那些边际税率为正的投资者购买证券也能获得 y_0 的税后收益。同时,社会上有更多的债券都不是免税的,为了让这些证券也能投入市场,并为投资者所认购,必须也让其边际投资者获得 y_0 的税后收益。那么,在不考虑其他各种风险和费用的情况下,证券的承诺收益率为

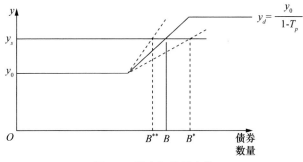

图 2-8　税率与债券定价

$$y_d = \frac{y_0}{1-T_p}$$

其中, y_d 为债券的承诺收益率, T_p 为投资者的边际税率。

为了让足够多的投资者购买债券,必须不断地提高债券的承诺收益率。因此,债券需求曲线向右上方倾斜,其上升趋势与边际税率的变化有关。如果边际税率为快速累进的,那么曲线形状将表现得更为弯曲,说明承诺收益率的递增速度在加快。如果边际税率按一定的比例递增,那么债券需求曲线就变成一条直线。达到最高边际税率后,该曲线又将变成一条水平的直线。当承诺收益率 y_d 等于证券发行者税前所能支付的最大收益率时,市场达到均衡,即当 $y_d = y_s$ 时,有

$$y_s = \frac{y_0}{1-T_c}$$

其中, T_c 为债券发行公司的所得税税率。

如果债券的承诺收益率高于 y_s ,那么发行公司就会遭受损失。实际上,此时公司完全有理由购买其他公司发行的高承诺收益率的债券。如果此时债券的承诺收益率低于 y_s ,那么会有别的公司——低负债企业加入发债的行列,因此在均衡时,公司负债成本一定有

$$y_0 \left(\frac{1}{1-T_c} \right) \times (1-T_c) = y_0$$

该公式说明,公司税前债务成本再乘以 $(1-T_c)$ 就变成了税后债务成本。

税收的大小及其变化会明显改变债务市场的均衡状况。当债券享受较优惠的税收待遇时,需求曲线将向右移动,均衡的承诺收益率会相应下降。当债券的承诺收益率不变时,就会有更多的公司愿意发行债券,这样就可以实现政府希望发展债券市场的目标。

有些证券是免税的,有些则必须纳税;有些投资者是免税的,更多的则必须纳税;有些投资者收入多而税率高,有些投资者收入少而税率低。税收问题很复杂,但分析利差时,不得不考虑税收对收益率的影响。为了分析税收待遇不同对利率高低的影响,需要确

立两个概念：税后收益率与等税收益率。

税后收益率是指相同投资者购买不同证券纳税之后的收益率。税后收益率的计算公式为

税后收益率=税前收益率×(1-边际税率)

例如，投资国债的利息是免税的，而一般公司债券的利息税为20%，这样，投资公司债券的税后收益率计算公式即为

公司债券税后收益率=税前收益率×(1-20%)=税前收益率×0.8

与税后收益率相近的概念是等税收益率，即把免税债券收益率还原为纳税前的收益率，计算公式为

等税收益率=免税收益率/(1-边际税率)

例如，在我国，购买国债的利息免税。假定国债的到期收益率为5%，由于一般债券的利息税为20%，因此国债的等税收益率就等于6.25%。

二　利率的期限结构

利率的期限结构是指在某一时点不同期限资金的收益率与到期期限之间的关系。而由各种不同期限证券的到期收益率(Yield)所构成的曲线被称为到期收益率曲线，如图2-9所示。

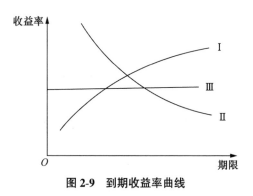

图2-9　到期收益率曲线

严格地讲，各种不同期限证券是指不同期限的零息债券，因为零息债券的到期收益率不受再投资收益率变化的影响。

在图2-9中有三条到期收益率曲线。这三条曲线的形状是大不相同的，那么为什么会有不同形状的到期收益率曲线呢？解释这一问题，涉及利率期限结构理论。

利率期限结构理论分为传统和现代两种。传统的利率期限结构理论主要研究收益率曲线的形状及成因，而现代利率期限结构理论着重研究利率的动态过程。本书只介绍传统的利率期限结构理论，其中包括预期理论、风险溢价理论、市场分割理论。

（一）预期理论

1. 到期收益率曲线与远期利率的关系

预期理论的出发点是，长期证券的到期收益率等于即期短期利率和未来预期短期利率的几何平均。

预期理论有以下假定：

（1）市场上的各种证券没有违约风险；

（2）全部投资者都是风险中立者，其服从利润最大化原则；

（3）证券买卖没有交易成本；

（4）投资者都能准确预测未来的利率；

（5）投资者对证券不存在期限偏好。

由于长期证券的收益率是短期收益率的几何平均，因此

$$(1+R_n)^n = (1+i_1)(1+i_2^e)\cdots(1+i_n^e)$$

其中，R_n 为期限为 n 年的证券的收益率，i_1 为即期短期利率（如 1 年或半年的利率），i_2^e 为第 2 期的单期远期利率，i_n^e 为第 n 期的单期预期利率。

当期限为 n 时，

$$i_n^e = \frac{(1+R_n)^n}{(1+R_{n-1})^{n-1}} - 1$$

也就是说，只要知道相邻两期零息债券的到期收益率，就可以计算出单期远期利率，即投资者如果知道各种期限的即期收益率 $R_n(n=1,2,\cdots,n)$，就可以计算出远期利率。

如果收益率曲线下降，那么单期远期利率也将下降。我们可以证明如下：

$$1+i_n^e = \frac{(1+R_n)^n}{(1+R_{n-1})^{n-1}} = \frac{(1+R_n)^{n-1}}{(1+R_{n-1})^{n-1}}(1+R_n)$$

所以

$$\frac{1+i_n^e}{1+R_n} = \frac{(1+R_n)^{n-1}}{(1+R_{n-1})^{n-1}}$$

如果收益率曲线向右上方倾斜，即

$$R_n > R_{n-1}$$

则

$$(1+R_n)^{n-1} > (1+R_{n-1})^{n-1}$$

则

$$\frac{1+i_n^e}{1+R_n} > 1$$

$$i_n^e > R_n > R_{n-1}$$

如果到期收益率曲线向右上方倾斜，则预期第 n 期的短期利率会超过 n 期零息债券

的到期收益率。此时,我们不要将其理解为预期的短期利率会不断提高。预期的短期利率有时会低于前一期的预期的短期利率。

例如,到期收益率曲线如表 2-3 的第二列所示,可以推算出单期远期利率,见表 2-3 的第三列。

表 2-3 到期收益率曲线与单期远期利率(6 个月,有效利率)

时段	即期收益率曲线(%)	单期远期利率(%)
1	3.25	3.25
2	3.50	3.75
3	3.70	4.10
4	4.00	4.91
5	4.20	5.00
6	4.30	4.80

具体推算过程如下:

由于我们知道即期收益率曲线,也知道第一期的即期利率与第一期的远期利率相等,因此,推导远期利率是轻而易举的事情。例如,第二期的即期利率为 3.5%,而第一期的即期利率为 3.25%,因此,从阶段 1 到阶段 2 的远期利率为 3.75%,因为

$$(1+3.5\%)^2=(1+3.25\%)(1+_0f_{1,2})$$

$$_0f_{1,2}=3.75\%$$

其中,$_0f_{1,2}$ 的含义是在时点 0,从阶段 1 到阶段 2 的远期利率。

同理,从阶段 2 到阶段 3 的远期利率为 4.10%,因为

$$(1+3.7\%)^3=(1+3.5\%)^2(1+_0f_{2,3})$$

$$_0f_{2,3}=4.10\%$$

同理,可以推导出其他单期远期利率。

我们用图形来刻画即期收益率曲线与远期利率曲线,见图 2-10。

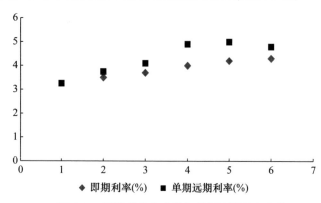

图 2-10 即期收益率曲线与单期远期利率曲线

由于即期利率曲线向右上方倾斜,因此远期利率曲线上的每一点都比前一期即期利率高。读者一定要注意,即期利率是某一期限零息债券的到期收益率,但不是单期利率。但这幅图中的远期利率是单期利率。我们不能这样讲:即期利率曲线向右上方倾斜,因此远期利率曲线上的每一点都比前一期远期利率高。在图中,尽管即期利率曲线向右上方倾斜,但是阶段 5 到阶段 6 的远期利率 $_0f_{5,6}$ 要低于阶段 4 到阶段 5 的远期利率 $_0f_{4,5}$。

2. 预期理论的应用

在经济运行中,人们经常观察到在经济扩张初期,到期收益曲线的斜率趋于增大,而在经济扩张末期,到期收益曲线的斜率趋于减小。从理论上可以解释这一现象。

从需求方的角度来看,在经济的扩张期,投资加大,货币需求的期望值增大,这些都促使真实利率提高;而如果预期经济走向低谷,预期远期利率就会下降,因为投资需求将趋缓。

从供给方的角度来看,人们更愿意均衡消费。如果预期经济衰退,人们将更不愿意花钱,这也促使利率走低。

有不少经济学家用到期收益率曲线的斜率来解释或预测现在或者未来的经济增长,解释能力通常比较强。

(二) 风险溢价理论

由于不同期限证券的利率风险是不同的,因此投资者也不完全是风险中立者,他们有些是风险规避者,而有些则是风险偏好者。投资者为了降低利率风险,往往会舍弃预期收益。在这种情况下,收益率曲线会反映如下内容:第一,投资者对未来短期利率的预期;第二,投资者对利率风险低的债券的需求较大;第三,债券发行者为减少兑现债券的麻烦而愿意增加长期债券的发行,即长期债券的供给较大、价格较低、收益率较高。

因此,从风险的角度来考虑,短期债券的利率风险较低,长期债券的利率风险较高,为鼓励投资者购买长期债券,必须给投资者以贴水,这实际上是风险溢价,属于流动性和再投资收益率双重风险的溢价。如果长期债券的收益率为 R_n^*,是在 R_n 之上加上了风险溢价,那么,随着期限的延长,风险溢价 L_n 也会随之增大,即

$$0 < L_1 < L_2 < \cdots < L_n$$

因此,虽然 $R_n > R_{n-1}$,即收益率曲线上升,但并没有说明未来短期利率必然上升,未来短期利率也许根本不变。

正因为如此,风险溢价理论认为,收益曲线的关系应该修正为

$$[1+(R_n^*-L_n)]^n = (1+i_1)(1+i_2^e)\cdots(1+i_n^e)$$

所以有

$$(1+R_n)^n > (1+i_1)(1+i_2^e)\cdots(1+i_n^e)$$

尽管风险溢价理论认为,收益率曲线是上升、下降还是水平的,并不是由投资者对未来短期利率的预期所造成的,风险溢价在收益率曲线形成过程中起着非常大的作用,但是

收益率曲线出现转折点(即由上升转变为下降的点,或者相反),还是由投资者对短期利率的预期造成的。

(三) 市场分割理论

市场分割理论又被称为期限偏好理论。该理论强调了交易成本在投资中的重要性。该理论认为,长期证券的投资者在不久的将来需要资金时,因证券不能兑现,只能变卖,所以就必须承担交易成本。为了降低交易成本,投资者就要在投资之前考虑资金的使用。一般情况下,消费者会持有证券到偿还期期末,与他们的消费需求产生的时间相配合,例如与他们的退休时间相配合;厂商购买证券的期限一般与机器购买的时间相配合;商业银行持有证券的期限一般与其对第二准备金的需求相配合,因此证券期限较短。保险公司、退休基金购买证券的期限一般很长,原因是其资金多为长期性资金。证券发行者在发行证券时一般要考虑交易成本,因此倾向于发行期限较长的证券。

无论是投资者还是发行者都有期限方面的偏好。如果发行者更愿意发行长期债券,而投资者更愿意购买短期债券,那么短期债券的价格将上升,收益率将下降,就会出现收益率曲线向上倾斜的情况;如果发行者更愿意发行短期债券,而投资者更愿意购买长期债券,那么长期债券的价格将上升,收益率将下降,就会出现收益率曲线向下倾斜的情况,如图 2-11 所示。

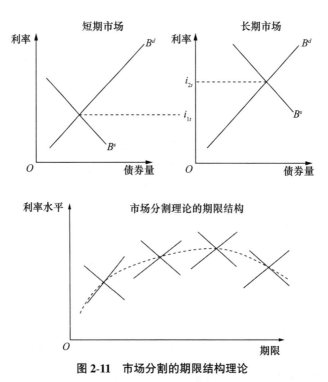

图 2-11 市场分割的期限结构理论

思考题

1. 阐述新古典利率理论。

2. 利用 IS-LM 模型,分析决定利率的因素有哪些,以及分别通过什么机制决定。

3. 利率在经济生活中的哪些方面会发挥作用?

4. 利率市场化之后,一国政府为什么要管控基准利率?

5. 中国的基准利率管控与美国的基准利率管控有什么区别?

6. 根据预期理论,未来短期利率上升,那么收益率曲线就向右上方倾斜,请举例说明,并用数学公式来解释一般情况。

计算题

1. 3 年后将收到 1 000 元,请计算在下面的情形下,这 1 000 元现在值多少钱?

a. 年复利为 20%

b. 年复利为 100%

c. 年利率为 20%,但半年计算一次复利

d. 年利率为 20%,但按季度计算复利

e. 年利率为 20%,但连续计算复利

2. 考虑以下三种借款利率:连续利率 10%;年化单利利率 10.10%,每月计算一次复利;年化单利利率 10.2%,半年计算一次复利。如果你打算借入资金一年,请问你选择哪个利率?

3. 即期利率(6 个月有效利率)如下:

期限(半年)	即期利率(半年有效收益率,%)
1	3.25
2	3.50
3	3.70
4	4.00
5	4.20
6	4.30

如果无套利理论成立,请计算未来的单期远期利率。

4. 一张国库券,2022 年 11 月 23 日到期,在 2022 年 10 月 16 日的报价为贴现率 2.83%。假定一年为 365 天。请问 1 万元国库券的购买成本是多少? 这一投资的到期收益率(连续利率)是多少?

第三章 金融市场与金融工具

第一节 金融市场概述

一 金融市场的定义

金融市场是指融通资金的场所。在金融市场中,资金的集中与配置得以实现。

金融市场有广义和狭义之分。广义的金融市场是指能够进行资金的集中与配置的一切场所,其中包括银行对资金的集中与贷放。广义的金融市场包括银行信用与狭义的金融市场两个部分。狭义的金融市场是指通过金融工具的买卖而实现资金的集中与配置的场所。它不包括银行通过存款和放款所形成的那部分交易。

金融市场一般具有以下三个特征:

第一,金融市场是以货币和资本为交易对象,通过短期与长期金融工具的买卖所形成的。这一特征有别于市场经济中其他的市场种类,如商品市场、劳务市场、技术市场、信息市场等。

第二,金融市场并不一定是一个具体的市场。现代的金融交易既包括有具体交易场所的交易,也包括在无形交易场所内进行的交易。由于现代金融市场的主体非常广泛,再加上现代通信设施的日益完善,交易双方可以在相距千里之外的两地参与金融交易,因此,交易市场的无形化是现代金融市场的一个明显特征。互联网技术的发展拓展了金融交易的时间与空间,网上交易已越来越普及,因此金融市场的无形化特征越来越明显。

第三,金融市场是以直接融通资金为主要特征的。在市场经济的初始阶段,资金的借贷主要以民间口头协议的方式进行,其特点是范围小、数额少、众多小金融市场并存。随着市场经济的发展,银行系统也发展起来了,金融交易主要通过银行来进行,表现为通过银行集中实现的借贷量占全社会借贷量的绝大部分,银行信用成为主要的信用形式。但由于现代金融业的发展,金融交易相当大的部分是以证券交易的方式进行的,表现为各种金融工具的发行与交易。因此,若不考虑银行信用,金融市场是以金融工具的交易,即资金需求者与投资者直接发生关系为主要特征的。

二　金融市场的作用

金融市场是一个国家极为重要的市场,在经济生活中扮演着非常重要的角色。本书将金融市场的作用归纳为以下几点:

第一,金融市场能够引导资金合理流动,提高资金配置效率。因为金融市场的存在,促使资金供求双方产生交易,有助于降低融资成本,提高资金使用效益。金融市场也为各种期限、不同种类的金融工具互相转换提供了必需的条件。

第二,金融市场具有定价功能,使得经济活动有了晴雨表。所有的金融工具都有收益的内涵,通过金融交易,买卖双方相互作用,最终"发现"金融工具的价格。当然,金融市场定价功能的实现,取决于市场的资源配置效率。投资学中有所谓的净现值决策,本质是投资与消费可以分离。之所以可以按照净现值的大小决定一个项目的好坏,就是因为有金融市场的存在,投资者实现投资回报,可以把财富藏在金融市场中,在需要的时候再退出金融市场,去实现财富带来的效用。

第三,金融市场为政府的金融调控提供了条件。金融调控的效率依赖于通过金融市场来传导中央银行的政策信号,通过金融市场的价格变化引导各微观经济主体的行为,实现货币政策调整意图。由于金融机构更加广泛地参与金融市场的运行,中央银行调控的范围和力度将会伴随金融市场的发展而不断得到加强。

第四,金融市场的发展可以促进金融工具的创新,因为多样化的金融工具可以使融资者的多样化需求得到满足。

第五,金融市场帮助普通投资者与金融机构实现风险分散和风险转移。

三　金融市场的基本要素

金融市场与其他市场一样,基本要素包括交易主体、交易工具和交易价格。

首先,金融市场的交易主体包括任何参与交易的个人、企业、金融机构以及政府。这些主体之间的融资行为属于直接融资,是通过金融工具的买卖来完成的;而通过银行等金融机构的借贷行为完成的金融交易则属于间接融资。

其次,金融市场的交易对象是金融工具。金融工具有以下基本特征:

(1) 偿还性。金融工具到期时,融资方要承担偿还责任,因此金融工具一般都要标明到期偿还的时间。

(2) 权益性。金融工具是资金供给者获取利益的工具。

(3) 流动性。流动性是指金融工具转变为货币的能力。流动性是通过金融工具的买卖来实现的,买卖价差或交易成本以及交易规模是衡量流动性的重要指标。

(4) 风险性。风险有多种内涵,主要包括市场风险和信用风险。市场风险属于系统风险,主要是指金融工具的价格波动。信用风险是指债务人无法履约或不履约的可能性增大给债权人带来损失的可能性。

最后,金融市场的交易活动受交易价格的支配,投资者与融资者根据金融工具的价格参与交易。

四 金融市场的分类

金融市场是一个大系统,包括许许多多既相互独立又相互关联的市场。依据不同的划分标准,可将金融市场划分出不同的类别。

第一,按金融工具的成熟期限来划分,可以将金融市场划分为货币市场和资本市场。货币市场是交易期限在 1 年以内的短期金融工具的市场,其作用是满足交易者对资金的流动性需求。货币市场包括短期借贷市场、银行同业拆借市场、短期债券市场、贴现市场、外汇市场等。资本市场是指金融工具成熟期在 1 年以上的长期金融市场,其作用是满足中长期的投资需求和政府弥补财政长期赤字的资金需要。资本市场包括银行长期借贷市场和证券市场。

第二,按交易的区域来划分,可以将金融市场划分为国内金融市场和国际金融市场。国内金融市场的活动范围限于本国领土之内,双方当事人都为本国的自然人和法人。国际金融市场的活动范围则超越了国界,其范围可以是某一区域性的,如中东、东南亚、欧洲等,也可以是世界性的。国际金融市场的交易主体可以是不同国家和地区的自然人与法人。

第三,按具体的交易内容来划分,可以将金融市场划分为多个具体市场,如贴现市场、短期债券市场、外汇市场、黄金市场、股票市场等。

第四,按金融工具的交割期来划分,可以将金融市场划分为现货市场和期货市场。现货市场一般是指在成交后 1~3 日内立即付款交割的市场。期货市场的交割期则是按成交时所规定的日期如几周、几月之后来交割。金融工具采用期货交易的种类越来越多,如债券期货、股票期货、股价指数期货、期权期货、外汇期货和黄金期货等。

第五,按金融工具进入市场的时间来划分,可以将金融市场划分为初级市场和次级市场。初级市场是指需要资金的单位在金融市场上发行新的金融工具,这是金融工具发行者与原始购买者之间的交易。次级市场是指已发行的金融工具流通与转让的市场。初级市场也称为一级市场和发行市场。次级市场也称为二级市场和交易市场。

第二节 短期金融工具

短期金融工具的到期时间一般短于 1 年,主要包括商业票据、银行票据、大额可转让定期存单、支票、信用证、信用卡、短期债券等。本书在此之前已经介绍过商业票据和信用卡,因此,这里只介绍其他短期金融工具。

一　银行票据

银行票据是指由银行直接签发或银行承诺由其承担付款义务的票据。其种类包括本票和银行汇票。银行承兑汇票是商业汇票的一种,但由于银行信用参与到商业信用之中,因此银行承兑汇票也具有银行票据的特点,有些工具书或教科书中将它列为银行票据。由于银行票据建立在银行信用的基础上,信用关系牢靠,因此在市场上银行票据较商业票据更易于流通,特别是大银行的银行票据,流通范围很广。

银行本票是由银行签发的,承诺在到期日由自己无条件地向收款人或其指定人支付一定款项的票据。银行本票既能适应各种商品和劳务的交易以及债权债务的结算,又可以背书转让,所以是十分重要的金融工具。

二　大额可转让定期存单

大额可转让定期存单是指银行发行的不记名的、金额固定且较大的存款单。大额可转让定期存单是金融创新的产物。20 世纪 50 年代末 60 年代初,美国对银行利率采用"Q条例"进行限制,使市场利率高于银行利率,银行信用受到冲击,因为企业把资金投向证券市场和其他金融市场之中。银行想要把资金重新吸引过来,同时又必须遵守"Q 条例",为此大额可转让定期存单应运而生。1961 年,大额可转让定期存单由美国花旗银行首先发行,并迅速为其他银行所效仿。

大额可转让定期存单的利率高于同期银行定期存款,但由于存单金额一般较大,且银行不必担心提前兑取,因此交易成本低,银行运用这笔资金也比较放心。由于大额可转让定期存单不可以提前支取,而定期存款是可以的,因此储户要损失一部分存款利息,但对银行而言,发行大额可转让定期存单有很大的好处。另外,由于大额可转让定期存单不能提前支取,因此就需要有转让市场,这对投资者而言也是有吸引力的。

我国曾允许银行发行大额可转让定期存单,1993 年前后,有些银行按很大的折扣发行,致使利率过高,为了制止无序发行,中国人民银行很快就取消了大额可转让定期存单的发行。2015 年,我国又允许符合条件的银行等金融机构发行针对个人投资者的大额存单。目前个人投资者的认购门槛是 20 万元,机构投资者的认购门槛为 1 000 万元;大额存单包括期限为 1 个月、3 个月、6 个月、9 个月、1 年、18 个月、2 年、3 年和 5 年的共 9 个品种;大额存单的发行利率以市场化方式确定,浮动利率存单以上海银行间同业拆借利率为浮动利率基准计息。大额存单可以转让,但转让范围限于非金融机构投资人;大额存单也可以质押贷款。

三　支票

支票是发票人委托银行于见票时向收款人或持票人无条件支付一定金额的有价证

券。在我国,支票是票据的一种,与其他国家把支票与汇票、本票分开的情形不同。我国于 2007 年 6 月建成了全国支票影像交换系统,实现了支票在全国范围的互通使用,企事业单位和个人持任何一家银行的支票均可以在境内所有地区办理支付。

支票与汇票有以下主要区别:

第一,发行支票时,发票人与付款人之间有资金关系。无资金关系而发行的支票,虽然也有支票的效力,但其发票人要受到处罚。发行汇票时,发票人与付款人不一定有资金关系。

第二,汇票应记载特定的收款人,而支票不一定记载特定的收款人。

第三,有关法规对支票的付款人身份有限制性的规定,而汇票的付款人没有身份限制。

第四,汇票转让时,应作转让背书,支票的转让一般采取交付方式。

支票是许多国家普遍采用的一种票据,具有多种形式。支票以存款人在银行有足够的存款额或透支额为基础,是一种支付凭证。它虽有银行信用作为基础,但不是信用工具,而是支付工具。支票经过背书可以流通转让,具有通货作用,因此也被称为典型的信用货币。

四 信用证

信用证是开证银行根据申请人(付款方)的要求向收款人开立的一定金额、一定期限,并根据一定条件进行付款的一种保证书。

商业信用证是商品交易中货款结算的一种凭证,它广泛应用于国内和国际贸易中。以国际贸易为例:国际贸易中的信用证是根据买卖合同的要求开立的,其种类、金额、开证日期和有效期等内容都在买卖合同中规定。进口商和出口商签订了买卖合同后,首先由进口商向其开户银行开出商业信用证。开证时,应预缴一部分或全部货款作为保证金。然后由开证行将信用证寄给外国的出口商或其代理银行,出口商接到信用证后立即发货。

信用证的本质是银行保证替客户付款,因此银行发放信用证当然要特别慎重,因为这是一种严肃而庄重的承诺。如果是不可撤销的信用证,那么这种保证付款的承诺是必须履行的。

五 短期债券

短期债券是指期限不超过 1 年的债券。由政府发行的短期债券也叫国库券。国库券的流动性非常强,交易成本很低,而且交易规模巨大,是重要的短期金融工具。

政府发行短期债券,有以下作用:

第一,满足政府对短期资金的需要。在资金短缺时,政府通常要利用发行长期金融工具——公债——的办法来弥补财政赤字。即使在财政收支平衡时,为了应付财政收支的季节性波动,政府也要发行短期金融工具——国库券——以补充政府的短期资金。

第二,在长期金融工具的收益率不稳定时,国库券可以起到弥补财政赤字,等待发行长期金融工具——公债——的合适时机的作用。如果预期的收益率上升,公债的价格将下跌,从而影响公债的发行和认购;如果预期的收益率下降,此时发行,政府将负担较高的利息。在这种情况下,政府不宜发行公债,而应先发行短期债券,弥补财政收入的不足。等到长期金融工具的收益率稳定时再发行公债。

第三,一般情况下,国库券是中央银行进行公开市场活动的主要工具。中央银行通过国库券的买卖调节社会上的货币供应量。

第四,短期国债的收益率可以成为金融市场的基准利率,从而成为其他短期金融工具的定价标准。

第三节　债券

一　债券的特征

债券具有偿还期、面值、票面利率三个基本特征,有很多证券还有内含选择权。

(一) 偿还期

债券通常都有一个固定的到期日,在到期日,债务人要清偿债券的本息。按照偿还期通常可以将债券划分为短期债券、中期债券、长期债券等。短期债券通常在 1 年以内到期,中期债券在 1~10 年内到期,而长期债券则是 10 年以上到期。有些债券是可展期的,在到期日,投资者有一个选择权,他可以要求清偿该债券的本息,也可以按照事先约定的条款,继续持有债券几年,而票面利率则是原来债券的利率。有的固定收益证券没有确定的偿还期,只要发行者不清偿本金,这类证券就永远不到期。这类证券被称为永久性债券(consols)。

偿还期是债券的一个重要特征,有以下作用:

第一,偿还期与债券利息支付密切相关。

第二,偿还期与债券的到期收益率密切相关。如果到期收益率曲线向右上方倾斜,那么长期债券给投资者带来的回报率通常会高一些;反之亦然。正因为如此,投资者选择债券时,为了获得理想的收益,不可能不考虑偿还期。实际上,债券投资所实现的收益率在很大程度上还与再投资收益率有关,并不完全取决于到期收益率的大小。

第三,偿还期与债券的价格风险相关。一般来讲,债券的偿还期越长,价格风险越高;偿还期越短,价格风险越低。偿还期越长,再投资收益率风险越低;偿还期越短,再投资收益率风险越高。

(二) 面值

面值也许是债券投资收益中最主要的部分。如果是零息债券,那么投资者的全部收益都只来自面值。如果债券的票面利息率低于市场到期收益率,那么债券就将折价交易,资本利得就成为债券投资者的重要获利来源。如果债券的票面利息率高于市场到期收益率,那么债券就将溢价交易,因此,资本损失就将不可避免。

在债券投资中,债券价格应该反映债券票面利率(Coupon Rate)与市场到期收益率(Yield)之间的关系。如果平价交易,则债券票面利率等于市场到期收益率;如果折价交易,则债券票面利率小于市场到期收益率;如果溢价交易,则债券票面利率大于市场到期收益率。

例:一只债券的票面利率为5%,期限为3年,面值为100元,一年支付一次利息。如果该债券的价格为100元,属于平价交易,那么该债券的到期收益率就是5%;如果债券的价格为102元,属于溢价交易,那么该债券的到期收益率则应该低于5%;而当债券的价格为98元时,该债券的到期收益率则要高于5%。

上述规则是债券定价的一般规则。这里的价格是指债券的净价,也就是债券全价扣除累计利息之后的价格。

(三) 票面利率

1. 票面利率与付息频率

债券的利息通常也被称为票面利息,是与票面利率和票面价值密切相关的。例如,一只债券的面值为1 000元,票面利率为8%,那么该债券每年所支付的利息就是80元。票面利率一般是指按单利方法计算的年利息率,但利息的支付频率会有很大差别。例如,美国国库券和公司债券的利息通常半年支付一次,而欧洲债券的利息则是一年支付一次,中国债券利息的支付频率多为一年一次。MBS的利息为每个月支付一次。利息支付频率不同,最终的实际利率水平会出现差异。本书在第二章介绍过复利频率与实际利息之间的关系。

2. 零息债券

零息债券是票面利率为零的债券。由于票面利率为零,债券价格一定低于面值,因此投资者获利的途径就只能是资本利得。有些债券规定了票面利率,也规定按照复利计息,但规定到期日一次偿还本息,这类债券也是零息债券,只是与上面的零息债券略有一点不同罢了。

零息债券有很多独特之处,其中之一就是再投资收益率风险低,而价格风险高。有些投资者喜欢零息债券,因为零息债券的再投资收益率风险低。尽管零息债券的价格风险高,但只要投资者持有至偿还期,就可以获得确定的收益率。另外,由各种期限零息国债到期收益率构成的到期收益率曲线是金融中重要的基准利率。零息债券尽管很简单,但十分重要,特别是在给其他债券定价时,零息债券是重要的参照。

在市场中,零息债券并不是很多,为了让投资者买到无风险的零息债券,金融中介机构把附息国债分拆为零息债券。例如,把 30 年的附息国债分拆为 30 种零息债券,期限分别为 1 年、2 年直到 30 年。这样的债券被称为剥离债券(Separate Trading of Registered Interest and Principal Securities,STRIPS)。

票面利率与债券的价格风险之间有很强的关联。在偿还期相同的情况下,票面利率越高,债券的价格风险越低;反之亦然。例如,票面利率为 5% 的债券与票面利率为 10% 的债券相比,市场利率的相同变化引起的票面利率为 5% 的债券价格的变化,要大于票面利率为 10% 的债券价格的变化。在债券体系中,票面利率最低的债券是零息债券,因此,对于相同偿还期的债券,零息债券的利率风险最大。

3. 票面利率逐级递增的债券

有这样的债券,其票面利率经过一段时间后增加,比如前两年为 5%,后 3 年为 6%,这样的债券被称为票面利率逐级递增的债券(Step-up Note)。票面利率逐级递增的债券又可以分为单级和多级两种。前面的例子为单级递增,即只有两个台阶。多级递增是指利率有三个或三个以上的台阶。例如,前两年的利率为 4%,中间两年为 5%,后两年为 6%。

(四) 内含选择权

随着金融市场的发展和金融创新能力的进步,更多的债券中包含了选择权。其中有赋予发行者的选择权,也有赋予投资者的选择权。

1. 赋予发行者的选择权

(1) 回购条款。可回购债券是含权债券中最为常见的一种。通常,长期债券都设有可回购的条款,即债券的发行者可以在债券到期之前按事先约定的价格买回债券。这一回购权利是很有价值的,因为在利率水平相对较高时,利率向下波动的力量要强于继续向上走的力量。如果未来利率真的下降了,那么发行者按照降低了的市场利率筹资的话,其筹资成本将下降。对发行者有利,对投资者就不一定了。有些条款的设定也许对投融资双方都有利,但在回购条款方面,对投资者就一定不利了。既然如此,就需要给予投资者补偿。具体而言,在回购债券发行时,发行者要提供更高的票面利率,或者说,投资者可以按更低的价格购买这种债券。

(2) 提前偿还。对于分期偿还的债券,单个借款人一般都有提前还款的权利。他可以提前偿还贷款本金的一部分,也可以全部偿还。提前偿还的权利对于借款人是很有价值的,本质上,该权利与回购选择权是相同的。但二者也有不同之处,主要是提前偿还的选择权中没有回购价格。通常都是借款本金的面值,没有溢价。有提前偿还选择权的证券包括 MBS 和 ABS 等。

(3) 偿债基金条款。偿债基金条款主要是为了保护债权人。因此,有些债券特别是有违约风险的长期债券都设有偿债基金条款。在早些时候,偿债基金条款会要求发行者把钱存到一个专设的账户下,用这一账户所形成的资产来偿还到期债务。而现在,偿债基金仅仅意味着发行者从债权人那里买回债券,而不必把资金放入一个专设的账户中。偿债基金条款要求发行者在偿还期到来之前注销部分或者全部的既存债券。在债务到期之前,偿债基金条款要求发行者买回的部分一般为 20%~100%。在私募债务中,通常要求发行者在偿还期到来之前把债务全部赎回。而一般情况下,一只偿债基金条款会明确地规定发行者每年赎回债券的数额,因此,偿债基金条款会有规则地注销债券。有时,偿债基金在债券发行 5 年后才开始启动。偿债基金条款也是为了保护债务人。为什么要保护债务人?很明显,由于债务人到一定时候必须赎回一定数额的债券,如果对债务人不给予保护,那么投资者特别是大的投资者沆瀣一气,合力抬高债券的价格,债务人就将遭受很大的损失。此时给予债务人多种赎回的选择权,有利于市场的公平。偿债基金是暗含的买入期权。尽管发行者必须有规则地赎回其一部分债券,但其也有关于如何赎回的选择权。发行者既可以在交易市场上按交易价格买回债券,也可以与某些投资者进行协商按双方认可的价格赎回。而且,发行者也可以向其受托人支付现金,按固定价格,通常是债券的面值来赎回债券。如果债券是按照高于面值的价格发行的,那么这一赎回价格也许就是发行价格。随着时间的推移,赎回的价格通常会不断地下降,直至降到债券面值。

(4) 浮动利率的顶。关于浮动利率的顶,本书在第二章已经做过说明,此处不再赘述。

2. 赋予投资者的选择权

(1) 可转换的权利。可转换债券赋予了投资者将该债券转化为股票的权利。可转换债券的价值由不可转换债券的价值和转变成股票后的价值共同决定。可转换债券连接了债券和股票,成为现代金融中的一个重要工具。

(2) 货币选择权。有些在国际金融市场上发行的债券,为了吸引投资者,并为了减少投资者对汇率变化的担心,在发行债券时,会给予投资者货币选择权。具体而言,投资者在收取债券本息时,可以按两种货币中的任意一种计价,汇率则事先给定。

(3) 可回卖的权利。与可回购债券相似,可回卖债券赋予债券投资者一种权利,即按事先规定的价格回卖给债券发行者。这种债券无疑增加了债券的价值。例如,发行者发行了期限为 4 年的债券,票面利率为 4%,面值为 100 元。回卖保护期为第一年,在 1 年后即时点 1,债券购买者可以按 91 元的价格卖给发行者;在时点 2,投资者回卖的价格为 94 元,在时点 3,投资者回卖的价格为 97 元。这种债券的价值相当于无选择权债券的价值再加上卖出期权的价值。尽管可回卖债券不如可回购债券多见,但毕竟是存在的。在我国,可转换债券绝大多数都设有回卖条款。

(4) 可延期的权利。可延期债券赋予投资者一项选择权,即当债券到期时,投资者有权要求发行者偿还债券本息,也有权按原来的利率继续持有一定时间。如果债券到期时市场利率较低,那么投资者获得债券本息就只能以比较低的收益率进行再投资。如果投资者有展期的权利,那么他就可以按较高的收益率继续获得收益。

（5）浮动利率的底。关于浮动利率的底,本书在第二章已经做过阐述,此处不再赘述。

二　债券收益的衡量指标

（一）到期收益率

对于一般的固定收益证券而言,如果利息是一年支付一次,那么到期收益率可以这样计算：

$$P_0 = \sum_{t=1}^{n} \frac{C_t}{(1+y)^t} + \frac{F}{(1+y)^n}$$

其中,y 为到期收益率,C_t 为一年所获得的利息,P_0 为当期价格,F 为期末偿还价格,n 为偿还期。

例：一只债券的期限为 5 年,票面利率为 5%,面值为 100 元,一年支付一次利息,目前的价格为 95.787 元。求该债券的到期收益率。

$$95.787 = \sum_{t=1}^{n} \frac{100 \times 5\%}{(1+y)^t} + \frac{100}{(1+y)^5}$$

$$y = 6\%$$

如果债券不是一年支付一次利息,而是更为普遍的一年支付两次利息,那么到期收益率的计算公式为

$$P_0 = \sum_{t=1}^{n} \frac{C_t}{(1+y/2)^t} + \frac{F}{(1+y/2)^n}$$

其中,y 为到期收益率,C_t 为半年所获得的利息,t 为付息日距时点 0 的时间间隔（多少个半年）,P_0 为当期价格,F 为期末偿还价格,n 表示距时点 0 有多少个半年。

此时得到的到期收益率 y,属于约当收益率（Equivalent Yield）。很明显,约当收益率是按照单利方法计算出来的年收益率。

例：一只债券的期限为 5 年,票面利率为 5%,面值为 100 元,一年支付两次利息,目前的价格为 104.4913 元。求该债券的到期收益率。

$$104.4913 = \sum_{t=1}^{n} \frac{100 \times 2.5\%}{(1+y/2)^t} + \frac{100}{(1+y/2)^{10}}$$

$$y/2 = 2\%$$

$$y = 4\%$$

约当收益率是债券价格最普通的表示方式。如果约当收益率为 4%,那么在半年付息一次的情况下,半年到期收益率就是 2%。如果约当收益率是 6%,在按月付息的情况下,月到期收益率就是 0.5%。

由于债券的约当收益率是按照单利方法计算的,因此不能简单地用约当收益率来折

现。可以用来折现的收益率为年实际收益率(Effective Annual Yield)。年实际收益率是指考虑到各种复利方式的情况下,债券一年内的收益率。如果半年的收益率为2%,那么一年的时间收益率是多少呢?应该是4.04%。

$$(1+2\%)^2 - 1 = 4.04\%$$

如果月收益率为1%,那么年约当收益率是多少?实际收益率又是多少呢?

年约当收益率为12%,即

$$1\% \times 12 = 12\%$$

年实际收益率为12.6825%,即

$$(1+1\%)^{12} - 1 = 12.6825\%$$

到期收益率的计算包括四个假定:投资者持有证券至偿还期;全部现金流量如约实现,即不存在违约风险;再投资收益率等于到期收益率,即利率的期限结构呈水平状;没有回购条款,即证券发行者不能在偿还期到来之前回购证券。

以上四个假定都很苛刻。对于短期债券,投资者持有至偿还期还可以理解,而长达10年、20年,甚至30年的债券,投资者持有至偿还期就很难理解了。正因为如此,投资者也许更为关注的是持有期间的收益率,而不是到期收益率。

有些债券,即使投资者想持有至到期也没有多大的机会,因为许多长期债券都设有回购条款。对于这类债券,投资者计算到期收益率的意义本来就不大。

除国债之外,债券都存在违约风险,只是程度不一而已。因此,现金流量就不是如约实现的了。

最为重要的是,如果不是零息的,那么债券就必然有利息的支付,有些债券的本金也是逐年偿还的,因此再投资收益率的高低,在很大程度上会影响债券的实际收益率。通常情况下,再投资收益率不会等于到期收益率本身。因为即使到期收益率不发生变化,只要到期收益率曲线不是水平的,那么随着时间的推移,再投资收益率就一定会偏离债券最初计算出来的到期收益率。

(二) 持有收益率

持有收益率(HPR)是指在某一投资期内实现的收益率。这一收益率取决于三个来源:一是获得的利息,二是利息再投资获得的收益,三是资本利得或者资本损失。

如果投资期为一个单期,则持有收益率的计算很容易。

$$P_{t+1} + C_{t+1} = P_t(1 + \text{HPR}_t)$$

$$1 + \text{HPR}_t = \frac{P_{t+1} + C_{t+1}}{P_t}$$

$$\text{HPR}_t = \frac{P_{t+1} - P_t + C_{t+1}}{P_t}$$

其中,HPR_t 为 t 期的持有收益率,P_t 为债券发行或购买时的价格,P_{t+1} 为债券到期日或者出售的价格,C_{t+1} 为时点 $t+1$ 获得的利息。

例:假设某投资者在 2022 年 1 月 1 日购买了一张债券,面值为 1 000 元,价格为 800元。票面利率为 6%,每半年支付一次利息,且利息支付日为 1 月 1 日和 7 月 1 日。该投资者将这张债券于 2022 年 7 月 1 日售出,价格是 803 元。则持有收益率为

$$HPR_t = \frac{P_{t+1}-P_t+C_{t+1}}{P_t}$$

$$= \frac{803-800+0.03\times1\,000}{800}$$

$$= 0.375\% + 3.75\%$$

$$= 4.125\%$$

则约当持有收益率为 8.25%。

如果持有期较长,或者现金流量的形成与前面有所不同,那么持有收益率的计算公式就应该作出调整。假定投资者在 2023 年 1 月 1 日出售了债券,价格是 805 元。持有期刚好为一年。但由于债券是半年支付一次利息,因此持有收益率应该按照下面的方法计算:

$$P_{t+2}+C_{t+2}+C_{t+1}(1+HPR_t) = P_t(1+HPR_t)^2$$

$$805+30+30\times(1+HPR_t) = 800\times(1+HPR_t)^2$$

得 $HPR_t = 4.06\%$,则约当持有收益率为 8.12%。

读者想必已经注意到,在上面计算持有收益率时,假定第一笔利息的再投资收益率与要计算的持有收益率相等。这与计算到期收益率时的假定是一样的。这同样会产生问题,因为一般情况下再投资收益率很难等于想要计算的持有收益率。如果持有期不是很长,误差就不会太大;但如果持有期很长,误差就会加大。这样一来,必须改变这样的假定。为了计算持有收益率,需要估计再投资收益率。

(三) 总收益分析

债券投资获得收益的来源有三个,我们将对这三个来源分别进行分解。

首先,计算全部利息收入累积到投资期期末的总价值。

我们利用年金等式确定全部利息收入累积到期末时的价值,公式为

$$C\left[\frac{(1+y)^n-1}{y}\right]$$

其中,C 为利息支付(半年),n 为至偿还期或者出售债券时的利息支付次数,y 为半年基础上的再投资收益(我们先假定各期再投资的收益率都是 r)。

其次,计算利息的利息。

利息总价值中,全部静态利息之和为 nC。因此,利息的利息为

$$C\left[\frac{(1+y)^n-1}{y}\right]-nC$$

最后,计算资本利得,即

$$P_n-P_0$$

例:某人投资于期限为 20 年的债券,票面利率为 7%(半年支付一次利息),价格为 816 元(面值 1 000 元),到期收益率为 9%。已知到期收益率为 9%,每半年得 4.5%。

如果到期收益率为 9%,即每半年 4.5%的收益率确定无疑,那么在到期日,累积收入为 4 746 元,即 816×(1.045)^{40}=4 746,因此,总收益为 4 746-816=3 930(元)。

我们进行以下分解:

(1)利息加上利息的利息为 3 746 元。

$$35\times\left[\frac{(1.045)^{40}-1}{0.045}\right]=3\,746$$

(2)利息的利息为 2 346 元(3 746-40×35)。

(3)资本利得为 184 元(1 000-816)。

也就是说,总利息为 1 400 元,利息的利息为 2 346 元,资本利得为 184 元,总和为 3 930 元。我们简单看一下便知,该债券的主要收益是利息的利息,因此,利率的变化,进而再投资收益率的变化,将在很大程度上影响投资者实现的收益率。

三 债券的定价

普通的附息债券是零息债券的合成物,因此附息债券的定价是全部零息债券的价值之和。零息债券也是附息债券的合成物,前提是附息债券可以卖空。债券合成的概念有利于债券的定价和套利机会的寻找。

(一)用零息债券复制附息债券

一般所称的附息债券是指不含权的附息债券。在利率期限结构给定的情况下,可以计算附息债券的价值。用数学公式来表示为

$$V=\sum_{t=1}^{n}d_t\times C_t$$

其中,d_t 为折现因子,也就是面值为 1 的零息债券的价格;n 为债券的期限(年),C_t 为附息债券的现金流。

例:计算一只附息债券的价值。该债券的票面利率为 6%,期限为 5 年,一年支付一次利息。零息债券的到期收益率以及附息债券价值的计算见表 3-1。

表 3-1　零息债券的到期收益率及附息债券的价值计算

期限	到期收益率(%)	折现因子	现金流量(元)	现值(元)
1	4.5056	0.9569	6	5.7414
2	4.6753	0.9127	6	5.4762
3	4.8377	0.8679	6	5.2074
4	4.9927	0.8229	6	4.9374
5	5.1404	0.7783	106	82.4998
合计				103.86

$$V = \sum_{t=1}^{n} d_t \times C_t = 103.86$$

(二) 用附息债券复制零息债券

是否可以用附息债券构建零息债券呢? 结论是可以的! 比如,有如表 3-2 所示的三种附息债券和一种零息债券。

表 3-2　三种附息债券及一种零息债券　　　　　　　　　　　　(单位:元)

时间点	现金流量	A	B	C	D
0	$-P$	-100.47	-114.16	-119.31	-95.95
1	C_1	5	10	15	100
2	C_2	5	10	115	0
3	C_3	105	110	0	0

现在的问题是,如何用上述三种附息债券构建出一只面值为 100 元、期限为 1 年的零息债券? 投资者怎样投资?

我们可以将这一问题换成:确定 A、B、C 三种附息债券的投资量分别为 N_A、N_B、N_C,使得投资组合的现金流量符合下面的要求:

$$5N_A + 10N_B + 15N_C = 100$$

$$5N_A + 10N_B + 115N_C = 0$$

$$105N_A + 110N_B + 0N_C = 0$$

解上面的方程,得

$$N_A = -25.3$$

$$N_B = 24.15$$

$$N_C = -1$$

负数意味着卖空,对于大的机构投资者而言,卖空即借来债券卖,并不是什么问题。那么刚才合成出来的零息债券的成本是多少呢? 计算结果为 95.69 元。

四 债券投资利率风险的衡量指标

有很多因素影响债券价格与利率之间的敏感性。这些因素主要包括偿还期、票面利率、利率水平等。通常有以下规律：

第一，一般情况下，假定其他因素不变，则偿还期越长，债券价格与利率之间的敏感性越强。但随着偿还期的延长，敏感性增大的速度在下降。例如，15 年期、10 年期、5 年期三种债券相比，市场利率的相同变化，引起 15 年期债券价格的变化，要大于 10 年期债券的变化，而 10 年期债券价格的变化，要大于 5 年期债券的变化。但是 10 年期债券相对于 5 年期债券、15 年期债券相对于 10 年期债券而言，前者的价格波动之差要大于后者。

例：假设有三种债券，基本情况见表 3-3。

表 3-3 三种债券的基本情况

	A	B	C
年利息(一年支付一次)	90 元	90 元	90 元
面额	1 000 元	1 000 元	1 000 元
风险	无风险	无风险	无风险
偿还期	5 年	10 年	15 年
到期收益率	9%	10%	11%
价格	1 000 元	938.55 元	856.18 元
新到期收益率	8.1%	9%	9.9%
新价格	1 035.84 元	1 000 元	931.15 元
价格波动幅度	+3.58%	+6.55%	+8.76%

假定每种债券对应的到期收益率都下降 10%，分别达到 8.1%、9%、9.9%。债券的新价格变成 1 035.84 元、1 000 元、931.15 元。价格波动幅度分别为 3.58%、6.55%、8.76%。因此，偿还期越长，价格波动幅度越大。

另外，10 年期债券和 5 年期债券的价格波动率之差为 2.97%(6.55%-3.58%)，而 15 年期债券与 10 年期债券的价格波动率之差则为 2.21%(8.76%-6.55%)。所以，期限增加，价格波动率下降。

第二，假定其他因素不变，则票面利率越低，债券价格与利率之间的敏感性越强。

例：有下面两种债券，基本情况见表 3-4。

表 3-4　两种债券的基本情况

	A	B
年利息(一年支付一次)	60 元	100 元
面额	1 000 元	1 000 元
风险	无风险	无风险
偿还期	10 年	10 年
到期收益率	12%	12%
价格	660.98 元	886.99 元
新到期收益率(1)	13%	13%
新价格(1)	620.16 元	837.21 元
价格波动幅度(1)	−6.18%	−5.61%
新到期收益率(2)	11%	11%
新价格(2)	705.52 元	941.95 元
价格波动幅度(2)	+6.74%	+6.20%

假定两种债券的到期收益率都上升 1 个百分点,即都从 12% 上升到 13%。债券的新价格变成 620.16 元、837.21 元。价格波动幅度分别为−6.18% 和−5.61%。因此,票面利率低的债券利率波动的幅度要更大一些。

又假定两种债券的到期收益率都下降 1 个百分点,即都从 12% 下降到 11%。债券的新价格变成 705.52 元、941.95 元。价格波动的幅度分别为+6.74% 和+6.20%。而前面的分析表明,市场利率上升 1 个百分点,引起债券价格下降的幅度分别为−6.18% 和−5.61%。所以,有这样的结论:市场利率同样幅度的上升与下降,引起债券价格的波动幅度是不同的。利率下降引起债券价格上升的幅度,要大于同样幅度的利率上升引起债券价格下降的幅度。

第三,假定其他因素不变,则市场利率水平越低,债券价格与利率之间的敏感性越强。债券价格与收益率曲线之间的关系有凸性的特征,当利率水平处于低位时,债券价格与利率之间的关系更加剧烈。正因为如此,在低利率环境中,相同幅度的利率上升,会引起债券价格更大幅度的下降。

假定有下面的债券,见表 3-5。

表 3-5　债务情况举例

	A
年利息(一年支付一次)	60 元
面额	1 000 元
风险	无风险
偿还期	10 年
到期收益率	6%
价格	1 000 元

到期收益率分别在 6%、5%、4%、3%、2% 的情况下，利率有 25 个基点的变化，债券价格波动的幅度是不同的，而且在市场利率越低的情况下，同样幅度的利率变化，引起债券价格波动的幅度要更大一些，见表 3-6。

表 3-6　价格的波动

到期收益率（%）	价格（元）	波动率（%）
2.00	1 359.30	
2.25	1 332.48	−1.97
3.00	1 255.91	
3.25	1 231.62	−1.93
4.00	1 162.22	
4.25	1 140.19	−1.90
5.00	1 077.22	
5.25	1 057.22	−1.86
6.00	1 000.00	
6.25	981.82	−1.82

刻画债券利率风险的指标主要有金额持续期和比率持续期。金额持续期是指市场利率发生 1 个百分点的变化时，债券价格变化的金额。

如果到期收益率曲线呈水平状，那么债券价格为

$$P = \sum_{t=1}^{n} \frac{C_t}{(1+y)^t}$$

如果到期收益率发生微小的变化，那么债券价格变化为

$$dP = \sum_{t=1}^{n} \frac{-t \cdot C_t}{(1+y)^{t+1}} \cdot dy = -\frac{1}{1+y} \sum_{t=1}^{n} \frac{t \cdot C_t}{(1+y)^t} \cdot dy$$

定义金额持续期（Dollar Duration）为

$$\Delta_{金额} = \sum t \cdot \frac{C_t}{(1+y)^t}$$

其中，$\Delta_{金额}$ 为金额持续期，t 为现金流量距时点 0 的时间长度，C_t 为现金流量，y 为到期收益率。

为了分析 1 个百分点的利率波动对债券价格波动幅度所造成的影响，需要建立债券价格波动率这一指标，该指标可以用比率持续期或麦考利持续期（Macaulay Duration），通常用 Ω 来表示。

由于

$$\frac{\Delta P}{P} \cdot \frac{1}{\Delta y} = -\frac{1}{1+y} \cdot \Delta_{金额} \cdot \Delta y \cdot \frac{1}{P} \cdot \frac{1}{\Delta y} = -\frac{1}{1+y} \cdot \Delta_{金额} \cdot \frac{1}{P}$$

因此将比率持续期定义为 Ω,

$$\Omega = \frac{\Delta_{\text{金额}}}{P}$$

例:某债券的金额持续期为 15.5,而债券价格为 144.46 元,因此,比率持续期为 10.73,即

$$\Omega = \frac{\Delta_{\text{金额}}}{P} = \frac{15.5}{144.46} = 10.73\%$$

其经济含义是,如果到期收益率曲线水平移动 1 个百分点,那么债券价格将发生 10.73%的波动。

债券投资中有这样的结论:零息债券的比率持续期等于期限本身,而附息债券的比率持续期一定小于期限本身,票面利率越高,比率持续期与期限的差距会越大。这与我们在前面阐述的债券价格与利率敏感性的结论是一致的。这一结论说明零息债券的价格风险非常高,而附息债券的价格风险相对于零息债券而言会略低一些。

债券投资的利率风险指标,除持续期外,还有凸性,其本意是描述利率一个微小的变化引起持续期发生了怎样的变化。债券价格与收益率曲线之间的关系是凸向原点的,同样的利率变化,利率下降引起的债券价格上升的幅度,要大于利率上升引起债券价格下降的幅度。正因为如此,在债券投资中有追求资产组合凸性利益的动机。但凸性利益的获取并不是没有代价的。对此感兴趣的读者,可以阅读固定收益证券方面的教科书。

第四节　股票价值与价格

一　股票的种类

股票是股份公司发给出资人的股份所有权的书面凭证。股票的持有者是股份公司的股东。股票表明了公司与股东的约定关系,并阐明风险分担、收益共享,同时也阐明了参与企业经营的义务与权利。

股票是长期金融工具,因此,股票也具有一般金融工具的特征:偿还性、流动性、风险性和收益性。股票在理论上的偿还期是无穷大的。其收益性体现在公司红利的分配以及股票买卖过程中的价差上。股票这种金融工具的收益波动受多种因素的影响,因此其风险较大。

股票的种类有很多,读者可以参考证券类的工具书去了解各种股票的类别。本书只阐述普通股和优先股。

普通股的股息随公司利润的大小而变化。普通股股东享有以下权利:利润分配权、剩余资产分配权、表决权、优先认股权等。普通股是股票最基本的类型。

优先股,是相对于普通股而言的"优先",指的是公司在筹集资本时,给予认购人某种优惠条件的股票。这种优惠条件包括:优先于普通股获得股息;公司解散时,有相对于普通股优先分得剩余财产的权利。优先的具体内容也就是利益分配的优先。

优先股的股息一般是固定的,但也有只规定股息最高与最低限额的优先股。一般来说,发行优先股只限于公司增资时。在营运中,当公司财务出现困难,或不易增加普通股份,或重组公司债务时,总之,只有当公司在理财上不得已时,才不惜以种种优惠条件来筹集资金。

二 股票内在价值的确定

(一) 股票价值的种类

股票是一种有价证券。股票在市场中表现出来的是股票价格,而股票价值则根据不同的衡量标准划分为不同的价值。

1. 票面价值

票面价值亦称面值,是在股票正面所载明的股票的价值。面值是确定股东所持有的股份占公司所有权大小、核算股票溢(折)价发行、登记股本账户的依据。另外,面值为公司确定了最低资本额,即公司股本最低要达到股票面值与股票发行数乘积的水平。面值没有多大的实际意义,它不是证明投资者投入了多少资金,而是证明每股金额在公司净资本额中所占的比例。目前我国发行股票时,发行价一般高于面值(即溢价发行)。

2. 账面价值

公司资产总额减去负债(公司净资产)即为公司股票的账面价值,再减去优先股价值,即为普通股价值。以公司净资产(如果有优先股,则还要减去优先股的面值)除以发行在外的普通股股数,则为普通股每股账面价值,又称"股票净值"。

普通股每股账面价值的计算公式为

$$普通股每股账面价值 = \frac{公司资产净值 - 优先股总面值}{普通股总股数}$$

3. 清算价值

清算价值指公司终止时清算后股票所具有的价值。这一价值可以与股票的账面价值和市场价格有很大的差异,因为清算时至少要扣除清算费用等支出,公司终止时其资产的实际价值会和其账面价值发生偏离,有时甚至有很大的差异。

4. 内在价值

内在价值是由股票发行公司未来收益所确定的股票价值。

(二) 股票内在价值的确定

1. 永久持有的股票定价模型

$$V_0 = \frac{D_1}{(1+k_1)^1} + \frac{D_2}{(1+k_2)^2} + \cdots + \frac{D_\infty}{(1+k_\infty)^\infty}$$

其中，V_0 为普通股每股现值，D_i 为第 i 期股利，k 为投资者的期望报酬率(即折现率)。假设 k 与股利每期都不变，那么上式可简化为

$$V_0 = \frac{D_1}{(1+k)^1} + \frac{D_2}{(1+k)^2} + \cdots + \frac{D_\infty}{(1+k)^\infty}$$

$$= \sum_{t=1}^{\infty} D \times \left(\frac{1}{1+k}\right)^t$$

$$= \frac{D}{k}$$

例如，每年的每股现金股利为 2 元，投资者预期投资报酬率为 10%，那么，$V_0 = 2 \div 0.10 = 20$(元)，即股票内在价值为每股 20 元。

很明显，股票内在价值的确定公式是在极严格的假设条件下推导出来的，而现实中，投资者不可能永远持有股票，股息收入不可能永远稳定，市场收益也不可能永远不变。这说明股票内在价值公式的抽象性远远超过了其实用性。但不管内在价值公式的抽象性如何，这一公式都揭示了影响股票价值变动的最重要的因素：公司业绩和平均的市场收益率。如果股票发行公司的业绩优良，其股票价格自然较高，即股票内在价值与发行公司的业绩呈递增函数关系；如果平均的市场收益提高，股票的内在价值就将下降，即股票内在价值与平均的市场收益呈递减函数关系。

2. 股利固定增长的定价模型

公司业绩影响股票内在价值是明显的。例如，假设基期公司股息为 D_0，以后年份将以 g 的速度递增，则公司股票的内在价值取决于 D_0、g 和市场收益率 i。股票内在价值为

$$V_0 = \frac{D_0(1+g)^1}{(1+k)^1} + \frac{D_0(1+g)^2}{(1+k)^2} + \cdots + \frac{D_0(1+g)^n}{(1+k)^n}$$

$$= D_0 \sum_{t=1}^{n} \frac{(1+g)^t}{(1+k)^t}$$

当 $n \to \infty$，并且 $g \geq k$ 时，$V \to \infty$，也就是说，如果公司股息年增长率超过平均市场收益率，则公司股票的内在价值将是无穷大的，此时要用两阶段或三阶段的股票定价模型。

当 $n \to \infty$，并且 $g < k$ 时，V 是收敛的，此时

$$V_0 = \frac{D_0(1+g)}{(1+k)^1} + \frac{D_0(1+g)^2}{(1+k)^2} + \cdots + \frac{D_0(1+g)^\infty}{(1+k)^\infty}$$

两边同乘以 $\dfrac{1+g}{1+k}$，然后两式相减，得到

$$V_0 - V_0 \frac{1+g}{1+k} = D_0 \frac{1+g}{1+k} - D_0 \left(\frac{1+g}{1+k}\right)^\infty$$

当 $g < k$ 时，

$$V_0 - V_0 \frac{1+g}{1+k} = D_0 \frac{1+g}{1+k}$$

$$V_0 = \frac{D_0(1+g)}{k-g} = \frac{D_1}{k-g}$$

例:某只股票在某年年底的现金股利为 2 元,投资者最低收益要求为 10%,公司业绩增长率预期为 6%,那么该公司股票的内在价值为多少? 计算的结果为 53 元。

$$V_0 = \frac{D_1}{k-g} = \frac{D_0(1+g)}{k-g} = \frac{2 \times (1+6\%)}{10\% - 6\%} = 53(元)$$

从公式或本例中可以清楚地看出,公司业绩的增长水平是影响或决定公司股价的重要因素。

3. 留利率固定模式

令每期盈余的留利率固定,那么,每期股利为

$$D_1 = E_1 - bE_1 = E_1(1-b)$$
$$E_2 = r(E_1 - D_1) + E_1 = rbE_1 + E_1 = E_1(1+rb)$$

其中,r 为再投资收益率,b 为留利率,E 为每期盈余。

$$D_2 = (1-b)E_2$$
$$E_3 = E_2(1+rb) = E_1(1+rb)^2$$
$$D_3 = (1-b)E_3$$

那么,股票价值为

$$V_0 = \frac{D_1}{1+k} + \frac{D_2}{(1+k)^2} + \cdots + \frac{D_n}{(1+k)^n}$$

$$= \frac{(1-b)E_1}{1+k} + \frac{(1-b)E_2}{(1+k)^2} + \cdots + \frac{(1-b)E_n}{(1+k)^n}$$

$$= \frac{(1-b)E_1}{1+k} + \frac{(1-b)E_1(1+rb)}{(1+k)^2} + \cdots + \frac{(1-b)E_1(1+rb)^{n-1}}{(1+k)^n}$$

$$= (1-b)E_1 \left[\frac{1}{1+k} + \frac{(1+rb)}{(1+k)^2} + \cdots + \frac{(1+rb)^{n-1}}{(1+k)^n} \right]$$

$$= \frac{D_1}{k-rb}$$

例:某公司股票某年年底将实现每股 5 元的税后收益。公司打算以 60% 的固定比率进行再投资,也就是股利派发率为 40%。假定该股票的折现率为 10%,再投资的收益率为 15%,不考虑其他因素,计算该公司股票的内在价值。

$$V_0 = \frac{D_1}{k-rb} = \frac{3}{0.10 - 0.15 \times 0.60} = \frac{3}{0.10 - 0.09} = 300(元)$$

这一公式说明了一个重要问题:只有当公司再投资收益率高于折现率(公司资本成本)时,增加再投资的比例才有利于提升公司股票价值。如果公司再投资收益率很低,此时再投资比例越大,股票价值就越低。如果再投资收益率与折现率或者投资者最低收益要求相等,则再投资比率的高低不会影响股票的内在价值。因为

$$V_0 = \frac{D_1}{k - r \cdot b} = \frac{E_1(1-b)}{k - k \cdot b} = \frac{E_1(1-b)}{k(1-b)} = \frac{E_1}{k}$$

此时再投资比例与股票价格已经没有关系了。

三 股票价格

股票价格是股票在交易过程中由供求双方所决定的。股票价格与股票价值特别是内在价值相去甚远。股票市场中的价格一般由股价平均数和股价指数所组成。

(一) 股价平均数

股价平均数是指某一时点股票价格的绝对水平。股价平均数一般分为三类:简单股价平均数、修正的算术平均数和加权股价平均数。

1. 简单股价平均数

简单股价平均数是对样本股票价格进行算术平均数计算而形成的。其计算公式为

$$P = \frac{1}{n} \sum_{i=1}^{n} P_i$$

其中,P 为股价平均数,P_i 为第 i 种股票的价格,n 为样本股票数。

例如,有 A、B、C 三种股票,每种股票的价格分别为 15 元、10 元、20 元,则简单股价平均数为 15 元。

简单股价平均数的优点是简单、易算,缺点是未考虑股票样本的权数,因此当某种股票发生拆股时,会出现不合理的下跌。例如,前例中,当股票 C 由 1 股拆成 4 股时,其每股的价格由 20 元降到 5 元。但此时新的股价平均数为 10 元,较原来的 15 元下降了 5 元,而事实上股价并没有下降。

2. 修正的算术平均数

修正的算术平均数既保持简单算术平均数简单易算的优点,又可以克服股价因拆股而造成的不合理下跌的问题。修正的方法有两种:一是调整股价,二是调整除数。

调整股价的算术平均数公式为

$$P = \frac{1}{n}\left[P_1 + P_2 + \cdots + P_n + (1+R)P_i \right]$$

其中,P 为股价平均数,n 为股票样本数,$P_1, \cdots, P_n$ 是不包括拆股股票 i 的各种股票的价格,R 为新增股率,P_i 为 i 种股票拆股后的价格。

例如,前例中 A、B、C 三种股票中,股票 C 发生拆股,拆股率为 1 拆 4,则新增股率为

3,那么新股价的平均数为

$$P = \frac{15+10+5 \times (1+3)}{3} = 15（元）$$

调整除数的股价平均数的公式为

$$P = \frac{P_1 + P_2 + \cdots + P_n}{新除数}$$

其中，$P, P_1, P_2, \cdots, P_n$ 分别为股价平均数和各种股票的市场价格。因此，调整除数的股价平均数的关键是确定新的除数。新除数等于拆股后的总价格除以拆股前的平均数，即

$$新除数 = \frac{拆股后的总价格}{拆股前的平均数}$$

例如，前例中股票 C 1 股拆成 4 股，新股价为 5 元，则新除数为 2，即

$$新除数 = \frac{15+10+5}{15} = 2$$

则调整后的股价平均数 $= \dfrac{15+10+5}{2} = 15（元）$

调整除数的股价平均数是 1928 年创建的。目前的道·琼斯 30 种工业股票的股价平均数就是调整除数的股价平均数。

3. 加权股价平均数

加权股价平均数是通过对各种股票价格用某种权数进行计算而得到的股价平均数。计算公式为

$$P = \frac{1}{Q} \sum_{i=1}^{n} P_i Q_i$$

其中，P 为股价平均数，P_i 为第 i 种股票的市价，Q_i 为第 i 种股票的权数，Q 为全部股票权数总和，n 为样本数。

权数可以选用成交股数、股票总市值、发行量等。

（二）股价指数的计算

股价指数是指计算期股价平均数相对于基期股价平均数的倍数。但通常所说的股价指数是这一倍数再乘以 100 或者 1 000 得到的。股价指数包括简单算术指数、加权股价指数和加权综合指数三种，本书在此介绍前两种。

1. 简单算术指数

简单算术指数包括两种：相对法简单算术指数和综合法简单算术指数。相对法简单算术指数的计算公式为

$$I = \frac{1}{n} \sum_{i=1}^{n} \frac{P_{1i}}{P_{0i}}$$

其中，I 为股价指数，P_{0i} 为 i 种股票基期股价，P_{1i} 为 i 种股票当期股价，n 为样本数。

综合法简单算术指数的计算公式为

$$I = \frac{\sum\limits_{i=1}^{n} P_{1i}}{\sum\limits_{i=1}^{n} P_{0i}}$$

2. 加权股价指数

加权股价指数的计算公式有两个：一是以基期发行量或交易量为权数的指数，二是以当期发行量或交易量为权数的指数，即

$$I = \frac{\sum\limits_{i=1}^{n} P_{1i} Q_{0i}}{\sum\limits_{i=1}^{n} P_{0i} Q_{0i}}$$

其中，I 为股价指数，P_{1i} 为第 i 种股票的当期股价，P_{0i} 为第 i 种股票的基期股价，Q_{0i} 为第 i 种股票的基期发行量、交易量等。

或

$$I = \frac{\sum\limits_{i=1}^{n} P_{1i} Q_{1i}}{\sum\limits_{i=1}^{n} P_{0i} Q_{1i}}$$

其中，Q_{1i} 为第 i 种股票的当期发行量或交易量等。

我国上海证券交易所股价指数和深圳证券交易所股价指数都是以当期股票发行数为权数计算的加权股价指数。

（三）国内外著名的股价指数

1. 国际上著名的股价指数

国际上著名的股票价格指数包括以下几种：

（1）道·琼斯股价指数。该指数是世界上第一个股价指数，是由美国的道·琼斯公司编制的。该指数产生于 1884 年，起初以 12 种股票为样本，后来逐渐增加。现在的道·琼斯股价指数包括工业股价指数、运输业股价指数、公用事业股价指数和综合价格指数。由于道·琼斯工业股价指数影响力很大，因此平时所说的道·琼斯指数一般指的就是道·琼斯工业股价指数。道·琼斯工业股价指数是以美国 30 家最著名的工业公司的股价作为样本股而计算的，基期为 1928 年 10 月 1 日，基数为 100。

（2）标准普尔股价指数。标准普尔是专业的金融分析与咨询公司，也是著名的评级公司。该公司从 1923 年开始编制和发布标准普尔指数。股票样本在期初为 223 种，后来扩充到 500 种。1976 年 7 月 1 日起的股票样本为工业股票 400 种、运输业股票 20 种、公用事业股票 40 种、金融业股票 40 种。基期为 1943 年，基数为 10。标准普尔 500 指数中

的股票市值占纽约证券交易所总市值很高的比例,能全面反映股价的变动状况。

（3）英国富时 100 指数

英国富时 100 指数（FTSE 100）,是英国富时集团（Financial Times Stock Exchange,FT-SE）编制的。自 1984 年起,该指数包括在伦敦证券交易所上市的市值最大的 100 支股票,涵盖了伦敦证券市场约 80% 的市值,有很强的代表性。该指数与法国 CAC40 指数、德国的法兰克福 DAX 指数并称为欧洲三大股票指数,是当前全球投资人观察欧洲资本市场动向的最重要的指标之一。

（4）法国 CAC40 指数

法国 CAC40 指数由巴黎证券交易所以其前 40 大上市公司的股价来编制,基期是 1987 年年底。该指数是市值加权指数,这意味着某一公司的市值越大,它在指数中的权重就越大,对指数整体波动的影响也就越大。该指数成分股不仅涵盖法国国内企业,也包括许多国际化程度较高的跨国公司。

（5）德国 DAX 指数

德国 DAX 指数是德意志交易所集团于 1988 年推出的一个蓝筹股指数。该指数包含法兰克福证券交易所 30 家主要的德国公司,也是以市值加权的股价指数。

（6）日经平均股价指数。该指数由日本经济新闻社编制并发布。该指数分为两种:一是日经 225 平均股价指数,从 1950 年 9 月开始编制,样本为东京证券交易所上市的 225 种股票,样本股原则上不变;二是日经 500 平均股价指数。其中日经 225 平均股价指数的地位更重要。

（7）香港恒生指数。该指数由恒生银行下属的恒生指数服务有限公司编制,成分股为 33 家有代表性的股票,基期为 1964 年 7 月,基数为 100。

2. 我国著名的股票价格指数

我国股票价格指数也有不少,其中著名的有上证综合指数、深圳成分股指数、沪深 300 指数。

（1）上证综合指数。该指数由上海证券交易所编制并发布,基期是 1990 年 12 月 19 日,基数为 100,以全部上市股票为样本,以股票发行量为权数,按加权平均法计算。

（2）深圳成分股指数。该指数由深圳证券交易所编制并发布,样本股数为 40 个,基期为 1994 年 7 月 20 日,基数为 1 000。

（3）沪深 300 指数。该指数由中证指数有限公司编制,股本股为上海和深圳两个交易所中具有代表性的 300 家公司股票,基期为 2004 年 12 月 31 日,基数为 1 000。

四　股票价格指标

（一）股票价格的反映

股票价格指标可以用市盈率、市净率来反映。

1. 市盈率

市盈率也称本益比,是人们作股票投资决策时的重要指标之一。市盈率的计算公式为

市盈率＝股价/每股税后利润

市盈率便于投资者权衡购买股票的成本与收益。成本即股价,收益即税后利润。可以将上面的公式稍作扩展,设每股股价为 P,每股年获股息为 D,每股年获收益为 E,则

市盈率＝P/E＝$(D/E)\div(D/P)$

其中,D/E 为股息倾向,即股息占企业收益的比率;D/P 为股息收益率。

根据简单的股息收益率 D/P 决定投资是有缺陷的。当企业自有资金增长及增资等因素促使股价上涨时,股票投资的股息收益率就会偏低。市盈率则可以避免这一缺陷。市盈率考虑了企业收益作为衡量股票投资价值的尺度,使投资人更易观察投资价值。如果 D/P 不变,D/E 发生变化,则市盈率随之发生变化,因此股票投资价值也随之发生变化。若股息倾向提高,亦即股息占企业收益比率提高,表示将降低公司增资能力或未来派息能力;反之,则表示可以提高增资能力及未来派息能力。股息倾向的提高会提高市盈率,从而损害股票的长期投资价值,因为股东不愿意在损害公司未来增长的情况下增加派息。正是由于市盈率有这些好处,因此人们在估计一种股票的投资潜力时,已经不再把股息收益率作为标准,而是把市盈率作为标准。

由于市盈率的分子是市价,而影响市价的因素有很多,因此市盈率成为市场上影响股票价格诸多因素的综合指标。又由于市盈率综合了投资成本和收益,可以全面地反映股市发展的全貌,因此在分析上具有重要价值。

市盈率不仅可以反映股票投资收益,而且可以反映出一些投机价值。因为即使公司利润在某一时期内会有变化,但相对于天天变动的股票市价而言还是较为稳定的。如果从短期来看,市盈率的变化主要是由股票价格变动带来的,则其可能与股票的内在价值相脱节,从而成为投机者特别关注的重要指标。

2. 市净率

市净率是股票市场价格与股票账面价格的比率,即

$$市净率＝\frac{P}{B}$$

其中,P 为股票价格,B 为账面价格。

市净率可以反映股票价格偏离账面价格的程度,尽管这种偏离本身是很正常的。一般情况下,市净率大于1,说明公司管理层资产运作的能力较强,致使资产的收益能力较强。但也有市净率小于 1 的情况。此时,股票价格比公司净资产低,但绝不意味着股票价格低得不合理。实际上,股票价格是未来获利能力的体现,而账面价格因为受很多因素的

影响有时会失真,比如烂尾楼的账面价格会比其实际价值高很多,大量的潜在不良银行账面资产也会严重失真。

(二) 股票价格的影响因素

影响股票价格的因素有很多,主要包括以下几种:

宏观经济中的经济增长率、就业水平、通货膨胀率、国际收支差额是重要的影响因素;而影响这些因素的因素也有很多,包括投资水平、消费需求水平、货币政策、财政政策、汇率政策等,这些因素的变化自然会影响股票价格。

行业动态变化会影响股票的价格。行业动态变化包括产业政策、技术更新、价格水平、发展阶段等。

公司自身状况会影响股票的价格。公司自身状况包括盈利能力、技术水平、管理水平、产品竞争力、资本结构、负债结构、公司战略等。

股票市场中的技术因素会影响股票价格。股票市场中的技术因素包括股票的供给与需求的力量对比、股票交易量、移动平均线的高低、股票价格的阳线与阴线的配置结构等。

此外,国家领导人的更迭、政局的变化、动乱、战争等政治因素,以及人们的贪婪、恐惧、情绪等心理因素也会影响股票价格的变化。

要完全弄清股票价格如何受众多因素的影响根本就是不可能的,甚至连穷尽股票价格的影响因素也是不可能的。正因为如此,不同的投资者会更加强调某一类因素,因此形成了不同的投资流派。有些投资者强调影响股票市场的因素太多,以至于人不可能战胜市场,他们接受市场是有效率的,从而采取被动的投资策略;而有些投资者认为可以从众多影响因素中分离出最重要的,并且可以分析这些影响因素的未来变化,因此采取主动的投资策略。强调不同的影响因素形成了不同的主动型的投资流派。认为市场无效的投资者,觉得只要通过股票交易的价格与交易量信息,就可以获得超额收益。而认可弱有效市场的投资者,强调仅仅通过分析股票市场的交易数据并不能获得超额收益,要想获得超额收益,就需要分析公开信息,特别是进行行业和公司的基本面分析。认可半强有效假说的投资者,认为仅分析公开信息无法获得超额收益,要获得超额回报,只有通过获得内幕信息来实现。而认为市场属于强有效的投资者,他们的观点是,股票的交易价格已经把全部信息,包括公开信息和内幕信息,统统包含进来了,即使掌握了内幕信息也无法获得超额收益。股票市场有效性的三个层次,即弱有效、半强有效、强有效,是递进的,基本结论是,市场越有效,股票投资者要获得超额回报,就需要得到越多的信息,除非市场已经进入了极致状态——强有效。

第五节　投资组合理论

一　投资组合的收益与风险

股票投资组合的期望收益率,是单只股票收益率的加权平均,权重是单只股票的投资比重。

$$R_p = \sum X_i \times R_i$$

其中,R 为收益率,X 为投资比重,P 为投资组合,i 为单只股票。

不论投资组合中股票之间的相关系数如何,都不会影响投资组合的收益,即投资组合的期望收益率与其相关系数无关。

股票投资组合收益率的方差或标准差,并不是单只股票收益率方差或标准差的加权平均,而是与股票之间的相关系数有关。股票投资组合的方差公式为

$$V_p = \sum_{i=1}^{N} \sum_{j=1}^{N} X_i X_j C_{ij}$$

其中,V 为收益率的方差, P 为投资组合,X 为投资比重,C 为协方差,i 和 j 为单只股票。

如果一个股票组合包含 100 只股票,那么协方差矩阵将有 10 000 个因子,而且搞清楚单只股票之间的协方差关系,也就是相关关系,是极其困难甚至不可能的事情。正因如此,总风险,即方差或标准差,并不是好的风险计量指标。

二　马科维茨模型

马科维茨模型(Markowitz Model)诞生于 1952 年,该模型有七个假定:① 投资者遵循效用最大化原则;② 投资期为一个,即投资者考虑的是单期投资而不是多期投资;③ 投资者都是风险规避者,即在收益相等的条件下,投资者选择风险最低的那个投资机会;④ 投资者根据均值、方差以及协方差来选择最佳投资组合;⑤ 证券市场是完善的,无交易成本,而且证券可以无限细分;⑥ 资金全部用于投资,但不允许卖空;⑦ 证券间的相关系数都不是−1,不存在无风险证券,而且至少有两只证券的预期收益是不同的。

将每只证券的预期收益、标准差以及由单只证券所能构成的全部组合的预期收益、标准差画在以标准差为横轴、以预期收益为纵轴的坐标中,就会生成投资机会集,其基本形状如图 3-1 所示。

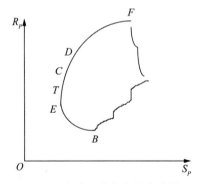

图3-1 投资机会集与效率边界

在图3-1中,在图形 BECF 范围内,包含了全部单只证券与全部组合的风险与收益的坐标点。投资集左边界 BF 一段,为最小方差边界。所谓最小方差边界,就是在相同预期收益的条件下,由投资风险(方差或标准差)最低的投资机会所组成的曲线。

BF 一段的下半部 BE 一段,为无效率边界,因为在这一段,预期收益越高,风险越低,投资者只会选择这一段的最高点 E,因为在该点,投资的预期收益最高,而风险却是最低的。

BF 的上半部即 EF 一段为效率边界(Efficient Frontier),它包括全部有效的投资组合。有效的投资组合的定义为,在相同风险情况下预期收益最大的组合,或者在相同收益的情况下风险最低的组合。

效率边界是凸向纵轴的。这是由于协方差效应(Covariance Effect),即组合收益与风险曲线是向左弯曲的。协方差效应的产生是因为在增加组合收益时,会有越来越多的证券被排斥在组合之外,因为这些证券所提供的预期收益无法满足组合收益的要求,组合的风险因组合证券越来越少而增加得更快。

为了解释协方差效应,我们举一个简单的例子。假设有两只证券 A 和 B。A 的预期收益率为 $R_A = 5\%$,B 的预期收益率为 $R_B = 15\%$;A 的标准差 $S_A = 20\%$,B 的标准差 $S_B = 40\%$。

如果一个投资组合由证券 A、B 构成,并且 A 占 2/3,B 占 1/3,那么,该投资组合的预期收益 R_P 为 8.3%,即

$$R_P = \sum_{i=1}^{2} X_i R_i = X_A R_A + X_B R_B = \frac{2}{3} \times 0.05 + \frac{1}{3} \times 0.15 = 0.083 = 8.3\%$$

该组合的风险为

$$S_P = \sqrt{X_A^2 S_A^2 + X_B^2 S_B^2 + 2 X_A X_B C_{AB}}$$

由于

$$C_{AB} = \rho_{AB} S_A S_B$$

因此

$$S_P = \sqrt{X_A^2 S_A^2 + X_B^2 S_B^2 + 2X_A X_B \rho_{AB} S_A S_B}$$

将证券 A 和 B 的风险与投资比例代入上式,则

$$S_P = \sqrt{\left(\frac{2}{3}\right)^2 \times 0.2^2 + \left(\frac{1}{3}\right)^2 \times 0.4^2 + 2 \times \frac{2}{3} \times \frac{1}{3} \times 0.2 \times 0.4 \rho_{AB}}$$

$$= \sqrt{0.036 + 0.036\rho_{AB}}$$

尽管该投资组合的预期收益率是固定的 8.3%,但组合的风险却是不确定的,因为组合收益的标准差与 A、B 两只证券的相关系数有很大的关系。当 A 和 B 完全正相关时,即 $\rho_{AB} = +1$ 时,组合的标准差 $S_P = 26.8\%$;当 A 和 B 完全独立,即 $\rho_{AB} = 0$ 时,组合的标准差 $S_P = 18.7\%$;当 A 和 B 完全负相关,即 $\rho_{AB} = -1$ 时,组合的标准差 $S_P = 0$。

在图 3-1 中,F 点为 BF 线的顶点,为最低方差组合。F 点被称为最高收益组合。F 点的组合通常只包含一种证券,该证券在全部证券中预期收益最高。有时,F 组合也会包含多种证券,此时这些证券都有最高的预期收益。B 点与 F 点相反,为最低收益组合。B 组合也通常包含一种证券,该证券的预期收益最低。当有多种证券的预期收益同时最低时,B 组合也就包括这些证券。极端组合为在收益相同的条件下,风险最低的那个组合。理解了极端组合,就可以构建全部的效率边界。

三　托宾的资产组合理论

1958 年,詹姆士·托宾(James Tobin)发表论文《风险条件下的流动性偏好行为》(Liquidity Preference as Behavior towards Risk)。托宾基于凯恩斯的流行偏好理论,深入研究期望收益率及风险变化与流动性偏好之间的关系,并将无风险资产与多个风险资产引入投资组合之中,从而建立了资产组合的"托宾模型"。

前面已经阐述了马科维茨模型,该模型的假设条件之一就是全部证券都存在风险,而托宾模型摒弃了这一假设,从而发展了资产组合理论。托宾模型继承了马科维茨的非负投资假设,即风险资产不允许卖空,但无风险资产可以按一定的利率借入或借出。无风险资产的卖空等同于按无风险利率借入资金。

在建立投资组合模型时,托宾假定在市场中存在着一种证券,该证券可以自由地按一定的利率借入和借出。当无风险证券 f 与一种风险证券 i 进行组合时,组合的收益 R_P 为

$$R_P = X_f R_f + (1 - X_f)R_i$$

组合的标准差为

$$S_P = \sqrt{X_f^2 S_f^2 + X_i^2 S_i^2 + 2X_f X_i \rho_{if} S_f S_i}$$

由于无风险证券的风险为零,因此,收益的方差为零,即 $S_f = 0$,同时无风险证券与风

险证券的协方差也为零,因此,组合的标准差可以简化为

$$S_p = (1 - X_f)S_i$$

整理得到

$$X_f = (S_i - S_p)/S_i$$

整理后可以得到

$$R_p = R_f + [(R_i - R_f)/S_i]S_p$$

这表明 R_p 与 S_p 之间呈线性关系,说明由无风险证券与风险证券进行的全部组合都处在连接无风险证券与风险证券两点的直线上。无风险证券与风险证券进行组合的线性关系可以用图3-2来表示。

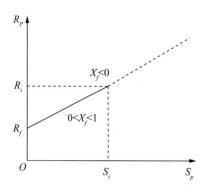

图 3-2 无风险证券与风险证券进行组合的线性关系

由于可以将一个投资组合看作一笔单独的资产,因此,前面的分析可以扩展,并应用在马科维茨模型上,见图3-3。

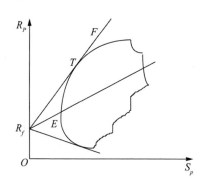

图 3-3 市场组合与无风险证券的新组合

任何一个投资组合都可以与无风险证券进行新的组合,但在众多的组合中,有一个特殊的组合是非常重要的。由于无风险证券与有风险的投资组合进行的新组合都处在

连接无风险证券与有风险的那个投资组合两点的直线上,因此该新投资组合能给投资者带来最大的效用。这一投资组合是从无风险利率向效率边界画切线时所产生的切点,在图形中表示为 T 点。任何一条经过无风险利率点的射线,只要斜率低于那条切线的斜率,就不能带来最佳的收益与风险的匹配,因为在给定风险时,那条切线所带来的收益是最高的,因此给投资者带来的效用也是最大的。任何经过无风险利率点,但斜率高于切线的射线都是不可能的,因为在这条射线上的点都超过了马科维茨投资集的范围。

当引入无风险证券时,新的效率边界就变成了一条直线,在这条直线上,所有的组合都是无风险证券与切点 T 进行的新组合。在新的效率边界上,有一点是最佳的,该点就是投资者的效用曲线与效率边界的切点。很明显,该切点既可以落在 T 点上,也可以落在 T 点的左下方,还可以落在 T 点的右上方。如果切点刚好落在 T 点上,说明投资者的资金全部购买风险证券,无风险证券的持有量为零。如果切点落在 T 点的左下方,说明投资者的全部投资组合中既包括风险证券,又包括无风险证券。如果切点落在 T 点的右上方,说明投资者购买的风险证券的量已经超过其总资金量,超过的部分是通过借入资金或者说是卖空无风险证券来实现的。

四 资本资产定价模型

资本资产定价模型(Capital Asset Pricing Model,CAPM)由美国学者威廉·夏普(William Sharpe)等几位学者于 1964 年前后分别创立,是对现代金融学的重要贡献,并被广泛应用于投资组合决策以及公司理财等领域。

资本资产定价模型假设所有投资者都按马科维茨的资产选择理论进行投资,对期望收益、方差和协方差等的估计完全相同,投资人可以自由借贷。基于这样的假设,资本资产定价模型研究的重点在于探求风险资产收益与风险的数量关系,即为了补偿某一特定程度的风险,投资者应该获得多高的报酬率。

当资本市场达到均衡时,风险的边际价格是不变的,任何改变市场组合的投资所带来的边际效果是相同的,即增加一个单位的风险所得到的补偿是相同的,即

$$R_i = R_f + \beta_i(R_M - R_f)$$

其中,R_i 为单只股票的预期收益率;R_f 为无风险资产;R_M 为市场收益率;β_i 为单只股票的系统风险系数,$\beta_i = \dfrac{\text{COV}(i,M)}{V_M}$,$\text{COV}(i,M)$ 为单只股票与市场收益率之间的协方差,V_M 为市场收益率的方差。

资本资产定价模型可以用图 3-4 来表示。

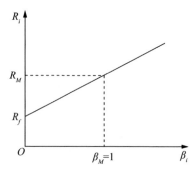

图 3-4　资本资产定价模型的图形表达

资本资产定价模型意味着,单只证券的期望收益率由两部分组成:无风险利率以及风险溢价。风险溢价的大小取决于 β 值的大小。β 度量的是单只证券的系统风险,β 值越高,表明单只证券的风险越高,所得到的补偿也就越多;非系统风险或个别风险没有风险补偿,因为个别风险通过充分的组合被消除掉了。

系统风险是指市场中无法通过分散投资来消除的风险,也被称为市场风险(Market Risk)。比如利率、经济衰退、战争都属于不可通过分散投资来消除的风险。

非系统风险也被称为个别风险,属于个别股票的自有风险,投资者可以通过足够分散的投资组合来消除。

β 系数是用以度量一项资产系统风险的指标,表示的是相对于市场收益率变动而言,个别资产收益率发生变动的程度。如果一只股票的价格和市场的价格波动性是一致的,那么该股票的 β 值就是 1。如果一只股票的 β 值是 1.5,就意味着当市场价格上升 10%时,该股票价格则上升更多;而市场价格下降 10%时,股票的价格亦会下降更多。

资本资产定价模型在投资界被广泛应用。虽然用 β 值预测单只股票的变动是困难的,但是投资者仍然相信 β 值比较大的股票组合会比市场价格波动性强,不论市场价格是上升还是下降;而 β 值较小的股票组合则相反。对投资者而言,这一结论很重要,因为在市场价格下降时,他们可以投资于 β 值较小的股票。而当市场价格上升时,他们则可以投资 β 值大于 1 的股票。

第六节　投资基金

一　投资基金的特征

投资基金,是指由多数投资者出资所组成的、由投资者委托投资基金管理公司按照投资组合原理进行专家管理、委托投资基金托管人托管、投资收益按投资者的出资单位共享,投资风险由投资者共担的资本集合体。

投资基金一般具有以下特点：

（1）社会游资与专业管理紧密结合。并非全部社会游资的所有者都擅长投资经营之道，而懂经营、善管理的专业人才未必总能找到用武之地。投资基金恰恰既为社会游资流向利润更高、社会更需要的商业活动领域开辟了一条绿色通道，也为投资基金管理公司的投资专家们运用其广博的投资知识与经验提供了广阔的舞台。

（2）化零为整与化整为零相结合。所谓化零为整，是指投资基金把分散于千家万户的富余资金汇集成巨额资本。在这一点上，投资基金制度与公司制度有相同之处。二者的不同之处在于，投资基金制度还具有化整为零的特点。所谓化整为零，是指投资基金要遵循组合投资、分散风险的原则。

（3）投资基金的商业活动主要表现为间接投资。投资基金并不直接在某一产业领域开展经营活动，而是将投资基金资产分散投资于其他企业（包括法人企业与非法人企业），再由其他企业在其能力允许的范围之内，将资本投资于某一产业领域，并开展经营活动。

二　基金的类别

根据不同的划分方法，可以将基金划分为多个类别。

根据投资方向，基金可以分为以下几种：产业投资基金主要投资于高科技、环境保护、农田水利等产业领域；证券投资基金主要投资于股票、公司债券和政府认定的其他证券；创业投资基金或者风险投资基金主要投资于处于发育阶段但有巨大成长空间的公司股权；对冲基金是承受高风险的投机性基金。

根据各种基金的组织方式，基金可以分为合同型投资基金和公司型投资基金。合同型投资基金，是指根据投资基金发起人和投资基金管理公司、投资基金托管人订立的投资基金合同，向投资者发行投资基金单位设立的投资基金。我国的证券投资基金基本上都是合同型投资基金。公司型投资基金即投资公司，是指由股东根据公司法规定投资设立的，旨在从事证券投资或者产业投资的有限责任公司或者股份有限公司。我国的风险投资基金基本上都采取公司制形式。

投资基金根据流通方式可以分为开放式投资基金与封闭式投资基金。开放式投资基金，是指投资基金发行总额不固定，投资基金单位总数随时增减，投资者可以按投资基金的报价在法律和行政法规规定的营业场所申购或者赎回投资基金单位的一种投资基金。封闭式投资基金，是指事先确定发行总额，在封闭期内投资基金单位总数不变，投资者不得请求投资基金管理公司或者托管人赎回其持有的投资基金单位，投资基金上市后投资者可以通过证券市场转让、买卖投资基金单位的一种投资基金。

此外，随着金融创新的深入，交易所交易基金（Exchange Trading Funds，ETF）、上市型开放式基金（Listed Open-ended Funds，LOF）、基金中的基金（Fund of Funds，FOF）也被市

场认可。

ETF 是一种开放式指数基金。投资者通过下达单一的交易指令,就可以一次完成一个投资组合。它集封闭式基金可以上市交易、开放式基金可以自由申购或赎回、指数基金高度透明的投资管理等优点于一身,克服了封闭式基金折价交易、开放式基金不能上市交易并且赎回压力较大、主动性投资缺乏市场择机和择股能力等缺陷,同时又最大限度地降低了投资者的交易成本。

LOF 是原来只能在相关网点进行申购赎回的开放式基金,现在可以在交易所挂牌交易。也就是 LOF 发行结束后,投资者既可以在指定网点申购与赎回基金份额,也可以在交易所买卖该基金。只不过投资者如果是在指定网点申购的基金份额,想要在交易所市场抛出,就需办理一定的转托管手续;同样,如果是在交易所市场买进的基金份额,想要在指定网点赎回,也要办理一定的转托管手续。

FOF 是以其他基金为投资标的的。FOF 并不直接投资于股票或债券,而是选择其他表现优异的基金为投资对象,从而间接持有股票或债券。购买 FOF 的投资者等于同时投资了多只基金,而且是投资专家帮助投资者选择的,因此,这种基金投资风险低,收益更接近市场平均水平。

三 基金业发展的重要意义

第一,基金是我国证券市场中越来越重要的力量。随着我国政府对基金业扶持政策的逐步到位,开放式基金以及 ETF、LOF、FOF 等基金品种不断丰富,投资者选择基金的余地越来越大。基金吸引了越来越多的投资者,并且投资规模不断加大,在我国资本市场中的地位越来越重要。

第二,基金的发展有助于改善中国证券市场的投资者结构,从而在稳定和规范证券市场、倡导理性投资方面发挥积极作用。基金的发展把中小户的投资转化为机构投资,改善了我国证券市场的投资者结构。

第三,基金为投资者提供了相对安全、收益较好的投资工具。投资基金的投资风险低于股票,而长期投资收益又高于债券投资和银行存款,可以成为城市居民的投资选择。

第四,基金的发展有利于社会保障体制的创新。社会保障体系包括社会保险基金、医疗保险基金、住房基金、失业与退休基金的建立以及企业社会福利职能的转移。证券投资基金的运作将为社会保障基金的运作提供宝贵的经验和高素质的管理人才。另外,社会保障基金可以通过持有证券投资基金来使自身增值。同时,证券投资基金在国家政策的指导下,也可以运作社会保障基金,集中合理地进行管理,改变以前对社会保障基金消极的管理方式,提高社会保障基金的支付功能。

四 投资基金的业绩评价

投资基金的业绩评价中有三个常用的指标:夏普比率、特雷诺指数、詹森指数。

1. 夏普比率

夏普比率(Sharpe Ratio)的计算公式为:

$$\text{Sharpe Ratio} = \frac{R_P - R_f}{\sigma_P}$$

其中,R_P 为股票基金的收益率,通常是基金净值增长率;R_f 为无风险利率;σ_P 为基金收益率的标准差。

夏普指数的理论依据是资本资产定价模型,以资本市场线(CML)为评价的基点,如果基金证券组合的夏普指数大于市场证券组合 M 的夏普指数,则该基金组合就位于 CML 之上,表明其表现好于市场;如果基金投资组合的夏普指数小于市场证券组合 M 的夏普指数,则该基金组合就位于 CML 之下,表明其表现劣于市场。因此,可以认为,夏普指数越大,基金的绩效就越好;反之,基金的绩效就越差。

2. 特雷诺指数

由于在充分分散的前提下,投资组合的个别风险可以被消除,因此评价基金的业绩时,可以不考虑个别风险,只计算基金组合的平均风险收益与其系统风险的比率,就可以评价投资基金的绩效,从而产生了特雷诺指数(Treynor Ratio)。特雷诺指数等于基金的超额收益与其系统风险 β 值之比。

计算公式为:

$$T_P = \frac{R_P - R_f}{\beta_P}$$

其中,T_P 为特雷诺指数,R_P 为股票基金的收益率,R_f 为无风险利率,β_P 为基金投资组合的 β 值。

特雷诺指数也是依据资本资产定价模型。当市场处于平衡时,所有的基金组合都落在证券市场线 SML 上,即 SML 的斜率就表示市场证券组合的特雷诺指数。当基金投资组合的特雷诺指数大于 SML 的斜率时,该投资组合就位于 SML 线之上,表明其表现优于市场表现;当基金投资组合的特雷诺指数小于 SML 的斜率时,该投资基金组合位于 SML 线之下,表明其表现劣于市场表现。所以,特雷诺指数越大,基金的绩效就越好;反之,基金的绩效就越差。

3. 詹森指数

詹森指数(Jensen Ratio),又称为 α 值,反映出基金与市场整体之间的绩效差异,计算公式为

$$J_P = R_P - [R_f + \beta_P(R_M - R_f)]$$

詹森指数也以资本资产定价模型为基础,根据证券市场线 SML 来估计基金的超额收益率。其实质是反映证券投资组合收益率与按该组合的 β 系数计算出的均衡收益率之间的差额。詹森指数越大,基金运作效果越好。如果为正值,则说明基金经理有超常的选股

能力,被评价基金与市场相比,高于市场平均水平,投资业绩良好;为负值则说明基金经理的选股能力欠佳,被评价基金的表现与市场相比整体表现差。

第七节　证券发行与交易

一　证券发行方式

(一) 定向募集与社会募集

定向募集是指证券发行范围受到限制的发行方式。在我国,企业债券、银行次级债等,都属于定向募集。在公司扩股中,定向募集更为普遍。在我国私募发行中,有人数不超过 200 人的规定,而且对特定投资对象也有严格的界定。公司股份私募发行除发起人认购之外,其他股份只向特定范围的自然人和法人发行,也有 200 人的人数限制。

社会募集是指证券发行范围不受限制的发行方式。在股票发行中,社会募集是指公司发行的股份除由发起人认购外,其余股份向社会公众发行。本书以股票的新股发行(Initial Public Offering,IPO)为例,说明我国股票发行制度的演变。

新股发行制度是资本市场的基础制度。我国从 1990 年开始设立证券交易所,经过 30 多年的发展,我国 IPO 发行审核制度经历了三个重要阶段——审批制、核准制、注册制。新股发行定价也经历了行政化定价、市场化定价、累计投标询价等不同阶段的演变。

1990 年和 1991 年,上海证券交易所和深圳证券交易所分别设立,中国股票市场正式起步。

1993 年,采用审批制,主要进行额度管理。政府规定发行额度,地方在规定的额度内推荐,证券监督管理委员会(简称证监会)审核并安排股票的发行数量、价格、方式、时间。

1996 年,采用审批制,主要进行指标管理。政府限定发行数额和家数,由证监会预选。发行价格被限定为 12~15 元。

2001 年,采用核准制,规定了具有主承销资格的券商通道数量,内容审核由证监会和承销商共同负责,发行市盈率被限定为 20 倍。

2004 年,在核准制下,实行保荐制。注重盈利的确定性和持续性,新股询价制度开启。发行市盈率被控制在 30 倍以下,后来发行价格被调整为不高于同行业平均市盈率的 25%。在核准制下大量民营企业得以成功上市,并且日益壮大。

2019 年,注册制在新设的科创板启航,2020 年创业板开启注册制,2021 年北京证券交易所成立,同步试点注册制。

2023 年,全面实行注册制。注册制是国际通行的股票发行制度,这一制度有利于吸引高技术、高成长的创新企业上市;有助于引领投资者参与企业创新,提升我国资本市场的资源配置功能,最终高质量地服务于我国的实体经济;有助于新股发行的市场定价,为更多的企业上市提供良好的氛围。注册制绝不是放松对企业上市的管控,而是把上市的审核下沉到证券交易所,审核政策的标准、程序、内容、过程、结果全部向社会公开,公权力运行全程透明,严格制衡。注册制更加强调信息披露,通过审核、问询等措施,要求发行人真实、准确、完整地披露信息。注册制强化了市场约束,特别是强化了退市安排。注册制也强化了法治约束,对发行公司、保荐人、中介服务机构的要求更加严格,惩治力度大大提高。

(二) 增资发行

增资发行专指股份公司为增资而发行股票的行为。

1. 有偿增资

有偿增资就是通过增发股票吸收新股份的办法增资。有偿增资也有一些不同的做法。

(1) 向社会发行新股票,实收股金使资本金增加。投资人一般用现金按照股票面值或高于面值的市场价格购买股票。有偿增资公开发行股票,一般都溢价发行(即以高于面值的价格发行)。溢价发行有利于维护和提高公司股票在市场上的信誉。溢价发行时要考虑老股东的权益。为了平衡新老股东的权益,在溢价发行时可给老股东以优先购买权等优惠。

(2) 股东配股。股东配股就是股份公司对老股东按一定比例分配该公司新发股票认购权,准许其优先认购新股。股票价格一般与面值相同或高于面值(但仍低于市场价格)。这种增资的把握比较大,而且不会使股权结构发生大的变化,有利于保证股东对企业的控制权及其利益。

(3) 向第三者配股。这种发行方式是指公司向股东以外的特定人员发行新股票,允许他们在特定时期按规定价格(给予优惠)优先认购一定数量的股票。这种发行方式一般在下列情况下采用:当增资金额不足,为达到增资总额时;当需要稳定交易关系或金融关系,应吸收第三者入股时;当为防止股权垄断而希望第三者参与,从而使该公司的股权结构分散时。

2. 无偿增资

无偿增资是公司将增资的股票按其投资比例无偿赠给老股东,将公司的积累或分红基金转为资本。这种做法与有偿增资不同,公司的实际总资本并没有增加,只是对资本结构在账面上进行调整。

无偿增资按其资金来源可分为以下两种:

(1) 积累转增资,即将法定盈余公积金和资本公积金转为资本配股,按比例赠给老股东。法定盈余公积金是依据公司法的规定从纯利中按一定比例必须提留的资金,它可以转为资本,也可以用来弥补亏损,但不能作为红利分配。资本公积金的来源:溢价发行股票的溢价部分;其他资产的溢价收入;兼并其他企业的资产与负债相抵的盈余部分;接受赠予的收入等。积累转增资可以进一步明确产权关系，有助于投资者正确认识股票投资的意义，提高对企业的经营和积累的关心，从而形成企业积累的内部动力机制。

（2）红利转增资，即将当年应分派给股东的红利转为增资，用新发行股票代替准备派发的股息和红利，因此又叫股票派息。将红利转为增资的好处是：使现金派息应流出的资金保留在公司内部，把当年的股息和红利支出转化为生产经营资金；股东取得了同参与分配盈利一样的效果（只是收益形式不同而已），而且还可以免缴个人所得税。

二　证券交易市场结构

证券交易市场是证券持有者买卖证券的场所。证券交易市场运作的状况对证券发行市场产生影响，从而影响宏观经济。证券交易市场由证券交易所市场和场外交易市场组成。

（一）证券交易所市场

证券交易所是依据国家有关法律，经政府主管机关批准设立的证券集中竞价交易的有形场所。各类有价证券，包括普通股、优先股、公司债券和政府债券，凡符合规定都可以在证券交易所由证券经纪商进场交易。它为证券投资者提供了一个稳定、公开交易的高效率市场。

证券交易所是法人，它本身并不参与证券交易，只提供交易场所和服务，同时也兼具管理证券交易的职能。证券交易所与证券公司、信托投资公司等非银行金融机构不同，是非金融性的法人机构。

证券交易所就其组织形式来说，主要有会员制和公司制两种。

（1）会员制证券交易所。它是不以营利为目的的社团法人，其会员由证券公司、投资公司等证券商所组成。会员对证券交易所的责任，仅以其交纳的会费为限。在会员制证券交易所中，只有会员公司才能进入证券交易所大厅直接参与交易活动。会员通常派出若干名场内交易员代表公司参与场内交易。会员制证券交易所不以营利为目的，收取的交易经纪费较低，有利于交易的活跃。

（2）公司制证券交易所。它是以盈利为目的的公司法人。公司制证券交易所是由银行、证券公司、投资信托机构及各类国有和民营公司等共同出资并占有股份建立起来的。任何证券公司的股东、高级职员或雇员都不能担任证券交易所的高级职员，以保证交易的公正性。但由于实行公司制，证券交易所必然以盈利为目的，在营业收入及盈利方面考虑较多，这对参加买卖的证券商来说负担较重。

1990 年 12 月 19 日上海证券交易所成立，1991 年 7 月深圳证券交易所正式营业，2021 年 11 月北京证券交易所正式开业。它们都按照国际通行的会员制方式组成，为非营利的事业法人。其宗旨是完善证券交易制度，提供集中交易的场所，办理证券集中交易的清算、交割和证券集中过户，提供证券市场信息和办理中国人民银行许可或委托的其他业务。

(二) 做市商制度

做市商(Market-maker,或 Dealer),是指在柜台市场组织证券交易的证券商。做市商制度则是指在证券市场上,由具备一定实力和信誉度的机构作为主要的集中型经纪商,不断向公众交易者报出某些特定证券的买卖价格,并在所报价位上接受投资者买卖要求的交易制度。通过做市商的这种不断买和卖,可在一定程度上维持市场的流动性,满足一般投资者的投资需求,做市商则通过买卖报价的适当差额来抵补所提供服务的成本费用,并实现一定的利润。

做市商制度规定,如果在某一时期内,交易厅内的做市商无法从别的交易商那里获得证券报价,那么其必须保证自己所"做市"的证券总能至少有一个买家或卖家,以使公众总能以市价成交。做市商在市场无报价时,必须在一定时间内同时报出自己可接受的买入价和卖出价,使市场活跃起来,以吸引更多的投资者参与交易。

做市商为证券建立了流动性。做市商制度源于美国的柜台市场,以美国纳斯达克的场外交易形式最为著名。一般而言,在美国这样证券市场发达的国家里,由于证券种类繁多,许多证券不符合交易所上市的条件,或者认为没有必要上市而在场外交易场所进行交易。这种场外交易场所没有交易所那样严密的组织协调机制,客观上需要一批市场信誉良好、操作规范的机构交易者出面承担起组织协调市场的责任,比如经常对某些证券报出买卖价格,接受其他交易者在自己所报价位上的交易,维持一定的交易量等,这些机构交易者便成为做市商。在纳斯达克市场上,一般由美国全国证券交易商协会会员充当做市商,每只股票则至少有两个做市商为其做市。在交易过程中做市商通常要先垫付一笔自有资金建立某些证券的足够库存,然后向这些证券的买卖双方报价,在不同价位上接受投资者买入或卖出的要求,自己则从中赚取价差。做市商这种为买入而卖出和为卖出而买入的交易方式将证券交易双方紧密联系起来,为证券创造出转手交易的市场,在整个场外交易中起到穿针引线的作用,增强了市场的流动性。

另外,做市商制度有利于减缓价格波动,使股价保持一定的连续性。做市商制度可以有效地使供求关系的不确定变量在一定时间内保持相对稳定。此外,证券交易所禁止做市商在价格大幅度下跌时抛售和大幅度上涨时收购。如果出现过大的卖出压力,做市商有义务充当购买方,以防止价格大幅度下跌;反之亦然。

三　证券交易方式

(一) 回购交易

现货交易是指证券买卖成交后,按当时成交的价格马上清算和交割的交易方式。也就是说,现货交易是成交与交割同步的。但在实际交易过程中,很难做到在成交时马上交割,交割常在成交后的一段很短的时间内进行。

回购协议是现货交易最重要的方式。回购协议本质上是短期抵押贷款,抵押物是证券,证券的买卖价差就成为资金借入方的借贷成本。回购协议包含两笔交易:在第一笔交易中,第一个主体(借款人)按照事先商定的价格卖出债券给第二个主体(出借人);与此同时,双方商定,第一个主体在未来某个时刻把该债券买回,并支付一定的利息。

回购协议主要分为质押式回购和买断式回购。质押式回购,是指将相应债券以标准券折算比率计算出的标准券数量为融资额度而进行的质押融资。买断式回购,是指债券持有人在将一笔债券卖出的同时,与买方约定在未来某一日期,再由卖方以约定价格从买方那里购回该笔债券的交易行为。买断式回购交易不仅是一种融资工具,同时也可以作为融券工具。买断式回购交易的标的券种为单只国债,而质押式回购实行的是"标准券"质押制度。买断式回购实行履约保证金制度,即融资方和融券方在成交当日需按一定比率缴纳履约金。

根据回购协议的到期时间,可以将其划分为隔夜回购协议、周回购协议、月回购协议等。其中,隔夜回购协议最为普遍。

回购协议在金融市场上具有以下作用:

第一,为做市商提供资金。由于债券整天都在交易,而清算是在当天的收盘时刻,因此就给投资者特别是机构投资者带来了机会。由于交割是在当天的末尾进行的,即使没有资金,做市商也可以在当天早些时候买入债券,并期望在当天按照更高的价格卖出去。如果债券不能按较高的价格卖出去,做市商就需要解决购买债券的资金支付问题,他可以通过回购协议得到这笔资金,抵押物就是那些债券。在当天的末尾,做市商通过回购协议得到资金,偿还原债券出售者。而第二天,做市商重新得到债券,并尽力将其高价卖掉。如果做市商成功了,卖掉债券所得到的资金就可以用来偿还回购协议的拥有者。如果不成功,做市商会通过另一份回购协议得到资金,并偿还给第一份回购协议的拥有者。这一过程一直进行下去,直到做市商卖掉债券或者债券到期。

第二,融券。有时,参与者不是想借出资金,而是想借入债券。想融券的理由多种多样。其中之一是投资者发现某种债券的价格偏高,如果卖空,则可以获得利益。通过订立逆回购协议,可以让该投资者获得债券,从而实现债券的卖空。只要回购协议生效,借入债券者就可以利用债券进行其他交易。

第三,中央银行调整货币供给。在我国,中央银行自己发行央行票据。利用回购协议,中央银行可以实现对基础货币的调整。如果要增加基础货币,中央银行可以订立逆回购协议,得到债券,放出资金。如果要减少基础货币,中央银行则订立回购协议,收回资金。实际上,中央银行也可以通过参与回购市场的各种交易,影响回购利率,进而对货币需求产生影响,从而达到调整货币供求的目的。

第四,用短期闲置资金进行投资。一些机构,特别是一些金融机构,手中的闲置资金可以用在回购市场上。由于回购市场违约风险低,债券期限短进而利率风险低,而且回购市场的流动性强,因此为短期投资提供了很好的投资场所。通过高效地使用短期闲置资金,可以提升机构投资者的盈利水平。

第五,商业银行等获得资金以满足法定准备金率要求。商业银行以及其他进入机构获得的各类存款,要缴存法定存款准备金。如果准备金不足,该机构可以订立回购协议获得资金,进而缴存中央银行;而那些资金充裕的机构,可以订立逆回购协议,把资金贷放出去,获得相应的收益。

回购协议属于抵押贷款,也存在多种风险,包括信用风险和操作风险等。在债券价格暴跌、投资者损失严重的情况下,由于投资者的资金不足以支付到期回购款,因此极易引发投资者在回购到期时违约的信用风险。另外,由于交易所债券现券及债券回购均实行 $T+0$ 回转交易,因此投资者买入的债券现券当日即可卖出,同样也可当日进行债券回购。由于没有对投资者的操作次数进行限制,因此投资者可通过买入国债—回购—再买入国债—再回购的方式,循环往复,迅速放大债券回购倍数,提高回购风险。

(二) 远期合约与期货交易

1. 远期合约与期货合约

所谓远期合约,是指交易双方在未来时点买卖某种资产(或商品)而签订的合约。一份远期合约规定了如下四项内容:交付内容、交付数量、交付日期、交付价格。

利率的远期合约,是交易双方关于利率产品未来交易达成的协议。由利率远期合约中标的证券的价格以及其他特征所决定的利率,被称为远期利率。例如,A 公司与 B 银行在 2024 年 12 月 31 日签订利率远期合约,规定 A 公司在 2025 年 6 月 30 日从 B 银行那里借入资金 1 亿元人民币,期限为 2 年,利率为 6%。

利率期货合约是在交易所交易的标准化合约,它约定合约持有人在未来某一时刻按照一定的价格买入或者卖出一定数量的利率产品的权利与义务。利率期货交易与利率远期合约既具有一定的相似性,同时又存在很大的区别。

期货交易必须在指定的交易所内交易。交易所必须能提供一个特定集中的场地。交易所也必须规范客户的买卖,并在公平合理的交易价格下完成。而利率远期市场组织较为松散,没有交易所,也没有集中交易地点,交易方式也不是集中式的。

利率期货合约是符合交易所规定的标准化合约,对于交易的利率产品数量、到期日、交易时间、交割品种都有严格而详尽的规定。而利率远期合约对于交易的利率产品数量、交割日期等,均由交易双方自行决定,没有固定的规格和标准。

利率远期合约交易通常不交纳保证金,合约到期后才结算盈亏。利率期货交易则不同,必须在交易前交纳合约金额的一定比例作为保证金,并由清算公司进行逐日结算,如有盈余,可以支取。如有损失且账面保证金低于维持水平时,必须及时补足,这是避免交易所信用危机的一项极为重要的安全措施。结清利率期货头寸的方法有两种:一是通过对冲或反向操作结清原有头寸,二是采用现金或现货交割。远期交易由于是交易双方依各自的需要而达成的协议,因此,价格、数量、期限均无规范,倘若一方中途违约,通常不易找到下家来接替,除非提供更优惠的条件。

利率远期合约的参与者相对较少。而利率期货交易更具有大众意义,市场的流动性和效率都很高。参与交易的可以是银行、公司、财务机构、个人等。

期货交易在每日都要根据期货价格相对于前一日价格的变化进行清算。在合约的到期日,期货价格收敛于现货价格。到期日之前最后一次清算结束之后,期货合约完全等同于一份远期合约,因此,在最后一个清算日,远期价格和清算价格必然相等。但是,在此之前,期货由于要进行逐日清算,因此其价格和远期价格一般并不相等,而是有微小的差别。

2. 远期合约的定价

例:有一只20年期的债券,面值为100元,价格为100元。票面利率为8%,一年支付两次利息,下一个付息日为6个月后。在期货合约中,该债券可以用来交付。交割日是3个月后。年利率为4%。问:期货合约的价格应该是多少?

我们首先假定价格为105元,那么可以有下面的策略:在时点0,投资者从事现金与持有交易(Cash and Carry Trade):① 卖这份期货合约,3个月后交货,价格为105元;② 借100元,期限为3个月,年利率为4%;③ 用借来的钱购买标的债券。

投资者3个月后:① 交付债券,得到债券价格105元,同时有2元的利息(年利率为8%,3个月简单计为2元),因此,收入107元(105+2);② 偿还借款本金100元,利息1元(年利率4%,3个月简单计为1元),支出101元(100+1);③ 总体看来,投资者得到的无风险收益为6元(107-101)。

如果期货合约价格不是105元,而是96元,那么,投资者从事反向现金与持有交易(reverse cash and carry trade)也可以得到3元的利润。

投资者今天:① 买期货合约,价格为96元;② 卖标的债券,得到100元;③ 借给别人100元,期限为3个月,年利率为4%。

投资者3个月后:① 买标的债券,支付98元(96+2);② 得到本息101元(100+1);③ 总体核算下来,投资者可以获得套利收益3元(101-98)。

如果期货合约的价格为99元,则无法产生套利收益;而如果不是,则将产生无风险套利的机会。

在一般情况下,远期价格应该为

$$F = S + S \cdot t \cdot (r - c)$$

其中,F 为远期价格,S 为当期价格,t 为远期交割距时点0的时间长度(年),c 为当期收益率(Current Yield),$r-c$ 为净融资成本。

当期收益率是不考虑资本利得的情况下债券投资的收益率。计算公式为

$$c = \frac{\text{coupon}}{P_0}$$

其中,c 为当期收益率,coupon 为票面利息,P_0 为债券价格。

前面假定资金市场中投资者借入资金与借出资金的利率是相等的。但由于投资者本身的融资能力问题,其借入资金的成本要高于把资金借出去的收益,因此利率远期的无套利价格就不是一个点,而是由两个点决定的一个区间。

3. 期货合约的定价

在期货交易中,空头方要交付债券给多头方。如果空头方手里没有可以用来交付的债券,那么,他必须从市场中把债券买回来。如果空头方可以用于交付的债券的种类很少,多头方或者其他债券投资者就可以通过操纵债券价格,逼迫空头方用高价购买债券。为了保证远期或期货市场的健康运行,就需要保护空头方。保护空头方的手段有很多,给予空头方更多的选择权是其中重要的方面。一般来讲,在国债期货市场中,空头方拥有以下两种选择权:

(1) 交易品种选择权。空头方可以选择任何合格的债券来交付。所谓合格的债券,是指偿还期或至第一回购日在一定期限以上的国债。如果债券种类很多,市场参与者在一定时间内控制整个债券市场价格的可能性就很小,国债期货交易的空头方被保护的程度就高。从这一点出发,国债的现货市场成熟与否,很大程度上决定了期货市场的成熟度。

(2) 交付日选择权。空头方可以在交付月份中选择最有利的日期来交付。假定交付月为 3 月,那么在 3 月份的所有营业日,空头方都可以把债券交付多头方。这样就确保了空头方在一个月内,选择对自己有利的营业日来交付债券。

由于空头方有这么多的选择权,因此远期或者期货在时点 0 的价格就不那么简单了,要把这些选择权的价值计算出来,从原来的计算公式中减掉。之所以要减掉,是因为这些选择权属于远期或者期货的空头方——卖者,不属于多头方——买者。利率期货的定价为

$$F = S + S \cdot t \cdot (r - c) - V_{o1} - V_{o2}$$

其中,F 为远期价格,S 为当期价格,t 为远期交割距时点 0 的时间长度(年),V_{o1} 为交易品种选择权的价值,V_{o2} 为交付日选择权的价值。

在国际上,证券期货的种类有很多,包括欧洲美元期货、国债期货、股票期货等。在我国证券市场中,国库券的期货交易是从 1993 年 10 月开始的,但由于 1995 年 2 月发生了严重的“327 国债期货事件”,因此证监会于 1995 年 5 月暂停了国债期货交易。2013 年,我国恢复国债期货交易,之后国债期货交易的品种不断丰富。截至 2023 年年底,我国有 2 年期、5 年期、10 年期、30 年期等国债期货交易品种。

股票指数期货交易的本质是期货交易,是为了降低股票投资者的风险而采用的一种避险方法,当然这种避险方法也可以用来投机获利。股票指数期货交易的对象是股价指数。由于股价受多种因素的影响,因此处于波动的状态。而股价的波动受两类因素的影响:一是整体因素或系统因素,二是个别因素或非系统因素。非系统风险可以通过证券组

合来避免,系统风险却无法规避。而股票指数期货则是规避系统风险的一种新的方法。

由于股票价格指数代表股票价格的总水平,因此在这种期货交易中,买入和卖出的都是股票指数期货合约。一个投资者购买了某种股票后,由于担心股票价格指数下降而引起他持有的股票价格也下降,因此可以采用股票价格指数期货进行保值,即他可以在购买股票的同时,购买一个与出售股票时间点相同的股票指数期货。当这种股票价格的变动与整个市场的变动完全一致时,投资者就可以避免价格波动的风险。

我国于 2010 年推出了股票价格指数期货交易。目前在中国金融期货交易所交易的指数期货有沪深 300、上证 50、中证 500 等指数期货。

(三) 期权交易

期权交易是指投资者与期权的出售者按约定的价格,在约定的时间内或某一天,就是否购买或出售某种证券而预先达成契约的交易。在这个过程中,交易双方买卖的是一种权利,这种权利将保证购买者在某一特定的时期内或特定的时间,按契约规定的价格买入或卖出一定数量的证券,同时也允许购买者放弃行使买卖证券的权利,任其作废。也就是说,购买者对是否执行期权拥有选择权。因此,它又被称为选择权交易。

期权交易的具体过程是交易双方通过经纪人签订一份期权买卖契约,规定买入期权者在未来的一定时期内,有权按契约规定的价格(即协议价格)、数量,向卖出期权者买入某种有价证券,出售期权者必须按契约执行。契约签订后,买入期权者应向卖出期权者支付期权费,取得并持有契约。

期权交易的要素主要有期权的期限,交易证券的种类、数量和价格,以及期权的价格。期权价格是一个变量,取决于期权有效期的长短、协定证券交易价格的高低、证券市场行情及交易的证券价格的波动性。

期权交易分为买入期权和卖出期权两种。① 买入期权。又称看涨期权,就是在协议规定的有效期内,买方有权按规定的价格和数量买入某种股票。买方之所以购进这种买入期权,是因为他认为股票价格看涨,将来可获利,所以又称看涨期权。② 卖出期权。又称看跌期权,就是在协议规定的有效期内,买方有权按规定的价格和数量卖出某种股票。买方之所以购进卖出期权,是因为他认为股票价格看跌,将来可获利,所以又称看跌期权。

期权交易的盈亏与其他交易方式不同。分析如下:

首先,买入期权的盈亏。假设期权价为 K,标的资产的市场价格为 S,在执行日期权的内在价值为 P_c,则

$$P_c = \begin{cases} S-K; & S>K \\ 0; & S \leqslant K \end{cases}$$

$$P_c = \text{Max}(S-K,0)$$

用图形来表示,见图 3-5 和图 3-6。

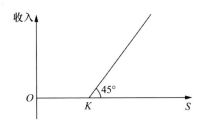

图 3-5 买入期权的盈亏 (不考虑期权费)

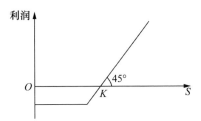

图 3-6 买入期权的盈亏 (考虑期权费)

其次,卖出期权的盈亏。假设在执行日期权的价值为 P_p,则

$$P_p = \begin{cases} K-S; & K>S \\ 0; & K \leq S \end{cases}$$

$$P_p = \text{Max}(K-S,0)$$

用图形来表示,见图 3-7 和图 3-8。

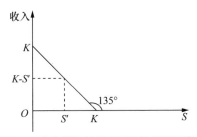

图 3-7 卖出期权的盈亏 (不考虑期权费)

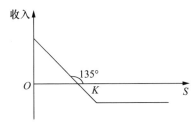

图 3-8 卖出期权的盈亏 (考虑期权费)

期权相当于某种保险,具体而言,买入期权相当于购买了防止金融工具价格上升的保险,而卖出期权则相当于购买了防止金融工具价格下降的保险。

期权交易有两个好处:一是只缴纳少量期权费就可以做大笔股票买卖,利润率一般都会比现货交易和信用交易高;二是风险低,买主的损失事先可知。

关于股票期权的定价,有一个著名的 Black-Scholes 模型,即

$$C = SN(d_1) - Ke^{-rT}N(d_2)$$

$$d_1 = \frac{\ln(S/K) + (r+\sigma^2/2)T}{\sigma\sqrt{T}}$$

$$d_2 = d_1 - \sigma\sqrt{T}$$

其中,C 为买入期权的价格,S 为股票当期价格,K 为期权的执行价格,T 为期权到期日,r 为无风险利率(连续利率),σ 为股票收益率的标准差,N 表示累积正态分布。

尽管 Black-Scholes 模型非常著名,也是诺贝尔经济学奖的成果,但该模型却不能给利率期权定价,因为基于股票期权的三个重要假定都不适合利率期权。

首先,Black-Scholes 模型假定证券价格在一定的概率下可以高到任何水平,但债券有最高价,除非利率为负。其次,Black-Scholes 模型假定短期利率保持不变,但影响债券价格最主要的因素就是短期利率,而且短期利率波动幅度大,因为物价的变动时刻影响着短期利率。最后,Black-Scholes 模型假定证券价格的波动率不变,但债券价格的波动率会随着偿还期的临近而大幅下降。基于此,Black-Scholes 模型不能给利率期权定价。不过,学者们研究出了二项式模型来给利率期权定价。有兴趣的读者可以参阅固定收益证券的教科书来理解利率期权的定价。

(四) 互换交易

互换就是两个或更多当事人按照商定的条件,在约定的时间内,交换现金流的合约。一般情况下,签订一份互换合约不需要支付费用,比如固定利率与浮动利率的互换。甲方本来应该支付固定利率给债权人,乙方本来应该支付浮动利率给债权人。但甲乙双方签订协议,双方调换现金流的支付方式,甲方现在支付浮动利率,而乙方则支付固定利率。这类互换也被称为普通互换或大众型互换。普通互换常常作为复杂交易的基本组成元素。在复杂的互换中会有多个互换同时发生,而且有时会包括融资,甚至会嵌入期权。

从经济学的角度来看,互换的原因主要有两个:一是互换双方通过互换可以降低利率风险,二是互换双方分别在固定利率和浮动利率市场上具有比较优势。

在风险方面,汇率和利率风险对收益构成了极大的威胁,也对金融机构和非金融机构的权益资本产生了很大的影响,而互换为消除汇率和利率的不利影响提供了可能。在收益和成本方面,通过在世界性的货币市场和资本市场上利用各种形式的套利机会,为市场主体增加收益提供了机会。而且某些金融管理当局的管制,使某些金融交易变得非常困难,甚至是根本不可能的。但是,由于世界各国的金融管制程度和范围都是不同的,因

此促进了互换交易在国家之间的进行。

举例阐释互换的生成机制:银行 A 和公司 B 都在进行为期 5 年的融资。银行 A 的信用水平高,并愿意按浮动利率借款。公司 B 的信用水平相对较低,愿意筹措固定利率借款。如果直接进入资本市场,双方的融资成本如表 3-7 所示。

表 3-7 双方的融资成本

	银行 A	公司 B	差别
固定利率	8%	11%	+3%
浮动利率	LIBOR+2%	LIBOR+3%	+1%

由于银行 A 的资信级别高,因此无论是在固定利率融资还是在浮动利率融资上,银行 A 都有绝对优势,但它在固定利率融资方面更有优势(3%),相对于浮动利率融资,银行 A 的固定利率融资相对于其浮动利率融资有 2%(3%−1%)的比较竞争优势。如果各自在自己的相对优势领域进行融资,而后进行利率互换,双方就有机会既采取理想的融资方式,又降低融资成本,一起分享节省的那 2%。具体做法如图 3-9 所示。

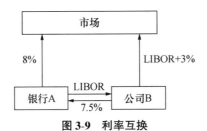

图 3-9 利率互换

银行 A 的融资成本包括向市场支付 8%,向公司 B 支付浮动利率 LIBOR,从公司 B 那里获得 7.5%,净成本为 LIBOR+0.5%。公司 B 的融资成本包括向市场支付 LIBOR+3%,向银行 A 支付固定利率 7.5%,从银行 A 那里获得浮动利率 LIBOR,净成本为 10.5%。因此银行 A 节省了 1.5%,公司 B 节省了 0.5%,共 2%。

一般情况下,如果交易双方在固定利率融资上的利差与双方在浮动利率融资上的利差并不相等,双方就存在拟订互换合约并从中获利的机会。例如,如果某银行认为 3 年期利率与 5 年期利率的利差(spread)会增大,它就可以建立一个 5 年期互换多头的地位,即支付 5 年期的固定利率,收取 5 年期的浮动利率。

用互换更主要的是对其资产与负债进行匹配。如果客户提出的借款要求在期限上与银行的资金并不匹配,银行就可以通过另外举借期限适当的借款为客户提供融资,并利用互换调整银行的资产负债结构。互换交易可以替代卖空一系列利率期货,避险效果会更加明显。

当然,没有任何事物是完美的,互换也不例外,况且互换本身也存在风险。互换的风险主要有违约风险和价格风险。对于互换中介而言，规避违约风险当然要考察交易对手的信用级别，而规避价格风险则可以采用对冲互换，或者利用债券本身，以及利用利率远期和期货等来实现。

像其他金融交易一样，定价是生成交易所必需的前提。由于普通的利率互换是固定利率与浮动利率的互换，因此，互换的定价就是计算什么样的固定利率让投资者在订立互换协议时不必支付或者收取现金。由于浮动利率债务在利息确定日的价值为其面值本身，因此，互换的定价也就是计算什么样的情况下固定利率现金流的价值与互换面值相等。在计算价值时，折现因子是按照利率期货的价格计算出来的。因此，利率期货对于互换的定价有很大的帮助，可以这样讲，金融创新如同建设大楼，建完第一层才能建第二层，不可以跨越。利率的远期交易或期货交易是互换交易的前提，没有利率的远期或期货就无法给互换定价。货币互换也可以理解为两种债券的组合，互换的价值也就是两种不同方向（资产与负债）债券价值的差额。货币互换也可以理解为远期合约的组合。有多少个期限，就有多少个远期合约的组合。

从前面的阐述中我们可以清晰地发现，金融市场中现货交易是市场的基础，一方面，远期和期货的定价依托于现货定价，另一方面，期货交易要以发达的现货市场为前提，因为必须给予空头方以品种的选择权，否则市场就将失去平衡。互换交易要依托远期和期货市场，因为互换的定价离不开利率远期或期货。

思考题

1. 金融市场有哪些特征？短期金融工具有哪些？长期金融工具有哪些？
2. 债券的种类有哪些？企业为什么要发行债券，而不是向银行申请贷款？
3. 通常可以在债券上附上哪些权利？
4. 到期收益率指标的主要缺点是什么？
5. 请以中国发行的某种债券为例，分解该债券并作总收益分析。
6. 债券的利率风险的一般结论是什么？
7. 金额持续期和比率持续期的经济含义是什么？写出这两个指标换算的数学表达式。
8. 请阐述并推导恒定股利的股票定价模型，以及股利固定增长的股票定价模型。
9. 如何理解市盈率与市净率指标？
10. 发展基金业的意义有哪些？
11. 请简述并用几何图形表示看涨期权与看跌期权的损益状况。
12. 请说明互换交易如何能降低交易双方的融资成本。
13. 请分析股票与债券交易中沪港通、深港通的意义。

计算题

1. 一个投资者按 85 元的价格购买了面值为 100 元的 2 年期零息债券。投资者预计这两年的通货膨胀率将分别为 4% 和 5%。请计算该投资者购买这张债券的真实到期收益率。

2. 某公司每股股票 2025 年年底将实现 3 元的税后收益。公司打算留下 2 元用于再投资，而且假定以后每年的留利额都是 2 元。假定该股票的折现率为 10%，再投资的收益率为 15%，不考虑其他因素，计算该公司股票的内在价值。

3. 某公司 2024 年每股现金股利为 4 元，股东预期报酬率为 9%，未来 10 年中股利增长率为 15%，在第 10 年结束后股利恢复正常增长率 5% 的水平。计算该公司股票的内在价值。

4. 如果股票 Z 的 β 值为 0.8，期望收益率为 16%；股票 Y 的 β 值为 1.5，期望收益率为 23%，问：为了保证资本资产定价模型成立，

(1) 市场期望收益率是多少？

(2) 无风险收益率是多少？

5. 已知股票 A 的期望收益率为 15%，标准差为 30%；股票 B 的期望收益率为 17.5%，标准差为 35%。股票 A 和股票 B 期望收益率之间的相关系数为 0.3。

(1) 根据下表给定的比例计算各资产组合的期望收益率、标准差、离差率（变异系数）。

资产组合	股票 A 所占的比例（%）	股票 B 所占的比例（%）
1	20	80
2	40	60
3	60	40
4	80	20

(2) 根据标准离差率能否确定上述四个组合中哪一个最好？

6. 一个 60 天的欧式认购期权，允许购买者购买 100 股 A 公司股票，其中，股票现价为 7 元，执行价格为 6.5 元，融资成本为 5%，股票波动率为年 20%。在未来 60 天内，A 公司不会支付股息。请计算：

(1) 该股票欧式买入期权的价值。

(2) 到期时，该期权内在价值为正的概率有多大。

(3) 避险组合的权重，即股票投资比重是多少。

第二篇

金融体系与银行

第四章　金融体系与管理

第一节　市场经济体制下的金融机构体系

一　金融机构体系的框架

为满足高度发达的市场经济的要求,西方发达国家各自都有一个规模庞大、职能齐全的金融机构体系。金融机构体系由银行体系和非银行金融机构体系构成,而银行体系的地位更为重要。

银行体系的设置形式和具体内容在市场经济国家不尽相同,甚至对同类性质的银行的叫法也不一样,或者性质完全不同的银行也用相同的名称。从整个银行体系的组成来看,中央银行、商业银行和专业银行是主要内容。

非银行金融机构体系的构成更为庞杂,包括保险公司、券商、信托公司、基金管理公司、租赁公司、消费信贷机构、证券交易所等。

从银行与非银行金融机构的划分标准来看,最初的划分标准较为明确,例如,银行一般从事存款、贷款、汇兑业务,而非银行金融机构并不经营存款业务。但现今的划分标准已越来越不分明。这主要是因为金融业的竞争日趋激烈,金融创新的发展使得各国金融管理当局的金融业管制不断放松,从而使金融机构的业务分工不再那么分明,金融机构间的业务交叉现象或经营综合化现象不断增加。

有些国家如德国和瑞士实行全面型银行制度。在那些国家,银行与非银行金融机构的差别是很小的。美国于 1999 年年底取消了限制银行混业经营的法律——《格拉斯-斯蒂格尔法案》(*Glass-Steagall Act*),金融机构之间业务相互渗透的局面从此进入一个新的阶段。进入 2007 年,美国的次贷危机导致全球性的金融危机,而这与美国将银行业与证券业、保险业等投资行业之间的壁垒消除,金融监管缺失有直接关系。2010 年,美国在总结这次危机的原因的基础上,颁布了《多德-弗兰克华尔街改革与消费者保护法案》,该法案旨在限制银行进行自营交易,控制其经营风险。

总之,市场经济国家金融机构体系的框架是银行体系和非银行金融机构体系,但银行与非银行金融机构之间的差异不再那么分明,而且将会越来越不分明。

二 银行体系

(一)中央银行

在银行体系中,中央银行是国家管理金融业务的机关。中央银行是一国金融体系的中心环节,是政府的银行、银行的银行,处于特殊的超然地位。关于中央银行,本书将在后面作详细的介绍。

(二)商业银行

银行体系中的骨干是商业银行。商业银行经营工商业存款和贷款,并为顾客提供多种金融服务。商业银行通过办理汇兑、承兑等业务而加速货币的周转,并由于商业银行信用的存在,对中央银行提供的基础货币产生派生作用,即信用创造作用。商业银行的机构数量多,业务范围广,资产数额大,成为银行体系的中坚。本书将在后面进行详细阐述。

(三)专业银行

在银行体系中,有一类银行是有指定的经营范围和提供专门的金融服务的,这类银行统称为专业银行。专业银行是社会分工的表现,是随着经济和金融的发展而出现的,是具有专门职能的银行。西方发达国家的专业银行种类非常多,名称各异,其中主要的专业银行有:

1. 储蓄银行

储蓄银行是指以吸收居民储蓄存款为主要资金来源的银行。在市场经济国家中,储蓄银行大多是专门设立的。为了保护小额储蓄者的利益,这些国家对储蓄银行一般有专门的立法,限制其通过吸收储蓄所筹集的资金的投资领域。

储蓄银行的名称有很多,比如互助储蓄银行、储蓄与贷款协会、国民储蓄银行等。

储蓄银行所吸收的储蓄存款余额比较稳定,利率也低,因此可以从事长期投资,如发放不动产抵押贷款,投资于政府债券、公司债券等。有些国家明文规定了储蓄银行必须投资于政府债券的比例。过去,储蓄银行的业务所受的限制很多,如不能从事支票存款,不得经营一般工商贷款等。但如今,储蓄银行的业务范围随着金融管制的放松有不断扩大的趋势。

2. 开发银行

开发银行是专门为满足经济社会的发展而设立的银行。开发银行的贷款主要用于投资大、周期长、风险高、收益低但对一国宏观经济非常重要的项目。基于上述项目的特点,开发银行一般为政府的政策银行。以日本开发银行为例,其资本金全部由政府出资,主要业务包括开发资金贷款、为开发所需的贷款提供担保、投资于尖端技术的研发和大规模产业基地的建设等。这类银行在其他国家也很常见,如韩国开发银行、澳大利亚资源开发银行等。

在开发银行对经济的促进作用中,除了其自身的资金投入和贷款担保,开发银行贷款的信号传递效应也很重要。开发银行的贷款投向将表明政府的意图,从而拉动民间资本的投入。

3. 抵押银行

抵押银行是专门从事以房地产和其他不动产为抵押物的长期贷款的银行。抵押银行的资金主要是通过发行不动产抵押证券来筹集的。其长期贷款业务主要包括两类:一是以土地为抵押物的贷款,贷款对象是土地所有者或农场主;二是以城市不动产为抵押物的贷款,贷款对象主要是房屋所有者和建筑商。抵押银行也经营以股票、债券和黄金为抵押品的贷款。

4. 农业银行

农业受自然因素的影响大,对资金的需求有鲜明的季节性;农村地域广,单笔贷款需求数额小,利息负担能力弱;抵押品集中和保管困难,其中大多数贷款只能凭个人信誉。综上所述,农业信贷的特点是规模小、期限长、风险高、利率低。一般的商业银行和抵押银行都不愿意从事这类信贷业务。

农业银行在市场经济国家中大多以支持农业发展为原则而由政府来设立,其资金来源主要为政府拨款,此外还包括发行股票或债券、吸收存款等。农业银行的业务范围很广,几乎包括农业生产的一切资金需要。由于农业贷款的收益低、风险高,因此大多数市场经济国家对农业银行的贷款在税收方面都有优惠,甚至为其贴息。

农业银行本质上是政策银行,如美国的联邦土地银行、法国的农业信贷银行、德国的农业抵押银行、日本的农林渔业金融公库等。

5. 进出口银行

进出口银行本质上也是政府的金融机构,是通过金融渠道支持本国对外贸易的专业银行。美国称之为进出口银行,日本称之为输出入银行,法国称之为对外贸易银行。

三　非银行金融机构体系

(一) 投资银行或证券公司

投资银行(Investment Banks)或证券公司主要从事证券发行、承销、交易、企业重组、兼并与收购、风险投资(Venture Capital, VC)或私募股权投资(Private Equity, PE)、项目融资等业务的非银行金融机构,是资本市场上的主要金融中介。

投资银行是美国和欧洲大陆的称谓,英国称之为商人银行,在中国和日本则指证券公司。投资银行的组织形态主要有三种:一是独立型的专业性投资银行,这种类型的机构比较多,遍布世界各地,如中国的中信证券、中金公司,美国的高盛、摩根士丹利;二是商业银行拥有的投资银行,主要是商业银行通过兼并收购其他投资银行,参股或建立的附属公司,这种形式在英、德等国非常典型,比如汇丰集团、瑞银集团;三是全能型银行直接经营投资银行业务,这种形式主要出现在欧洲。

投资银行是金融体系的重要主体,在现代社会经济发展中发挥着沟通资金供求、构造证券市场、推动企业并购、促进产业集中和规模经济形成、优化资源配置等重要作用。

现代投资银行的业务涵盖很广,主要包括下面的内容:

证券承销。证券承销是投资银行最本源、最基础的业务活动。投资银行承销的职权范围很广,包括该国中央政府、地方政府、政府机构发行的债券,企业发行的股票和债券,外国政府和公司在该国和世界发行的证券,国际金融机构发行的证券等。

证券经纪交易。投资银行在二级市场中扮演着做市商、经纪商双重角色。作为做市商,在证券承销结束之后,投资银行有义务为该证券创造一个流动性较强的二级市场,即投资银行又买又卖,生成证券的交易。作为经纪商,投资银行代表买方或卖方,按照客户提出的价格代理进行交易。

证券私募发行。私募发行就是发行者不把证券售给社会公众,而是仅售给数量有限的投资者。私募发行不受公开发行的规章限制,除能节约发行时间和发行成本外,还能够比在公开市场上交易相同结构的证券给投资银行和投资者带来更高的收益。

兼并与收购。投资银行可以以多种方式参与企业的并购活动,比如寻找兼并与收购的对象、提供咨询服务、帮助制订并购计划、安排资金融通和过桥贷款等。并购中往往还包括"垃圾债券"的发行以及公司重组等。

项目融资。项目融资是对一个特定项目安排的融资。投资银行在项目融资中起着非常关键的作用,它将与项目有关的政府机关、金融机构、投资者与项目发起人等紧密联系在一起,协调律师、会计师、工程师等一起进行项目可行性研究,通过发行债券、基金、股票或拆借、拍卖、抵押贷款等筹措资金。投资银行在项目融资中的主要工作包括项目评估、融资方案设计、法律文件起草、信用评级、证券价格确定和承销等。

基金管理。投资银行可以作为基金的发起人,发起和设立基金;可以作为基金管理者管理基金;可以作为基金的承销人,帮助基金发行人向投资者发售基金。

财务顾问。投资银行在公司股份制改造、上市、二级市场再筹资以及发生兼并收购、出售资产等重大交易活动时提供专业的财务意见。投资银行的投资咨询业务是连接一级和二级市场,沟通证券市场投资者、经营者和证券发行者的纽带和桥梁。

资产证券化。投资银行帮助证券发起人将其持有的各种流动性较差的资产,包括固定资产和金融资产整合起来,并以证券的方式出售。资产证券化的证券包括各种层级的债券。

风险投资或私募股权投资。风险投资是指对新创立的公司进行的投资,私募股权投资是对成长中的或者成熟的公司进行的投资。投资银行的风险投资有不同的层次,可以采用私募的方式帮助筹集资本,也可以自己进行直接投资,还可以通过设立基金进行投资。

（二）保险公司

市场经济国家,几乎无人不保险,无物不保险,无事不保险,所以保险业极为发达,保险公司已成为市场经济国家中最重要的非银行金融机构。保险公司按险种可以划分为人寿保险公司、财产保险公司、事故保险公司、老年及伤残保险公司、信贷保险公司、存款保险公司等。保险公司的组织形式可以分为:国营保险公司,主要办理国家强制保险及特种保险;私营保险公司,一般是股份公司,是市场经济国家中保险业的核心;合作保险公司,是社会上需要保险的人或单位采用合作组织形式来满足其成员对保险的要求;自保保险公司,是大公司为节省保费及避免税负而成立的专为本公司服务的保险公司。

保险公司的资金运用是保险公司获利最主要的来源。资金运用的渠道也很广泛,包括投资于债券、证券化的资产、股票、基金、衍生金融产品等。

（三）养老及退休基金

养老及退休基金是第二次世界大战后迅速发展起来的,目前普遍存在于市场经济国家。中国今天的社保基金覆盖范围和基金总规模也是巨大的。养老及退休基金的资金来源主要是劳资双方的积聚,即雇主的缴款以及雇员工资中的扣除及自愿缴纳。此外,资金运用的收益也是重要的资金来源。养老及退休基金的资金运用以长期投资为主,包括公司债券、股票、政府债券、投资基金的投资等。

（四）信托公司

信托公司的业务一般是通过发行股票和债券来筹集本公司的资本,并用这一资本购入其他公司的股票和债券,然后以购入的有价证券作担保,增发新的投资信托证券。投资信托公司的作用在于汇集中小投资者的资金,分散投资于不同国家、不同证券,以使投资风险降至最低水平。

为吸收中小投资者的投资,信托公司往往设立不同的基金,如股票基金、债券基金、货币市场基金、股价指数基金、基金中的基金、本国基金、外国基金等。信托公司利用其在投资领域中的经验、技术及信息以及由众多中小投资者投资所形成的庞大资金进行组合投资,一般能给中小投资者带来较高的和较安全的收益。

（五）租赁公司

租赁公司作为一种金融中介,通过购买大型设备再将该设备以经营租赁、融资租赁等形式出租给使用设备的企业。这种金融运作方式具有方式灵活、成本低、可以获得税收等方面的优惠等特点,是现代金融的一个重要组成部分。

四　美国的金融机构体系[①]

美国的金融机构体系见图 4-1。

---

① 参见曹龙骐:《货币银行学》,高等教育出版社 2000 年版,第 215—217 页。

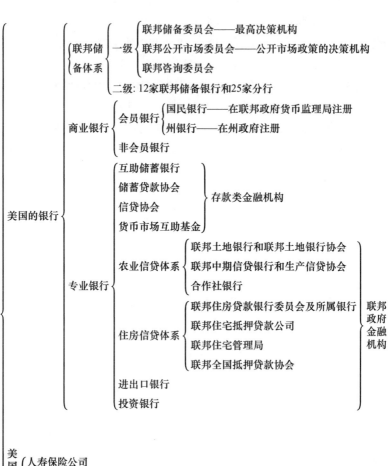

图 4-1　美国的金融机构

第二节　我国的金融机构体系

一　我国金融机构体系的框架

我国金融机构体系经过改革开放 40 多年的建设已经有了相对完整的框架。从组织成分上看,我国金融机构中大型商业银行占主导地位。股份制商业银行、城市商业银行、农村商业银行、保险公司、证券公司、基金管理公司、信托公司、租赁公司等不断成长壮大,已成为我国金融机构体系中的重要组成部分。我国银行体系框架如下。

金融监管机构:中国人民银行(中央银行)、银行与保险监督管理委员会(2023 年以前,简称银保监会)、国家金融监管总局(2023 年以后)。

政策性银行:国家开发银行、中国农业发展银行、中国进出口银行。

大型商业银行:中国工商银行、中国农业银行、中国银行、中国建设银行、中国邮政储蓄银行、交通银行。

股份制商业银行:中信银行、光大银行、华夏银行、招商银行、兴业银行、广东发展银行、平安银行、上海浦东发展银行、民生银行、恒丰银行、浙商银行、渤海银行。

城市商业银行 130 家左右。

农村商业银行、农村信用社等 3 900 家左右。

外资银行 40 家左右。

民营银行 20 家左右。

我国非银行金融机构的监管机构在 2018 年以前分别由中国银行监督管理委员会(简称银监会)、中国保险业监督管理委员会(简称保监会)和证监会负责。2018 年以后银监会与保监会合并,2023 年中国银保监会被国家金融监督管理总局替代。目前,非银行金融机构的监管分别由国家金融监督管理总局和中国证监会来负责。

国家金融监督管理总局负责监管各类保险公司、金融资产管理公司(信达、东方、长城、华融)、信托投资公司、财务公司、金融租赁公司、汽车金融公司、消费金融公司等。

截至 2022 年年底,我国保险业总资产达 27 万亿元。我国有保险集团 13 家,政策性保险公司 1 家,财产保险公司 88 家,再保险公司 7 家,人寿保险公司 75 家,养老保险公司 10 家,健康保险公司 7 家。

截至 2022 年年底,我国信托业的总规模大致为 21 万亿元,信托公司近 70 家。

中国证监会负责监管交易所、证券公司、期货公司、基金管理公司等。截至 2022 年年底,我国的证券交易所有上海证券交易所、深圳证券交易所、北京证券交易所,期货交易所有大连商品交易所、郑州商品交易所、上海期货交易所、中国金融期货交易所等。我国证券业总资产达 13 万亿元,共有 130 多家证券公司。我国的期货公司有 140 多家,基金管理公司有 140 多家,基金业总资产大约为 27 万亿元。

二 我国银行业金融机构体系的发展

金融体系庞杂,涉及银行、保险、证券、基金、信托、租赁等,本书作为货币银行学教材,只对银行业金融机构体系进行阐述。

(一) 国有商业银行

在我国,从 1949 年到 1979 年只存在大一统的中国人民银行,那时中国人民银行既是金融具体业务的执行者,也是金融政策的制定者和履行者。1979 年以后,我国先后恢复和建立了四家国有商业银行,它们是 1979 年恢复成立的中国农业银行、中国银行、中国建设银行,以及 1984 年成立的中国工商银行。

为了解决国有银行不良资产过多的问题,我国于 1999 年成立了信达、东方、长城、华融四家资产管理公司。2000 年资产管理公司接收国有商业银行不良资产 13 939 亿元。但到 2003 年年底,国有不良资产仍高达 2 万亿元,同期中央汇金投资有限责任公司(简称中央汇金公司)成立。在将中国银行和中国建设银行不良贷款出售给资产管理公司的同时,我国运用外汇储备经中央汇金公司向中国银行和中国建设银行各补充 225 亿美元的银行资本金,使得这两家银行的财务状况明显改善。

为了提升持续创造利润的能力,完善商业银行的公司治理,建立真正的现代银行管理与运作制度,中国银行和中国建设银行分别引入外资战略投资者。中国建设银行引入美国银行,中国银行引入苏格兰皇家银行、亚洲金融、瑞银集团。2005 年中国建设银行在香港证券交易所上市,2006 年中国银行先后在香港和上海两个证券交易所上市,2007 年中国建设银行在上海证券交易所上市。之后,中国工商银行和中国农业银行也分别完成了资产剥离、注资重组,分别于 2006 年和 2010 年成功上市。另外,中国邮政储蓄银行也于 2019 年上市。国有商业银行均成功登陆 A 股市场,资本充足率显著提高,资产规模迅速扩大,公司治理机制得到完善,风险控制水平明显提高,银行改革取得了巨大成功。

我国国有商业银行规模庞大,在我国金融体系中居于非常重要的地位,截至 2022 年年底,我国商业银行总资产达 379 万亿元,其中,国有银行为 164 万亿元,占 43%。

(二) 股份制商业银行

为了强化银行间的竞争,满足企业等借款人的金融需求,我国先后建立了十多家新型的商业银行。它们的成立打破了国有商业银行的垄断局面,且其业务增长幅度超过了国有商业银行。这些新兴商业银行主要是通过以下途径组建起来的:

第一,由中央、地方和企业共同出资组建。交通银行最初成立于 1908 年。1986 年 7 月,国务院决定重新组建交通银行。交通银行是我国第一家股份制商业银行。成立之初的交通银行在所有制上实行以公有制为主体的股份制,其资本金为 20 亿元,国家控股 50%,其余股权由地方财政和社会其他方面持有。

第二,由大企业集团出资组建。中信实业银行是 1987 年 4 月成立的中国国际信托投资公司全资附属的一家综合性商业银行。中国光大银行原是 1992 年 8 月由中国光大(集团)总公司全资设立的银行,1995 年 11 月改组为股份制商业银行。

第三,在原有金融机构基础上吸收社会各界资金组建。深圳发展银行是在吸收特区内 6 家信用社资金的基础上,由深圳市投资管理公司等 8 家单位入股,于 1987 年组建成立的。2012 年深圳发展银行收购平安保险集团旗下的深圳平安银行,更名为平安银行。广东发展银行是于 1988 年 9 月经中国人民银行批准成立的一家股份制商业银行,拥有广东省各专业银行、各大型企业等资产雄厚的股东,其总行设在广州市。兴业银行是在福建省福兴财务公司的基础上创立的股份制区域性银行,于 1988 年对外营业。2003 年福建兴业银行正式更名为兴业银行。恒丰银行也是一家全国性的股份制商业银行,前身为成立于 1987 年 10 月的烟台住房储蓄银行。2003 年在烟台住房储蓄银行基础上经过整体股份制改造成立恒丰银行,注册资金为 10 亿元,总行设在山东烟台。

第四,完全由企业法人共同出资构建。招商银行是在招商局集团有限公司蛇口财务公司的基础上,由招商局集团有限公司及所属企业投资创办的股份制商业银行。1987 年 4 月,招商银行正式成立。1989 年该行改组为由七家大企业集团合资的法人股份制银行。中国民生银行是一家全国性的股份制商业银行,于 1996 年在中华全国工商业联合会牵头下成立。该行股本 80% 以上来源于民营企业。渤海银行于 2005 年 12 月成立,属于全国性股份制商业银行,也是第一家在发起设立阶段就引入境外战略投资者的中资商业银行,渣打银行(香港)有限公司持股 19.99%。

2022 年年底,我国股份制商业银行的总资产已经达到 68 万亿元。股份制商业银行在公司治理、风险管理机制与技术、市场竞争意识、经营业绩等方面均取得了相当大的进步。

(三) 城市商业银行

我国各省市先后在原城市信用社的基础上成立了城市商业银行。一些城市商业银行相继在异地设立分行,实行跨区域经营。北京银行、宁波银行、南京银行率先登陆 A 股市场,后来城市商业银行纷纷改制上市。截至 2022 年年底,我国上市的城市商业银行多达 29 家。

城市商业银行是我国银行体系的重要组成部分,是服务小微企业的生力军。城市商业银行机构多,分布广,定位明确。近年来,随着包商银行的倒闭,城市商业银行的公司治理和风险管控等问题也逐渐暴露出来。

(四) 外资银行

1979 年,我国批准第一家外资银行——日本输出入银行在北京设立代表处。1981 年,我国又批准第一家外资银行在我国设立分行——南洋商业银行深圳分行。1985 年,我国允许在厦门、珠海、深圳、汕头设立外资分行。1990 年,配合浦东开发,批准上海对外资银行开放。1992 年,又批准沿海 7 个城市对外资银行开放。我国于 2001 年年底加入世界贸易组织(WTO)后,逐步开放国内金融服务市场。自 2006 年实施《中华人民共和国外资银行管理条例》,对外资银行实行国民待遇以来,外资银行在华营业机构明显增加。然而受 2008 年金融危机的影响,外资银行多数采取了审慎的扩张策略,同时由于受到资本金等方面的制约以及国内银行业竞争的加剧,外资银行资产占比出现下降趋势。截至 2022 年年底,在我国的外资法人银行有 41 家,外资银行在我国设立了 116 家分行。

(五)民营银行

我国自 2014 年开始试点民营银行,截至 2022 年年底,我国已经设立了 19 家民营银行。目前民营银行的资产规模不到 1.8 万亿元。尽管民营银行的总资产无法与国有银行或者股份制商业银行相提并论,但在我国,设立民营银行还是有重要意义的。民营银行的设立有助于打破我国银行业的政府垄断,实现金融机构多元化。

第三节　金融机构管理

一　金融机构管理的目标

维护金融机构的安全、增强金融机构的竞争活力是各国对金融机构实施管理的总目标。具体而言,金融机构管理的目标包括以下三个:

(一)保护存款人与投资人的利益,维护金融机构安全

对金融机构的安全性管理是各国金融管理的重要目标之一,由于商业银行、储蓄银行等的主要资金来源是存款,因此银行的资产业务实际上是靠借入资金来维持的。债权人的经济利益与银行的经营直接相关。银行通过吸收存款,形成对存款人的一种负债关系,银行有责任保证存款的安全可靠。对于保险公司、证券公司、基金管理公司的监管,一个重要的理由也是维护投资者的利益,一旦投资者的利益遭受重大损失,就会引发单个公司的生存危机,进而伤及整个保险体系、投资银行体系、基金管理体系,乃至引发大规模的金融危机。因此,保证金融机构的安全关系到能否创造一个稳定的金融环境,能否促成一国经济持续稳定发展。

(二)鼓励金融机构间在平等的基础上进行有效竞争

金融机构是向社会提供金融服务的主体。其能否向社会提供高质量、高效率的金融服务,取决于金融机构能否在平等的基础上开展有效的竞争。没有金融机构间的竞争,金融服务的质量则难以改善,金融服务的数量也难以满足社会需要。但竞争必须建立在平等的基础上,而平等竞争的条件则往往需要用法律和行政手段去干预。通过金融管理,可以打破垄断性竞争,形成无论银行大小,都可以在同样的起点上展开竞争的局面;可以杜

绝欺骗和不正当竞争;可以防止金融机构间的过度竞争,即避免竞争双方两败俱伤。

(三) 形成一个快捷、准确反映金融机构经营状况的信息系统

金融管理当局为了正确了解商业银行和其他金融机构的经营状况,以便采取必要的金融决策,及时实施金融管理,必须有一套完整、高效的信息传递系统。这就需要了解金融机构的资产、负债及其他情况。为此,金融管理当局要明确规定金融机构的报告制度以及自身对金融机构的检查和奖惩制度。

二　金融监管的内容

(一) 对金融机构设置的管理

一国的金融管理者一般为中央银行,有些国家的金融管理者还包括财政部等。金融管理者对金融机构的管理都是从金融机构设置时开始的。金融机构经申请,由指定机构批准注册后方可成立。注册批准的机构有两类:第一类是中央银行负责商业银行和其他金融机构的注册登记,发给营业执照,并有权吊销执照。第二类是多头机构批准注册。比如,美国实行双轨注册制,向联邦政府注册的是国民银行,向各州注册的是州立银行。在世界各国,批准设立金融机构的条件主要包括三个:一是最低资本额限制;二是规定金融从业范围;三是有正规的高素质的管理组织。例如,德国规定新开业金融机构的经理人员必须在德国一家中型以上规模银行中工作三年,具有较丰富的管理经验。在金融机构设置中,一般对银行和其他金融机构的数量,特别是外国银行的数量加以限制。

(二) 对金融机构清偿能力的管理

清偿能力是指金融机构应付客户挤提存款的能力。清偿能力也就是金融机构资产的流动性。对金融机构清偿能力的管理,也就是金融管理者对金融机构资产流动性的测定与控制。

对清偿能力的管理要考虑的主要因素有:① 是否有足够的现金应付客户提取存款和应付某项债务;② 利率变动给金融机构带来的损失。金融管理当局一般要求各金融机构必须拥有一定比例的现金,以及一定比例能够立即变现的资产,例如具有较高流动性的政府债券。金融管理当局还要求银行资金往来在时间上搭配得当,以避免集中支付而一时造成周转不灵。为此,需要负债来源适当分散,贷款分布与货币结构在地区上搭配得当。

测量金融机构清偿能力的因素一般有:① 存款负债的突然变动;② 对利率变动敏感的资产及借款的频繁程度和水平;③ 关于负债运筹调配的技术能力;④ 资产的流动性;⑤ 接近货币市场的程度或易于获得的现金来源。

(三) 对资本充足条件的管理

资本充足条件是保持银行正常运作和发展所必需的资本比率条件。这类比率有不同的口径,目的是从各方面监测银行抵御风险的能力。

1. 基本资本比率

基本资本比率是银行全部资本占银行总资产的比率。该比率可以用来衡量一家银行对贷款损失的保护程度,以及银行经营与发展的基础稳固能力。这里所说的"资本"是指自有资本、储备、净收益,或股份银行中的实收资本、股份溢价、次级资本(如房地产)、坏账准备金、储备等。各国对资本的定义大体相同,但由于各国社会历史、经济及金融情况不同,总的风险状况与监督管理方式也有所不同,因此具体的基本资本比率有较大的差别。

基本资本比率的倒数就是总资产相对于资本的倍数,一些国家以这一倍数来规定银行抵御风险的能力。

2. 资本与存款负债的比率

资产与负债是相互关联的,将资产与负债分别同资本相比,反映了以资产管理为主还是以负债管理为主的两种不同的管理策略。资本对存款的比率标准,在很大程度上限定了银行吸收存款的规模。如果银行要扩大吸收存款的规模,就必须通过内部或外部渠道增加资本。

3. 资本与风险资产的比率

资本与风险资产比率的侧重点是为了防备风险资产的风险,而不是为了防备总资产的风险。在测定风险资产与资本比率时,资产应分成不同的风险类别。计量各种类型的风险资产是根据它们的信贷风险、投资风险、强制销售风险等大小。不同资产的风险系数不同,用各自的风险系数乘以各自的资产就是调整之后的风险资产。用资本与计算出的风险资产相比就是资本与风险资产的比率。

4. 储备金

金融管理当局一般都规定商业银行必须保持储备金(或称为准备金)以防不测。新加坡金融管理局规定,如果储备金少于已缴资本的 50%,就要把每年利润的至少 50% 转移至储备金内;如果储备金为已缴资本的 50%~100%,就只要求转移利润的 25%;如果储备金已超过已缴资本,利润转移可减为利润的 5%。

5. 坏账准备金与贷款总额的比率

鉴于银行坏账风险增大,许多国家的中央银行要求大银行增加特别准备金或坏账准备金。例如,美国和英国的一些大银行的坏账准备金与贷款总额的比率已达到 1%~3%。

6. 综合性资本充足条件

综合性资本充足条件是对多因素综合分析而得到的。这些因素包括:① 风险资产的数量;② 劣等资产的数量;③ 银行发展的经验、计划和前景;④ 管理部门的能力;⑤ 收入趋势与股息支付比率。《巴塞尔协议》对综合性资本充足条件作出了详细规定,本书将在第六章予以介绍。

（四）对证券投机信用的管理

对证券投机信用的管理是指证券管理机关为控制证券投机的过度化,对有关证券交易中的各种贷款规定一定的比率,从而控制证券市场中的信用规模。

对证券投机信用管理的基本内容是:① 规定保证金比率。② 证券管理机构可以根据实际情况,随时调整法定保证金比率。

（五）对金融控股公司的管理

根据 1999 年《多元化金融集团监管的最终文件》(简称《巴塞尔最终文件》),金融控股公司是指在同一控制权下,完全或主要在银行业、证券业、保险业中至少两个不同的金融行业大规模地提供服务的金融集团公司。金融控股公司主要有银行控股公司模式、投资银行控股公司模式等。由于金融控股公司所具备的范围经济、协同效应且能够分散风险与追求垄断的超额利润,其已成为近年来国内外的发展趋势。

在美国,银行控股公司能够直接或间接拥有或者控制多家银行 25%以上投票权的股票,或控制该银行董事会的选举,并对银行的经营决策产生决定性的影响。根据美国的《银行控股公司法》,银行控股公司可以获准在其他行业中设立与银行业务有密切关系的子公司,如财务公司、信用卡公司、证券公司等。虽然从法律上讲银行控股公司拥有银行,但实际上控股公司是由银行建立并受银行操纵的组织。控股公司中的非银行资产与银行资产相比要少很多。为了防止下设的证券公司、财务公司等的损失影响银行的健全,也为了避免各子公司之间的利益冲突,子公司之间必须设立防火墙。通过防火墙,商业银行与证券公司实现了分离。

在对银行控股公司进行管理的过程中,通常要限制商业银行与银行控股公司其他子公司的交易。以银行与作为子公司的证券公司为例,具体限制包括:禁止银行向证券公司贷款,证券公司不能在承销期以及承销结束以后的 30 日之内向银行出售证券;银行和证券公司不得有董事或职员兼职;除非客户同意,禁止银行与证券公司秘密交换信息,证券公司不得由银行提供支持,也不能被联邦保险公司承保。

对银行控股公司进行限制的目的是银行同其他子公司所引发的风险在财务上分离,也是确保中央银行最后贷款人的功能和存款保险公司的保险功能不再扩展到银行以外的部门。

投资银行控股公司拥有只从事批发性金融业务的金融机构。所谓批发性金融业务,是与零售业务相对应的,是不针对个人的金融业务。具体而言,在美国,批发金融机构是未参加存款保险的州会员银行,它不能吸收受保存款和低于 10 万美元的存款。投资银行控股公司不受防火墙的限制,也不受《联邦储备法》第 23 条的限制。该条规定,联邦储备体系的会员银行对其一家附属机构的各项贷款、授信、再购买协议、投资以及凭证担保品的垫借等总金额，不得超过该会员银行资本和公积金的 10%，就其全部附属机构而言，不得超过该会员银行资本和公积金的 20%。投资银行控股公司可以从事更广泛的金融活动，当然这些活动要得到美联储的批准，并受到某些限制。投资银行控股公司实际上是投资银行从事更广泛的金融业务特别是银行业务而采取的模式，旨在为证券公司在金融业进行渗透创造条件。

我国金融控股公司的模式主要有银行控股模式、信托投资公司控股模式、保险公司控股模式。银行控股集团有光大集团、四大国有银行控股集团等；信托投资公司控股集团的典型代表是中信集团；保险公司控股集团的典型代表是平安集团。近年来，我们民营金融控股集团先是风生水起，后是风雨交加，给我国的金融和实体经济带来了不小的冲击。为了对金融控股集团进行更有效的监管，我国于 2020 年出台了《金融控股公司监督管理试行办法》，其核心内容如下：

中国人民银行依法对金融控股公司实施监管，审查批准其设立、变更、终止以及业务范围，对其资本、行为及风险进行全面、持续、穿透监管，防范金融风险跨行业、跨市场传递。国家金融监督管理总局和中国证监会依照金融监管职责分工对金融控股公司所控制的金融机构实施监管。财政部负责制定金融控股公司财务制度并组织实施。

我国对金融控股公司的定义是，控股或实际控制两个或两个以上不同类型金融机构，自身仅开展股权投资管理、不直接从事商业性经营活动的公司。所谓实际控制，是指投资方直接或间接取得被投资方过半数有表决权的股份。计算表决权时，要考虑投资方直接或间接持有的可转换工具、可执行认股权证、可执行期权等潜在表决权。

设立金融控股公司，实缴注册资本额不低于 50 亿元人民币，且不低于直接所控股金融机构注册资本总和的 50%，并且有能力为所控股金融机构持续补充资本。

金融控股公司应当具有简明、清晰、可穿透的股权结构，实际控制人和最终受益人可识别，法人层级合理，与自身资本规模、经营管理能力和风险管控水平相适应。

金融控股公司所控股金融机构不得反向持有母公司股权。金融控股公司所控股金融机构之间不得交叉持股。金融控股公司所控股金融机构不得再成为其他类型金融机构的主要股东，但金融机构控股与其自身相同类型的或属业务延伸的金融机构，并经国务院金融管理部门认可的除外。

同一投资人及其关联方、一致行动人，作为主要股东参股金融控股公司的数量不得超过两家，作为控股股东和实际控制人控股金融控股公司的数量不得超过一家。

金融控股公司应当对所控股机构的公司治理、资本和杠杆率等进行全面持续管控，有效识别、计量、监测和控制金融控股集团的总体风险状况。金融控股公司、所控股金融机构的资本应当与资产规模和风险水平相适应，资本充足水平应当以并表管理为基础计算，持续符合监管规定。金融控股公司应当建立资本补充机制，当所控股金融机构资本不足时,金融控股公司应当及时补充资本。

金融控股公司应当建立与金融控股集团组织架构、业务规模、复杂程度和声誉影响相适应的全面风险管理体系。全面风险管理体系应当覆盖金融控股公司所控股的、由地方政府依法批设或监管的从事金融活动的机构。

金融控股公司应当在并表基础上管理集团风险集中与大额风险暴露。金融控股公司应当建立大额风险暴露的管理政策和内控制度,实时监控大额风险暴露,建立大额风险暴露的预警报告制度,以及与风险限额相匹配的风险分散措施等。

金融控股公司应当建立健全集团整体的风险隔离机制,包括金融控股公司与其所控股机构之间、其所控股机构之间的风险隔离制度,强化法人、人事、信息、财务和关联交易等防火墙。

金融控股公司之间的内部交易,应当遵守相关规定。不得通过各种手段隐匿关联交易和资金真实去向,不得通过关联交易开展不正当利益输送、损害投资者或客户的消费权益、规避监管规定或违规操作。

金融控股公司股东不得与金融控股公司进行不当的关联交易,不得利用其对金融控股公司经营管理的影响力获取不正当利益。

三　金融监管体制

(一) 机构监管与功能监管

机构监管是按照金融机构的类型设立监管机构,不同的监管机构负责监管不同的金融机构,某一类别的金融机构无权干预其他金融机构的业务活动。

按照美国前财政部长罗伯特·鲁宾(Robert Rubin)的提法,功能监管是一个监管流程,一个给定的金融活动由同一个监管者进行监管,而不论这一活动由谁从事。功能监管有四个好处:① 它可以根据各金融业务监管机构最熟知的经济功能来分配法律权限;② 根据经济功能来分配法律权限与金融监管原则相一致,证券监管更强调公开性和透明度,而银行监管更关注公司的信息,因此更倾向于保密;③ 以功能为导向的金融监管体系可以大大减少监管职能的冲突和盲点;④ 功能监管为公平竞争创造了有利条件。

机构监管的优点在于,一个单独的监管者能够更好地评价金融产品线的风险,评估金融机构营运系统的安全性,也避免增加不必要的监管层次。

(二) 分业监管与统一监管

在金融监管体制中,也有分业监管和统一监管之分。支持统一监管的主要理由有:① 考虑技术条件,监管机构数目越少,监管成本就越低。② 在监管机构中,由于负责不同的监管职责,因此会获得范围经济和协同效应。③ 容易被金融机构理解。④ 由于金融机构的分工日趋多样化,不同类型中的传统分工已经消失,因此一个单一的、综合的监管机构可以更有效地监督这些机构的全部经营。⑤ 统一监管可以避免多重机构引发的不公平性、不一致性、监管重复等。⑥ 统一监管者的职责明确、固定,有利于防止推卸责任。⑦ 对金融机构而言,如果只与一个监管者打交道,可以集中精力,进而降低成本,提高效率。

分业监管的支持者也有不少理由说明分业监管的合理性:① 在实践中,单一的全能机构并不比目标明确、执行特定监管的多种机构更有效。② 传统金融机构的业务分工发生变化,并不意味着所有金融机构都形成了统一的金融混业的局面。银行、保险、证券等行业还存在重要区别。三者的风险性质不同,监管方法也不应该相同。③ 统一的监管机构不可能在不同类别的金融机构和业务之间确定必要的监管差异。④ 统一监管有可能出现严重的官僚主义。

中华人民共和国成立后的 30 年内,由于金融业的缺失,因此根本就谈不上金融监管。自 1978 年开始,我国实行改革开放政策,中国金融业得以快速发展。随着专业性金融机构从中国人民银行中独立出来,中国人民银行被正式确立为中央银行,并且成为相对独立、全面、统一的监管机构,我国的金融监管体制和机制正式确立。1992 年,我国确立了社会主义市场经济体制的建设目标,这也为金融体制改革奠定了基础,同时也确立了分业监管的"一行三会"的监管体制,即中国人民银行作为中央银行主要承担货币政策的制定与执行职责,同时负责支付清算、外汇管理、征信和反洗钱等基本制度和金融基础设施建设,对维持金融市场秩序和市场稳定起主导作用。银监会负责银行和非银行金融机构的管理,保监会负责保险公司管理,证监会负责交易所、证券公司和资本市场的管理。2018 年,我国将银监会与保监会进行合并。2023 年 3 月,我国设立国家金融监督管理总局,替代原来的银保监会,并且建立以中央金融管理部门地方派出机构为主的地方金融监管体制。

事实上,并不存在放之四海而皆准的最优监管模式,各国监管模式之间总有差异且与本国的宏观经济状况、国际政治经济环境、文化、传统等紧密相关。

例如,美国在 1929—1933 年大萧条后,建立了严格的政府监管体系,通过《格拉斯-斯蒂格尔法案》的施行,开始了长达 66 年的金融业分业经营与监管的时代。进入 20 世纪 90 年代,为了适应金融自由化与金融全球化的趋势,美国国会于 1999 年通过《金融服务现代化法案》,彻底废止了《格拉斯-斯蒂格尔法案》关于限制金融机构混业经营的规定,使得银行业、证券业与保险业之间的互相渗透成为可能。2010 年 7 月,美国颁布《多德-弗兰克华尔街改革和消费者保护法案》,该法案旨在更新监管体系框架并通过引入"沃尔克规则"限制银行进行自营交易。

因此,一国的监管体制与模式只要能适应本国的经济环境,引导金融机构稳定、健康地发展,有效地控制潜在的风险,有利于提升市场效率,那么这种监管模式就是适当且有效的。

思考题

1. 一般情况下,一国银行体系和非银行金融机构体系是如何构成的?
2. 我国的金融机构体系是如何构成的?
3. 我国国有银行面临的主要问题是什么?
4. 外资银行在我的竞争策略是什么?
5. 一般情况下,金融监管涉及哪些具体内容?
6. 我国金融控股公司有哪些模式? 特征是什么?

第五章　商业银行的职能与组织制度

第一节　商业银行的职能

一　商业银行的产生

商业银行是以获取利润为目标,以经营金融资产和负债为手段的综合性、多功能的金融企业。商业银行在金融机构中经营范围最广、规模最大、地位最重要。

商业银行的产生与货币兑换、保管、借贷是分不开的。在金属货币流通中,各国的铸币单位不同,同一体制的铸币也由于铸造分散,往往成色各异、重量不一,因此,要进行商品间的交易就必须进行货币间的兑换。在金属货币流通中,货币持有者常常需要有一个安全的处所来存放自己的货币,原因是金属货币本身具有贮藏的职能。大量的商品交易需要较多的金属货币,商人们为了避免长途携带货币所产生的风险,需要有人替他们汇兑,即商人们在甲地把金属货币交给某汇兑者,然后持有该汇兑者签发的汇兑文书到乙地提取货币,从事商品交易。

货币的兑换、保管和汇兑业务的发展给钱币业主带来了大量的服务费收入。这就为钱币业主从事贷款业务提供了资金来源。与此同时,钱币业主又以提供服务和支付利息为条件吸收存款,进而从事更大规模的贷款业务。这就是最初的负债经营。

在中世纪,欧洲各国间的贸易主要集中在地中海沿岸,意大利则是贸易的中心。威尼斯等城市相继出现了从事汇兑、存款和放款业务的机构。但这些机构的贷款对象基本上是政府,其利率也高,具有高利贷的特征。为了降低贷款利率,并为从事商品交易提供贷款,威尼斯和热那亚的商人曾经组织过信用合作社。1580 年,在当时的世界贸易中心威尼斯出现了近代第一家以银行命名的金融机构——威尼斯银行。此后,在荷兰、德国等地相继出现了近代银行。这些银行最初只接受商人存款并为他们办理转账结算,后来才开始办理贷款业务,但贷款的主要对象依然是政府,且利率过高。

现代资本主义银行是通过两条途径产生的:一是由旧的高利贷性质的银行为适应新的快速发展的资本主义经济转变过来的,二是按照资本主义公司原则组建的股份银行。后者是更主要的。1694 年在英国政府支持下由私人建立的英格兰银行是最早出现的股份银行。英格兰银行的贷款利率大大低于其他银行的利率。如英格兰银行一开始就规定贴现率为 4.5%~6%。英格兰银行的建立是现代银行制度产生的标志。继英格兰银行之后,18 世纪和 19 世纪,各资本主义国家纷纷建立起规模巨大的股份制银行。

英格兰银行最初的贷款建立在真正的商业行为之上,而且以商业票据为凭证,一旦产销完成,贷款就可偿还,即贷款具有自偿性,因此这类贷款偿还期短,流动性强。但是,随着资本主义经济的发展,商业银行早已突破了融通短期资金的界限,不仅发放短期贷款,而且发放长期贷款;不仅向工商企业提供贷款,而且向一般消费者发放贷款;商业银行不仅通过发放贷款获取利润,而且通过证券投资、黄金买卖、租赁、信托、保险、咨询等获取收入。在银行发展的过程中,形成了各种类型,如商业银行、专业银行、投资银行等。商业银行最初是指经营短期商业资金的银行,但现代商业银行早已突破了这一概念,已经是全能的、综合性的金融机构的代名词了。

二　商业银行的职能

商业银行是以利润为最终经营目标的,这是由商业银行是企业这一特性所决定的。与一般企业相比,商业银行除了经营对象和业务内容不同,其他都是相同的。商业银行必须依法设立、依法经营、照章纳税、自担风险、自负盈亏。

商业银行与一般企业的不同之处在于经营对象和业务不同。商业银行经营的对象是特殊的商品——货币,因此,商业银行是特殊的企业——金融企业。金融企业多种多样,包括专业银行、投资银行、储蓄银行、保险公司等,而商业银行与上述金融企业不同,它的业务更综合,功能更齐全。商业银行既经营一般的小额业务,面对一般的投资者和存款者,又经营数额巨大的信贷业务,面向大企业。因此,商业银行的业务是综合性的,既有零售业务,又有批发业务。而一般金融机构的业务都是有局限性的。正是由于商业银行的业务具有广泛性,因此也就具备了其他金融机构所不具备的职能。

(一) 商业银行有信用中介的职能

信用中介是指商业银行通过负债业务把社会上的各种闲散货币资本集中到银行,再通过资产业务把货币资本投向社会各部门。商业银行是作为货币资本的贷出者和借入者的中介人来实现货币的融通和资本投资,并从吸收资金的成本与发放贷款的利息的差额中获得利润。

通过信用中介的职能,商业银行可以把资金从盈余单位转给赤字单位,在不改变社会的货币供给的前提下,提供了扩大生产和就业的机会。

通过信用中介的职能,小额货币可以转化为巨额资本,把货币从消费领域转移到生产领域,从而扩大投资,加速社会经济的发展。

通过信用中介的职能,短期资本可以转化为长期资本,在价格规律的作用下,资本由低效率的部门转移到高效率的部门,从而实现产业结构的优化。

（二）商业银行有支付中介的职能

商业银行的支付中介职能是指通过存款在不同账户间的转移,商业银行代理客户完成对贷款的支付和债务的偿还;在存款的基础上,为客户兑付现金,成为企业、机关和个人的货币保管者、出纳者和支付代理人。以商业银行为中心,形成了经济生活中无始无终的支付链和债权债务关系。支付中介职能大大减少了现金的使用,节约了流通费用,加速了资金的周转,促进了经济的增长。

（三）商业银行有信用创造的职能

商业银行利用其所吸收的存款发放贷款,在支票流通和转账结算的基础上,贷款又转化为存款。在这种存款不提取现金或不完全提取现金的前提下,存款的反复贷放会在整个银行体系中形成数倍于原始存款的派生存款。当然,商业银行的信用创造受到一些因素的限制,这些因素包括中央银行的存款准备金率、全社会的现金漏出率、商业银行的超额准备金率等。

（四）商业银行有金融服务的职能

商业银行联系面广,信息灵通,特别是电子银行业务的发展,为其金融服务提供了条件,商业银行的咨询服务业也因此应运而生。工商企业生产和流通专业化的发展,又要求把本来属于企业的货币业务转交给商业银行,如发放工资、代理支付等。在激烈的市场竞争中,商业银行也不断地开拓服务领域,从多个角度为企业提供服务。不仅如此,商业银行对个人的金融服务也在不断拓展和深化。个人不仅可以得到商业银行的各种贷款服务,还可以得到咨询等各种中间性业务的服务。总之,金融服务已成为商业银行的重要职能。

第二节　商业银行与信用创造

一　金属货币流通与信用创造

（一）金属货币流通与商业银行存款准备

在金属货币流通条件下,商业银行既不能把全部存款贷放出去,也不能将全部存款都留作准备金。

第一,客户把铸币存入银行后,并不一定再把铸币全部提出;从银行取得贷款的客户通常也不要求银行支付铸币,而是要求把贷款计入自己的存款账户。当他们的存款账户存有款项时,既可于必要时提取铸币,又可开出支票履行支付义务。

第二,债权人取得支票,可能用来提取铸币,但其往往不提取铸币,而是委托自己有存款账户的银行代收,并计入自己的存款账户。

第三,各家银行由于自己的客户开出支票,因此应该付出款项,同时由于自己的客户交来支票委托收款,因此有款项收入。应付款、应收款数额很大,但其差额却不大。相互支付义务越多,应收、应付之间的差额就越小,只是这一差额需要以铸币结清。

第四,各银行对铸币的需要可归结为两类:一是客户从存款中提取铸币用于发放工资、进行小额支付等;二是结清支票结算中应收、应付的差额。一般情况下,铸币的需求量与存款额之间存在一定的比例关系,即只要按存款的一定比例保持铸币库存即可应付铸币的需要。这个比例就成为银行用以调控自己业务规模的依据。

(二) 金属货币流通条件下的派生存款

假设 A 银行在某一时点吸收到客户甲的存款 1 000 元铸币,并假设该银行保存 10% 的铸币即可满足对铸币的日常需要,那么,A 银行就可以把 900 元铸币贷给别的客户,比如贷给客户乙,而乙用 900 元的贷款向丙公司支付了原料货款。900 元铸币支出后,A 银行的资产负债状况如表 5-1 所示。

表 5-1　A 银行的资产负债状况　　　　　　　　　　　　　(单位:元)

资产		负债	
铸币库存	100	存款	1 000
贷款	900		

丙公司把 900 元铸币存到自己的开户银行 B,B 银行依然留 10% 作为准备金,而将 90% 即 810 元贷给客户丁。这时 B 银行的资产负债状况如表 5-2 所示。

表 5-2　B 银行的资产负债状况　　　　　　　　　　　　　(单位:元)

资产		负债	
铸币库存	90	存款	900
贷款	810		

以此类推,从 A 银行开始,持续地存款、贷款,贷款再存款,则会产生如表 5-3 所示的结果。

表 5-3　资金贷放过程　　　　　　　　　　　　　　　　(单位:元)

银行	存款	库存铸币	贷款
A	1 000	100	900
B	900	90	810
C	810	81	729
D	729	72.9	656.1
E	656.1	65.61	590.49
…	…	…	…
合计	10 000	1 000	9 000

从表 5-3 可知,在支票存款转账的条件下,当银行的库存铸币是吸收存款的 10% 时, 1 000 元的存款可使有关银行共发放 9 000 元的贷款,包括最初的 1 000 元存款在内,共吸收存款 10 000 元。从先后顺序来说,1 000 元是最初的存款,9 000 元是由于有了最初的存款才产生的。通常把某一银行机构在最初时点得到的存款称为原始存款,而把由于原始存款反复贷放而产生的新存款称为派生存款。

(三) 金属货币流通时的派生存款的量

假设原始存款为 A,经过派生之后的存款总额为 D,铸币库存与吸收存款的比率为 r, 则原始存款、存款总额以及库存比率间的关系为

$$D = A + A(1-r) + A(1-r)^2 + A(1-r)^3 + \cdots + A(1-r)^n$$
$$= A[1 + (1-r) + (1-r)^2 + (1-r)^3 + \cdots + (1-r)^n]$$

由于 $0 < r < 1$,因此,上式为等比级数,且是收敛的等比级数,当 $n \to \infty$ 时,

$$D = A\frac{1}{1-(1-r)} = \frac{A}{r}$$

可见,存款总量取决于两个因素:一是原始存款的多少,原始存款越多,存款总量也越大;二是金属货币的库存比率,该比率越小,存款总量越大。例如,上例中,如果库存比率由 10% 下降至 5%,则存款总量将变为 20 000 元,而库存比率提高到 20% 时,存款总量将下降到 5 000 元。

二 纸币流通与信用创造

(一) 纸币与银行券的关系

银行券是在商业票据流通的基础上产生的,用以替代商业票据的银行票据。银行券产生的背景是随着商品经济规模的扩大,贵金属产量的增长远远赶不上生产和流通对贵金属的需求,金属货币流通量不足的现象经常出现。在金属货币流通时,商业票据也起着重要作用。但商业票据本身的局限性,使得持有商业票据的企业往往需要将商业票据转变为现款,而向银行申请贴现商业票据是一种很好的方法。不过,由于生产和流通的扩大,商业银行通过吸收存款而持有的金属货币并不能满足企业的贴现需求。因此,商业银行发行一种以自己为债务人的不定期票据来为企业办理贴现。这种由银行发行的替代商业票据的银行票据就是银行券。商业银行保证银行券的持有者可随时向发行者——商业银行——兑换金属货币。

纸币与银行券是不同的。首先,纸币与银行券的起源不同,纸币是在货币作为流通手段基础上产生的,银行券则是在货币作为支付手段基础上产生的;其次,纸币一般是为了弥补赤字而由财政部发行的,而银行券是商业银行发行的,是用来替代商业票据的;最后,纸币是不能兑现的,而典型的银行券是可以兑现的。

当今世界各国都通过中央银行发行不能兑现的银行券,这种银行券已经纸币化,原

因是当今的银行券不能兑换金属货币,因此与纸币的本质区别消失了。

(二) 纸币流通与派生存款

金属货币从 20 世纪初已退出经济生活。现代经济生活中相当于金属货币的现金是由中央银行垄断发行的银行券——纸币。银行吸收存款后要留出一部分纸币以供存款的客户提取现金。从这一意义上讲,纸币流通与金属货币流通一样。二者的不同之处在于,在支票结算中,银行之间的应收、应付差额根本不需要用纸币结清。各商业银行都在中央银行开有存款账户,所以应收、应付差额的结算只是通过银行在中央银行的存款账户中进行的。一家银行如有应付差额,则从存款账户中转出相应的金额;反之,则转入相应的金额。各银行在中央银行的存款被称为准备金存款,存款多少由中央银行统一规定。中央银行规定了商业银行在中央银行的准备金存款占该银行所吸收存款总额的比率,这一比率被称为法定准备金率。

在纸币流通的情况下,信用创造的规律与金属货币流通的情况没有本质上的区别,只不过是用法定存款准备金替代了铸币库存。如果用 D 表示经过派生的存款总额,用 A 表示原始存款,用 r 表示存款准备金率,则三者的关系为

$$D = \frac{A}{r}$$

商业银行的信用创造所决定的存款总额相对于原始存款的最大倍数称为派生倍数。一般说来,它是法定准备金率的倒数。

(三) 影响派生存款的其他因素

现实生活中,现金的提取以及商业银行的超额准备金是不可避免的。

1. 现金漏出率对派生存款的影响

存款转化为现金使商业银行可以贷放的资金来源减少。存款人对其存款有两种支配方式:一种是提取现金以备零星支用,另一种是存入银行以满足转账结算之需。除了存款人对其存款有可能提现,银行用户在得到银行贷款之后,也要拿一部分用作支付工人的工资等现金性支出。但我们可以假定现金提取量相对于商业银行最初的存款额有一个稳定的比率,这一比率被称为现金漏出率。假定法定准备金率为 r,现金漏出率为 c,原始存款为 A,则商业银行体系创造的包括原始存款在内的存款总额为 D,可以用下式表示

$$D = A + A(1-r-c) + A(1-r-c)^2 + A(1-r-c)^3 + \cdots + A(1-r-c)^n$$

当 $n \to \infty$ 时,由于 $0 < r+c < 1$,因此

$$D = A[1 + (1-r-c) + (1-r-c)^2 + \cdots + (1-r-c)^n]$$

$$= A\frac{1}{1-(1-r-c)} = \frac{A}{r+c}$$

可见,现金漏出率与存款总额是反比关系。

2. 超额准备金对派生存款的影响

商业银行在吸收一定量的存款并留足存款准备金后,不一定会把全部可贷资金都贷放出去,超额准备金在商业银行中是一个普遍存在的现象。为什么会存在超额准备金呢?一般有以下原因:

(1) 商业银行考虑存款人的提现。法定存款准备金的最初目的正是应付存款人的提现,但现在已经变成维护商业银行体系安全以及中央银行调控金融的一种工具了。正因为如此,商业银行为应付一般存款人的提现会有超额准备金。

(2) 商业银行要满足黄金客户的贷款需要。黄金客户是商业银行利润的重要贡献者,其贷款需要要及时得到满足,否则黄金客户就会流失。为了满足黄金客户随时随地的贷款需要,商业银行要随时准备额外的准备金。

(3) 商业银行与其他银行结算的需要。商业银行间的结算是为了结清各银行间的应收、应付差额,在金属货币流通的条件下,商业银行是用铸币库存来应付银行间的结算的,而在纸币流通时,商业银行是用超额存款准备金来应付同业结算的。

(4) 外界对贷款的需求不足或者商业银行一时找不到合适的投资方向和对象。

(5) 商业银行的流动性偏好使之有超额准备金,这一超额准备金可以用来等待更好的投资机会。

超额准备金的存在弱化了商业银行派生存款的能力。银行超过法定要求保留的准备金与吸收存款额的比率,称为超额准备金率。假设超额准备金率为 q,则在存款准备金率为 r、现金漏出率为 c 时,包括原始存款 A 在内的存款总额将变为

$$D=A+A(1-r-c-q)+A(1-r-c-q)^2+\cdots+(1-r-c-q)^n$$

当 $n \to \infty$ 时,由于 $0<r+c+q<1$,因此

$$D=\frac{A}{r+c+q}$$

很明显,超额准备金率与存款总额成反比。

3. 不同存款结构对派生存款的影响

存款可以划分为活期存款、定期存款和储蓄存款,这三者的法定准备金率是不同的。活期存款的法定准备金率最高,定期存款次之,而储蓄存款中的定期储蓄存款的法定准备金率最低。在存在多种档次的存款准备金率的情况下,存款派生后的总额可以用三种方法来计算。一是计算各类存款对活期存款的比例,然后将其纳入计算公式中,西方学者通常采用这种方法。[1] 二是对各类存款根据不同的法定存款准备金率分别计算派生后的存款总额而后加总。三是先求出一个综合的法定存款准备金率亦即加权平均的法定存款准备金率,然后再将其直接代入计算公式中。

---

[1] 这一方法可以参阅 L. V. 钱德勒、S. M. 哥尔特菲尔特:《货币银行学》,中国人民大学财政金融教研室译,中国财政经济出版社 1980 年版,第 6 章。

无论是哪种算法,结论都只有一个:当法定存款准备金率较低的存款种类的比重较大时,派生存款后的存款总额较大;相反,当法定存款准备金率较高的存款种类的比重较大时,派生存款后的存款总额较小。

4. 存款派生次数对派生存款量的影响

在前面的公式中,存款总额的计算都是采用等比级数和的计算公式,即派生次数是无穷的。理论中派生存款的最大量确实可以这样理解和计算,但现实生活中,存款派生次数不可能是无穷的。派生次数的多少一般取决于存款企业对资金的利用程度,拥有资金来源的企业何时将资金存入银行,接受存款的银行何时将可用资金运用起来,银行对可用资金的利用程度,等等。总之,在信贷资金周转一次的时间里,存款可能派生多次,也可能根本不派生。很明显,存款派生次数越多,存款扩张总额越大;反之,则越小。

第三节　商业银行的组织制度

一　商业银行制度

(一) 商业银行制度建立的原则

一般而言,商业银行制度与一个国家的制度和特殊情况相关,但商业银行制度也都遵循以下统一的原则:

第一,经营的安全性。由于商业银行是特殊的企业,因此,尽管经营的目标中利润是很重要的,但是银行的经营主要是靠吸收存款来实现的,而在一个国家中,几乎全部公民的切身利益都与银行经营是否安全有关。商业银行广泛的社会联系使得商业银行的经营必须以安全作为前提。虽然任何国家的银行法都鼓励银行间的竞争,但各国的银行法也都不排斥银行经营的安全性。例如,各国银行法中都规定了商业银行最低的资本额和经营范围,并且对商业银行资本充足率和资本的流动性等都有明确的规定。国际银行界统一制定并颁布执行的《巴塞尔协议》中最重要的内容,就是规定了商业银行的各种安全性的比率。

第二,经营的有效性。经营的有效性也就是商业银行之间的竞争性。竞争是市场经济的基本原则,没有竞争就不会有效率。国家只有提倡和保护商业银行的竞争,才能根据优胜劣汰的原则使有效率的商业银行成长壮大。如果一个国家只有几家银行存在,国家法律不允许本国设立民间银行,也不允许外国的银行参与本国银行业务的竞争,则只会形成本国已有银行的垄断,这些银行自然不会主动提高效率,其对工商企业提供的金融服务的质量也就可想而知了。

第三,经营的规模性与分散性。规模经济,是指企业或公司的经营只有达到一定的规模后,平均的经营成本才会降低,经营效益才会提高。金融服务业也不例外。商业银行的经营规模达到一定程度后,银行的管理费用和其他成本达到最低,银行才会有最高的经营效率。商业银行经营的分散性是指银行的贷款与债券投资要充分分散,包括客户间的分散、行业间的分散、区域间的分散等。信贷与债券投资的过度集中会导致商业银行面临可怕的风险。因此,在银行领域,世界各国都会对商业银行资产的集中度与关联交易作出严格的限制。为此,世界各国一方面为防止银行垄断产生低效率,都会设法阻碍大银行的合并;另一方面为使小银行的经营达到一定的规模,都会鼓励小银行之间的合并。

（二）商业银行的组织制度

商业银行的组织制度主要有单一银行制、分支银行制、控股公司制三种。

1. 单一银行制

单一银行制是指银行业务由各自独立的商业银行来经营,不设立或不允许设立分支机构。单一银行制在美国比较典型。

单一银行制的优点是:① 可以限制银行间的吞并和金融垄断,缓和竞争的激烈程度,减缓银行业务集中的进程;② 有利于协调商业银行与地方政府的相互关系,使商业银行更符合本地区的需要;③ 由于不受总行的牵制,银行的自主性较强,灵活性较大;④ 单一制银行的管理层次较少,中央银行的调控传导快,有利于实现中央银行的目标。

单一银行制的缺点是:① 由于限制了竞争,不利于银行的发展和经营效率的提高;② 单一银行制与经济的外向化发展相矛盾,人为地形成了资本的迂回流动;③ 单一银行制的金融创新不如其他类型的银行。

由于存在上述缺点,单一银行制越来越受到冲击。以美国为例,几十年前美国大小商业银行约有上万家,2023 年美国商业银行的数量也超过 4 000 家。为什么美国有那么多的银行,而大多数都是小银行呢?原因就在于美国的银行制度,在于美国的银行法律。

美国从 1927 年开始实行《麦克法登法案》(*McFadden Act*),该法案不允许银行跨州设立分支机构,甚至在银行注册地所在州,也不允许设立分支机构。20 世纪 80 年代,美国发生了严重的储蓄和贷款机构危机,上千家储蓄和贷款机构倒闭,为了避免危机的蔓延,美国国会通过了《加恩-圣杰曼存款机构法》(*Garn-St Germain Depository Institutions Act*),首次允许商业银行收购濒临破产的储蓄机构,而不用遵守州法律关于设立银行分支机构的限制。在这一阶段之后,美国大多数州逐渐放开了州内设置分支机构的限制。随着经营范围的扩大,一些州甚至签订了互惠条款,商业银行可以在互惠州的特定区域设立分支机构。1989 年,美国国会通过的《金融机构改革、恢复和执行法案》(FIRREA)扩大了银行收购的范围,授权银行控股公司可以收购任何储蓄机构。联邦国民银行通过合并其他金融机构或者设立异地分支机构的形式,资产规模快速扩张。为了平衡国民银行和州立银行之间的利益关系,促进行业良性竞争,1994 年美国签署了《里格尔-尼尔州际银行和分行效率法案》(*Riegle-Neal Interstate Banking and Branching Efficiency Act*),其中最具突破性的条款是允许商业银行在多个州设立分支机构。实际上,随着信息科技的发展以及互联网转账的高效率,限制银行地域扩张的意义已经大大下降了。

2. 分支银行制

分支银行制是指法律允许在总行之下,在国内外设立分支机构,银行总行统管下面众多的分行。分支银行制按各层次职能的不同,又可进一步分为总行制和总管理处制。总行制是指总行除了管理和控制各分行,本身也对外营业;总管理处制是指总行只管理和控制各分行,本身不对外营业。总管理处所在的地区另设立分行。

分支银行制的优点是:① 经营规模大,有利于开展竞争,并获得规模效益;② 分支行遍布各地,易于吸收存款,调剂、转移和充分利用资金,同时有利于分散和降低风险;③ 分支银行制的银行数目少,便于国家直接控制和管理。

分支银行制的缺点是:① 如果总行没有完善的成本控制方法,银行的经营效益就会下降;② 从银行与外部的关系来看,分支机构职员的调动、轮换会使银行失去与其服务对象的联系,而银行工作人员固守一地,又会形成本位主义,并且会削弱总行对分支行的控制能力。

3. 控股公司制

银行控股公司是指通过控制和收购两家以上银行股票所组成的公司。从立法的角度来看,控股公司拥有银行,但实际上,控股公司往往是由银行建立并受银行操纵的。一些大银行通过控股公司把许多小银行或工商企业置于自己的控制之下。

银行控股公司的优点是:第一,银行控股公司的组织形式是一种金融改革,它能使许多银行所在地政府实施关于分支机构的各种限制。第二,采取银行控股公司这种形式可以扩大经营范围,实现地区分散化、业务多样化,银行可以更好地进行风险和收益的管理。第三,银行控股公司服务设施集中,可以节省费用开支。银行控股公司制的缺点是易于形成垄断,不利于竞争。

(三) 商业银行的分类

商业银行可以按多种标准进行分类,除了按照组织制度划分,还有其他分类。以美国商业银行为例,有如下分类方式:

1. 按注册地划分

美国是明显的二元制银行体系。一类银行是国民银行(National Bank),另一类银行是州银行(State-chartered Bank)。国民银行是在货币监理局(Office of Controller of the Currency,OCC)注册,而州银行是在州政府的银行管理局注册。因此,在美国,任何一家银行,或者是国民银行,或者是州银行,二者必居其一。

为了得到国民银行的执照,银行的设立者必须满足一系列的条件,其中最重要的有:

（1）关于银行管理的章程；

（2）银行未来收益预测；

（3）合适的银行资本结构；

（4）银行财务的历史和现状(仅限于州银行希望转变为国民银行的情况)；

（5）银行所在的地区设立银行的必要性。

为了得到州银行的执照，银行所必须满足的条件与获得国民银行执照的条件相似，原因是州银行通常要参加联邦保险，而参加联邦保险的条件与获得国民银行执照的条件非常相似。

2. 按银行主管部门划分

美国管理银行的部门有五个，不同类型的银行有不同的主管部门，具体情况如下：

（1）国民银行，它的主管部门是货币监理局；

（2）州成员银行，它隶属于联邦储备系统(Federal Reserve System，FRS)；

（3）州参加保险的非成员银行，它的主管部门是联邦存款保险公司(Federal Deposit Insurance Corporation，FDIC)；

（4）州不参加保险的银行，它不受联邦管辖，但接受州货币金融当局的管理；

（5）股东超过500人的银行或银行控股公司，其主管部门是证券交易委员会(Security and Exchange Commission，SEC)。

3. 按业务类型划分

批发银行(Wholesale Banking)，批发银行的业务集中在对工商企业的服务上，不与消费者发生关系。

零售银行(Retail Banking)，零售银行的服务对象是众多的消费者，每笔交易额较小，但灵活性较强。

批发零售银行(Wholesale/Retail Banking)，这类银行的服务对象广，既包括工商企业，又包括众多的消费者，业务规模也是大小结合。

4. 按服务范围划分

社区银行(Community Bank)，其经营范围仅限于社区之内，以零售业务为主。

区域银行(Regional Bank)，其服务范围要比社区银行的服务范围广，经营的业务既有零售业务，又有批发业务。

货币中心银行或跨国银行(Money Center or Multinational Bank)，其业务以批发业务为主，也有零售业务，但零售业务的对象主要是富人。

上一章曾说明了美国金融体系的构成，在整个金融体系中银行还是扮演着十分重要的角色(尽管相对地位在下降)。美国各类银行的构成见图5-1。

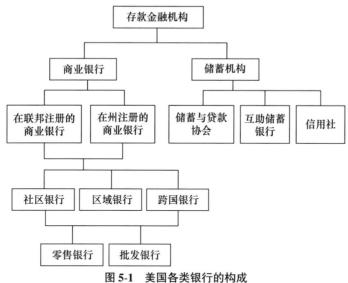

图 5-1　美国各类银行的构成

二　商业银行的组织结构

商业银行的组织结构是指银行内部各部门的设置、功能及其相互关系。

（一）商业银行的决策机构

在国际上,商业银行以股份有限公司为主要形式,因此,商业银行内部的机构设置和一般的股份有限公司一样。内部机构的层次与具体部门的设置则依据商业银行类型的不同而有所不同。一般而言,单一银行制由于没有分支行,层次设置就少,而分支银行制的层次设置要复杂一些。

商业银行内部组织分为决策机构和执行机构。股份有限公司的决策机构是股东大会、董事会和董事会下面设立的各种委员会以及监事会,股份制商业银行的决策机构也是如此。

1. 股东大会

股东大会是最高权力机构。股东分为两种:一种是持有优先股的股东,该股东可以优先获得股息,但没有参与银行经营决策的权利;另一种是持有普通股的股东,该股东有参与经营管理的权利。商业银行每年召开一次或几次股东大会,股东们有权听取和审议银行的一切业务报告,有权对商业银行的各种经营方案进行表决。董事会交给股东大会讨论的问题,一般都以决议草案的形式提出。决议草案经过讨论后交付股东大会表决。股东表决的基础是股票的数量,每股一票,而不是每位股东一票。商业银行的管理是权利面前票票平等,而不是人人平等。商业银行的股东表决有下列方式:

（1）直接投票，即每股对公司的每项决议有一项投票权。在选举董事时，也是每股对每个董事有一项投票权，因此，这种投票方式明显造成多数股压倒少数股的问题，无法保护小股东的利益。

（2）累计投票，即股东在决定董事人选时，每股拥有与将当选的董事人数相等的投票权，并可以把所有票都集中投到自己支持者的身上。这种方式有利于保护小股东。

（3）分类投票，即为了达到某种目的而由各类股东作为独立单位进行投票的一种方式，其前提是公司发行的股票是分类别的。采取这种投票方式必须获得"双重多数"的同意，也就是说，不仅要得到出席股东大会的多数股权持有者的同意，还要得到各类别股票中各自多数股权持有者的同意。这种方式一般在表决与股东利益关系重大的决策事项时才采用。如果商业银行发行的股票不是分类别的，当然不能采用这种投票方式。

2. 董事会

由于股东的数目非常多，因此商业银行的各项决策不可能全部通过股东大会来审议。股东需要有一批能代表他们利益、有能力、有事业心的人来领导和管理商业银行。董事会就是这种需要的产物。

董事会是由股东大会选举产生的。董事可以是自然人，也可以是法人。如果是法人充当商业银行的董事，就必须指定一名有行为能力的自然人作为代理人。

董事会是股东大会闭会期间常设的权力机构。为了使董事会有效地管理商业银行的业务，需要有一定人数的董事来组成董事会。董事会人数太少，不利于集思广益，且容易产生独裁；董事会人数太多，会造成机构臃肿，效率低下。

董事会一般不直接参与银行的经营，而是授权给银行的各级经理。银行的经营目标由银行经理们制定，但必须得到银行董事会的认可。董事会的职能主要包括：

（1）确定银行的发展目标，制定银行政策。确定银行的发展目标是银行董事会的首要任务，是制定银行政策的基础，并影响银行的组织结构和人事安排。银行政策是银行具体业务的基础，大银行一般都有成文的政策。

（2）选择行长。董事会成员有些可能是金融专家，但大多数未必懂得金融业务。而银行的经营非常复杂，需要由金融专家提供帮助。选择称职的、能干的银行行长是保证银行经营成功的关键。

（3）设立委员会。设立委员会的原因主要有：第一，吸收董事会中非银行界人士进入委员会，这些人多是当地的工商界人士，熟悉本地的社区性事务和工商活动；第二，银行的主要业务是吸收存款，而如何安全有效地使用这些存款则是一个相当重要的问题，一般情况下，由一个小组作出的决策要强于由一个人作出的决策；第三，委员会可以协调银行内各部门之间的关系。

一般情况下，商业银行董事会下属的委员会包括战略委员会、薪酬委员会、关联交易委员会、风险控制委员会、审计委员会等。

3. 监事会

股东大会选举监事,组成监事会。监事会的职责是,代表股东大会对全部经营管理进行监督和检查。监事会的检查比董事会下设的考核委员会的检查更具权威性,它除了检查银行执行机构的业务和内部管理,还要对董事会制定的经营方针和重大决策、规定、制度及相应的执行情况进行检查,如果发现问题则具有要求其限期改进的权力。

(二) 商业银行的执行机构

1. 行长

行长是商业银行的行政总负责人,是银行内部的首脑。行长的职责是执行董事会的决定,组织银行的各项业务活动,负责银行具体业务的组织管理。

2. 业务和职能部门

商业银行的执行机构是以行长为中心的业务经营管理体系,在行长的统一领导下,设立适当的职能和管理部门以适应业务经营和内部管理的需要。商业银行的内部机构可以分为直线式业务部和参谋式职能部两大类。直线式业务部是直接与银行经营项目有关的部门,如贷款部、信托部、存款部、国际业务部等。参谋式职能部主要负责内部事务的管理,如会计部、人事部、教育培训部、推销部、控制部、公关部等。

3. 分支机构

在分支银行制中,商业银行都有较多的分支行。分支行的首脑是分支行行长。商业银行的分支机构是业务经营的基层单位,各商业银行还可以设立专业职能部门和业务部门以完成上级行下达的经营任务。

值得一提的是,由于各国银行体制不同,经营环境不同,民族习惯不同,因此商业银行的内部组织制度并不一致。即使是在同一个国家,每家银行的内部组织结构也会有较大的差异,但一般来讲,不同商业银行的内部组织也有相似之处。

思考题

1. 简述商业银行的职能。
2. 派生存款的规模与哪些因素相关? 影响方向如何?
3. 单一银行制与分支银行制的优缺点都有哪些?
4. 控股公司制的银行体制的优缺点是什么?

第六章　商业银行的资本

第一节　商业银行资本的作用

按照一般的逻辑,应该先说明商业的银行的资本是什么,然后再阐述商业银行资本的作用。但问题是,商业银行的资本看上去简单,实际上很复杂,所以,本书先阐述商业银行资本的作用,再分析商业银行的资本是什么、包括哪些内容以及如何计量等问题。

一　经典的公司财务理论中资本的作用

经典的公司财务理论中资本的作用体现在三个方面:获得企业的所有权,为企业提供资金,建立合理的资本结构。

(一) 获得企业的所有权

产业公司中,股东提供资本,因此也就获得了公司的所有权。一家公司的资本或者股东权益值多少钱,不是由公司发行股票筹集资金的数额决定的,而是由股东对公司未来现金流的预期决定的。也就是说,产业公司的资本由股东权益的市场价值所决定。

(二) 为企业提供资金

对于一般的产业公司而言,公司通过发行股票就可以筹集资金,并进行商业运营。有的公司可以不借债,而是完全靠权益资本来运作。正常情况下,对于一般的产业公司而言,会存在合理的负债区间,超过这一区间,公司价值会下降。

(三) 建立合理的资本结构

合理的资本结构不仅有利于公司资本成本的降低,还有利于公司考虑长远的战略制定和执行,有利于公司强大竞争力的塑造。如果负债率过高,公司将被流动性问题所困扰;如果负债率过低,也会损害未来的成长速度。公司资本既是公司运营的资金来源,又是获得负债的安全垫。合理的资本结构是公司成长壮大的根基。

二　银行资本的作用

一般来讲,商业银行的资本具有三大基本职能:保护存款人的利益,覆盖银行风险损失,维护银行体系的健康。

银行资本不是运营的资金,这一点与一般产业公司的资本有本质的区别。银行的财务杠杆非常大,如果一家银行的权益资本占总资产的10%,该银行的资本比率就已经很高了。而一般的产业公司,如果资本比率只有10%,那么该公司可能就该倒闭了。在理论上,由于银行有吸收公众存款的资格,因此,银行资本比率可能很低。银行的信用风险与规模有关,银行规模越大,吸收的存款越多,资本比率越低,银行反而越安全。在阐述银行信用风险时,英文中有一句话,叫"Too big to fail",就是说银行的规模太大了,不能让它倒闭。事实上,不是说负债越多,资本比率越低,银行本身就越安全,而是该银行把风险转嫁给了中央银行,中央银行此时必须出面救助。

既然商业银行可以轻易地从社会公众那里获得资金,银行经营不是靠权益资本,那么商业银行为什么还要有那么多的资本呢?原因主要在于以下几个方面:

(一) 保护存款人的利益

商业银行的经营资金来自存款和其他负债,可以说,商业银行是用别人的钱去赚钱的。如果银行的资产遭受了损失,资金收不回来,存款人的利益一定会遭受损失。银行资本为存款人提供了一个承受损失的缓冲器。由于银行资本的存在,即使发生了贷款和投资的损失,最先遭受损失的也是银行资本,而不是存款人。银行对各种业务提取了准备金,那么,如果银行准备金能够弥补可预见的损失,还需要资本做什么呢?很明显,银行资本是为了弥补那些无法预见的损失。

自20世纪30年代的经济大萧条之后,各国政府纷纷建立了存款保险机构。当商业银行发生亏损而无力偿还存款人的存款时,存款保险机构就会负责清偿存款人的存款,或者偿付事先规定的赔偿上限。存款保险制度的存在虽然削弱了银行资本保护存款人的能力,但银行资本的存在与大小,仍然对存款人的信心产生重要影响。

银行资本可以理解为保护存款人的缓冲器。那么这一缓冲器需要多大呢?《巴塞尔协议》提出了资本比率的目标是风险加权资产的8%。8%的资本比率是银行界认可的最低资本比率,更多的国家包括中国则要求更高的资本比率。

(二) 覆盖银行风险损失

前面阐述了银行资本要保护存款人,以使银行不能过分"冒险",因为最先遭受损失的是银行资本——股东的利益。但银行资本要想充分保护存款人的利益,就必须涵盖很多方面的损失。可以预见的风险都通过计提拨备的方式直接减少了银行的当期利润,而那些意料之外的风险,则需要由银行的资本来承受。

首先,银行资本要能够覆盖意料之外的信用风险损失。在银行绩效评价中,有一个重要指标叫风险调整后的资本回报率(Risk-Adjusted Return On Capital, RAROC),RAROC=(收益-成本)/风险加权资本。其中,风险加权资本是根据风险权重对资本进行加权计算的结果。违约风险取决于以下四个因素:违约率(Probability of Default, PD)、违约损失率(Loss Given Default, LGD)、违约暴露量或者敞口(Exposure at Default, EAD)、期限。在计算 RAROC 时,要通过相关的风险权重计算公式,将风险参数转化为风险资产。

银行资本要覆盖系统风险和个别风险。通常个别风险通过信贷活动的充分分散可以降低到很低的水平,但系统风险是没有办法分散出去的。一旦系统风险发生,比如 2020 年年初暴发的新冠疫情让全球经济都遭受重大冲击,银行的信贷资产质量下降,如果银行没有足够的资本,其生存就会受到影响,银行体系的稳健性也会受到损害。

其次,银行资本要能够覆盖意料之外的市场风险损失。随着银行越来越多地参与金融市场活动,其面临的市场风险也越来越大。

最后,银行资本要能够覆盖操作风险。由于银行操作本身,或者说银行管理过程中会出现漏洞,会给银行带来损失,因此,这些潜在的损失也应该由银行资本覆盖。近些年来,银行对从业人员的过度激励导致从业者赌性大增,从而发生了多起导致银行遭受巨额损失的事件。比如 1995 年,巴林银行交易员尼克·里森(Nick Leeson)的违规操作,导致 13 亿美元的损失;同年,日本大和银行纽约分行交易员井口俊英的违规操作,造成 11 亿美元的损失; 2008 年,法国兴业银行交易员杰洛米·科维尔(Jerome Kerviel)的胆大妄为,让该银行损失了 72 亿美元;2012 年,摩根大通银行交易员布鲁诺·伊克西尔(Bruno Iksil)过度操作,产生了 20 亿美元的损失。

银行资本要覆盖以上风险损失,否则就会把损失转嫁给存款人。我们可以这样讲:银行赚钱靠的是存款人的钱,但风险应该由股东的钱来承担。意料之中的风险,通过计提各种准备金减少了股东的利润;而银行的资本就是为了应对预料之外的损失。

(三) 维护银行体系的健康

银行体系在一个国家中扮演着非常重要的角色,如果银行体系发生问题,就很容易引发金融危机,甚至经济危机。但银行体系发生问题,通常是某家或者某几家银行发生问题,造成其他银行接二连三地发生问题,就如同多米诺骨牌效应。为了维护银行体系的健康运行,就需要让每一家银行都健康,才不至于发生连锁反应。银行资本是覆盖银行风险损失的,如果这个量足以应对正常情况的损失,那么银行发生倒闭的概率就很低,银行体系的安全才有保障。

第二节 银行资本的内涵

一 银行资本的定义

银行资本不同于一般产业公司的资本,从不同的角度,资本的含义也有所不同。通常有以下角度:股东的角度、监管者的角度、覆盖意外风险的角度。

(一) 股东的角度——权益资本

银行的股东与一般产业公司的股东没有区别,关心的都是自己有多少权益以及权益的收益能力如何。衡量股东权益的多少有两个角度：一是账面价值的角度，就是公司的净资产；二是市场价值的角度，即银行资产的市场价值减掉银行负债的市场价值后的净值，这一净值会表现为银行股票的市值。既然股东权益的多少可以从两个角度来衡量，那么权益资本收益率也应该有两个指标：一是净资产的收益率，也就是一般意义上的股东权益的收益率（Return on Equity，ROE）；二是股票投资者的收益率，此时分母是股票的市值，分子依然是银行损益表中的税后利润。

（二）监管者的角度——监管资本

有些资本并没有被监管者视为资本，有些则只有其中的一部分被认可为资本。监管资本就是根据官方的标准，由银行发行的所有合格的资本工具。

（三）覆盖意外风险的角度——经济资本

经济资本是股东为了在一定程度上保护债权人利益而支付的资本。经济资本是银行自下至上计算出来的根据各种风险大小而得到的资本规模。经济资本与监管资本都是根据资本充足情况计算出来的，不同的是，经济资本是银行采用自己的方法计算出来的，而监管资本是按照《巴塞尔协议》的标准计算出来的。

经济资本可以理解为银行的核心资本，因为最终还是由普通股股东来承受银行倒闭的风险。但与核心资本有所不同，核心资本是某些项目简单相加得到的，而经济资本则是经过风险调整而求出的，应该用于弥补意外风险损失的资本。在银行的股票市值中，商誉等无形资产不属于经济资本。因为银行一旦倒闭，商誉等无形资产的价值也就基本不存在了。经济资本的概念相对简单，是银行用于弥补意外损失而需要的资本，但计算经济资本却不是一件容易的事情。

二　银行资本的内容

一般情况下，银行资本可以包括以下内容。之所以说"可以包括"，是因为有些资本工具成为银行资本还必须满足其他条件。

（一）股东的资金

1. 普通股

普通股是商业银行资本中最基本的形式。普通股股东对银行拥有所有权，对银行的收益和剩余资产有索取权，对经营管理有参与权。商业银行通过发行普通股来增加资本有以下好处：第一，由于普通股的收益随银行经营状况的变化而变化，并不是事先规定的，因此，商业银行通过发行普通股筹集资金有较大的灵活性。第二，由于普通股股金是不需要偿还的，是银行可以长期使用的资金，因此，这种资金的稳定性要比通过其他渠道筹集的资金高得多。

商业银行通过发行普通股来增加资本，也有不利之处，主要表现在：第一，当银行发行新股时,会削弱原股东对银行的控制权,因为普通股股票数量增加了,原股东的相对份额就下降了。第二,如果银行股票的市净率小于1,那么发行新股的价格将低于银行股票的账面价格,这样一来,银行股票的每股净资产将会下降,这明显对老股东不利。第三,如果市场利率比较低,则通过债务方式进行融资的成本较低,此时,发行新股会降低银行的预期收益,这样将使普通股股东的收益降低。

2. 优先股

优先股是指在收益分配以及剩余财产分配上优先于普通股的股票。发行优先股对商业银行有以下好处:第一,从银行的角度来看,通过优先股筹集的资金属于银行监管当局认可的资本范畴,为商业银行正常的权益资本筹集增加了渠道。需要说明的是,只有非累积的优先股,而且是永久性的优先股才被视为核心资本。第二,除了可以充当核心资本,优先股实际上属于深层次的次级债务,但投资者不能强迫银行支付股息。第三,由于优先股没有投票权和选举权,因此,普通股股东对银行的控制,不会因为发行优先股而受到影响,从而也不会对银行股票价格产生太大的影响。第四,在一般情况下,银行运用资金的获利能力会高于优先股的股息率,因此,发行优先股会给银行带来更多的利润,财务杠杆的效力会得到加强。

发行优先股的缺点是,由于优先股的股息是企业支付所得税之后再分配给投资者的,因此,发行优先股没有税收上的好处,而这一好处在银行发行次级债务时就可以获得。

(二) 混合型权益工具[①]

混合型权益工具包含很多种类,其主要特征是将债务的特征与股票的特征结合在一起,理由是在一定条件下,通过强制转换程序,把债务工具转换为普通股或者优先股。从监管当局的角度来看,这类工具属于银行核心资本要满足两个条件:一是息票的非累积性,二是违约时强制转换为永久性权益工具。在银行正常经营时,混合型权益工具与一般债务工具相似,不同的地方就是股息的税收待遇与一般债券利息的税收待遇不同。在银行发生财务危机时,混合型权益工具则转变为权益工具,成为吸纳损失的缓冲器。

尽管混合型权益工具在发行时都有永久性条款,但多数都带有可选择的赎回条款或者有条件的赎回条款。可选择的赎回条款一般是在一定期限之后,发行银行经过银行监管当局批准后执行的。有条件的赎回条款一般由发行银行不能控制的事件所触发,例如,工具不再符合一级资本要求,或者税收处理规则发生变化等。有条件赎回条款规定,发行银行不是有义务,而是有权利赎回。

有两种常见的混合型权益工具:特殊用途工具结构、信托优先工具结构。

1. 特殊用途工具结构

较为常见的特殊用途工具是特定目的载体(Special Purpose Vehicle,SPV)。SPV 结

---

① 参见克里斯·马滕:《银行资本管理》,王洪译,机械工业出版社 2004 年版,第 53—56 页。

构是这样构建的。首先,银行全资设立一家有限责任公司,也许这一公司的总资本只有一美元。由于是银行全资拥有,因此,可以将这一公司列为银行集团的账户。其次,这一有限责任公司属于 SPV 性质,它向投资者发行优先股,然后把筹集的资金借给银行。借给银行的条件与 SPV 发行优先股的性质是一样的。最后,从政府那里争取到优惠政策,即银行对 SPV 支付的借款利息是完全免税的。而银行支付的是借款利息,这一利息是税前支付的,因此,银行通过这一渠道融资的成本要减去税收减免部分。如果关注的是集团的并表账户,那么银行从附属公司那里获得了权益,因此可以提高集团的资本水平。

2. 信托优先工具结构

在美国,信托优先工具由银行和其他类型的公司发行,可以获得低成本的长期融资。一般的做法是:首先,建立一只信托基金,该信托基金在法律上独立于银行。该基金通常由负责发行的投资银行发起并管理。其次,信托基金向投资大众发行票据。再次,信托基金认购银行的优先股。最后,银行运作资金,并返还信托基金利息。

混合型权益工具的局限在于,它不像普通股那样持久,因为其可能被赎回。正因为如此,混合型权益工具的数量有一定的限制。

(三) 留存收益与资本盈余

1. 留存收益

留存收益或未分配利润,是银行增加自有资本的主要来源,那些无法通过股票市场筹集资金的小银行更是如此。通过未分配利润来增加资本的好处是:第一,只需将税后利润转到未分配利润账上即可,因此,不发行股票就能增加资本。第二,由于不发行股票,商业银行节省了发行股票的中间费用,这实际上增加了银行的收益。第三,对普通股股东有利。由于银行将未分配利润留在银行,因此其权益仍属于普通股股东,这就相当于商业银行将利润支付给普通股股东,再由普通股股东投入该银行。如果普通股股东得到红利,那么他们要按照一国的税法缴纳一定数额的税,但通过将税后利润转化为未分配利润,就会使普通股股东少缴纳那笔税,这对普通股股东无疑是有利的。第四,将税后利润转化为资本,不会改变普通股股东的股权结构,对于稳定商业银行的经营管理是有利的。

2. 资本盈余

资本盈余是银行在发行股票时,发行价格超过面值的部分,即发行溢价。

(四) 准备金

1. 公开准备

公开准备包括被披露的普通准备,如某些国家要求的针对银行风险的普通准备。公开准备要满足以下标准:① 准备金的入账和出账应通过损益账户;② 准备金的余额及其变动在公开账户中被分别披露;③ 当出现亏损时,资金及时可用;④ 损失不是直接从准备金中冲销,而是通过损益账户冲销。

2. 未公开准备

某些国家的银行可以持有未公开准备金。这些准备金也通过损益账户来实现,但不明确记录,而是以"其他负债"等形式出现。

3. 重估准备

这种准备金是银行对固定资产进行重估时,固定资产的公允价值与账面价值之间的正差额。

4. 普通贷款损失准备

这种准备金是根据全部贷款余额的一定比例计提的,用于尚未识别的损失的准备金。

（五）债务资本

银行资本的特殊性之一是某些债务可以成为银行的资本,当然是补充性资本。其中的原因是,某些债务可以充当风险损失的缓冲器。债务资本主要有可转换债券、累积优先股、长期次级债券。

1. 可转换债券

可转换债券的投资者有权把债券转换为优先股或者普通股。

2. 累积优先股

累积优先股的投资者有权要求银行弥补过去未支付的股息。

可转换债券与累积优先股成为银行资本,需要满足以下条件:① 未由银行担保。② 清偿属于次级,即投资者的索偿权位于存款人和其他普通债权人之后。③ 不可由银行赎回。④ 投资者不可回卖给银行。⑤ 银行延缓利息支付,不会迫使银行停业。

3. 长期次级债券

长期次级债券是指期限最少为 5 年的次级债券。如果剩余期限少于 5 年,则每年要扣减 20%。发行次级债券对商业银行有以下好处:① 债券的利息可以税前支付,能够获得税收上的利益。② 比其他次级资本来源如可转换债券和累积优先股的成本低。③ 债券融资一般不需要缴存准备金给中央银行,可提高商业银行可用资金的比例。④ 比较容易筹集资本,当然是次级资本。

第三节 《巴塞尔协议》与银行资本比率

一 《巴塞尔协议》的诞生背景

20 世纪 70 年代以前,银行受到高度的管制与保护。对银行的保护与管制的起因是1929—1933 年大萧条对经济和社会造成了巨大的破坏。20 世纪 70 年代,布雷顿森林体系崩溃,汇率发生了剧烈的波动。不仅如此,随着利率市场化的进展,利率的巨大波动也给银行带来了巨大的压力。竞争的加剧,导致银行承受的风险加大,在世界范围内不断发生银行倒闭事件,进而引起金融动荡。其中比较典型的有:20 世纪 80 年代以及 90 年代,美国储蓄与贷款协会大量倒闭;80 年代中期,法国里昂信贷银行出现严重问题;80 年代中期,斯堪的纳维亚地区的多家银行倒闭;1997—1998 年,东南亚地区的银行大量倒闭;1998 年,俄罗斯银行倒闭;90 年代,日本银行出现严重的不良资产问题。严重的银行危机导致《巴塞尔协议》的产生以及新巴塞尔协议(《巴塞尔协议Ⅱ》和《巴塞尔协议Ⅲ》)的出台。

1988 年 7 月 15 日,来自西方十国集团的中央银行行长在巴塞尔达成关于银行资本充足率要求的协议——《巴塞尔协议》。《巴塞尔协议》在三个方面达成了一致:① 引入了资本计量体系;② 建立了信用风险评价的框架;③ 建立了最低资本比率 8% 的要求。

二　2004 年《巴塞尔协议Ⅱ》的出台

1988 年的《巴塞尔协议》中的致命弱点是所有银行都执行一个标准。另外,由于证券化越来越受欢迎,商业银行参与证券化的机会不断加大,程度不断提高,证券价格的变化对银行产生很大的影响。商业银行监控市场风险和操作风险的重要性与日俱增。银行监管者也需要确立合适的方法监管商业银行的风险。

2004 年的《巴塞尔协议Ⅱ》是基于 1988 年的《巴塞尔协议》的,其中对银行资本比率的要求与《巴塞尔协议》一样,同样是总资本比率不低于 8%,核心资本比率不低于 4%。但《巴塞尔协议Ⅱ》更能反映银行所面临的风险。一方面更切合银行实际的贷款损失而调整资本要求,另一方面增加了操作风险给银行带来损失的资本要求。巴塞尔委员会在维持总资本比率要求的前提下,采取相应的办法鼓励商业银行采用更先进的风险管理模型。《巴塞尔协议Ⅱ》通过三种手段促进商业银行提升风险管理水平:最低资本要求,监管者审核,市场约束。这三种手段也被称为《巴塞尔协议Ⅱ》的三个支柱,见图 6-1。

图 6-1　《巴塞尔协议Ⅱ》的三个支柱

最低资本要求涵盖了信用风险、操作风险和市场风险。每一种风险需要的资本量都有相应的计算方法。这些方法中有巴塞尔委员会给定的标准方法,也有基于银行自己模型的内部方法,见图 6-2。

本书把《巴塞尔协议Ⅱ》的最终目标归结为三个:促使银行有充足的资本,鼓励银行提升风险管理水平,强化金融体系的稳健运行。实现这三个最终目标的手段就是引入风险管理的三个支柱:最低资本要求,监管者审核,市场约束。第一个支柱与《巴塞尔协议》没

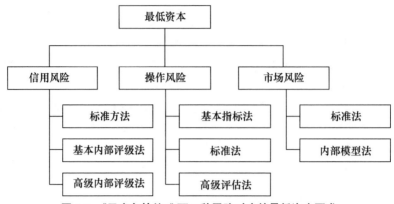

图 6-2 《巴塞尔协议Ⅱ》下三种风险对应的最低资本要求

有本质的差别,只是对风险资产的风险系数进行了一些调整。监管者审核、市场约束这两个支柱是在《巴塞尔协议》之上新增的。这三个支柱相辅相成。

另外,《巴塞尔协议Ⅱ》也积极鼓励银行提升自己的风险控制水平。鼓励的办法实际上很简单,那就是风险管理水平高的银行可以节约资本,从而有机会获得更高的资本回报。

三 《巴塞尔协议Ⅱ》关于银行资产风险权重的规定

(一) 规定风险权重的意义

《巴塞尔协议Ⅱ》承袭了《巴塞尔协议》的做法,通过不同的风险权重反映不同资产的信用风险可能给银行带来的意外损失。不仅针对表内资产,而且针对表外资产。这种给定风险权重的做法有明显的优点:第一,为结构不同的银行体系建立公平的比较基础;第二,便于计算资产负债表之外的项目风险;第三,不妨碍甚至鼓励银行持有风险低的其他资产。

(二) 《巴塞尔协议Ⅱ》对风险权重的规定

《巴塞尔协议Ⅱ》关于信用风险最低资本要求的标准法中,对风险权重的规定如表 6-1 所示。

表 6-1　《巴塞尔协议Ⅱ》关于风险权重的规定

项　　目	《巴塞尔协议Ⅱ》
承认外部评级	承认
承认抵押与担保	承认
对主权国家或其中央银行的债权	0～100%

（续表）

项　　目	《巴塞尔协议Ⅱ》
对公共部门的债权	比主权债券的风险权重高一个档次。如果公共部门与私人部门存在竞争，则视为大中型企业的风险
对多边开发银行的债权	符合要求的高级别的多边银行的风险权重为0，其他多边银行则根据外部评级来确定风险权重
对银行的债权	比主权国家风险权重高一个档次
对公司的债权	100%或者采用外部评级来确定风险权重
零售贷款	75%
有保险的住房按揭	35%
超过90天的逾期贷款	非按揭贷款，如果特别准备金低于20%，则风险权重为150%；如果特别准备金达到或者超过20%，则风险权重为100% 住房按揭准备金提取低于50%，则风险权重为100%；如果准备金超过50%，则权重为50%

四　表外资产的风险权重

巴塞尔委员会认为，将所有表外业务都包括在衡量资本充足率的系统中是十分重要的。但由于其对某些表外业务的风险估计缺乏经验，而且表外业务也不断创新，因此，巴塞尔委员会采用了一种综合方法：对全部表外业务先将其名义本金数额乘以信用风险转换系数，然后再根据交易对手的性质计算出数额进行风险加权。《巴塞尔协议Ⅱ》对信用风险转换系数进行了以下规定，见表6-2。

表 6-2　信用风险转换系数

转换系数为100%的表外业务
- 直接的信用替代（对一般债务的担保，包括对贷款和债券起担保作用的备用信用证）
- 银行的承兑业务及其参与的直接信用替代（也就是备用信用证）
- 银行的证券借贷或银行用作抵押物的证券（回购/逆回购，证券借出/借入交易）
- 购买资产的远期协议

转换系数为50%的表外业务
- 与某些交易相关的或有性质的业务（即投标保证金、履约保证金等）
- 原始期限超过1年的证券承销承诺和贷款承诺
- 循环证券承销服务和票据发行服务

转换系数为20%的表外业务
- 原始期限在1年或1年以下的证券承销承诺和贷款承诺
- 与货物贸易有关的短期自偿性信用证

转换系数为0的表外业务
- 可以无条件取消的承诺

五　信用风险缓释与风险权重系数

对银行而言，缓释信用风险有许多办法，其中主要有提供抵押品、第三方担保、利用信用衍生品、表内资产负债的净扣等。

（一）抵押品与风险权重系数

《巴塞尔协议Ⅱ》扩大了合格抵押品的范围。在使用简单法时，合格的抵押品包括：现金、黄金、债券和股票。其中，债券包括：BB−及以上级别的主权债券和公共部门债券，BBB−及以上级别的其他主体发行的债券，A3P3及以上的商业票据，未被评级但由银行发行且可上市交易的优先级债券。股票则单指主要指数的成分股。如果使用综合法，则除了包括上述工具，还包括即使不属于主要股票指数的成分股，也在比较知名的交易所交易的股票。抵押品每6个月必须重新估值，期限一定与贷款匹配，风险权重为20%，除非用现金和政府债券作抵押。

在综合法中，要使用折扣（Haircuts）来反映抵押品的价格波动。为了估计价格波动，可以使用监管当局的、银行自己的以及风险价值等方法。

在通过抵押来缓释贷款风险方面，银行要关注三个方面。首先，要关注抵押品的法律归属，也就是说，银行必须有权变卖或者占有该抵押品。其次，要关注抵押品的价值与借款人质量的相关关系。如果借款人的资信降低，而抵押品的价值也大幅度降低，那么抵押品对于缓释借款人的违约风险就没有多大的作用了。最后，要关注风险管理过程的效力。一旦借款人违约，银行就可以及时启动法律程序，托管人能够迅速把抵押品分离出来，而且可以迅速变卖和清偿。

（二）担保、信用衍生品与信用风险权重

银行贷款通过担保、信用衍生品、净扣、证券化等，可以缓释贷款的信用风险。

担保协议必须是直接的、明晰的、无条件的、不可撤销的。担保人的信用水平一定要高于被担保人。合格的担保人包括一国政府、公共部门、商业银行和证券公司。如果有担保，得到担保部分的贷款则可以获得担保人的信用水平。也就是说，《巴塞尔协议Ⅱ》执行替代性的原则。

信用衍生品主要包括总收入互换（Total Return Swap）、违约互换（Credit Default Swap）、以贷款现金流为抵押的证券（Collateralized Loan Obligation，CLO）、资产证券化等。可以缓释信用风险的信用衍生品必须由合格的主体来出售。合格主体的定义与合格担保人的定义相同。

表内资产与负债的净扣（On-balance Sheet Netting）是指同一个借款人在同一家银行既有贷款，又有存款，那么二者相互抵消可以提升贷款的安全性。但贷款与存款在多大程度上可以抵消，对于贷款的信用水平有很大的影响。如果可以净扣，那么仅贷款的净额才会有违约风险。在净扣时，需要事先与借款人签订净扣协议，而且该协议在法律上是有效

的。贷款与存款必须确定,而且银行管控着净扣产生的相应风险。

《巴塞尔协议Ⅱ》对于资产证券化与银行资本的关系作出了一些调整,主要包括以下方面:① 资产证券化中的某一个层级的风险权重完全依赖于其外部评级;② 对待发起银行与投资购买的银行有不同的做法。一般情况下,资产证券化的风险权重见表6-3。

表6-3 证券化的风险权重

评　级	发起银行	购买的银行
AAA 到 AA-	20%	20%
A+到 A-	50%	50%
BBB+到 BBB-	100%	100%
BB+到 BB-	减掉	350%
B+以下	减掉	减掉
未评级	减掉	减掉

值得一提的是,《巴塞尔协议Ⅱ》对于证券化不完全鼓励,但对优良资产的证券化还是有利的,因为高级别证券的风险转换系数很小;对不良资产的证券化是不利的,因为低级别证券以及银行自己持有低级别与未评级证券的风险转换系数很大,有的干脆就从资本中被减掉了。

A 银行 2024 年 6 月的表内业务和表外业务如表 6-4 所示。

表6-4 表内业务和表外业务　　　　　　　(单位:亿元)

	金　额	交易对手的信用级别
表内业务		
外国政府债券	100	AAA
本国政府债券	300	BBB
多边银行的债权	20	A+
中长期的银行同业贷款	40	BBB+
短期的银行拆借	80	BBB-
企业贷款(1)	3 000	AAA 到 AA-
企业贷款(2)	4 000	A+到 A-
企业贷款(3)	3 000	BBB+到 BBB-
企业贷款(4)	2 000	BB+到 B-
企业贷款(5)	1 000	B-以下
信用卡贷款	3 000	
住房按揭	4 000	
非住房按揭逾期贷款(1)	300	特别准备金低于20%
非住房按揭逾期贷款(2)	100	特别准备金为 20%
住房按揭逾期贷款	40	特别准备金超过 50%
其他资产	150	

（单位：亿元）（续表）

	金 额	交易对手的信用级别
表外业务		
一般债务担保	500	BBB+
国债回购	300	A−
远期协议	40	A+
投标保证金	50	BB−
原始期限超过 1 年的贷款承诺	100	B+
原始期限 1 年以下的贷款承诺	80	BBB
贸易信用证	200	BB
可以无条件取消的贷款承诺	300	BB+

根据 A 银行的表内业务和表外业务资料以及交易对手的资信信息（不考虑抵押、担保、信用衍生品的影响），可以找到风险权重系数和表外业务的风险转换系数，这样就可以计算出 A 银行的风险资产规模。计算过程如表 6-5 所示。

表 6-5　风险资产规模的计算　　　　（单位：亿元）

	金 额	交易对手的信用级别	风险权重	转换系数	风险资产
表内业务					
外国政府债券	100	AAA	0		0
本国政府债券	300	BBB	50%		150
多边银行的债权	20	A+	50%		10
中长期的银行同业贷款	40	BBB+	50%		20
短期的银行拆借	80	BBB−	20%		16
企业贷款(1)	3 000	AAA 到 AA−	20%		600
企业贷款(2)	4 000	A+到 A−	50%		2 000
企业贷款(3)	3 000	BBB+到 BBB−	100%		3 000
企业贷款(4)	2 000	BB+到 BB−	100%		2 000
企业贷款(5)	1 000	BB−以下	150%		1 500
信用卡贷款	3 000		75%		2 250
住房按揭	4 000		35%		1 400
非住房按揭逾期贷款(1)	300	特别准备金低于 20%	150%		450
非住房按揭逾期贷款(2)	100	特别准备金为 20%	100%		100
住房按揭逾期贷款	40	特别准备金超过 50%	50%		20
其他资产	150		100%		150
表内合计	21 130				13 666

（单位：亿元）（续表）

	金　额	交易对手的 信用级别	风险 权重	转换 系数	风险 资产
表外业务					
一般债务担保	500	BBB+	100%	100%	500
国债回购	300	A−	50%	100%	150
远期协议	40	A+	50%	100%	20
投标保证金	50	BB−	100%	50%	25
原始期限超过 1 年的贷款承诺	100	B+	150%	50%	75
原始期限 1 年以下的贷款承诺	80	BBB	100%	20%	16
贸易信用证	200	BB	100%	20%	40
可以无条件取消的贷款承诺	300	BB+	100%	0	0
表外合计	1 570				826
表内与表外合计	22 700				14 492

经过计算，表内风险资产为 13 666 亿元，表外风险资产为 826 亿元，表内和表外风险资产合计为 14 492 亿元。如果按照资本比率 8% 计算，A 银行需要 1 159.4 亿元的资本，其中核心资本至少需要 579.7 亿元。

第四节　信用风险与内部评级法[①]

一　内部评级法概述

（一）定义

内部评级法是《巴塞尔协议Ⅱ》评定银行信用风险所需资本的一种方法。具体是指，银行在满足最低条件和披露要求的前提下，得到监管当局的批准后，可以根据自己对风险要素的估计值决定信用风险的资本要求。这些风险要素包括违约概率（Probability of Default，PD）、违约损失率（Loss Given Default，LGD）、违约风险暴露（Exposure at Default，EAD）以及期限（Maturity，M）。在某些情况下，可以要求银行采用监管当局给定的数值，而不采用对一项或几项风险要素的内部估计值。

违约概率是指贷款发生本息不能按约偿付的可能性；违约损失率是指一旦违约，银行贷款本息损失的程度；违约风险暴露是指一旦违约，银行贷款遭受风险的规模。这里需要提及的是，在银行实际运作中，一旦某笔贷款发生违约，银行风险暴露比实际贷款规模更大。这是因为银行会给某个借款人一个贷款承诺，比如贷款承诺 5 亿元，而企业实际使

---

① 参见彭秋良：“金融风险管理”讲义，北京大学光华管理学院 MBA 课程资料；《巴塞尔协议Ⅱ》，国际清算银行网站，2004 年 6 月。

用 3 亿元。但如果该企业发生违约,它就会尽力使用其余的贷款额度。再比如一个信用卡的使用者发生违约,他很可能把信用卡的透支额度全部用完。因此,风险暴露与实际已经发放出去的贷款规模是不同的。

(二) 基本方法与高级方法

内部评级的基本方法中,银行负责估计每一个借款人的违约概率,银行监管者负责提供违约损失率和违约风险暴露。

内部评级的高级方法中,银行负责估计全部参数,包括违约概率、违约损失率和违约风险暴露等。使用高级方法,需要满足更加苛刻的条件。

无论是基本方法还是高级方法,都可以采用降低风险的方法来提升信贷资产的质量。其中,合格的抵押品从标准方法中的内容扩展到商业不动产、住宅不动产以及其他有形抵押物,如存货、应收账款等。

(三) 内部评级法的基本原则

内部评级法包括以下四个基本原则:

第一,内部评级法依赖于银行自身的内部评级系统。这一评级系统包罗万象,诸如借款人的信用级别、借款人的信息化水平、报表系统等都可以通过这一系统获得。目标是给借款人评定级别,以确定当借款人无法按约偿还贷款本息时银行承受损失的风险。通过这一内部评级系统,银行可以得到具体的风险评价参数,如违约概率、违约损失率和违约风险暴露等。银行通过这一系统中的数学模型或者从专家那里推断出借款人的违约风险。内部评级系统包括全部的过程、步骤、方法与信息技术。

第二,内部评级法基于三类重要因素:① 风险构成,即违约概率、违约损失率和违约风险暴露等;② 风险权重函数,即针对不同信用级别的风险权重,这些权重是监管当局给定的;③ 最低资本要求。

第三,内部评级法针对每一类资产都有不同的方法。这些方法是银行根据自己的历史数据资料开发出来的。

第四,内部评级系统中的过程、步骤、方法与信息技术要得到银行监管机构的批准。

(四) 为什么要创立内部评级方法

巴塞尔委员之所以会鼓励银行创立自己的内部评级方法,主要有以下三点理由:

首先,弥补《巴塞尔协议》的不足。《巴塞尔协议》没有区分不同管理水平的银行,不管什么样的银行都按照事先给定的标准来执行。《巴塞尔协议II》则变得更有弹性,允许那些高水平的银行执行内部评级方法,从而使得资本更能体现"可以弥补意外风险损失"的本意。

其次,鼓励银行提升风险管理水平。内部评级方法的使用有助于银行节省资本。尽管在发达国家,银行资本的充足性不是主要问题,但风险管理水平还是有待提高。通过执行内部评级法,让银行建立风险管理意识,健全风险管理体系,提高风险管理水平,最终实现全社会银行体系和金融体系的稳健运行。

最后,让银行把自己对风险的理解融入风险管理和资本管理中。尽管银行监管当局和信用评级机构也都对风险作出自己的判断,但单一的缺少弹性的风险计量标准难以满足高水平银行的需求。允许这些高管理水平的银行建立自己的风险评估体系,更有利于整个银行体系的风险控制。

二 内部评级法中的风险构成与风险权重

前面提到内部评级法中的三类重要因素:风险构成、风险权重函数和最低资本要求,其中,由于最低资本要求过于细化,本书不作讨论,只是对风险构成和风险权重予以解释。

(一)关于风险构成

首先,关于借款人的风险。主要风险指标是违约概率。需要两类信息:一类是定性的信息,包括管理层的管理水平、企业的产权结构等。企业产权结构暗指权结构越集中,风险就越高,因为企业的制衡力会越弱。另一类是定量的信息,包括资产负债表中的信息、损益表中的信息、现金流量表中的信息,以及这三个报表中相互结合给出的信息。

其次,关于交易的风险。主要风险指标是违约损失率。需要的信息包括债务的优先次序、抵押品、贷款违约后追回的时间、折现因子等。贷款违约后追回的时间与追索期的长短有很大的关系,而折现因子的大小与贷款追回后的现值大小有关。关于违约损失率要考虑到降低风险的措施的作用,这与标准法中介绍的内容相似。降低风险的措施主要有抵押、担保、信用衍生品的使用、证券化等。由于内部评级法使用二维的计量方法,即区分了违约概率和违约损失率,因此要求银行必须严格区分关于违约概率与违约损失率的信息,必须明确给定某类资产的这两方面的信息,而且必须把这两方面的信息与内部评定的级别结合起来。

再次,关于风险暴露。主要风险指标是违约风险暴露。简单类别的贷款的风险暴露就是贷款总额。而某些信贷产品如贷款承诺以及信用卡等贷款的风险暴露则是贷款数额,再加上信用风险转换系数(CCF)乘以承诺的但未被提取的金额,即

风险暴露=贷款数额+信用风险转换系数×承诺的但未被提取的金额

例如,某笔贷款的承诺金额为3 000万元,已经提取了1 000万元,信用转换系数为0.65,那么该笔贷款的风险暴露为2 300万元。

风险暴露=1 000+0.65×2 000=2 300(万元)

最后,还要考虑的其他重要因素,即期限和借款规模。借款期限越短,贷款风险越低,因为预测的准确性与预测的时间长度有关,时间越短,意外情况发生的可能性越小。而且,损失率的波动率也与期限有关。另外,降低贷款风险的措施的实施,也与期限有关。时间越短,那些措施越不一定能够及时发挥作用。通常情况下,贷款规模越大,组合效应

就越小,风险就越高。

(二) 关于风险权重函数

风险权重函数实际上是多个变量的函数,与违约率、违约损失率、风险暴露等密切相关,也与贷款的类型有很大的关系。贷款类型可以划分为公司贷款、银行间贷款、零售贷款、小企业贷款、房地产贷款、信用卡贷款等,即风险权重函数为

$$RW = f(PD, LGD, M)$$

在内部评级的基本方法中,银行只估计借款人 1 年以上期限的违约概率,其余参数包括违约损失率、风险暴露、期限等由银行监管当局给定;而在内部评级的高级方法中,银行要估计借款人的违约概率、违约损失率、风险暴露、期限等全部参数。

给定贷款的金额、风险暴露以及风险权重,就可以计算风险加权资产,公式如下:

$$RWA = F \cdot EAD \cdot RW$$

其中,RWA 为风险加权资产,F 为贷款的金额,EAD 为风险暴露,RW 为风险权重(基于违约概率、违约损失率以及期限等信息得到)。

第五节　市场风险与操作风险

一　市场风险

市场风险是由于利率、汇率、股票价格以及商品价格变化而使银行遭受损失的风险。

(一) 评估市场风险

之所以计算市场风险主要有以下理由:第一,通过计算市场风险的总量获得银行管理的信息。通常可以计算风险价值(Value at Risk, VaR),以反映银行面临的风险大小。第二,银行可以限定所承受风险的规模。银行可以规定每个交易商所允许承受的市场风险的大小,包括分布在世界各地的每个交易平台、每个交易地点。第三,分配资源。银行可以根据市场风险的大小分配昂贵的资本,目标是获得最高的风险调整后的资本收益率(RAROC)。第四,业绩评估。每一个单位的风险应该获得相应的补偿,因此,通过计算市场风险可以正确评估不同交易品种和交易商的业绩。

(二) 如何计量市场风险

对于小一些的银行,可以采用巴塞尔委员会给出的标准法;而对于国际化的大银行,可以采用自己的内部模型。无论是标准法还是内部模型法,VaR 模型都有很重要的应用价值。VaR 模型的核心是内部控制,也就是让实际的风险损失不超过设置的上限。得到单位 VaR 后,根据交易总量,可以计算每个交易组合的市场风险总量,也就是会发生多大规模的风险损失。

（三）银行评估市场风险要遵守的具体规则

银行要有明确的头寸持有或者投资组合的交易策略，并经过高层的批准。银行要有明确的头寸管理的政策和程序，包括：① 由交易室管理的头寸；② 设置头寸限额并进行监控；③ 交易员有权在批准的限额内按照批准的交易战略管理头寸；④ 交易头寸至少逐日按照市场价值计价；⑤ 定期给高级管理层报告交易头寸；⑥ 按照市场信息来源，对交易头寸进行密切监控，还要评估市场变量的质量和可获得性、市场交易的规模、所交易头寸的规模等。

（四）标准法对市场风险资本要求的处理

在标准法下，对市场风险引发的资本要求有以下规定：

1. 对政府债券的特定风险资本要求

对政府债券的特定风险资本要求见表6-6。

表 6-6　对政府债券的特定风险资本要求

外部信用级别	市场风险的资本要求
AAA 到 AA–	0
A+到 BBB–	0.25%（剩余期限在 6 个月以内）
	1%（剩余期限在 6 个月至 24 个月）
	1.6%（剩余期限在 24 个月以上）
其他	8%

如果政府债券用本币计价，且银行用本币购买，则可以根据本国情况采用较低的资本要求。

2. 对未评级债券特定风险的处理原则

如果证券未评级，但银行认为其相当于投资级，且发行人的股票在认可的股票交易所挂牌交易，则经监管当局批准，未评级证券可列入合格类别中。

3. 采用信用衍生品进行保值的专项资本要求

如果两笔交易（多头交易和空头交易）的价值变化完全相反，变化程度基本相同，则银行可以不提取特定资本。

如果两笔交易（多头交易和空头交易）的价值变化完全相反，但变化程度基本不等，则银行可以只提取 20%的特定资本。

如果两笔交易（多头交易和空头交易）的价值变化通常相反，则银行可以提取部分特定资本。主要是指参照资产负债表的风险暴露错配、币种错配、期限错配的情况。此时只提取风险资本要求高的一方的特定资本，其他情况则都应对两笔头寸分别计算特定资本。

二　操作风险

操作风险是指由不完善的或有问题的内部程序、人员以及系统的或外部事件所造成损失的风险。操作风险资本要求是《巴塞尔协议Ⅱ》中增加的。操作风险包括基本指标法、标准法、高级计量法。国际活跃银行以及操作风险较大的银行所选择的方法应该比基本方法复杂，并与其风险轮廓相适应。银行一旦选择了高级的方法，未经监管当局允许，就不可退回使用相对简单的方法。

（一）操作风险的基本指标法

银行操作风险资本等于前三年中各年正的总收入乘以一个固定的比例（15%），然后加总，再求平均值。如果某年的总收入为负值或者为零，在计算平均值时，就不应该在分子和分母中包含这项数据。总收入包括净利息收入和非利息收入。这一定义旨在反映所有准备的总额，但不包括证券出售实现的盈利，也不包括特殊项目和保险收入。

（二）操作风险的标准法

采用标准法的银行需要满足以下条件：① 银行董事会和高管人员适当积极参与监督；② 银行操作风险管理系统概念稳健，执行正确有效；③ 有充足的资源来支持该方法的使用。

银行按照标准法对当前的业务进行归类，并有具体的政策和成文的标准。新的业务活动则可以及时得到审查和调整。在标准法下，银行业务分为 8 个产品线，即公司金融、交易和销售、零售银行业务、商业银行业务、支付和清算、代理业务、资产管理、零售经纪。

在各产品线中，总收入是广义指标，代表经营规模。计算各产品线资本要求的方法是，用银行总收入乘以相应的系数。计算总资本要求的方法则是，各产品线监管资本按年相加后取三年的平均值。

（三）操作风险的高级计量法

高级计量法是指，银行用定量和定性的标准，通过内部操作风险的计量系统计算监管资本要求。使用高级计量法需要得到监管当局的批准。

第六节　监管者审核与市场约束

《巴塞尔协议Ⅱ》共有三个支柱：最低资本要求、监管者审核、市场约束。前面阐述了第一支柱，本节将介绍第二支柱——监管者审核，以及第三支柱——市场约束。

一　第二支柱——监管者审核

（一）监管者审核的意义

按照《巴塞尔协议Ⅱ》的说法，第二支柱——监管者审核有以下意义：

第一,管理者审核不仅要保证银行有充足的资本应对业务中的所有风险,而且还鼓励银行开发更好的风险管理技术来监测和控制风险。第二支柱特别适合处理三个主要领域的风险:① 第一支柱涉及但没有完全覆盖的风险,如贷款集中的风险;② 第一支柱没有涉及的因素,如银行账户的利率风险、业务和战略风险;③ 银行的外部因素,如经济周期的效应。

第二,监管者审核明确了管理层在开发内部资本评估程序和设定资本目标中的责任。第二支柱要求每家银行都有健全的风险评估的内部程序。巴塞尔委员会认识到银行为抵御风险所持有的数量,与银行风险管理、内部控制等程序的执行力有很大关系。增加资本并不是银行抵御风险的唯一选择,绝不能替代解决风险管理中的根本问题。

(二) 监管者审核的主要原则

第一,银行应具备一整套程序,用于评估与其自身的风险特征相适应的总体资本水平,并制定保持资本水平的战略。严格的程序具有五个主要特征:① 董事会和高管人员的监督,是指他们负责把握银行所承受风险的性质和程度,了解资本充足程度和风险之间的关系,制定银行战略应该包含明确资本需求、预计资本支出、确定目标资本水平和外部资本来源,确保建立评估各类风险的框架、政策和程序。② 健全的资本评估,包含保证银行识别、计量和报告所有实质性风险的政策和程序得到贯彻,拥有把风险水平与资本联系在一起的程序,设定与风险特征相一致的目标资本充足率的程序,确保管理过程中内部控制、检查和审计程序的完整性。③ 全面评估风险,包括评估以下风险:信用风险、操作风险、市场风险、流动性风险、利率风险以及其他风险。④ 监测和报告系统,要有管理层对实质性风险的水平和发展趋势及其对资本水平的影响作出的评价,要有对资本评估计量系统中关键假设的敏感度与合理性作出的评价,要确保银行拥有充足的资本抵御各种风险,要根据银行自身的风险特征评估未来的资本需求以及对银行战略作出适当调整。⑤ 内部控制的检查,包括检查银行资本评估程序的合理性,识别大额风险暴露和风险集中,检查银行评估程序所用参数的准确性和完整性,检查评估过程中各种情境设置的合理性和有效性,检查压力测试及其各种假设和参数。

第二,监管当局应检查和评价银行资本充足率的评估情况与战略,以及它们检测并确保监管资本比率达标的能力。这一原则主要检查风险评估的充足性,评估资本充足率,评估经济周期和外部环境,检查最低标准的合规性,了解监管当局对银行风险评估和资本分配不满意时银行的必要反应。

第三,监管当局应该鼓励银行持有比最低资本比率更高的资本。银行应该持有更多资本的理由包括:① 许多银行希望取得更高的信用等级。② 银行的业务类型和规模随着不同风险的变化而变化,从而引起资本水平的波动,为了随时满足最低资本比率的要求,银行应该持有更多的资本。③ 银行追加资本的成本通常比较高,特别是在被迫增加资本的情况下。④ 银行资本低于最低要求是一个很严重的问题,会使银行违反法律,导致监管当局采取严厉的监管措施。⑤ 第一支柱可能没有考虑单个银行或者整个经济面临的风险。

第四,监管当局应该尽早采取干预措施,防止银行资本水平低于最低要求。如果银行未能保持或者补充足够的资本,监管当局应该要求其迅速采取补救措施。监管当局采取的措施包括:限制利息支付,要求银行制定和执行资本补充计划,立即追加资本。追加资本不是解决银行困难的根本办法,但采取其他办法需要的时间很长,所以追加资本可以成为阶段性措施。一旦银行的其他措施得以有效执行,就可以取消追加资本这一阶段性办法。

二　第三支柱——市场约束

《巴塞尔协议Ⅱ》要求银行遵守信息披露的要求。这一要求有利于市场参与者评价银行的资本内涵、风险范围与程度、资本充足程度等。信息披露应该与银行高级管理层、董事会对银行风险的评价和管理相一致。巴塞尔委员会认为,共同而一致的披露框架是将银行风险暴露告知市场的有效途径。信息披露要求与会计准则的有关要求并不矛盾,会计准则要求披露的范围更宽泛。巴塞尔委员会努力将第三支柱的披露限定在银行资本充足率的披露上。银行信息披露的地点和载体由银行自己决定。关于哪些是重要信息,由银行自己判断,巴塞尔委员会没有具体规定。某些属于商业秘密的信息可以不被披露,但要披露笼统一些的信息,同时要说明没有披露特别信息的理由。披露的信息既包括定量的信息,也包括定性的信息,如银行风险管理的目标和政策、风险降低技术、资本结构、资本充足性、产品线的风险暴露、贷款集中、地域风险暴露等。关于资本结构、资本充足率的披露如表 6-7、表 6-8 所示。

表 6-7　关于资本结构的披露

披露类型		具体内容
定性披露	(a)	简述所有资本工具的主要特征及情况,特别是创新、复杂或者混合资本工具
定量披露	(b)	一级资本总量,并单独披露以下内容: (1) 实收资本/普通股 (2) 资本公积 (3) 在子公司股本中的少数股权 (4) 创新工具 (5) 其他资本工具 (6) 银行持有的保险公司的超额资本 (7) 从一级资本中扣除的监管计算差额* (8) 从一级资本中扣除的其他项目,包括商誉及投资
	(c)	二级资本和三级资本的总额
	(d)	资本的其他扣除额**
	(e)	合格资本总额

　*　当采用内部评级法计算出的预期损失超过准备金时,超过部分的 50%要从资本中扣除。

　**　包括从二级资本中扣除的 50%的差异(当内部评级法计算出的预期损失超过准备金时)。

表 6-8　关于资本充足率的披露

披露类型		具体内容
定性披露	（a）	简述评估资本充足率的方法
定量披露	（b）	信用风险的资本要求： （1）标准法下的资产组合,单独披露每个资产组合 （2）内部评级法下的资产组合,单独披露内部评级基本法下的资产组合、高级法下的每一个资产组合 ● 公司贷款、主权贷款和银行贷款 ● 个人住房贷款 ● 合格的循环零售贷款 ● 其他零售贷款 （3）资产证券化风险暴露
	（c）	内部评级法下股权投资风险的资本要求： （1）市值法下的股权投资 ● 简单风险权重法下的股权投资 ● 内部模型法下银行账户中的股权投资 （2）违约概率/违约损失率法下的股权投资
	（d）	市场风险的资本要求： （1）标准法 （2）内部模型法——交易账户
	（e）	操作风险的资本要求： （1）基本指标法 （2）标准法 （3）高级计量法
	（f）	总资本充足率和一级资本充足率： （1）集团最高层次的并表 （2）主要子公司

第七节　《巴塞尔协议Ⅲ》的出台与国际银行业监管标准改革

2008 年国际金融危机爆发,导致更严格的金融部门特别是银行监管标准出台。2010年 12 月,《巴塞尔协议Ⅲ》的最终版本由巴塞尔委员会公布,并于 2019 年完全生效。

一　提高了监管资本要求

相较于旧协议,《巴塞尔协议Ⅲ》将资本分成核心一级资本、一级资本及二级资本,并且增加了储备资本缓冲、逆周期资本缓冲及系统性重要银行附加资本的概念。《巴塞尔协议Ⅲ》在上述基础上明确了相关资本充足率的最低要求及资本损失吸收顺序;逆周期资本缓冲(0~2.5%)、储备资本缓冲(2.5%)、核心一级资本(4.5%)、其他一级资本(6%)、二级资本(8%)。

各项指标的定义如下：

$$资本充足率=\frac{总资本-对应资本扣减项}{风险加权资产}\times100\%$$

$$一级资本充足率=\frac{一级资本-对应资本扣减项}{风险加权资产}\times100\%$$

$$核心一级资本充足率=\frac{核心一级资本-对应资本扣减项}{风险加权资产}\times100\%$$

其中，核心一级资本包括实收资本或普通股、资本公积、盈余公积、一般风险准备、未分配利润等。其他一级资本是指其他一级资本工具及其溢价，主要是指具有资本金吸收能力，受偿次序在存款人、一般债权人和次级债务之后的债务工具。

二 建立了流动性风险监管标准

巴塞尔委员会改进了两项流动性的监管指标：流动性覆盖率(Liquidity Coverage Ratio,LCR)及净稳定资金比率(Net Stable Funding Ratio, NSFR)。

流动性覆盖率=优质流动性资产储备/未来30日现金净流出量

净稳定资金比率=可用的稳定资金/业务所需的稳定资金

巴塞尔委员会要求银行的流动性覆盖率不得低于100%，净稳定资金比率要大于100%。

合格优质流动性资产是指在所设定的压力情景下，能够通过出售或抵(质)押方式，在无损失或极小损失的情况下在金融市场快速变现的各类资产。合格优质流动性资产由一级资产和二级资产构成，主要包括现金、压力条件下可提取的中央银行准备金、国债、政策性金融债券、评级BBB-及以上的非金融机构债券等。根据监管要求，二级资产在合格优质流动性资产中的占比不得超过40%。

可用的稳定资金包括机构的资本、有效期限大于等于1年的优先股及负债、压力情景下有效期限小于1年但预期将留在机构内的非到期存款(或定期存款)和批发资金。

本质上，流动性覆盖率是短期流动性监管指标，而净稳定资金比率是长期监管指标，前者是从现金流量表的角度进行分析，后者则是从资产负债表的角度进行分析。

三 引入了杠杆率监管标准

杠杆率=(一级资本-资本扣减项)/调整后的表内外风险暴露总额

杠杆率与资本充足率的最大不同之处在于分母，杠杆率的表内外风险暴露的计算不需要对表内外各项业务分别进行加权求和，直接对表内外资产简单求和即可。同时，杠杆率将衍生品抵押物、融资融券等证券融资交易、信用衍生品等纳入计量范围内，在风险暴露核算中采用了资产方单边求和方式,而非双边净额结算方式。

杠杆率补充解决了资本充足率这一监管指标中可能存在的顺周期性和监管套利情况,对机构的规模扩张及表外业务形成了有效的约束,与资本充足率形成了良好的互补效应,一般而言一级资本充足率乘以平均风险权重等于杠杆率。

四 制定了全球系统重要性银行的分类及监管标准

全球系统重要性银行指具有一定规模、市场重要性和全球相互关联程度较高的银行,它们的困境或倒闭将在国际金融体系引起严重的混乱。为了防范系统风险及对此类机构作出有效监管,巴塞尔委员会公布了全球系统性重要银行的划分指标:跨境活动、规模、相互关联性、可替代性、复杂性。上述五大类指标的权重均为20%。在指标评估的基础上,再经过监管判断,便形成了全球系统重要性银行的名单及分组,并要求相关银行根据组别高低分别计提1%、1.5%、2%、2.5%、3.5%等的附加资本。

五 引入了宏观审慎监管的理念和方法

宏观审慎监管的提出是为了有效应对2008年爆发的金融危机中出现的微观审慎监管的不足,主张通过对风险相关性的分析以及对系统重要机构的监管,来防范和化解系统风险,保障整个金融体系的良好运作。

第八节 我国对商业银行资本充足率的管理

2007年2月,我国颁布了《中国银行业实施新资本协议指导意见》,正式启动了实施新资本协议的进程。2012年6月,原中国银监会依照《巴塞尔协议Ⅲ》的规定,颁布了《商业银行资本管理办法(试行)》。2023年10月,国家金融监督管理总局颁布《商业银行资本管理办法》(以下称《资本管理办法》),并于2024年1月开始实施。

《资本管理办法》共9章,包括:总则、资本监管指标计算和监管要求、资本定义、信用风险加权资产计量、市场风险加权资产计量、操作风险加权资产计量、商业银行内部资本充足评估程序、监督检查、信息披露。《资本管理办法》共192条,内容非常细致,本书只对其中的总则、资本充足率指标与监管、资本的定义等做介绍。其他内容,包括关于风险权重的规定等,与本章前面介绍的《巴塞尔协议Ⅲ》内容出入不大,本书不予介绍,读者可以查阅《资本管理办法》详细了解。

一 总则

《资本管理办法》规定,商业银行资本应抵御其所面临的个体风险和系统性风险。商业银行应符合资本监管要求,资本监管指标包括资本充足率和杠杆率。系统重要性银行应同时符合附加资本监管要求。

商业银行按照档次划分为三档,适用差异化的资本监管要求。第一档是指并表口径调整后,表内外资产余额5 000亿元人民币(含)以上,或者境外债权债务余额300亿元人民币(含)以上且占并表口径调整后表内外资产余额的10%(含)以上的商业银行。第二档是指并表口径调整后,表内外资产余额100亿元人民币(含)以上且不符合第一档商业银行条件,或者并表口径调整后表内外资产余额小于100亿元人民币但境外债权债务余额大于0的商业银行。第三档是指并表口径调整后表内外资产余额小于100亿元人民币,且境外债权债务余额为0的商业银行。

资本监管指标计算应建立在充分计提贷款损失准备等各项减值准备的基础之上,商业银行应建立全面风险管理架构和内部资本充足评估程序,应按要求进行信息披露。

商业银行计算并表资本监管指标,应将以下境内外被投资金融机构纳入并表范围:① 商业银行直接或间接拥有50%以上表决权的被投资金融机构。② 商业银行拥有50%以下(含)表决权的被投资金融机构,但通过与其他表决权持有人之间的协议能够控制50%以上表决权的。③ 商业银行拥有50%以下(含)表决权的被投资金融机构,但商业银行持有的表决权足以使其有能力主导被投资金融机构相关活动的。商业银行应从各级资本中对应扣除被投资金融机构的资本投资。若被投资金融机构存在资本缺口,还应扣除相应的资本缺口。

二　资本监管指标

商业银行资本监管指标包括资本充足率、一级资本充足率、核心一级资本充足率、杠杆率等指标。这些指标与《巴塞尔协议Ⅲ》的规定完全一致,可参见本章前面的内容。

资本充足率监管要求包括最低资本要求、储备资本和逆周期资本要求、系统重要性银行附加资本要求以及第二支柱资本要求。商业银行各级资本充足率不得低于如下最低要求:① 核心一级资本充足率不得低于5%;② 一级资本充足率不得低于6%;③ 资本充足率不得低于8%。

商业银行应在最低资本要求的基础上计提储备资本。储备资本要求为风险加权资产的2.5%,由核心一级资本来满足。商业银行应在最低资本要求和储备资本要求之上计提逆周期资本。逆周期资本的计提与运用规则由中国人民银行会同国家金融监督管理总局另行规定。除上述要求之外,系统重要性银行还应计提附加资本。若商业银行同时被认定为国内系统重要性银行和全球系统重要性银行,附加资本要求不叠加,采用二者孰高原则确定。

除上述资本充足率监管要求外,商业银行的杠杆率不得低于4%。系统重要性银行在满足上述最低杠杆率要求的基础上,还应满足附加杠杆率要求。

三　资本定义与资本扣除

《资本管理办法》规定,商业银行核心一级资本包括:① 实收资本或普通股;② 资本公积;③ 盈余公积;④ 一般风险准备;⑤ 未分配利润;⑥ 累计其他综合收益;⑦ 少数股东资本可计入部分。

商业银行其他一级资本包括:① 其他一级资本工具及其溢价;② 少数股东资本可计入部分。商业银行二级资本包括:① 二级资本工具及其溢价;② 超额损失准备;③ 少数股东资本可计入部分。商业银行发行的二级资本工具在距到期日前最后 5 年,可计入二级资本的金额,应按 100%、80%、60%、40%、20%的比例逐年减计。

商业银行采用权重法计量信用风险加权资产的,超额损失准备可计入二级资本,但不得超过信用风险加权资产的 1.25%。商业银行采用内部评级法计量信用风险加权资产的,超额损失准备可计入二级资本,但不得超过信用风险加权资产的 0.6%。

计算资本充足率时,商业银行应从核心一级资本中全额扣除以下项目:① 商誉;② 其他无形资产(土地使用权除外);③ 由经营亏损引起的净递延税资产;④ 损失准备缺口;⑤ 资产证券化销售利得;⑥ 确定受益类的养老金资产净额;⑦ 直接或间接持有本银行的股票;⑧ 对资产负债表中未按公允价值计量的项目进行套期形成的现金流储备,若为正值,应予以扣除;若为负值,应予以加回;⑨ 商业银行自身信用风险变化导致其负债公允价值变化带来的未实现损益;⑩ 审慎估值调整。

商业银行之间通过协议相互持有的各级资本工具,或国家金融监督管理总局认定为虚增资本的各级资本投资,应从相应监管资本中对应扣除。商业银行直接或间接持有本银行发行的其他一级资本工具和二级资本工具,应从相应监管资本中对应扣除。

商业银行对未并表金融机构的小额少数资本投资,合计超出本银行核心一级资本净额 10%的部分,应从各级监管资本中对应扣除。商业银行对未并表金融机构的大额少数资本投资中,核心一级资本投资合计超出本银行核心一级资本净额 10%的部分应从本银行核心一级资本中扣除;其他一级资本投资和二级资本投资应从相应层级资本中全额扣除。

为了稳妥实施《资本管理办法》,国家金融监督管理总局对于使用权重法的商业银行计入资本净额的损失准备设置 2 年的过渡期。过渡期内,商业银行应分别计算贷款损失准备和非信贷资产损失准备。对于贷款损失准备,最低要求为不良贷款余额 100%对应的损失准备。对于非信贷资产损失准备,最低要求第一年为非信贷不良资产余额 50%对应的损失准备,第二年为 75%,第三年起为 100%。实际计提低于最低要求的部分为损失准备缺口,超过最低要求的部分为超额损失准备。商业银行应将贷款损失准备和非信贷资产损失准备的缺口部分和超额部分进行加总,加总结果为负数应扣减核心一级资本,为正数可计入二级资本,但不得超过《资本管理办法》规定的上限。过渡期结束后,商业银行损失准备最低要求是指不良资产余额 100%对应的损失准备。

思考题

1. 简述银行资本的作用。

2. 从不同的角度,如何理解银行资本的构成?

3. 权益资本收益率(ROE)与调整后的资本收益率(RAROC)有哪些区别?

4. 阐述银行资本的构成和各种构成因素的特点。

5.《巴塞尔协议Ⅱ》关于最低资本的要求所涉及的三种风险分别是什么? 采用什么样的方法来评估这些风险?

6. 银行附属资本或二级资本包括哪些内容?

7. 内部评级法的四个基本原则是什么? 为什么允许银行用内部评级法来计算自己的资本需求?

8. 市场约束中,银行关于资本结构要披露的内容是什么? 关于资本充足率的披露内容又是什么?

9.《巴塞尔协议Ⅲ》会给我国的银行资本监管带来怎样的影响?

第七章　商业银行业务与管理

第一节　商业银行负债的种类

前一章讲述了商业银行的资本,并指出其是商业银行抵御风险和保证整个银行体系健康运转的基础。但商业银行不同于一般的企业,二者除了经营对象、经营手段不同,在财务杠杆上也具有很大的不同。在发达国家,一般的企业虽然也要利用财务杠杆来谋取股东权益的最大化,但总体而言,一般企业的财务杠杆较小,即权益资本占总资产的比例较高;而商业银行则不同,其资产的绝大部分是靠商业银行的负债来支撑的,而银行资本一般仅占总资产的很小一部分。可以这样认为,商业银行的负债规模支撑了其资产规模。

商业银行的负债主要是由存款和非存款性的借债组成的。随着金融工具的创新,金融市场中不断出现各种新型的债务工具,有些工具很难进行归类;而且各国的金融制度不同,对相同的债务工具有不同的说法,这给商业银行负债的归类增添了不少的困难。本书则主要依据美国商业银行的情况,对商业银行负债进行较为系统的归类。

一　支票存款

支票存款(Demand Depositor Checking Account)也被称为活期存款,是指无须预先通知就可随时提取或支付的存款。用支票存款进行支付,或者存款人提取款项时,须使用银行规定的支票。在美国,过去只有商业银行才有权经营支票存款,但随着金融管制的放松,美国的储蓄机构现在也有权经营支票存款。

支票存款对商业银行有很多益处,它是商业银行重要的资金来源,也是商业银行信用创造的重要条件。

首先,商业银行无须对支票存款支付较高的利息。由于支票存款的流动性较强,存取频繁,手续复杂,并需要商业银行提供许多相应的服务,如存取服务、转账服务、提现服务、透支服务等,因此支票存款的经营成本较高,故商业银行对支票存款一般不支付利息。在众多的负债种类中,从总成本的角度来看,支票存款的成本是最低的。

其次,商业银行可以使用支票存款比较稳定的余额。虽然支票存款的提取和支付非常频繁,但由于在商业银行开设支票存款账户的企业和个人非常多,而在一般情况下,众多存款者不可能同时提取支票存款,因此商业银行的支票存款必然形成一个较为稳定的余额,该余额可以由商业银行在有利可图的资产项目上使用。

再次,支票存款可以周转使用。由于支票存款更多的是用于转账,而不是用于提现,因此虽然一家银行的顾客开出了一张支票,从而减少了这家银行的支票存款数量,但该银行的顾客也会得到其他银行开出的支票,因此支票存款的余额是比较稳定的。

最后,商业银行可以通过支票存款这项业务建立与客户的联系,从而争取存款以及寻找放款的途径。

支票存款对于客户也有益处。由于支票存款存取自由,便于结算,并可以得到商业银行的信用支持(如透支),因此企业、个人以及政府机关等都乐于在商业银行开设支票存款账户。

支票存款也随着金融创新不断地推陈出新。本书只对其中的两种支票存款作简要介绍。

1. 可转让支付命令账户

可转让支付命令账户(Negotiable Order of Withdraw Account, NOW)是美国商业银行在 20 世纪 70 年代的利率管制环境下,为争取存款而设立的一种新账户。NOW 有两个特点:第一,它实际上是不使用支票的支票账户。该账户不使用支票,而是使用支付命令。支付命令在票面上虽然没有"支票"的字样,却可以用来提款,背书后也可以转让。第二,它与一般支票账户不同。一般支票账户,商业银行不支付利息,但 NOW 却要支付利息。

由于互助储蓄银行、商业银行、储蓄与贷款协会以及一些合作银行都可以开设 NOW,因此 NOW 的出现打破了商业银行对支票存款的垄断,也打破了支票存款不支付利息的惯例,这既给商业银行带来了压力,也给商业银行扩大资金来源带来了机会。压力来源于两个方面:一是支票存款付息的压力;二是商业银行的竞争对手增加了,原来自己垄断支票存款,而现在这种垄断被打破了。由于商业银行的支票存款不支付利息,也不被允许支付利息,因此大量的资金流入大企业和非银行金融机构,而现在支票存款可以支付利息,商业银行与一般大企业和非银行金融机构就可以在公平的基础上展开竞争了。

2. 货币市场存款账户

货币市场存款账户(Money Market Deposit Account, MMDA),在美国存在利率管制的年代里也不受限制,因此它可以向开户者支付较高的利率,并且多数情况下利率是浮动的。该账户可以使用支票,但使用支票要受到严格的限制。这类账户的成本比 NOW 低,原因是它不属于转账账户,因此存款准备金要求较低,也就是说,商业银行开设这一账户所带来的存款余额中,可以有较大部分用于高收益的资产。

二 定期存款

定期存款(Time Deposit)是相对于支票存款而言的,是由存款人事先约定期限的存款。定期存款的期限一般为 3 个月、6 个月、1 年、3 年、5 年,甚至更长。定期存款的利率与存款期限的长短有密切的关系,一般而言,存款期限越长,利率也就越高。定期存款是投资者进行金融投资的一种重要方式,也是商业银行获得稳定的资金来源的重要手段。定期存款在美国商业银行的负债中占有很大的比重。由于定期存款事先规定了到期时间,因此商业银行得到定期存款后可以根据存款的到期时间从事投资和信贷,并且可以从事期限较长的投资和信贷,这会给商业银行带来较高的收益。由于定期存款比较稳定,金融管理当局对定期存款的准备金要求比支票存款的准备金要求低,因此在同样数额的情况下,商业银行吸收到定期存款以后,可以投资和贷放的比率也高,这对商业银行是有利的。

定期存款也有多种形式,其中主要有:

1. 传统存单式定期存款

在存款人以传统存单式定期存款方式到银行存款时,会得到一张定期存单,该存单实际上是存款人与银行的协议。如果存款人持有该存单一直到偿还期,那么存款人可以得到存单所规定的利率;如果存款人在存单到期时没有提取,银行一般不对过期的时间计付利息,但如果存款人愿意转存定期存款,则可以按原来的到期日进行转期;如果存单尚未到期,存款人就提取存款,则存款人要接受很高的罚款,而且有些商业银行不允许定期存款提前支取,或者要提前若干天通知银行。

传统存单式定期存款中,存单只是存款人到期提取存款的凭证,是存款人所有权和获息权的证明,但存单与支票不同,它不能流通和转让。定期存款一般可以作为抵押品,存款人据此可以向商业银行申请贷款。

2. 货币市场存单

货币市场存单(Money Markets Certificates)的期限为 6 个月,利率为浮动利率。浮动利率以 6 个月期国库券的收益率为基准。由于货币市场存单可以与其他证券相竞争,因此,尽管利息成本经常变动,但对于商业银行而言,货币市场存单是获取相对长期的资金的一种方式。

3. 其他浮动利率存款

其他浮动利率存款(Other Variable-rate Time Deposits)是按浮动利率计息的,利率按前 1 个月 1 年期国库券收益率的70%计算。

4. 可转让定期存单

可转让定期存单产生的背景是,20 世纪五六十年代市场利率持续上升,但美国的金融管制对定期存款所能支付的最高利率有限制,由于商业银行吸收定期存款不能支付较高的利率,而市场利率已经上升了,因此大量的资金流向了储蓄与贷款协会和一些大企业集团。为了提高竞争力,商业银行创造出了可转让定期存单。1961 年,美国花旗银行首先开始发行可转让定期存单,此后美国其他商业银行也纷纷发行可转让定期存单,可转让定期存单受到公众的欢迎,而且成为商业银行重要的资金来源之一。

可转让定期存单的利率要比一般的定期存款利率高，那么商业银行为什么还纷纷发行可转让定期存单呢？主要有以下几个理由：

第一，可转让定期存单是商业银行为了吸收存款、提高竞争力而创造的，当时发行可转让定期存单所考虑的主要不是成本问题，而是资金来源和竞争力的问题。

第二，虽然可转让定期存单的利率高于一般的定期存款利率，但由于可转让定期存单在到期之前不可能被持有人支取，因此，可转让定期存单的稳定性要强于一般的定期存款，这为商业银行利用筹措到的资金从事期限较长、收益较高的投资和信贷，提供了稳定的资金来源。也就是说，虽然成本高些，但商业银行通过发行可转让定期存单却能获得更高的收益。

第三，一般的定期存款的日常管理费用较高，而发行可转让定期存单之后的日常管理成本却很低，因此从总体上看，可转让定期存单的成本比想象中的要低一些。

第四，一般的定期存款要缴付存款准备金，但发行可转让定期存单不必缴付存款准备金或准备金率较低，这实际上增加了商业银行可以动用的资金的数额，其获利能力也就提高了。

三　储蓄存款

储蓄存款主要是为居民个人积蓄货币而开设的存款账户。这种存款通常由银行发给存款人一张存折，以此作为存款和提取存款的凭证。储蓄存款不能签发支票，支用时只能提取现金或先转入存款人的支票存款账户。储蓄存款也分为定期存款和活期存款，但以定期存款居多。无论是什么样的存款，银行都必须向存款人支付利息，当然定期存款的利息比活期存款的利息要高一些。储蓄存款的存折不具有流动性，即存折不能转让和贴现。

储蓄存款的存款人主要是个人、非营利机构，目前也允许某些企业开设储蓄账户。在储蓄存款的存款人中，居民个人占绝大部分，为了保证储蓄存款的安全，各国的金融管理当局对储蓄存款都进行了严格的管理，一般只能由商业银行和专门的储蓄机构来办理。

四　结构性存款

结构性存款是在普通存款的基础上嵌入金融衍生工具，通过与利率、汇率、股票价格指数等的波动挂钩，使存款人在承担一定风险的基础上获得更高的收益。结构性存款是近年来的负债业务的一种创新。结构性存款通常比普通存款的收益高；期限也灵活，可以是1个月、3个月、6个月、12个月等；结构性存款的本金有保障，但利息的高低取决于挂钩的金融衍生工具的价格波动。

五　非存款性借款

商业银行的负债主要有存款和借款两类。有时存款和借款并不容易分清。例如，可转让定期存单属于商业银行吸收存款的一项业务,但由于可转让定期存单又是货币市场中的一种金融工具,因此有时又把可转让定期存单所筹集的资金归类为借款。

由于商业银行的借款可以根据借款的期限分为短期借款和长期借款,因此从与权益资本相比较的角度来看,无论是短期借款还是长期借款都应该属于商业银行的负债。但由于商业银行的长期负债在破产偿还的次序上只是先于优先股和普通股,落后于商业银行的短期负债,因此商业银行的长期负债在一定的范围内被称为附属资本。银行的长期负债主要包括资本票据和信用债券。本书在前一章解释银行资本时,对商业银行的资本票据和信用债券进行了系统的阐述,因此,本章在论述商业银行非存款性借款时,只论述商业银行的短期借款。

商业银行的短期借款对提高其资金利用效率具有两个方面的作用:第一,在商业银行的全部流动性需要都由银行的二级准备来满足的条件下,商业银行通过短期借款达到持有盈利率较强而流动性较弱的资产的目的;第二,短期借款可以不断地增加投资和信贷的总额,扩大商业银行的资产规模,从而获取更高的收益。

短期借款的主要形式有:同业拆借、回购协议、再贴现。

(一) 同业拆借

同业拆借是指商业银行等金融机构之间进行的短期资金融通的行为,目的在于调剂头寸和临时性资金余缺。商业银行等金融机构在日常经营中,出于存放款的变化、汇兑收支增减等原因,在一个营业日终了时,往往出现资金收支不平衡的情况,资金不足者要向资金多余者融入资金以平衡收支,于是产生了金融机构之间进行短期资金相互拆借的需求。需要说明的是,同业拆借或者同业存单并不是没有风险的,如果一家银行发生危机,其发行的同业存单自然就会产生兑付困难。例如,我国 2019 年发生的包商银行事件,使得银行同业存单的刚兑被打破,中小银行同业拆借的成本也被迫提高。

(二) 回购协议

所谓回购协议,是指通过出售金融资产获得资金的同时,确定一个在未来某一时间、按一定价格购回该项资产的协议。出售和回购的对象一般是国库券。商业银行通过回购协议融资有以下好处:

第一,回购协议可以广泛地应用于货币市场,可以成为商业银行调整在中央银行中的存款准备金的重要手段。

第二,商业银行通过回购协议所融到的资金,如果担保品为国库券,则商业银行可以不缴付存款准备金,从而降低了其成本。

第三,通过回购协议,商业银行可以根据需要确定融资时间的长短。

由于回购协议对资金的使用者和资金的出借者都有明显的好处,因此其在发达国家非常普遍。资金的借入者(证券的出售者)主要是商业银行,而资金的贷出者(证券的购买者)主要是企业、政府机构和外国政府等。

（三）再贴现

贴现是指用没有到期的票据到商业银行兑取现金的行为。由于商业银行有贴现的业务，因此自然有企业到它那里申请贴现，但当商业银行自身所拥有的资金不足时，它就要到中央银行申请再贴现，也就是商业银行用未到期的票据向中央银行再一次申请兑现。

商业银行向中央银行申请再贴现的票据一般都有较为严格的规定，通常包括国库券、市政债券和短期商业票据等。各国的中央银行一般都对贴现窗口进行很严格的管理，而大多数的商业银行只有在不得已的情况下才向中央银行申请再贴现，原因是当商业银行向中央银行申请再贴现时，社会公众一般会认为这家商业银行的流动性一定出了什么问题。

第二节　负债成本

一　负债成本的构成

对于商业银行而言，正确估算负债成本是非常重要的，这有利于商业银行正确地安排其资产业务，也有利于降低商业银行的风险。一般来讲，商业银行的负债成本包括利息成本、经营成本等。

（一）利息成本

商业银行对它所吸收的负债必须支付利息。支付的利率越高，商业银行的负债成本就越高，它的获利机会也就越小。利率是借贷资金的价格，主要受资金市场供求关系的影响。同时，各国商业银行存款利率的高低也受该国经济发展状况和金融市场完善程度的影响，此外，还受该国金融管理当局货币政策的制约。在发达国家，中央银行一般通过存款准备政策、公开市场政策和再贴现政策来调控该国的货币供给和需求。而再贴现政策，即利率政策是中央银行不可缺少的政策。利率政策的改变会直接影响商业银行的负债成本，如商业银行通过贴现窗口筹集资金的成本会发生变化，而且利率政策会间接影响商业银行的负债成本，因为当中央银行利率政策发生变化之后，存款利率和其他负债的利率也都会发生变化。因此，即使在西方发达国家，商业银行的负债成本在受市场供求的影响之外，也深受中央银行货币政策的影响。

商业银行的利息成本与其所吸收到的存款种类和结构有密切的关系。从利息的角度来看，支票存款的利率为零，因此支票存款的利息成本最低。储蓄存款和定期存款的利息成本，在美国一般都按照复利的办法来计算。而计算的方式有固定利率和浮动利率两种。在国际上，浮动利率的主要参照标准是伦敦银行间同业拆借利率；在美国，浮动利率的主要参照利率是美国国库券的利率和美国联邦储备银行的再贴现利率。例如，如果以美国国库券的收益率为主要参照依据，那么商业银行存款的利率应该在国库券的收益率之上加上一定的利差。例如,如果国库券的年收益率为7%,而商业银行定期存款与国库券收益率之间的利差为1%,那么该商业银行的定期存款的年利率就是8%。

浮动利率、固定利率各有优点和缺点。如果商业银行执行固定利率政策,那么其很容易计算出利息成本,存款人也能够对定期存款产生的收益有比较明确的判断。但是,在通货膨胀比较严重时,市场利率要相应上升,存款人如果按照固定利率存入定期存款,就会遭受损失;在通货膨胀率较高时,商业银行为了吸收存款必然会提高各种存款的名义利率,当通货膨胀率下降,市场利率也下降时,商业银行过去吸收的长期存款成本会高于贷款收益,这对其是不利的。

而浮动利率因为在存款期间可以定期调整,实际上降低了商业银行和存款人的利率风险。浮动利率的缺点是不利于商业银行事先估算存款成本。

(二) 经营成本

经营成本是指商业银行在吸收存款时所发生的除利息成本之外的一切成本。这里所说的经营成本与公司财务的经营成本有很大的区别。在公司财务中,经营成本是指扣除折旧和利息之外的付现成本。由于商业银行为吸收存款必须做许许多多的工作,包括建立存款网点、投放广告、为存款人提供各种服务等,因此商业银行一定会发生许多经营成本。具体而言,经营成本包括银行工作人员的工资、建筑物和设备的折旧、办公费用、广告宣传费用等。在经营成本中,有的有具体的受益者,如商业银行为支票存款账户的存款人所提供的各种服务,如转账结算、代收代付和自动提款机(ATM)服务等,具体的受益对象就是支票存款的开户者。有些经营成本则没有具体的受益者,如商业银行为了提高自己在社会中的地位和知名度而进行的广告宣传等。

由于商业银行间的竞争越来越激烈,因此其为了争取更多的存款,除了按市场利率向存款人支付利息,还不断地增加针对存款人的各种服务。例如,商业银行各个营业网点之间用现代化的计算机连接起来,在全世界的范围之内,只要在某家商业银行存了款,存款人就可以在遍布世界各地的该商业银行的分支机构办理取款和转账结算。自动提款机的使用以及互联网支付的大规模应用,更是给存款人带来了极大的方便,但是,商业银行为存款人提供的各种服务并不是没有成本的,有些服务的成本是非常高昂的。

商业银行的经营成本与利息成本相关,例如,支票存款没有利息成本,但经营成本却很高;而定期存款的利息成本虽然较高,但因为向存款人提供的服务很少,因此经营成本也就较低,特别是可转让定期存单业务,虽然它的利息成本是最高的,但由于商业银行没有向该存单的持有者提供任何服务,因此,可以说其经营成本就很低,除了发行可转让定期存单的推销成本,其他的经营成本几乎为零。

(三) 准备金比率与可动用资金成本

商业银行在吸收了存款或有了其他形式的负债之后,要按照一定的比例,向中央银行支付法定准备金率,并且要保持必要的现金和同业存款,以备存款人的提取和保证商业银行的流动性。只有扣除了上述金额之后的余额才可以投资和贷放出去,因此,商业银行负债的准备金比率越高,它实际可以动用的资金的数额就越小。

由于不同种类的负债的稳定性不同,因此商业银行的各种存款和借款的准备金率也不同。例如,商业银行吸收的支票存款的稳定性最差,因此中央银行要求对支票存款有最高的法定准备金率;而定期存款的稳定性强,中央银行的法定准备金率也就低些;商业银行以国库券为担保而发行的大额可转让定期存单,法定准备金率为零,因此可动用资金的比例最高。

假定持有的库存现金加准备金存款的比例为 c,而投入房地产等非营利资产的比例为 d,可动用资金比例为 p,则

$$p = 1 - c - d$$

例如,商业银行吸收支票存款的库存现金加准备金存款的比例 c 等于20%,而投入房地产等非营利资产的比例 d 为5%,那么,可动用资金的比例 p 等于75%($= 1 - 20\% - 5\%$)。

虽然库存现金和准备金存款属于非营利资产,但是商业银行在融资时同样要支付利息,因此当商业银行确定生息资产的最低盈利水平时,必须包括准备金成本。例如,假定支票存款的库存现金加准备金存款的比例为20%,而投入房地产等非营利资产的比例为10%,则可动用资金的比例就是70%。如果支票存款的利息成本(如 NOW 是含息的)和经营成本合计为3%,那么3%的资金总成本要分摊到70%的可以动用的资金上,可以动用的资金成本就是4.29%。如果商业银行通过吸收支票存款获得资金来源,并从事信贷和投资,假如不能获得超过4.29%的收益率,那么商业银行的这项投资和信贷就一定会发生亏损。举例说明准备金成本对可动用资金成本的影响,见表7-1。

表7-1　某银行准备金比率与可动用资金成本　　　　　　　　（单位:%）

项目	准备金率	非营利资产占用率	可动用资金比率	资金成本比率	可动用资金成本比率
无息支票存款	26	4	70	3	4.29
含息支票存款	20	4	76	5	6.58
储蓄存款	5	4	91	6	6.59
货币市场存单	5	4	91	6	6.59
可转让定期存单	5	4	91	11	12.09
短期借款	0	4	96	6	6.25
其他负债	0	4	96	5	5.21
权益资本	0	4	96	4	4.17

从表7-1可知,虽然支票存款的资金成本较低,但由于其准备金率很高,因此可动用资金成本被提高了许多;而可转让定期存单的资金成本最高,但由于其可动用资金比率很高,因此可动用资金成本相对于其他负债而言有所降低,不过这种降低是相对的,可动用

资金成本的绝对比率还是最高的。

商业银行在增加资金来源和从事贷款与投资的决策过程中,通过对资金成本和可动用资金成本的分析,能够针对不同的可动用资金成本进行贷款与投资,因此可以做到资金来源与资金运用的匹配。

二　负债成本分析

商业银行的负债成本分析,实际上是对商业银行负债的总量、结构、变动趋势和变化原因的分析。商业银行负债成本分析的指标主要有两类:加权平均成本和边际成本。

(一) 加权平均成本

加权平均成本考虑到了商业银行的负债结构,其计算公式为

$$X = (\Sigma wx)/\Sigma w$$

其中,X 为负债的加权平均成本,x 为某类负债的单位成本,w 为某类负债的总量,Σwx 为商业银行负债的总成本,Σw 为商业银行的总负债。

加权平均成本法主要用于对不同银行的各种负债成本进行对比分析和对同一银行各年负债成本的变化进行趋势分析。每项负债的历史平均成本等于利息与经营成本之和,再除以该项负债的平均余额。历史成本可以用于负债成本分析,但历史成本也有其缺点,即没有考虑到利息等因素未来的变化。如果未来市场利率上升,而经营成本不变,历史平均成本就会低于将来的实际成本,这样,在用历史成本去确定资产的收益率时,就会发生资产收益无法补偿成本的情况;而当未来的市场利率下降时,历史成本就会高于未来的实际成本,而商业银行同样是根据负债成本确定资产收益率的,这就会使得贷款的定价高于市场水平,从而会降低商业银行的竞争力。

商业银行加权平均成本可以用于分析过去的经营状况。如果参照同类银行的平均历史成本,就可以清楚地说明银行的支出与利润同其他银行产生差异的原因。为了说明这一问题,举例如下。

例:某商业银行 2022 年、2023 年的总负债分别为 150 亿元和 170 亿元,利息成本分别为 13 亿元和 14 亿元,经营成本分别为 3 亿元和 4 亿元,可动用资金比率分别为 70% 和 75%,见表 7-2。

表 7-2　某商业银行 2022 年和 2023 年负债成本

	2022 年	2023 年
总负债成本率	16÷150＝10.67%	18÷170＝10.59%
其中:利息成本率	13÷150＝8.67%	14÷170＝8.24%
经营成本率	3÷150＝2.00%	4÷170＝2.35%
可动用资金成本率	(16/150)÷0.7＝15.25%	(18/170)÷0.75＝14.12%
其中:利息成本率	(13/150)÷0.7＝12.39%	(14/170)÷0.75＝10.99%
经营成本率	(3/150)÷0.7＝2.86%	(4/170)÷0.75＝3.13%

本例说明，2023 年相对于 2022 年而言，该银行的总负债成本率和可动用资金成本率都有所下降。总负债成本率由 2022 年的 10.67% 下降到 2023 年的 10.59%，虽然下降的幅度不是很大，但毕竟是下降了。可动用资金成本率由 2022 年的 15.25% 下降到 2023 年的 14.12%，下降的幅度较大，这说明，由于该银行的可动用资金成本率下降，资产收益率的压力减轻了。

那么，是什么原因使得总负债成本率和可动用资金成本率下降了呢？2022 年总负债的利息成本率为 8.67%，而 2023 年总负债的利息成本率为 8.24%，这说明，2023 年利息成本下降的幅度是很大的，利息成本下降的重要原因是市场利率的下降，但由于商业银行在与其他商业银行的竞争中经营成本上升了，由 2022 年的 2% 上升到 2023 年的 2.35%，经营成本的上升使得该银行没有完全得到市场利率下降带来的好处。

尽管总负债成本率下降的幅度较低，但可动用资金成本率下降得较快，原因是该银行的可动用资金比率上升了。由于可动用资金比率由 2022 年的 70% 上升到 2023 年的 75%，该银行可动用资金成本下降了。

从上例可知，商业银行可动用资金成本率取决于四个因素：存款利率、经营成本率、存款结构和可动用资金比率。存款利率、经营成本率越低，银行可动用资金成本率就越低；可动用资金比率越低，银行可动用资金成本率就越高；而存款结构既影响存款利率、经营成本率，也影响可动用资金比率，因此，在商业银行的负债管理中，对负债结构的管理是极为重要的。

（二）边际成本

在商业银行管理中，负债的边际成本就是银行为得到最后一个单位资金所必须耗费的成本。边际成本是商业银行从事贷款与投资时的定价标准，即商业银行新增资产的边际收益大于其所必须耗费的边际成本时，商业银行的这项投资或贷款才是有利可图的。如果商业银行的投资与信贷完全是根据资产的边际收益与相应的负债的边际成本来进行的，那么商业银行的收益达到最大时，边际收益一定与边际成本相等。

商业银行的负债有多种类型，而每一类型的利息成本与经营成本是不同的，也就是说，商业银行不同种类的负债虽然都受市场利率的影响，但也都受各不相同的其他因素的影响。如果考虑的是商业银行可动用资金的边际成本，那么可动用资金比率就会成为影响边际成本的重要变量。由于法定的存款准备金率和不同种类存款的超额准备金率是影响商业银行可动用资金比率的重要因素，因此，法定的存款准备金率和超额准备金率就成为影响负债成本的重要因素。

前面已经说明，商业银行资产的边际收益必须大于或等于负债的边际成本，那么，当负债的边际成本一定时，银行的管理者就应该根据资产的边际收益率来进行决策，即

$$MC = （新增利息成本 + 新增经营成本）/新增负债$$

其中，MC 为边际成本。

由于要考虑法定存款准备金率和超额准备金率,即要考虑可动用资金比率,因此

$$MC=\frac{新增利息成本+新增经营成本}{(1-法定存款准备金率-超额准备金率)\times新增负债}$$

商业银行的边际成本有以下特点:

第一,商业银行的负债种类很多,而且随着金融创新的发展,商业银行的负债结构会变得越来越复杂,而商业银行在一段时间内会从事多种负债活动,因此,商业银行每项负债的边际成本是很难计量的。

第二,可动用资金的边际成本受到存款准备金率的影响,存款准备金中超额准备金又受存款人提现的影响,而存款人的提现受到多种因素的影响,其中有些因素是根本无法判断的,因此,商业银行边际成本的不稳定性是比较突出的,事前的预测与事后的结果存在的差距较大。

第三,银行资产的种类非常多,很难判断某一项负债的成本到底由哪项资产的收益来补偿。负债中的各种来源,一旦到了银行,就成为清一色的货币,使得管理者无法判断负债来源与资产运用的关系。

商业银行负债的边际成本虽然具有上述特点,但一般来讲,商业银行的短期负债与短期资产、长期负债与长期资产具有某种确定的对应关系,因此银行管理者可以据此进行资产与负债的管理,即短期负债的边际成本与短期资产的边际收益相对应,长期负债的边际成本与长期资产的边际收益相对应。

第三节　商业银行信贷种类

商业银行的贷款可以从不同的角度来划分。按贷款的期限来划分,可以分为活期贷款、拆款与透支、短期贷款、长期贷款;按贷款用途来划分,可以分为固定资本贷款、流动资本贷款、消费贷款等;按贷款对象来划分,可以分为工商企业贷款、不动产贷款、消费者贷款、对金融机构的贷款及其他贷款等;按贷款偿还的保证程度来划分,可以分为抵押贷款、保证贷款、信用贷款等。本书重点阐述后两类划分方式。

一　按贷款对象来划分的贷款

(一) 工商企业贷款

工商企业贷款(Industry & Commercial Loans)是商业银行的主要贷款形式。工商企业贷款是企业购买设备、扩大生产规模的重要资金来源。工商企业贷款主要包括以下内容:

1. 普通限额贷款

多数企业的经营都有一定的季节性和规律性,通常的做法是商业银行与企业签订一份非正式的协议,确定一个贷款限额,在这一限额内,企业可以随时得到商业银行的贷款

支持。限额的有效期一般在 90 天以下。普通限额内的贷款采用浮动利率。普通限额协议是一种非正式的协议,只是表明商业银行同意在指定的期限内向企业提供的最高贷款数量,但商业银行并没有向企业提供贷款支持的法律责任。因此,在信用紧缩时,由于银行资金紧张,商业银行完全有权拒绝企业的贷款要求。

2. 备用贷款承诺

备用贷款承诺是一种正式的并具有法律效力的贷款协议。商业银行与企业签订正式的贷款合同,商业银行承诺在指定期限内以及限额内向企业提供相应的贷款,企业为此要向商业银行支付承诺费,承诺费一般为未使用部分或全部限额的 0.25%~0.75%。备用贷款承诺中的贷款额度一般可以转移至下期,利率多数属于浮动利率。

3. 循环贷款

循环贷款也是一种正式的具有法律效力的协议。根据循环贷款协议,商业银行有义务满足企业在最高限额内的贷款要求。企业也必须支付承诺费,费用率一般为未使用部分或全部限额的 0.5%~0.7%。循环贷款既满足企业季节性资金的需要,也满足企业长期运营资本的需要。循环贷款的期限一般为 3~5 年,属于中期贷款。贷款协议中规定了贷款的最高限额、利率、有效期和担保条件等。

4. 备用信用证和商业信用证

商业银行为企业开出信用证是以自己的资信替代企业的资信,保证企业所签订的合同能够执行。备用信用证一般用于工程项目中,当企业不能履行合同时,备用信用证的开证银行将保证偿付承包工程的一方。商业信用证一般运用于国际贸易,由商业银行替进口商向出口商作出履行供货合同就立即付款的保证。

5. 票据发行服务

商业银行在向企业提供融资时,一般不是直接发放贷款,而是代理发行商业票据。例如,商业银行同意在 5 年内为企业提供资金,资金来源是出售有关借款票据的收入。如果商业票据发行不理想,商业银行就要自己购入商业票据,从而为企业间接提供融资。商业银行的这项业务要向被服务企业收取一定的手续费。

6. 营运资金贷款

由于许多企业的经营都是跨季节的,因此一年四季都需要营运资金,如制造业为了正常生产,就需要流动资金——营运资金,从而需要银行贷款的支持。营运资金贷款的还款来源是产品的销售收入。

7. 中期贷款

中期贷款的期限为 1~10 年。大部分中期贷款都是按约定分期偿还的,这主要是保证商业银行的流动性。中期贷款大部分用于企业设备购置和固定资产改造等。中期贷款由于流动性较差,因此贷款规模不能过大,以免发生贷款的呆滞,造成银行经营的困难。

8. 项目贷款

项目贷款一般用于风险大、成本高的建设项目。在贷款过程中,商业银行要承担几种重要的风险,如信用风险、建设期延长风险、利率风险、政治风险等。为了降低风险,一般要求对贷款进行担保,从而把风险转移到项目的建设者和担保者身上。例如,商业银行可以要求母公司为其子公司提供担保,要求别的银行为贷款提供担保,这样商业银行的各种风险就可以有效地分散。如果贷款数额特别大,商业银行可以组织银团贷款以降低和分散风险。

(二) 不动产贷款

不动产贷款(Real Estate Loans)是一种以不动产作为抵押品的贷款,主要用于房屋建筑和设备购置等。不动产贷款属于长期贷款,贷款期限一般长达 10~30 年。可以作为担保或抵押的不动产包括:家庭住宅,商业企业的公寓、店铺、办公楼、仓库,工业企业的厂房、设备和仓库,等等。

商业银行的不动产贷款中有一半以上是住房抵押贷款。从整体上讲,住房抵押贷款具有以下主要特征:

第一,单笔贷款规模不大。住房抵押贷款相对于商业银行等金融机构所从事的工商业贷款,单笔贷款规模比较小。工商业贷款的对象是企业,不论是固定资产贷款还是营运资本贷款,每笔贷款的规模通常都很大。而住房抵押贷款的申请者为消费者个人,每笔贷款的规模相对较小。由于单笔贷款规模较小,因此从事这一业务的金融机构要花费较高的交易费用。尽管单笔贷款相对于商业银行等金融机构而言比较小,但相对于消费者而言却是一个巨大的数额。这意味着,如果没有保证条款,住房抵押贷款对于贷款者而言具有较大的风险。

第二,贷款周期长。住房贷款的期限一般很长,最长可达 30 年。

第三,贷款的抵押性。住房贷款的周期长,发生风险的可能性也就大,因此商业银行等机构从事住房贷款业务一般都以住房为抵押品。而住房是特殊的商品,在价值上具有增值性。由于住房的使用期限较长,在物价上涨较大的情况下,住房的价值会随着物价的上涨而上涨,因此,住房具有一定的保值功能。而且随着经济的发展,人们对住房的需求会不断增加,住房的价格上涨会超过一般商品的价格上涨,因此住房还具有一定的增值功能。正是因为住房具有保值和增值的功能,因此商业银行从事以住房为抵押的贷款业务,风险并不是很大。当然,这种较小的风险是有条件的。如果商业银行等机构不能很好地分析住房贷款的偿还前景,其贷款损失将是不可避免的。美国次级抵押贷款发生偿还危机就是例证。

在历史上,住房贷款的特征与上述分析有所不同。过去,住房贷款的期限较短,一般为 3~5 年。期限之所以较短,其实很容易理解。商业银行经营的三个基本原则是安全性、流动性和收益性。而期限长的贷款让商业银行失去了最为重要的东西——流动性。

流动性的失去不仅使商业银行应付资金短缺的风险加大,而且也降低了贷款的安全性。因为贷款期限越长,越变化不定,银行无法把握的因素就越多。正是基于这样的理由,商业银行贷款的期限被控制得较短。但贷款期限越短,借款人的偿还压力就越大,致使抵押贷款违约风险增大。正因为这样,商业银行发放住房抵押贷款的积极性一直不是很高。

为了激励商业银行和储蓄机构增加住房抵押贷款的数量,促进住房产业的发展,各国政府建立并实施了各种政策措施。

第一,政府为符合一定标准的住房抵押贷款提供保险和担保。贷款标准由政府确定,其中包括:① 最大的贷款数量、最高的房价比率;② 利率方面的限制;③ 最大的贷款规模;④ 最低的首次付款比率;⑤ 建筑和设计方面的具体标准。

第二,为住房抵押贷款提供流动性。由于住宅贷款得到了政府机构的保险或担保,商业银行和其他金融机构就可以创造出标准化的抵押证券,这种证券由政府设立的中介机构来做市。

个人住房抵押贷款按照偿付方式可划分为两大类:固定利率抵押贷款(Fixed Rate Mortgage,FRM)与可调整利率抵押贷款(Adjustable Rate Mortgage,ARM)。简单地讲,前者就是借贷双方事先确定贷款利率,每期的还款支付根据这一利率进行。后者则是把贷款利率与市场实际挂钩,根据市场利率、通货膨胀率以及其他因素的变动而适时调整贷款利率。无论是 FRM 还是 ARM 都包含许多变形。

(三) 消费者贷款

消费者贷款(Consumer Loans)按用途可以分为汽车贷款、住宅贷款、教育和学资贷款、小额生活贷款、度假旅游贷款等。在消费者贷款中,大部分属于分期付款的方式,多用于购买汽车和其他消费品。消费者贷款主要采用三种方式:一是直接发放贷款给消费者。二是借助互联网平台为消费者发放贷款。借助互联网平台为消费者提供贷款的好处在于,可以节省为吸引和评价每一个消费者而付出的人力和财力,从而可以迅速扩大贷款数额,但同时贷款的风险也增大了。本书第一章在阐述我国消费信用时,讨论过这一问题。三是循环信贷。信用卡和透支贷款是循环信贷的两个主要内容。信用卡是商业银行或者信用卡公司为消费者提供的,可以凭其向指定商店或其他服务性企业购买产品或享受服务的凭证。本书第一章已经对信用卡进行了说明,这里不再重复。透支是指商业银行向支票存款者提供的信用,即商业银行允许存款人提取超过存款余额的资金的权利。透支是商业银行负债策略中的一项重要内容,即为了得到存款人的支票存款,为存款人提供信贷服务上的方便。

在我国,商业银行的消费者贷款的增长速度是很快的,主要原因包括:

第一,商业银行之间以及商业银行与其他金融机构之间的竞争日趋激烈,消费信贷成为竞争中的一个重要领域。

第二,由于我国经济的发展,个人收入增加,个人消费在整个社会消费中的重要性提高了,因此商业银行纷纷开展了以消费者为服务对象的信贷服务。

第三,互联网的发展、大数据基础设施建设以及分析模型的广泛应用,使得商业银行评价消费者资信的能力提高了,评价成本降低了,因此消费者贷款的规模不断上升。

(四) 对金融机构的贷款

对金融机构的贷款主要包括对往来银行、外国银行、投资银行、住房基金、信用社、金融公司的贷款。尽管这些金融机构本身也是重要的贷款者,但它们在资金来源上却部分地依赖于商业银行。对金融机构的贷款包括长期贷款和短期贷款,但更多的是短期贷款。商业银行一般对某一金融机构规定一个贷款额度,金融机构可以在贷款额度内借款,因为金融机构的贷款需求是经常性的,金融机构的借款既可以随时偿还给商业银行,也可以随时使用。

(五) 其他贷款

1. 农业贷款

农业贷款的对象是农业企业和农户。贷款种类包括农业企业流动资金贷款、设备贷款、技术改造贷款、家庭农场贷款、农民个人贷款等。农业贷款的主要特点是,期限较长,利息低,风险大。

2. 国际贷款

大商业银行,特别是跨国商业银行国际贷款的规模不断扩大。外国政府借用商业银行贷款的目的是建设社会基础设施,如铁路、公路、电信设施等。国际机构借用商业银行贷款也是为了增加其资金来源,这些机构包括世界银行、亚洲开发银行、亚洲基础设施投资银行、中美洲开发银行和非洲开发银行等。

3. 贴现

贴现是一种特殊形式的贷款。可以贴现的票据包括银行承兑汇票、商业承兑汇票、银行票据、政府债券等。

二 按贷款偿还的保证程度来划分的贷款

(一) 抵押贷款

抵押是以有形资产作为贷款偿还的保证。抵押财产是指通过抵押行为从出押者转移到承押者的财产。承押者取得抵押财产的管理权后,如果被抵押的是财产的所有权,承押者就得到了这一财产的所有权;如果被抵押的是债权,承押者得到了该债权。如果借款者不能按期偿还贷款的本金和利息,商业银行作为债权人就有权处理该抵押品,并优先受偿。抵押贷款大大降低了商业银行的贷款风险,为商业银行收回贷款提供了最有效的保障。

抵押贷款由于抵押品的不同,可以分为多种形式:存货贷款、供应链贷款、证券贷款、不动产贷款和人寿保险单贷款。

存货贷款是一种以企业的存货或设备作为抵押品的贷款。这种贷款不仅是商业企业的传统融资形式,也是工业企业筹措资金的一种有效方式。商业银行发放存货贷款要对借款企业的偿还能力作充分的评估,而后决定贷款比率。商业银行一般按存货价值的一定折扣率来发放贷款,或者说,从存货价值中留出必要的份额以保证贷款本息的偿还。

供应链贷款为应收账款贷款的主要形式,贷款对象都是资金短缺的中小企业。商业银行通过现货质押和未来货权质押方式的结合,将供应商、制造商、分销商、零售商直到最终用户连成一个有机体。供应链贷款不同于传统的银行贷款,其创新点是抓住大型优质企业稳定的供应链,围绕供应链上下游经营规范、资信良好、有稳定销售渠道和回款资金来源的企业进行产品设计,选择资质良好的上下游中小企业作为商业银行的融资对象,这种业务既突破了商业银行传统的评级授信要求,也无须额外提供保证,在一定程度上解决了中小企业融资难的问题。

证券贷款是以企业所持有的有价证券为抵押品而发放的贷款。商业银行在发放证券贷款时,要注意证券的信用等级和流动性。商业银行一般不会接受低等级的债券和经营不稳定的企业的股票作为抵押品。即使是经营稳定的企业的股票,如果这种股票的交易市场不活跃,商业银行也不会接受它作为抵押品。

在抵押贷款中,不动产贷款占有很大的比例,其中更主要的贷款是住房按揭贷款。

人寿保险单贷款是以人寿保险单的退保金额作为抵押品而发放的短期贷款。人寿保险单的价值明确,流动性强,是很好的抵押品。商业银行在发放这种贷款时,需要注意的是保险公司的实力和人寿保险单的流动性。

(二) 保证贷款

保证贷款是担保人以其自有的资金和合法资产保证借款人按期归还贷款本息的一种贷款形式。保证贷款的作用是为客户生产经营活动提供信贷资金支持。根据2021年1月1日开始实施的《中华人民共和国民法典》,保证贷款中的保证合同,是主债权债务合同的从合同。如果主债权债务合同无效,保证合同也无效,除非法律另有规定。以公益为目的的非营利法人、非法人组织不得为保证人。

保证贷款市场的兴衰与经济基本面联系密切。如果经济出现下行,贷款企业经营困难,贷款偿还压力增大,保证人也自然会出现损失,保证贷款市场也会收缩;如果经济景气,企业经营顺畅,企业的贷款需求增大,保证贷款市场也会看涨,保证人的保证收入也会提升。

(三) 信用贷款

信用贷款是指无抵押品作保证,也无担保人担保的贷款。商业银行发放信用贷款完全是根据借款人资信程度的高低。商业银行在从事信用贷款业务时,要对借款人的品德和经济状况作出准确的判断,并根据借款人资信水平的高低来确定贷款的价格。由于信用贷款蕴含着较大的风险,因此在商业银行贷款总额中,信用贷款的数量有越来越少的趋势。

第四节　贷款的信用风险分析

银行的风险包括系统风险、非系统风险等。系统风险是指对整个银行产生重大影响的风险,包括经济增长、利率、汇率、通货膨胀等因素引起的风险。非系统风险则是指只影响一家银行而不影响其他银行的风险。通常的非系统风险包括借款企业贷款偿还、银行主要管理层的更换等。有时系统风险与非系统风险之间并没有明显的分水岭,非系统风险可以转化为系统风险,如大量的违约贷款会引起一家银行倒闭,进而引起人们的挤兑风潮,产生连锁反应,最后殃及银行体系。

一　信用风险函数

所谓贷款的信用风险也就是贷款的倒账风险,是指借款人出于各种原因而无力或不愿偿还贷款本息的风险。

商业银行贷款的信用风险的决定因素主要包括两类:一类是商业银行无法控制的因素,也称为外生因素;另一类是商业银行可以控制的因素,也称为内生因素。商业银行无法控制的因素包括一个国家的经济环境、自然灾害等。虽然外生因素是商业银行无法控制的,但有些因素可以通过商业银行的内部管理和努力而降低影响。例如,商业银行审慎的贷款分析和监督既可以提高贷款的收益,降低贷款的损失;也可以对贷款风险采取谨慎的态度,不执行过于激进的贷款政策,从而避免贷款损失的发生。当然,由于商业银行的信用贷款没有发达的交易市场,贷款风险无法及时、有效地分散,因此当某些外生变量发生变化时,即使商业银行采取了很好的贷款政策,也难免遭受贷款的损失。

为了说明影响信用风险的外生因素和内生因素,我们不妨举一个例子。假定商业银行因为宏观经济环境中的能源短缺而出现财务问题。其中,某商业银行的内部管理比较差,银行管理者对风险有一定的偏好,因此这家银行在宏观环境变化之前,资产增加得很快,信用贷款的数量也很多;而另一家商业银行的内部管理水平很高,对借款人的资信调查进行得很彻底,贷款监督力度也很大。当危机发生时,前一家商业银行一定会出现较大的贷款损失,那么后一家商业银行的状况如何呢?当危机的程度不是很深时,该银行的财务状况不会有太大的问题,但如果危机的程度过深,这家商业银行也是难逃厄运的。因此,外生因素对商业银行信用风险的影响,尽管可以通过提高银行内部管理水平而降低,却无法消除。

影响商业银行信用风险的内部因素主要是银行管理者的经营哲学,或者说是对信用风险的态度。如果用贷款损失来表示信用风险,那么贷款损失的大小与银行管理者对待风险的态度是有明显的关系的。很明显,如果一家商业银行的管理者对风险有偏好,那么该银行资产的质量就不会很高,或者说该银行资产发生损失的概率一定大于那些经营比较稳健的银行。

银行管理者对待风险的态度可以用银行贷款政策、信用分析质量、贷款监督强度和信贷员的业务能力来表示。而信贷员的业务能力又可以用他们的工作技巧、训练水平和贷款经验来表示。

在考虑到影响信用风险的外生因素和内生因素之后,商业银行信用风险的函数就可以这样表示:

信用风险 $=f($ 内部因素,外部因素 $)$

为了说明信用风险函数,我们必须阐明信用风险、内部因素和外部因素的具体内容。假定我们用银行贷款净损失表示信用风险,那么银行贷款净损失就是函数的因变量。函数的自变量为外生变量和内生变量。外生变量主要包括一国的经济状况以及该商业银行业务范围内的经济环境,例如可以用那个地区的人均收入水平来表示。经济环境与信用风险是负相关的。外部因素还包括当期整个商业银行体系不良债权的数量,这一指标可以说明商业银行从整体而言所处的环境,银行信用风险与其是正相关关系。

银行信用风险的内部影响因素主要是银行管理者对待信用风险的态度,而这一态度可以用贷款规模、贷款政策和贷款结构来表示。信用风险会随着贷款规模的扩大而增加,或者说贷款规模越大,贷款发生损失的可能性也就越大。我们可以用贷款占总资产的比率来反映贷款政策,银行贷款政策越是激进,贷款占总资产的比率就越高,而这种银行发生贷款损失的可能性也就越大。贷款结构可以用工商企业贷款占总贷款的比率来表示,贷款越集中,信用风险也就越大。最后,一家商业银行的信用风险与该银行经营所得有一定的关系,也就是说,经营所得较高的商业银行要比经营所得较低的商业银行的信用风险大,发生的贷款损失也大。总之,内部因素包括贷款规模、贷款占总资产的比率、工商企业贷款占总贷款的比率和经营所得四个因素。

既然商业银行无法控制外生变量,那么银行管理的重点自然就落到了管理内生变量之上。但是,商业银行对外生变量也不是完全被动地去适应,而是可以通过努力来缓解外生变量对信用风险的影响,其中包括将贷款资产分散化,从而减轻当外部因素发生不利变化时对商业银行信用风险的影响。但是,一些规模较小的银行无法将它们的贷款有效地分散,这类银行就只能通过提高内部管理水平来应对外部因素的变化。

在商业银行关于贷款规模和贷款结构方面的政策已经确定后,决定贷款信用风险的最后因素就是信用分析了。

二 信用风险与借款人的信誉

商业银行对借款人信誉的分析主要包括五个方面的内容,即品德(Character)、能力(Capacity)、资本(Capital)、担保品(Collateral)、环境(Conditions)。这就是我们通常所说的 5C 原则。

　　品德。对借款人品德的考察,主要是判断借款人对贷款本息偿还的意愿。如果借款人是个人,则品德主要表现为此人的道德观念、个人习惯和偏好、经营方式、经营业务、个人交往以及在社区中的地位和声望等;如果借款人是企业,那么品德就是企业在管理上的完善性、在同行和金融界的地位及声望、经营方针和政策的稳健性等。不论是个人还是企业,履行借款合同的历史记录在其品德的评价中都起着非常重要的作用。

　　能力。借款人的能力包含法律和经济两个方面的内容。从法律方面来讲,借款人的能力是指借款人能否承担借款的法律义务,当商业银行贷款给合伙企业时,银行必须确认签约的合伙人具有代表合伙企业的权利;在贷款给公司时,商业银行必须确认谁是公司的法定代表人。从经济的角度,借款人的能力是指借款人是否具有按期偿还债务的能力。分析企业借款人的能力主要是了解借款人预期的财务状况。如果借款人是个人,商业银行要考察的主要就是借款人预期的收入能力,而收入能力又取决于借款人的受教育程度、年龄、事业心和精明程度。

　　资本。资本的数量也是体现借款人信誉的一项重要因素。借款人的资本越是雄厚,承受风险的能力就越强,因此信誉也就越高。借款人购置的资产的质量,是决定该企业资金实力的重要因素。借款人取得贷款的能力在很大程度上取决于它所拥有的资产的数量和质量。

　　担保品。对贷款进行担保可以降低甚至消除风险。

　　环境。对经济环境的分析主要是分析经济环境对借款人所在行业的影响,分析该行业在国民经济中的比重、市场结构,分析借款企业在该行业中的地位、技术更新对该行业产品需求的影响等。

三　贷款偿还来源与现金流量

(一) 现金流量的定义

　　借款人偿还贷款的资金来源包括三个:现金流量、财产变卖、其他融资来源。商业银行通常是根据借款人的现金流量向其发放贷款的,因此商业银行对借款人的现金流量非常重视。从长期来看,借款人的净现金流量应该等于应计利润,即调整后的股利和资本投资之和,但从短期来看,比如在一年内,账面利润与现金流量很少相等。正因为如此,商业银行应该弄清现金流量的概念和内容。有许多借款人出现贷款偿还困难,并不是因为投资收益不好,而是因为现金流量出现了问题。

　　净现金流量是借款人现金流入量与现金流出量之差,即借款人所得到的现金与他所支出的现金之差。虽然利润是现金流量的主要部分,但现金流量绝不等于借款人的利润。借款人的现金流量为

　　　　现金流量=净利润+折旧-应收账款的增加值-存货增加值+应付账款的增加值

　　将应收账款和存货的变动纳入现金流量中,是因为应收账款和存货的管理对于企业

的经营成败非常重要。很明显,如果一家企业的存货和应收账款增加太多,必然会减少该企业现金的流入量。由于借款人的现金流量包含多种因素,因此现金流量的结构也是非常重要的。例如,一家企业现金流量的增加,是应付账款增加造成的,这对该企业自然不是一个有利的因素。

当前面的公式扩展到包括一家企业资产负债表的全部项目时,我们就可以得到相似的资金来源与运用的报表。从现金的角度出发,现金的使用包括:① 非现金资产的增加,比如应收账款和存货的增加;② 负债与权益的下降。现金的来源包括:① 非现金资产的下降;② 负债与权益的增加。这些因素的变化再加上企业经营收益所形成的现金流量,可以使商业银行清楚地知道该企业现金的来源与用途。

(二) 现金流量出现问题的信号

在商业银行信贷分析、决策以及日后的监控过程中,银行信贷人员的尽心尽责与工作经验起到非常重要的作用。对于一个有经验的信贷人员,他应该及时地发现借款人将要出现财务困难的预警信号,而这些信号在借款人的财务报表中通常是查找不出来的。

第一,从企业与商业银行的关系中发现某些信号。这些信号包括:经常发生透支;多种还款来源没有落实;短期负债增加过快;展期债务增加;贷款需求增加但目的不明确;有抵押品价值不充分的抵押贷款;等等。

第二,从企业的经营状况中发现某些信号。其中包括:企业财务记录混乱,失去了实力雄厚的客户;某大用户的订货变化无常;投机与存货,存货量增加过快;存货陈旧,数额巨大。

第三,从企业的人事变动中发现某些信号。其中包括:企业管理人员变化较大;企业中的某个人独裁专制;不断出现劳工问题;关键人物离开企业或死亡;关键人物的行为举止出现异常;等等。

第四,从企业的财务报表中发现预警信号。

如果银行的信贷人员发现了上述信号中的某一个或某几个,他就应该向商业银行反映,并由银行管理者决策后实施某些具体的对策。

四 工商企业的信用分析

商业银行为了保证贷款的安全,必须对借款企业进行深入和细致的信用分析。借款企业的 5C 是商业银行分析借款企业信用的重要指标。在 5C 指标中,有些内容是很难量化的,如借款企业的品德、环境等,但更多的指标是可以量化的,其中对于信用贷款最为重要的指标是借款企业的能力和资本,因为尽管有些借款企业有着良好的品德,或者说在相当长的时间里,该企业与某家商业银行具有很愉快的合作关系,但如果在经济环境不好、借款企业偿还能力下降时,借款企业即使想偿还银行贷款,客观情况也会使它不能偿还,因为该企业在那时还不具备偿还贷款的能力。商业银行为了避免贷款损失,必须对借款企业的能力和资本进行认真的分析。

分析借款企业的能力与资本通常要分析借款企业的各种财务指标,其中包括企业流动指标、企业权益指标、企业经营成果指标及杂项指标。

1. 企业流动指标

企业的流动状况主要用流动资产和流动负债的关系来反映。分析企业的流动状况,主要是分析流动资产的周转情况,特别是企业对短期债务的清偿能力。反映企业短期偿还能力的比率主要有:流动比率、速动比率;反映企业资金周转状况的比率主要有:应收账款周转率、应收账款账龄、存货周转率和固定资产周转率。

2. 企业权益指标

权益由债权人权益和股东权益两部分组成。财务报表分析的一项重要内容就是分析不同权益项目之间的内在关系以及权益和资产的关系。这类比率主要有:负债对股东权益比率、负债比率、长期负债比率、股东权益比率、固定资产对长期负债比率、固定资产与权益总额比率、普通股每股账面价值等。

3. 企业经营成果指标

企业的盈利能力是所有财务报表使用者最关心的问题,企业管理层、股东、债权人都从不同角度关心企业的经营成果。因此,反映经营成果的比率最受各方利益相关人士的重视。该类指标分为三大部分:反映全部资产获利能力的比率(包括股东权益报酬率、股东权益周转率),反映普通股获利能力的比率(包括销售利润率、资产周转率、投资报酬率),反映股东权益获利能力的比率(包括普通股每股净收益、普通股每股净收益与市价比率、股利发放率、股利与市价比率)。

4. 杂项指标

杂项指标主要有利息保障倍数、财务杠杆比率等。

商业银行得到企业的上述财务指标后,应该根据自己建立的信用评价模型去给借款企业打分,并决定是否提供贷款以及提供贷款的价格。

第五节　信用定价

一　银行贷款与风险溢价

违约风险的溢价被定义为

$$DRP = i^* - i$$

而且满足

$$1 + i^* = (1+i)(1-d)$$

其中,DRP 为风险溢价,i^* 为贷款定价,i 为无风险贷款的定价,d 为发生违约的概率。

违约风险的溢价满足了商业银行弥补贷款的预期损失。由于很难得到关于每一笔贷款风险的实际资料,因此违约风险的溢价主要是根据某个借款人而进行的,即每个借款人每笔借款的违约风险都被假定为相等。

商业银行在进行信用风险分析时,一般很难单独对每一笔贷款的违约风险都进行细致的分析,但其可以根据每一笔贷款在整个贷款组合中的地位及其与其他贷款的关系,对信用风险进行分析。商业银行贷款组合所要求的风险溢价必须补偿贷款组合的预期损失。而且,风险溢价的大小与具体的贷款银行对待风险的态度有关,如果商业银行对风险采取了较为谨慎的态度,那么它所要求的风险溢价就会高一些。

仅仅补偿贷款的预期损失是不够的,因为商业银行贷款包含风险或者说有不确定因素在其中。例如,同样可以获得10%的预期收益率,商业银行有两种选择:一是发放贷款给某个借款人,二是购买国库券。而购买国库券是无违约风险的,也就是说,商业银行购买国库券可以确定地获得10%的收益;但贷款给某个借款人所获得的10%的收益是不确定的,如果出现违约的问题,商业银行贷款的本息就会面临很大的回收困难。正因为如此,商业银行要对收益的不确定性要求一定的补偿,这种补偿就属于收益不确定性补偿。

将收益不确定性补偿因素加进来,前面的公式就会变成

$$1+i^* = (1+i)(1-d-p)$$

则　　　　　$i^* = (1+i)/(1-d-p)-1$

其中,p为不确定性风险的溢价比率。

该公式可以近似地表示为

$$i^* = i+d+p$$

即商业银行贷款的协议利率由三个部分构成:无风险利率、违约风险溢价和不确定性风险溢价。

二　信用配置模型

虽然商业银行要根据借款人的信用水平确定贷款的利率,而且该利率要包含信用风险的溢价和不确定性风险的溢价,但是,商业银行要根据借款人的风险程度进行信用配置,即当贷款的协议利率高到一定水平时,商业银行将不再向借款人提供贷款。信用配给(Credit-rationing)模型是为了弥补风险溢价模型的缺点而设计出来的。其基本的分析思路是,当贷款的协议利率超过一定水平时,较高的利率会使商业银行面临逆向选择,也会对借款人产生激励效应,这就会降低贷款的预期收益。

那么,为什么超过均衡的协议利率作为贷款利率会降低贷款的预期收益呢?

首先,商业银行将面临逆向选择。当贷款利率较低时,那些信誉高的借款人是愿意借的,因为他们有偿还贷款的把握;在贷款利率提高后,他们偿还贷款的把握程度将下降,而他们是有信誉的借款人,在偿还把握下降时,他们会退出贷款市场,这样,商业银行

就不得不把资金借给那些信誉较低的借款人。因此，当贷款利率提高时，商业银行贷款的边际信用风险要高于在贷款利率较低时的边际信用风险；当贷款利率特别低时，由于商业银行在选择借款人时会考虑到借款人的信誉，因此借款人将主要是信誉高的借款人，这样，商业银行贷款的信用风险就会很低。

其次，借款人将受激励效应的影响，投资风险将提高。当贷款利率较低时，借款人的利息负担较轻，因此，为了偿还贷款的本息，借款人不必向高风险的领域投资；在贷款利率提高后，借款人偿还贷款的负担加重，为了偿还贷款的本息，借款人将转向高收益的投资领域，而高收益同时意味着高风险，这样，借款人偿还贷款本息的能力就会受损。

在信用配置模型中，贷款的预期收益包含三个部分：① 贷款利率提高所带来的预期收益的提高；② 逆向选择使信用风险提高了，因此预期收益下降了；③ 激励效应使得违约风险提高了，因此预期收益又下降了。当贷款利率提高，并且超过了因风险提高而使贷款遭受的损失时，贷款的预期收益是提高的；当贷款利率提高给商业银行带来的利益无法弥补风险提高给银行带来的损失时，贷款的预期收益是下降的。

三　浮动利率定价

浮动利率是指在贷款期限内，贷款利率可以根据市场利率的变化进行调整。20 世纪60 年代，美国商业银行贷款的绝大多数都采用固定利率，即在贷款前约定一个利率，还款时就按事先约定的利率办理，而不管还款时的市场利率有多高。70 年代，利率的上升增加了商业银行的资金成本，使商业银行的利率风险提高了。为了保持一定的盈利水平，商业银行的贷款也开始采用浮动利率。但目前，商业银行贷款中的大多数还是固定利率的。

贷款采用浮动利率，实际上将市场利率风险由商业银行转移给了借款人，这对降低利率风险是有好处的，一般情况下，在利率相同时，借款人愿意接受固定利率贷款，原因是固定利率贷款有利于借款人测算资金的成本。商业银行为了鼓励借款人申请浮动利率贷款，通常有两种做法：一是在开始时，降低浮动利率水平；二是规定浮动利率的上限，使借款人的利率风险不超过一定的水平。

虽然浮动利率贷款对于降低贷款的利率风险是有好处的，但这一好处只有在借款人的信用风险不变的前提下才会存在。由于利率风险与信用风险是相互关联的，因此，当商业银行贷款的利率风险降低时，贷款的信用风险会相应提高，这在一定程度上抵消了利率风险降低给商业银行带来的好处。当商业银行资金成本上升，即市场利率上升时，商业银行会处于两难选择的境地，即商业银行或者接受较高的利率风险，或者接受较高的信用风险。在这样的环境中，商业银行不仅要关心自己的收益与风险，而且要关心借款人的收益与风险，因为借款人的收益与风险会随时转嫁到商业银行的身上。商业银行会在进行综合的分析之后，再制定合适的对策。

四　优惠利率与贷款定价

优惠利率是商业银行为那些信誉卓著的大用户所确定的贷款利率。优惠利率是确定其他利率的基础。

20世纪30—60年代，优惠利率被许多商业银行采用，从而成为银行贷款定价的一个重要标准。但70年代以来，由于商业银行对货币市场的依赖性增强，又由于银行间的竞争加剧，以致市场利率提高，商业银行资金成本提高，优惠利率被迫经常调整，甚至高于其他贷款利率，因此优惠的本意发生了变化。目前，绝大多数商业银行在贷款协议中用基础利率来替代优惠利率，虽然还使用优惠的字眼，但实际上是银行的商业贷款利率，或者说优惠利率不再是最低利率了。

那么，现在的商业银行采用优惠利率的优点，主要是使得商业银行的贷款用户感到满意，因为商业银行在"优惠利率"之上又打了折扣。采用优惠利率对商业银行也有不利的一面，主要是由于非优惠用户必须接受优惠利率(市场利率)，而优惠用户却可以接受折扣之后的贷款利率，这会造成商业银行与非优惠用户之间关系的紧张。

从理论上讲，商业银行根据不同的借款人采用不同的贷款利率是完全可行的。在工商业中，企业对优质顾客一般会给予各种各样的优待，银行作为企业为什么不能向它的优质顾客提供某些优待呢？一般来讲，银行贷款定价的决定因素包括三个：优惠利率(市场利率)、顾客与银行的关系、补偿性存款余额。商业银行为了吸引大客户，得到大客户稳定的存款余额，也为了与大客户建立持久的信贷关系，通常会对大客户给予优待，当通货紧缩时更是如此。

由于借款人对商业银行的重要性不同，它们的信用风险也不同，因此商业银行在贷款过程中通常采用差别利率的办法。具体而言，银行根据借款人所处的风险等级，对贷款规定不同的利率。通常的做法是，贷款利率根据优惠利率加上一定的百分点，或者乘以某个系数来确定。前者被称为优惠加数定价，后者被称为优惠乘数定价。例如，某个借款人的信用风险较高，商业银行在优惠利率之上加上2个百分点，确定对该借款人提供贷款的利率；一般的借款人则按优惠利率来提供贷款；对于大客户，商业银行按优惠利率降低2个百分点的利率来提供贷款。商业银行也可以按优惠乘数定价方法确定贷款利率。例如对于信用风险较高的借款人，按优惠利率乘以1.1的水平确定贷款利率，对于大客户则按优惠利率乘以0.9的水平来确定贷款利率。

优惠加数定价与优惠乘数定价在优惠利率稳定时没有多大的区别，但在优惠利率发生变化时，这两种定价方法是有差别的。例如，如果优惠利率为10%，对于高信用风险的借款人的加数假定为1%，那么该借款人得到贷款的利率就是11%。如果优惠乘数定价中的乘数为1.1，那么这两种定价所得到的结果是一样的，都是11%。如果优惠利率由10%提高到12%，那么按优惠加数定价方法计算得到的高信用风险借款人的贷款利率为

13%,而按优惠乘数定价方法计算得到的该借款人的贷款利率为 13.2%。这样,不同的定价方法就产生了差别。

这种差别说明,如果优惠利率处于正常水平,而根据某个乘数计算并按优惠乘数定价方法确定的贷款利率是合理的,那么,当优惠利率上升时,按优惠乘数定价确定的贷款价格较高,说明此时银行贷款的违约风险增加,因此商业银行需要较高的风险溢价;当优惠利率下降时,贷款利率会更快地下降,说明贷款的违约风险减少,因此商业银行要求的风险溢价也就降低了。为了使商业银行得到最大的利益,银行管理者如果预期优惠利率将上升,最好采用优惠乘数定价方法;如果预期优惠利率将下降,最好采用优惠加数定价方法。

第六节　商业银行的流动性管理

一　流动性的作用

商业银行的流动性管理,是指商业银行可以在任何时候按合理的价格筹措到足够的资金以满足自己的资金需要,从而维护商业银行与顾客之间正常的契约关系和合作关系。商业银行的流动性不仅包括满足存款人的现金提取,而且包括满足优质借款人的借款需求。

流动性有以下五个方面的作用:

第一,流动性可以向市场证明,该银行是安全的,有能力偿还它的负债。这一作用也被称为增强债权人信心的作用。使市场建立对某家银行的信心,主要依赖于该银行资产负债的质量、政府担保或保险、中央银行作为最后贷款人的支持等。但商业银行如果仅仅凭借政府的担保或保险是远远不够的,它还必须有高质量的资产负债,这是商业银行进行资产负债管理的关键。

第二,流动性可以保证商业银行履行其正式或非正式的贷款承诺。这一作用实际上是维持商业银行与借款人特别是优质借款人正常的借贷关系。既然商业银行要为其顾客提供信贷或流动性服务,商业银行在信贷决策中也就扮演了十分重要的角色。商业银行通常不会破坏与优质客户建立起来的合作关系,也不会对那些潜在的优质合作伙伴的需求置之不理,因此,商业银行一定要为其优质客户的流动性需求提供帮助或者支持。

第三,流动性可以使商业银行避免因资产售让而产生损失。在没有流动性的条件下,如果商业银行没有其他提高流动性的办法,就会被迫出售其资产,而这种出售的价格一定会大大低于正常的价格,使其产生损失。

第四,流动性可以使商业银行降低购买资金所必须承受的风险贴水。前面定义流动性管理时,用了"按合理价格筹措足够的资金"这句话,这说明,在商业银行流动性发生问题时,商业银行必须用较高的价格购买资金,此时的较高的价格就不是合理的价格。如果商业银行流动性发生了问题,商业银行按合理的价格是筹措不到资金的。因此,商业银行必须保持足够的流动性,以使自己筹措资金的成本在合理的范围内。

第五,流动性可以使商业银行避免在中央银行的再贴现窗口滥用自己的借款权利。中央银行是银行的银行,商业银行可以通过再贴现窗口向中央银行再贴现。但商业银行借款的频率和规模会影响市场对该银行的信心,因此,商业银行对于向中央银行借款这一最后的选择,一般采取较为谨慎的态度。

二 流动性的内在来源

传统的流动性管理理论强调在银行投资中保存流动性,或者说在银行资产进行永久性调整之前,用联邦基金作为暂时性来源。这种理论被称为资产转换理论。转换的含义是指将流动资产转换为现金。这种理论的核心是以银行的营利性为代价来获取流动性。银行资产的盈利水平之所以下降,是因为银行资产中有相当大比例的流动资产。这种管理方法虽然还存在,但已不再盛行。银行资产根据准备标准分类,可以划分为四个部分:

(一) 第一准备

第一准备包括商业银行的库存现金和在中央银行的超额准备。超额准备可以被看作商业银行的业务准备,主要用于结算和支付等。超额准备既要保持足够的数额以应对现金支付不足的窘境,又要降低到最低水平,因为在西方,商业银行在中央银行的存款准备金是没有利息的。

(二) 第二准备

第二准备主要是短期政府债券。低信用债券不能包括在内,是因为这种债券有较高的倒账风险;长期债券(这里指1年以上)不包括在内,是因为长期债券的利率风险高,价格波动大;流通性不强的债券不包括在内,是因为变现困难,流动性或可转换性弱。

第二准备所包括的资产构成流动性准备方法的核心,因为这里的流动资产体现了流动资产定义的精华:既是流动性的,又是获利性的。第二准备的作用是为以下需求提供流动性:① 对资金的季节性需求;② 无法预期的贷款的短期增加;③ 其他的,不是主要的且无法预见的需求。

(三) 第三准备与第四准备

第三准备与第四准备是为了满足资金流量较长时期的变动而引起的流动性需求。例如,在较长时期内贷款需求增加,或存款注入量减少等。到期时间为1~2年的政府债券是第三准备的主要内容。第四准备也称投资准备,一般包括期限为2年以上的债券。投资准备设置的主要目的是获取收益。它之所以成为准备,或者说具有流动性作用,是因为在必要的时候,它也可以出售。

准备分类系统给商业银行带来了不同期限资产的组合。准备资产不是平均分布的，因为商业银行保持流动性的重点放在了短期证券上，因此资本损失可以避免。但不同期限证券之间如何进行比例分配，没有现成的方法。因此，可以这样讲，准备分类系统可以用于指导商业银行的流动性管理，而不是为商业银行管理者提供可以操作的办法。

三　流动性的外在来源

商业银行可以通过资产管理获得必要的流动性，也可以通过负债管理，即通过在市场上购买必要的资金而获得流动性。负债管理的主要思想是在市场上筹集资金，并合理地使用，以满足贷款需求。

这一理论认为，商业银行在保持流动性方面没有必要完全信赖建立分层次的流动性储备资产，一旦需要周转资金，就可以向外举债筹措，只要在金融市场上可以借到资金，就可以大胆放款，争取高盈利。

商业银行负债管理理论的形成是多方面因素共同作用的结果：

（1）追求高额利润的内在动力和竞争的外在压力，是负债管理理论形成的主要原因。商业银行对利润的追求，使营利性与流动性的矛盾更为突出。在牺牲营利性的条件下，通过调整资产结构来实现流动性，满足不了追逐利润的需求。商业银行越来越感到应当从负债方面考虑，扩大资金来源，满足顾客的资金需求，巩固自己的经营地盘，增加银行盈利。

（2）生产的发展以及资金需求的上升，迫切需要商业银行提供更多的资金，加上通货膨胀的加剧，使负债经营有利可图，新形势向银行负债业务提出了新要求。

（3）由于管理制度的限制和通货膨胀的发展，存款利率在吸收资金方面的吸引力越来越小，单靠传统的吸收存款方式满足不了商业银行资金业务对资金的需求，客观上要求商业银行发展多种负债形式。同时，金融市场的发展、金融资产的多样化、银行业的国际化以及通信手段的现代化，为商业银行的负债管理提供了条件。

（4）存款保险制度的建立与发展进一步增强了商业银行的冒险精神，刺激了负债经营的发展。

在负债管理理论的指导下，西方商业银行创立了多种主动负债方式来解决资金和流动性问题。这些方式包括贴现窗口、联邦基金拆借、再回购协议借款、欧洲美元市场借款以及大额可转让存单等。

负债管理理论使商业银行更富有进取精神，一方面对经济增长有利，另一方面推动了信用的扩张。但这一理论是建立在对吸收资金抱有信心，并能如愿以偿的基础上的，在一定程度上具有主观色彩。同时，该理论使商业银行忽视补充自有资本，使自有资本占总资产的比重下降。当商业银行不能从金融市场上筹集到资金时，就有可能使自己陷入危机，甚至出现倒闭的可能。

四　保持流动性的方法

商业银行资产中相当大一部分是贷款和投资,它们都属于重要的盈利资产,商业银行持有它们的目的主要是盈利,而不是保持流动性。因此它们的流动性往往有限,或者不能迅速变现,或者变现时要遭受较大损失,商业银行经营中的流动性问题必须通过一定的方式加以解决。

(一) 资产管理方面的方法

从资产管理方面看,有以下两种方法:

第一,保持一定的准备资产。

第二,资金汇集后分配。所谓资金汇集后分配,是指将各种资金来源,无论是活期存款还是定期存款,无论是借入负债还是自有资本,都汇集在一起,而后按流动性的优先顺序分配资金运用。银行在安排资产时,首先保证足够的第一准备,即现金和中央银行准备存款。其中,现金和超额准备金存款的多少是关注的重点。其次满足第二准备,大多是可随时转让的短期证券,这部分的多少主要依据对流动性需求的预测。再次是工商业贷款,它因多属于中短期性质,既有流动性又有营利性,故是整个资产运用的重点部分。中期证券也属于此列。然后是长期证券和贷款。最后则是固定资产投资。以上各部分的比重是不固定的,要视不同时间、地点、条件的变化而定,也取决于各银行自身的经营重点和薄弱环节。

(二) 负债管理方面的方法

从负债管理方面看,有以下几种方法:

第一,资金匹配法。该方法首先从资金来源出发,按资金在银行的稳定程度,确定几个"流动性-营利性"中心,再按每个中心的特征分配资金。该方法的特点是强调几个流动性中心,其划分依据是资金的稳定程度。稳定程度又根据法定准备金比率或资金周转速度来确定。从资产和负债两个方面统筹安排,并以流动性为中心来配置,是该方法的优点。但该方法在实践中很容易导致一些失误,即把活期存款简单地视作短期流动性中心的来源,并主要用于第一准备,其他则以此类推。直接地将某些负债同某项资产挂钩是不妥当的。

第二,缺口监察法。这是一种分析资产方和负债方之间的流动性差额,表示现有流动性状态和预期流动性需要之间关系的方法。

第三,状态处理法。该方法是将商业银行遇到的流动性问题按状态不同分为四类,针对不同的状态类型采取不同的流动性政策。第一种状态是经营正常状态,银行并无重大的经营难题。此时银行的流动性目标只是维持正常经营过程和最大限度地满足贷款需求,维持合理的净利差,并对可能出现的非常需求做好准备。第二种状态是单个银行的短期危机,即预料之外的消极事件的影响。此时,银行的流动性政策是满足这种未预料事件的需求,使自己不必到货币市场举债,也不必低价出售资产就能渡过危机。这时银行并非满足所有客户的信贷需求。第三种状态是整个银行业都面临长期危机,如受国际经济危机或金融危机打击而产生的金融市场混乱。在这种情况下,所有的银行都要竭力摆脱危机,中央银行一般也会采取拯救措施。就单个银行来说,可参照上面的某种状态采取流动性对策。第四种状态是某个银行特有的长期危机。经营亏损在继续恶化,银行倒闭的可能性在增大。在这种状态下,要摆脱危机,靠的并不是流动性管理,而是强有力的全面管理。

第七节　商业银行的资产负债管理

一　资产负债管理的历史

20世纪40年代和50年代,商业银行的负债中有大量的支票存款和储蓄存款,这两种存款都是低成本的。因此,此时商业银行管理者的主要工作是决定如何使用这些负债,因此商业银行管理的重点是资产管理,即如何使商业银行的资产产生最大的收益。60年代,商业银行的资金变得不再那么丰富了,原因是普通公司的管理者已经考虑到资金占用的成本,因此低成本的支票存款的数量下降了。而此时经济繁荣,企业的贷款需求旺盛。这样,60年代和70年代初期,负债管理是商业银行资产负债管理的主要方面。商业银行用发行可转让定期存单、购买同业资金、发行商业票据等办法来筹集资金。由于当时的银行是根据筹集的资金成本,然后再加上一定的利差将资金贷放出去,因此利差管理(Spread Management)在当时是很盛行的。到了20世纪70年代中期,由于通货膨胀、浮动利率以及经济的不景气,商业银行的管理重点转向了资产和负债两个方面,这种方法也被称为资产负债管理(Asset-liability Management)。资产负债管理本质上是对商业银行管理的各种方法的总结和综合运用。因此,资产负债管理不是将管理的重点放在资产负债表的一方,而是进行资产负债的整体管理。

20世纪80年代,资产负债管理方法已从简单的使资产和负债的期限相搭配的方法,发展成为包括各种期限在内的管理策略,同时也包括各种复杂的概念和方法,如持续期配对、浮动利率定价、利率期货、利率期权以及利率互换等。尽管有多种复杂方法的出现,但资产负债管理仍然是一门艺术,而不是科学。商业银行必须根据自身的状况,去开发自己的资产负债管理方法。

二　利率敏感性与缺口管理

影响利息收入和净利差的因素包括利率、规模及结构。在实际业务中,银行管理者主要是要控制利率敏感性资产(Rate-sensitive Assets,RSA)与利率敏感性负债(Rate-sensitive Liabilities,RSL)。利率敏感性工具是指在 90 天以内到期或者价格可以上升也可以下降的工具。银行的利率敏感性工具是银行可以自主控制的工具,既包括主动负债,如可转让定期存单等,也包括资产,如可变利率贷款等。这些属于商业银行进行资产负债管理的工具。

一家银行的缺口可以定义为 RSA 与 RSL 之差,即

$$GAP = RSA - RSL$$

如果一家银行的缺口为 0,那么 RSA = RSL,该银行资产的成熟期与负债的成熟期刚好吻合。因此,资产负债管理的一种方法就是成熟期配对的策略。这种策略的目标是维持零缺口。如果将缺口比率定义为相对缺口,即利率敏感性资产与利率敏感性负债相比,那么

$$GAP = RSA / RSL$$

第一种缺口形式为零缺口。实际上,零缺口并没有完全消除利率风险,原因是资产与负债受利率变化的影响并不完全一样。由于贷款利率是受商业银行自身政策影响的,而通常情况下,贷款利率变化滞后于市场利率的变化,特别是在利率周期转折点的附近时更是这样。这一现象会使商业银行在利率上升时,银行收益上升的速度缓慢;在利率下降时,银行收益下降的速度也慢。除了上述滞后效应的影响,还有规模和结构方面的因素会使商业银行的零缺口难以有效保持,即使保持了零缺口,完全避险也是不大可能的。

第二种缺口形式为正缺口,即利率敏感性资产多于利率敏感性负债。绝对的和相对的正缺口可以定义为

$$RSA - RSL > 0$$

$$RSA / RSL > 1$$

例如,一家银行的利率敏感性资产为 1 000 万元,而利率敏感性负债为 500 万元,那么,该银行的利率敏感性缺口为 500 万元,敏感性比率为 2。

第三种缺口形式为负缺口,即利率敏感性负债多于利率敏感性资产。绝对的和相对的负缺口可以定义为

$$RSA - RSL < 0$$

$$RSA / RSL < 1$$

根据传统理论,由于商业银行借入资金是短期的,而贷款的期限是较长的,因此负的缺口是正常的。如果收益曲线是向上倾斜的,则负的缺口对于商业银行是有利的,因为商业银行借入的资金是短期性的,利率较低,而贷款的期限较长,收益率较高,这样,商业银行保持负的缺口就可以获得更高的收益。

当利率上升时,负的缺口会给商业银行带来较大的流动性风险和利率风险。在利率较高、利率风险较大的时期,负缺口给商业银行带来的影响可以用下例说明。

例:假定商业银行的敏感性资产与敏感性负债如表 7-3 所示。

表 7-3　某银行敏感性资产与敏感性负债　　　　　　　　（单位:万元）

资产		权益与负债	
利率敏感性资产	20	利率敏感性负债	80
抵押贷款(固定利率)	80	权益与其他负债	20
总资产	100	权益与负债总额	100

该银行的利率敏感性缺口 RSA-RSL=20-80=-60,敏感性比率 RSA/RSL=0.25。

该银行的敏感性比率仅为 0.25,也就是说,敏感性负债是敏感性资产的 4 倍。当收益曲线拥有正的斜率,并保持稳定时,这样的缺口确实可以给商业银行带来高的收益,但当利率上升并保持高水平时,该银行就必然有很大的风险。这里的风险是指流动性风险和利率风险。流动性风险可以用绝对缺口来表示,在本例中,绝对缺口为-60。这里存在两个问题:第一,由于脱媒,资金缺少会使商业银行无法进行滚动经营;第二,即使商业银行可以进行滚动经营,它也必须接受高利率。而后者与那些固定利率的抵押贷款一起产生利率风险。这会减少商业银行的盈利,甚至侵蚀商业银行的资本。

资产负债管理包括以下四个主要步骤:

1. 缺口计量

缺口计量中的关键因素是资产与负债再定价的日期,而不是到期日。由于持续期或久期(Duration)被认为是某项资产与负债再定价的日期,因此持续期也就成为缺口管理和资产负债管理的重要工具。

一家银行缺口大小的计量,与缺口计量的时间长度有关。一般情况下,3~6 个月的时间长度对于银行的资产负债管理是比较合适的。由于银行的会计周期为 1 年,因此 1 年的长度是比较现实的。为了说明不同时间长度的缺口管理,我们假设有这样一张资产负债表,见表 7-4。

表 7-4　缺口管理的时间长度　　　　　　　　　　　（单位:万元）

持续期	资产	负债	缺口	累计缺口
1 天	5	40	-35	-35
30 天	10	30	-20	-55
60 天	15	20	-5	-60
90 天	20	10	10	-50
180 天	25	10	15	-35
365 天	30	5	25	-10
全部短期之和	105	115	-10	
1 年以上	95	70		
资本		15		
总计	200	200		

在 1 年之内,资产和负债的持续期的构成被决定了。在 1 年内的各种时间长度的缺口和累计缺口被计算出来。如果用 1 年作为时间长度,那么,该银行的缺口为-10 万元。但是,持续期为 30 天至 180 天,累计缺口为-55 万元至-35 万元。1 天的缺口为-35 万元,说明该银行存在准备金头寸或现金不足的问题。该银行的管理者应该将注意力放在 30 天之内的-55 万元的缺口上。这一缺口说明,该银行现在或下个月会出现资金净流出和存在银行流动性风险等问题,因为即使该银行的那些短期负债工具属于可变利率负债,到期的负债依然可能被提取。

2. 利率预测

商业银行应该预测到在利率变化后那些将被重新定价的资产和负债的数额。由于净利差管理是商业银行资产负债管理不可分割的一部分,因此这一步骤要求商业银行随时监控在各个时间段的净利差。该步骤的目的是发现潜在的关于净利差方面的问题,避免在出现净利差问题时,银行管理者手足无措。从长期看,商业银行资产与负债的配置应该有较高的收益。

3. 未来收益规划

前两个步骤所得到的关于资产与负债的规模和价格(利率),为第三步(规划未来收益)奠定了基础。这一步的目的是让银行管理者看到未来。由于要描述在不同利率环境下银行承受的风险,因此要用各种模拟模型。银行最起码要得到最好、最坏和最可能的情况下的收益与风险。

4. 各种策略检验

依据前面的工作,商业银行对各种可以选择的策略进行评论和检验,看看哪种策略与自身的战略是吻合的。资产负债管理是执行商业银行战略管理的第一步。对每种策略都要进行分析,并与商业银行所要求的最低水平相对照。资产负债管理与分解分析不同,分解分析是从现象中找出原因,而资产负债管理的策略是分析所选择的策略如何影响商业银行的业绩指标。现实的决策变量主要有定价策略、产品构成、规模、增长率、资产负债表的构成以及银行表外业务的比重等。作为有效的管理工具,资产负债管理模型应该生成两类产品:第一,短期资产与负债的最佳组合,这一"最佳"是用净利差这一风险收益参数作为分析标准的;第二,为银行的高层领导提供必要的信息,使他们能够评价策略管理运行的方向,以便采取必要的调整措施。

缺口管理的核心问题是维持一个有弹性的资产负债表。但这一问题说起来容易,做起来难,原因是商业银行对其资产和负债没有完全的控制能力。如果负债缺乏流动性,那么维持资产负债表流动性的负担就会转移到资产方面。在一个利率周期内,建立以下策略是比较理想的(见表7-5)。

表 7-5 理想的缺口管理

收益曲线的形状	策略	目标缺口
正斜率	借短与贷长	负缺口
水平	持续期配对	零缺口
负斜率	借长与贷短	正缺口

前面提到了对利率的预测,如果商业银行能够准确预测更长期的利率走势,对于其资产负债管理无疑是有利的。但预测的难度很大,准确性难以保证,因此,一旦商业银行的预测失败,而它却按照其预测的结果进行资产负债管理,那么它就会承担极大的风险。所以,对较长期利率的预测在很大程度上属于打赌的行为,而商业银行的经营应该是稳健的,一切的行为都应该建立在可靠信息的基础上。因此,商业银行资产负债管理的原则是要保护银行,而不是让银行去打赌。2023 年美国硅谷银行倒闭就是其中的一个典型案例。

硅谷银行主要服务于创业公司,2022 年的总资产为 2 161 亿美元。资产中一半以上投资于美国中长期国债和 MBS 等高级别债券上。新冠疫情的暴发让原本就不景气的美国经济雪上加霜。创业公司不景气,吸收的投资额减少,银行存款下降。硅谷银行的负债端不稳定,资产端也必然不稳定,因为银行存款减少,要求银行变卖资产以偿还负债。

如果资产也是利率敏感性的,即短期的,就与负债的利率风险一致了。如果负债减少,在利率上升的情况下,变卖短期资产也不会遭受大的损失。问题是硅谷银行在资产端除流动性差的贷款外,一半以上都是美国中长期国债和 MBS。为了应对高企的通货膨胀,美联储被迫频繁地大幅提高利率,导致硅谷银行债券资产的价格大幅下降(近 10%)。为了应对存款流失,硅谷银行被迫出售 210 亿美元的债券,而这就产生了 18 亿美元的实际损失。问题在于,这一损失只是整个损失的冰山一角,因为未被出售的债券也会产生巨大的账面损失。债券投资的损失必然导致硅谷银行资本金的缺失。而补足资本金,需要发行普通股或优先股,而这就需要信息披露。信息披露让硅谷银行的困境公之于众,从而引发挤兑。硅谷银行一天之内就被挤兑了 420 亿美元。没有一家银行在这样挤兑的情况下能够靠一己之力生存。结果两天之内硅谷银行就被美国联邦保险公司 FDIC 接管了。

在本案例中,硅谷银行错在哪里?很明显,不是贷款不良,也不是债券违约,只是利率风险导致了流动性危机!

在利率环境不稳的情况下,银行应该提前做好应对利率风险的准备,不要保留过大的利率风险敞口。难道这样浅显的道理硅谷银行的管理者、美国银行监管者不知道吗?当然是知道的。问题是美国的银行监管出了问题,硅谷银行自身的治理也出了问题。银行对管理层的过度激励导致管理层过分追求盈利,以至于忘掉了风险防范,尤其是"看上去不起眼"的利率风险的防范。

第八节　融资租赁

一　融资租赁的特征

融资租赁又称金融租赁,是由出租人出资购买承租人选定的设备,并按协议将设备出租给承租人使用,租赁期通常是设备的寿命期。融资租赁属于商业银行的资产运用,本质上与商业银行的贷款没有什么区别。融资租赁具有以下特点:

第一,先由银行出资购买机器设备(或先由承租人与出售厂商签订合同转交银行,由银行出资购买),然后交给承租人使用。因为是由银行垫付全部资金,相当于银行贷款,故称金融租赁。

第二,银行与承租人的合同一旦签订,就不可解约(设备被证明已丧失使用效力的情况除外),并且合同签约期限基本上与设备的耐用年限相同,设备的耐用期限一般为3~5年,大型设备可至10年以上。

第三,承租人按合同分期向银行缴纳租金。租赁期间,由承租人负责设备的安装、保养、维修、保险、纳税。租金包括成本、利息、手续费,并保证银行有一定的盈利,故融资租赁在美国被称为"完全付清"的租赁。

第四,合同期满后,设备的处理一般有三种方法:一是退还给银行(出租机构);二是另外签订合同续租;三是留购,即承租人以很少的"商定价格"将设备买下。

二　融资租赁的类别

融资租赁包括以下几种类别:

(1) 自费租赁。这是融资租赁业务中比较普遍的一种形式。银行应租用企业的要求,购进企业选择的设备,签订租赁合同,租给承租企业使用,即为自费租赁。

(2) 合资租赁。这是由银行和设备生产企业,或银行与其他出租人商定,共同出资承接租赁项目。出租人代表(可以是合资的一方)办理具体的租赁手续,负责监督承租人按期交付租金,并按商定金额定期给参加出租各方划出其应得的租金。

(3) 转租赁。转租赁是银行同时兼备承租人和出租人双重身份的一种租赁形式。当承租人向银行提出申请时,银行出于资金不足等原因,可先作为承租人向国内外商业银行或厂家租进用户所需的设备,然后再转租给承租人使用。转租赁实际上是为一个项目做两笔业务,签订两份租赁合同,分别建立租赁关系。其租金一般比自费租赁要高。银行作为承租人向出租公司(或厂家)支付租金,又以出租人的身份向用户(最初申请的承租人)收回租金。两次租金的金额有一定的联系,但并不完全相同。转租期与租入期也不完全一致。在这种情况下,设备的所有者与使用者之间没有直接的经济或法律关系。

(4) 回租租赁。当企业急需筹措资金用于新的设备投资时,可以先将自己拥有的设备按现值(净值)卖给银行,再作为承租人向银行租回原设备继续使用,以取得资金另添设备。回租租赁是一种紧急融资的方式。作为租赁物体的设备就是企业的在用设备,未作任何转移,其销售只是形式上的。承租人既保有原有设备的使用权,又能使这些设备所占用的资金转化为增加其他设备的投资所需要的资金,使企业固定资产流动化,从而提高资金利用率。

(5) 杠杆租赁。这是融资租赁的一种特殊形式。这种方式往往是当银行(出租公司)不能单独承担资金密集型项目(如飞机、船舶、勘探和开采设备等)的巨额投资时,以待购设备作为贷款的抵押,以转让收取租赁费的权利作为贷款的偿还保证,从其他银行那里取得贷款,而该银行(出租人)自筹解决 20%～40% 的资金。这种业务在法律上至少要涉及三个方面的关系人,即出租人、承租人、贷款人,有的还涉及其他人,手续比较复杂、烦琐。出租人购进设备后,租给承租人使用,以租金偿还贷款。银行办理杠杆租赁业务,尽管其投资仅是成本费的 20%～40%,但由于其拥有出租设备的法律与经济主权,因此可以按规定享有设备使用的各种优惠,这不仅可以增强其投资能力,而且可以取得较高的投资报酬。出租人可以把这些优惠的好处通过降低租金间接地转移给承租人,因此杠杆租赁的租赁费也较低。

三　融资租赁的作用

融资租赁具有以下作用:

第一,促进投资与融资。当租赁公司购买租赁设备时,大量的资金就进入了生产厂家。租赁公司利用杠杆租赁,使一些银行或其他金融机构的资金投入设备生产企业中,从而促进了企业的生产,同时也增强了这些公司的融资能力。租赁方在不影响自身资金周转的情况下,通过融资租赁的方式可以大大增强购买能力。

第二,促进销售。融资租赁设备一般都是很贵重的商品,购买者一次性支付巨额的货款,会影响自己的营运资金数量。融资租赁业务的介入,使得租赁公司与生产企业一起组织销售,这样设备的销售能力便得以增强。

第三,改善企业的资本结构。融资租赁的期限相对较长,企业可以在较长时间内获得平稳的现金流,这一现金流可以作为证券化的支撑物。长期证券融资有助于改善企业的资本结构,提升企业的竞争力。

第九节　商业银行的中间业务

商业银行的中间业务是指商业银行不运用自己的资金而代理客户承办支付和其他委托事项,并据以收取手续费的业务。中间业务种类繁多,主要包括结算、银行卡、贷款承诺、信用证业务、金融信托业务、汇兑业务、保函业务、现金管理、代理融通等。本书只重点介绍其中的几种。

一 信用证业务

(一) 信用证的种类

1. 按信用证规定的付款方式来划分

信用证一般都明确规定了付款方式,主要有即期付款、承兑付款、议付和延期支付四种。在四种信用证中,即期付款信用证和承兑付款信用证是最早出现的两种,后来产生的议付信用证是即期付款信用证和承兑付款信用证的折中组合,它具备前两者的优点,即出口商可即时收回货款,而进口商则可获得与承兑付款信用证一样的宽限期。议付信用证成为最常用、最受欢迎的信用证。

即期付款信用证在受益人(出口商)向获得授权的付款银行提交信用证上所规定的单据时,该银行必须付款。

承兑付款信用证无须即时付款。在受益人提交单据给授权银行时,该进口商授权银行就在汇票上承诺到期付款,即盖上"承诺"字样,并签名盖章。承兑者可以是开证银行或另一家银行,也可以是开证申请人或其他指定付款的人。

议付信用证是出口商向开证银行或开证申请人签发汇票,其往来银行或另一家银行就可以买下这张汇票,让出口商提前收回货款。银行在议付时应收齐信用证所规定的全套单据,成为其合法持有者,而后凭这套单据向开证银行收回所垫付的货款。

延期支付信用证允许进口商先收取货运单据并提货销售,经过一段时间后再把货款经银行偿还给出口商。

2. 按信用证的安全程度来划分

按信用证的安全程度来划分,可分为以下三种:

可撤销(Revocable)信用证。可撤销信用证可由任何一方修改或撤销而不必事先通知,因此,安全度最低。

不可撤销(Irrevocable)信用证。不可撤销意味着进一步确认开证行应负的义务,其中的各项条款必须经各方一致同意后才能变更或撤销。因此,这种信用证比可撤销信用证更安全,用途也更广泛。

保兑不可撤销(Confirmed Irrevocable)信用证。这种信用证不仅开证行的义务获得确认,而且进口国以外的另一家银行附上了其付款证明,这样一来出口商在收回货款方面就具有双重保证。这种信用证特别适合国别风险较大的国际贸易。

3. 特殊种类的信用证

特殊种类的信用证包括以下三种:

背对背(Back to Back)信用证。在转口贸易中,转口商收到进口商开来的信用证,而转口商并不是真正的出口商,必须以收到的信用证为保证开立另外一张大致相同的信用证给出口商。第一张信用证被称为母信用证,第二张被称为子信用证。

可转让(Transferable)信用证。该信用证与背对背信用证一样涉及三方面的当事人,但与后者的最大区别在于它只有一张信用证。因此,首先收到信用证而予以转让的当事人就称为第一受益人,接受该转让信用证者则叫作第二受益人。除用于转口贸易之外,第一受益人要求买家开出可转让信用证是由于他与供货商或买家有某种密切关系。

循环(Rerolling)信用证。买卖双方签订长期合同,规定在一段时间内,卖方向买方分多次供应数量和价值都固定的货物,循环信用证因此应运而生。

(二) 信用证业务中银行的作用

信用证业务中银行的作用如下:

1. 开证银行的作用

开证银行接受进口商的申请,向出口商开出信用证,就取代了进口商的地位而对出口商作出了交单付款的承诺。出口商收到并接受信用证后,开证银行就与出口商具有一种合同关系。开证银行有收单付款的义务,而出口商则有按信用证提交单据的义务以及凭单收款的权利。

由于开证银行开出的信用证绝大多数是不可撤销的,因此开证银行不能以进口商未能履行它的承诺为借口而解除自己对信用证的责任。开证银行的最大作用是向进口商提供融资便利,使得进口商可以购买国外货物,而开证银行对出口商承担主要责任并负责收单付款。

2. 通知银行的作用

在信用证业务中,通知银行就是负责信用证通知的银行。开证银行把信用证开给另一国的出口商时,基本上都要求在该国营业的一家银行(它可能是开证银行的分行或代理行)将信用证已收到的事项通知受益人。受益人如对自己的往来银行的服务特别满意,通常都会在进口商开出信用证前,要求把信用证的议付限定于该行办理。

3. 保兑银行的作用

如果受益人因进口国的国别风险较大或因对开证银行或申请人不甚了解而对其信用有所疑虑的话,受益人可要求开证银行请通知银行加上保兑。保兑就是由开证银行以外的另一家银行向受益人承担确定的付款保证,确认当开证银行出于某种原因不能付款时,由保兑银行履行付款责任。保兑银行的权利、义务及作用与开证银行大致相同。

二 金融信托

金融信托原本是商业银行的中间业务,但随着金融创新的发展,已经有专门的公司包括信托公司和投资基金来经营了。

金融信托是以财产管理为主要内容的信托业务,是财产所有者为取得收益或达到某种目的，委托信托机构代为管理和处理财产的行为。信托财产有多种形式，既包括股票、债券、土地、房屋、银行存款等资产，也包括专利权、商标等无形资产。受托人管理和处理信托资产是为了受益人，受托人不能占有信托财产的收益和本金，原则上也不承担亏损，但受托人超出限定范围不负责任地运用信托财产而发生亏损时，受托人要负赔偿责任。

信托有以下作用：第一，信托财产的管理和处理方式可以根据委托人的意愿，适应客观情况的变化而采取灵活的形式。第二，委托人把财产委托给受托人管理，可以充分发挥受托人在技术、能力等各方面的优势而实现财产的增值。第三，由于信托关系会产生受益权证券，因此这种证券同一般的有价证券一样，可以流通转让，从而有利于资金需要者的融资和金融市场的繁荣。

证券投资信托是重要的信托种类，它是以投资有价证券获得收益为目的的信托。委托人一般是基金公司或证券投资信托公司。受托人为商业银行或投资公司。受益人则是投资者，即购买受益凭证的人。证券投资信托有两个作用：第一，分散投资风险。众多小额投资者根本不具备分散投资风险的能力，但通过购买证券投资受益凭证，则可实现投资风险的分散，原因是受托者在投资时实现了投资组合以及各种证券间的转换。第二，投资者可以实现资产的流动性。受益凭证与股票一样可以随时转让或买卖。

不动产信托则是由大型设备或财产的所有者作为委托人以融资为目的的信托。财产所有者与商业银行（受托人）和用户（租用人或购货人）三方缔结契约，设备所有者与受托人办理信托合同，信托银行发给委托人受益凭证。信托银行将设备出租给或分期付款出售给用户，这二者签订租赁契约或出售合同。用户支付租金或将购货款支付给信托银行。财产所有者（委托人）为提前得到货款，可将受益凭证拿到金融市场上出售，投资者购买受益凭证后就成为信托受益人，有权向信托银行索取有关的利益。这种信托对委托人而言比用财产作抵押向银行申请抵押贷款更方便，而且抵押贷款只能获得抵押品价值60%～80%的资金，而这种信托却可以使所有者获得全部资金。

经过多年的发展，房地产投资信托基金（Real Estate Investment Trusts，REITs）在国际上已经脱离了银行，成为资本市场上成熟的金融工具。REITs 是一种通过发行收益凭证汇集多数投资者的资金，交由专门的投资机构进行不动产投资经营管理，并将投资综合收益按比例分配给投资者的一种信托基金。REITs 最早于 1960 年出现在美国，后来在发达国家非常普遍。

REITs 主要有两种管理形式：信托型（契约型）和公司型。信托型是基金管理公司通过发行收益凭证组建投资基金，自行管理基金的经营。公司型则是依据公司法组建以盈利为目的的投资公司，从投资者那里募集资金，收购并持有收益类房地产，或对房地产进行投资，最后将投资收益以股息或红利的形式分配给投资者。

截至 2023 年年底，我国针对房地产的公募 REITs 还没有启动，主要原因是 REITs 与房地产有密切的关系，政府担心房地产风险与资本市场风险产生共振。

2021 年,我国开始公开发行针对基础设施的 REITs。我国规定,发行该类 REITs,80%的基金资产投资于基础设施资产支持证券,基金持有基础设施项目的全部股权,并且要穿透取得完全的所有权和经营权。基金获取租金、收费等,分配比例不低于 90%。截至 2022 年年底,我国市场上共有 REITs 产品 24 只,募集规模合计 784 亿元,相比 2021 年年底数量和规模都分别增长了一倍以上。

尽管成长迅速,但与其他金融工具相近,基础设施 REITs 投资存在以下风险:第一,由于基础设施基金具有权益属性,受经济环境、运营管理等因素影响,项目市场价值及现金流情况可能发生变化,从而影响基金价格。第二,基础设施项目可能受经济环境变化或运营不善等因素影响,存在基金收益率不佳、稳定性变差的风险。第三,基础设施基金可直接或间接对外借款,存在基础设施项目经营达不到预期,基金无法偿还借款的风险。第四,基础设施基金采取封闭式运作,不开通申购赎回,只能在二级市场上交易,存在流动性不足,甚至终止上市的风险。

三　汇兑业务

(一) 汇款与托收

汇款是由付款人委托银行将款项汇给外地或外国的某个收款人的业务。银行接到付款人的汇款请求后即收入款项,然后通知收款人所在的分行或代理行,让其向收款人支付所付款项。汇款业务中一般涉及四个当事人,即汇款人、收款人、汇出行和汇入行。银行汇款结算中不需要实际寄送货币,只需将付款命令通知汇入行即可。如果汇出行与汇入行不是同一家银行,则需要事先商定代理办法,并定期结清两行之间的债权债务关系。

托收是债权人或销售者为向外地债务人或购货人收取款项而向其开出汇票,并委托银行代为收取的一种结算业务。托收与汇款业务是银行汇兑业务的两个方面。在国际业务中,银行作为委托对象,接受客户委托,代向国外债务人索取款项,这已成为银行重要的业务。

(二) 承兑

承兑是承诺兑现,亦即付款人或者银行接到远期汇票时,在票面上签名,表示承诺按票面上的指示在规定的时间内履行付款的义务。承兑是银行参与商业信用的重要途径。

承兑按照承兑人在承兑汇票时有无提出附加条件可分为普通承兑和附条件承兑。普通承兑就是承兑人在承兑时不对出票人提出任何附加条件的承兑,而附条件承兑则是承兑时附加某种条件的承兑。一般说来,银行未经客户或代理银行授权及同意,不应该有附加条件的承兑。

经过承兑的汇票有更强的流通性,而银行所承兑的汇票是被普遍认可的,因此流通性更强。银行一旦承兑,就应对汇票负连带责任,在汇票到期时把票面金额付给持票人。银行通过承兑使自身产生了一种融通资金的工具,即银行不必立即动用本行的资金,就能为客户提供短期融资便利,而客户则可利用开汇票给银行承兑的方式,为自己取得银行的这种融资便利。

四　保函业务

保函是担保人所作出的在缔约一方不履行或违反合同条款时代付一笔确定款项的承诺。银行保函都是承诺支付一笔款项的担保书,而且多数是不可撤销的。

银行保函主要有以下四种:① 投标保函,供货商或承包商在投标时,要提交银行所签发的保函,以保证客户在中标时必须签订承包和供货合同。② 履约保函。③ 预付款或分期付款退还担保书。有些合同金额很大,卖方或承包商可能要求买方和建设者预付一笔款项或分期付款,但必须向对方提供这种保函,保证在未能交货或未能完成合同时把收到的款项退还。④ 贷款保函,银行的客户在国外扩展业务而银行在当地并无分支机构时,客户必须设法获得当地银行提供的担保。

第十节　影子银行

本章前面几节都是在阐述商业银行的传统资产、负债以及中间业务,随着金融市场的发展,商业银行与金融市场的各种主体的互动也越来越多,有些业务并不反映在商业银行的表内,甚至也不是商业银行本身的业务,但这些业务所产生的风险与商业银行关系密切。这些业务统称为影子银行业务。按照二十国集团(G20)金融稳定理事会的定义,影子银行是指游离于银行监管体系之外,可能引发系统风险和监管套利等问题的信用中介体系。

一　影子银行的特点

影子银行是美国次贷危机爆发之后出现的一个重要金融学概念。它是通过银行贷款证券化进行信用无限扩张的一种方式。这种方式的核心是把传统的银行信贷关系演变为隐藏在证券化中的信贷关系。这种信贷关系看上去像传统银行,但仅是行使传统银行的功能而没有传统银行的组织机构,即类似于一个"影子银行"体系而存在。

影子银行在本质上行使着商业银行的基本功能,包括期限转换、信用转换、流动性转换等。其核心是信用转换和期限转化,这对经济是有促进作用的。但影子银行也具有与传统银行业务不一样的特点,可以归纳为以下几点:

第一,不透明的场外交易。影子银行的产品结构设计复杂,很少公开披露信息。

第二,杠杆率非常高。由于没有商业银行那样丰厚的资本金,因此影子银行大量利用财务杠杆举债经营。

第三,影子银行的主体是金融中介机构,载体是金融创新工具,这些中介机构和工具发挥了信用中介的功能。

第四,由于影子银行的资金来源不是存款,而是通过资产证券化的方式获取的,受监管的程度弱,因此存在管制套利的行为。

二　影子银行的构成

影子银行的构成包括很多内容,其中最主要的是委托贷款、信托贷款和银行理财资金对接的各种资产等。

(一) 委托贷款

委托贷款是指由委托人提供资金,并委托银行根据委托人确定的贷款对象、用途、金额、期限、利率等代为发放、监督使用并协助收回的贷款业务。委托人可以是政府部门、企事业单位、个人等。

受托的银行在整个委托贷款业务中的作用只是代理,并不对违约承担责任,违约风险因此直接落到了委托人身上。由于委托贷款与银行贷款的审批不同,从贷款的投向到审批没有一套严谨的程序和规范的标准,因此在无形之中加大了委托贷款的风险。另外,在整个委托贷款过程中,银行一直处于被动地位,只是收取一定的手续费,在监督贷款的投放和收回上缺少动力,导致在委托贷款的监管上出现漏洞,进一步加大了风险。

由于银行在发放贷款时可能受到多方面的制约,因此可以按较高的利息争取到一家企业的存款,然后以委托贷款的名义贷放出去,从中收取利息。在这种情况下,放贷企业无须承担风险,风险已经落在银行身上。有些情况下,委托贷款中的委托人与借款人之间是关联企业,借款人为了逃避银行贷款的严格审查,可以选择委托贷款的方式实现融资,而且其额度一般都会高于企业的授信额度。

(二) 信托贷款

信托贷款是指委托人与受托人(金融信托投资机构)签订信托贷款协议,委托人将款项存在受托人那里,委托人只提出一般的投资要求,不指定具体对象,由受托人——金融信托投资机构自选确定放贷对象。款项的安全由信托机构负责,风险由信托机构承担。

信托贷款本身有许多优点:定价相对灵活,股权与债权可以有机结合;等等。信托贷款的风险通常只发生在信托公司的投资项目上,与商业银行是隔离的。正是因为有自身的优点,信托贷款在我国也发展得很快。但由于信托业务并不是孤立的,信托公司的信托贷款与商业银行的传统贷款往往会贷给一家客户,如同一个政府融资平台,因此,如果信托贷款利率较高,在借款企业出现清偿困难时,它会更倾向于清偿利率高的信托贷款,从而有损商业银行的贷款清偿。另外,商业银行发行的理财产品通常是信托公司的资金来源,而信托公司等金融机构采取多层嵌套、设立资金池等办法,承诺给予理财投资者高额的固定回报,而我国出于维护社会稳定的需要,在银行监管时又要求银行执行"卖者有责""刚性兑付"的规定,这样就会把风险传递给商业银行。

三　银行理财

我国银行理财的主要类型有结构性理财产品、开放式与封闭式净值产品、预期收益率型产品、项目融资类产品、股权投资类产品、另类投资产品以及其他创新产品。随着利率市场化的完成以及互联网金融的发展,金融机构规避金融监管的动机不断加强,银行理财业务有了快速扩张。根据银行业理财登记托管中心披露的数据,截至 2022 年年底,全国共有 278 家银行机构和 29 家理财公司有存续的理财产品,共存续产品 3.47 万只,存续规模达 27.65 万亿元。其中,净值型理财产品存续规模为 26.40 万亿元,占比为 95.48%。固定收益类产品存续规模为 26.13 万亿元,占全部理财产品存续规模的 94.50%,混合类产品存续规模为 1.41 万亿。

前面已经讲到,影子银行业务的风险不是简单局限在具体的业务和金融机构上,风险是相互传导的,而商业银行是金融的重要构成部分,因此,影子银行业务的风险很容易传递给商业银行。理财业务也一样,理财投资者往往把销售理财产品的银行理解为收益的担保者,因此,一旦某个理财产品有了兑付的困难,理财者就会围攻销售理财产品的银行机构,造成极坏的影响。我国也发生了多起因理财产品到期无法兑付而导致的群体事件。我国政府出于稳定的需要,通常也息事宁人,"劝说"那家银行承担本其不应承担的损失。因此,在我国,理财产品的刚性兑付现象突出。刚性兑付给银行带来非常大的隐患。从理论上说,银行承担了风险,却没有获得风险溢价,天量的理财规模有可能给银行带来巨大的损失。正因为如此,在我国,如何规范理财市场的发展,要比其他国家重要得多。

2018 年,为了规范理财市场,我国出台了《关于规范金融机构资产管理业务的指导意见》,简称"资管新规"。"资管新规"的原计划落地时间为 2020 年年底,后来由于新冠疫情被迫延长 1 年至 2021 年年底,后又延长至 2023 年 3 月。"资管新规"的主要内容有下面几个方面:

(1) 明确资产管理业务的定义和产品分类。资产管理业务是指银行、证券公司、基金管理公司、期货公司及其他资产管理机构对受托的客户财产进行投资和管理的金融服务。同时,明确将非标准化债权类资产投资范围限定为银行信贷资产,并要求非标转标,这意味着金融机构可以利用信贷资产作为底层资产发行理财产品。对金融机构而言,"资管新规"有助于规范其信贷业务,打破刚性兑付。

(2) 重新界定投资者标准。资产管理产品的投资者分为自然人投资者和合格投资者。自然人只能购买标准化资产,不能购买非标准化资产。合格投资者可直接投资公募理财产品,而自然人则不得直接投资公募理财产品。

(3) 净值化管理,规范资金池,打破刚性兑付。

(4) 禁止多层嵌套与通道,严控非标与委外。"资管新规"明确规定,非标准化债权类资产是指未在银行间市场及证券交易所市场交易的债权性资产,包括但不限于信贷资产、信托贷款、委托债权、承兑汇票、信用证、应收账款、各类受(收)益权、带回购条款的股权性融资等。

(5)引导商业银行设立理财子公司。理财子公司的主要职责是受人之托代客理财,不得直接或者间接对客户资产实施管理。

"资管新规"的本质是去刚性兑付、去嵌套通道、去杠杆、去资金池、牌照化管理、穿透核查。由于"资管新规"要打破刚性兑付和期限错配,并实行理财投资的净值化管理,因此传统的理财模式受到了重大的挑战。

思考题

1. 简述商业银行负债业务的主要内容。
2. 简述商业银行信贷业务的主要内容。
3. 商业银行中间业务主要有哪些?
4. 银行的流动性有什么作用?
5. 简述银行流动性的内在来源。
6. 什么是利率敏感性缺口?缺口管理的主要内容是什么?
7. 租赁的作用是什么?租赁的类别有哪些?
8. 如何理解影子银行的积极作用及其风险所在?
9. 我国"资管新规"的主要内容是什么?其对我国的商业银行以及金融市场将产生怎样的影响?

第八章　中央银行

第一节　中央银行的产生与发展

一　中央银行产生的必要性

中央银行产生的前提是商品经济的发展。从 18 世纪后半期到 19 世纪前半期,科技发明和大机器的使用推动了社会经济的发展,商品生产和商品流通的扩大带动了以银行业兴起为标志的货币信用业的发展。一些商业资本家积累到一定规模后转变为货币兑换商人,一些小型货币兑换业者逐渐转变为银行家,专门从事货币信用业的银行机构日益多了起来。

中央银行产生的必要性来自货币信用业发展对它的需要。中央银行建立的必要性主要有以下几方面:

第一,银行券统一发行的必要。银行券是替代商业票据的银行票据,是商业银行为弥补金属货币量的不足而发行的。众多商业银行纷纷发行自己的银行券,致使银行券种类繁多。市场不断扩大,而分割开来的银行券的流通与日益扩大的商品生产和流通的要求出现矛盾。小银行破产、倒闭增多,其发行的银行券的兑现已不可能,并且这些银行券已失去了流通的条件,致使信用纠纷增多,由此引发大范围的信用危机,并给社会带来混乱。为此,需要银行券的统一发行以利于统一市场的形成,并且保证全国范围内信用关系的稳定。

第二,全国统一清算系统建立的必要。银行林立,银行业务不断扩展,债权债务关系错综复杂,票据交换与清算若不能及时、合理进行,就会阻碍经济的顺畅运行。因此,需要有一个全国统一的、有权威的、公正的清算系统,这一系统非中央银行莫属。

第三,银行最后贷款者建立的必要。在经济发展过程中,特别是在经济周期中的衰退和萧条阶段,商业银行往往陷入资金调度不灵的困境,有时因支付能力不足而破产。商业银行缺乏稳定的信用关系,不利于社会经济的发展,也不利于社会的稳定,因此客观上需要一个统一的金融机构为其他银行做后盾,在必要时为其提供资金支持。

第四,金融管理、监督的必要。为鼓励银行间的正当竞争,避免银行间的不正当竞争给社会经济带来不利影响,一国需要有一个代表政府意志的专门机构从事金融业的管理、监督和协调工作。

众多的理由说明了中央银行建立的必要性。货币发行的垄断是中央银行的基本特征,当货币发行集中于一家银行时,中央银行也就产生了。

二　第一家中央银行的形成[①]

1694 年成立的英格兰银行被认为是近代中央银行的始祖。英格兰银行的演变过程也就是中央银行的形成过程。英格兰银行是世界上最早的私人股份制银行。英格兰银行成立之初,在一些方面就与其他商业银行不同。其接受政府存款并向政府提供贷款,在银行券发行方面也有较大的特权。但英格兰银行成立初期也是一般的商业银行,本质上并不是中央银行。

1825 年,英国爆发了资本主义世界的第一次经济危机。这场由生产过剩而引发的危机很快波及货币信用领域,出现货币匮乏,信用中断。在一年多的时间里,有一百多家银行相继倒闭,银行以及银行券的信誉大减,公众对银行及银行券失去了信心。危机过后,英国政府认为必须从货币信用方面寻求避免危机的措施,并开展了关于银行券发行保证的争论。1844 年,英国通过了《英格兰银行条例》(因当时由首相比尔·兰特签署,故亦称《比尔条例》),该条例明确规定英格兰银行发行银行券必须有充足的黄金储备,以政府证券作准备的信用发行额不得超过 1 400 万英镑。后来又规定新设的银行和改组的银行没有银行券的发行权,英格兰银行可以增发相当于这些银行券减少额 2/3 的银行券。英国在 1844 年有 280 家银行可以发行银行券,不过其他银行的银行券发行数量已大大减少。到 1910 年,除英格兰银行外,英国还有 60 家银行可以发行银行券,但这 60 家银行可发行的银行券总额只有 100 万英镑,而英格兰银行发行的银行券已经达到 3 000 万英镑。到1928 年,随着银行业的发展,英格兰银行完全垄断了英国银行券的发行,成为英国唯一发行银行券的银行。

英格兰银行演变为中央银行,除了 1844 年的《英格兰银行条例》起到关键作用,金融理论的创立也起到重要作用。19 世纪中叶,英国发生了几次金融危机,英格兰银行银行券的发行规模已经很大,拥有一批商业银行的现金准备。英格兰银行在商业银行之间进行划账和清算业务。在危机中,英格兰银行以大银行的实力支撑了存款的支付和账务的清算。英国经济学家沃尔特·白芝浩(Walter Bagehot)总结了这一阶段的历史经验和教训,出版了名著《伦巴第街》。在那本书中,白芝浩极力主张规模最大、信誉最可靠的英格兰银行在金融危机中有责任支持资金周转困难的商业银行,以免发生挤兑风潮导致整个银行业的崩溃,从而提出了著名的"最后贷款者"原则——中央银行作为最后贷款人,应对商业银行提供贷款支持,商业银行可用未到期票据向中央银行要求再贴现。"最后贷

[①]　参见黄达:《货币银行学》,四川人民出版社 1992 年版,第 263—264 页。

款者"原则的提出及实践,奠定了现代中央银行的又一基石,即中央银行具备"银行的银行"的职能。

1854年,英格兰银行成为英国银行业的票据交换中心;1872年,英格兰银行对其他银行在运转困难时提供资金支持,从而成为其他银行的"最后贷款者"。

三　中央银行成立的三次高潮[①]

第一次高潮是1800—1913年。如果把1694年成立的英格兰银行看作第一家中央银行,那么第二家中央银行就是1800年成立的法兰西银行。这两家中央银行的成立间隔了一百多年。1800年以后的一百多年时间里,很多资本主义国家纷纷效仿英、法两国成立自己的中央银行,从而形成了中央银行成立的第一次高潮。1800—1913年,世界上成立了29家中央银行,绝大部分在欧洲。这些中央银行是本国经济和金融发展的产物,并且绝大部分都是由普通银行通过集中货币发行和对一般银行提供清算服务以及资金支持而演变成中央银行的。

第二次高潮是在第一次世界大战和第二次世界大战之间。第一次世界大战结束后,面对世界性的金融恐慌和严重的通货膨胀,1920年,国际经济会议在布鲁塞尔举行。会议要求尚未设立中央银行的国家尽快建立中央银行,以共同维护国际货币体系和经济稳定。这股国际压力推动了中央银行成立的又一次高潮。这些中央银行或者是新设立的,或者是新改组的。由于有其他国家的中央银行创立和发展的经验可借鉴,因此这些中央银行大都是通过政府力量直接设计而在法律上具有明确权责的。20世纪30年代经济大萧条后,新老中央银行均开始建立准备金制度并以管理其他金融机构为己任。

第三次高潮是在第二次世界大战之后。第二次世界大战结束后,一批经济落后的国家摆脱了宗主国的统治,原来的殖民地、附属国也纷纷独立。虽然这些国家的经济仍不发达,银行体系也不健全,但它们从发达国家所走过的道路中认识到成立中央银行有利于更好地管理本国的货币流通,推动本国金融与经济的发展。这些国家也视中央银行的建立为巩固民族独立和国家主权的一大标志,所以纷纷建立本国的中央银行。到目前为止,世界上只有极少数的殖民地和附属国尚无自己的中央银行。

四　中央银行职能完善的三个阶段

当代各国中央银行都具有三大职能,即中央银行是发行的银行、银行的银行和政府的银行。但这些职能并不是与生俱来的,其完善经历了三个阶段。

第一阶段是1694年至19世纪70年代。这一阶段是中央银行的幼年阶段。例如,英格兰银行最初是一家私人银行,后来才逐渐成为政府的银行和发行的银行。英格兰银行

---

① 参见甘培根、林志琦:《外国金融制度与业务》,中国经济出版社1992年版,第64—68页。

成立的背景是,当时英王威廉三世要备战欧洲,伦敦的商人购买了政府债券,出资支持政府备战。作为交换条件,这些商人要求政府允许他们成立一家股份制银行,以政府债券为担保,发行货币,并向工厂企业发放贷款。因此,英格兰银行在初期是兼营商业银行业务的不完善的中央银行。在这一阶段,英格兰银行的三大职能是残缺不全的。首先,英格兰银行在当时并不是唯一的发行银行,除它之外,还有多家银行可以发行银行券,政府对英格兰银行发行银行券的数量进行管制。其次,英格兰银行对政府的义务仅是认购政府债券,而不是政府的主要财务代理机构,政府的收付业务有些是交给别的银行来办理的。最后,英格兰银行并不对别的商业银行承担责任。英格兰银行成立后确实有与其他商业银行不同的特殊地位,其他商业银行因此愿意与其建立业务联系,比如将存款准备金放在英格兰银行账户上,但它们之间的关系仅此而已。法兰西银行一开始是作为政府的银行出现的,它与政府有密切的联系,其正、副行长由政府任命,同时法兰西银行拨出大量资金支持财政渡过难关。法兰西银行统一掌握货币发行权的时间早于英格兰银行,但当时也没有"银行的银行"这一职能。

第二阶段是从 19 世纪 70 年代至 20 世纪 30 年代。这是中央银行职能逐渐完善的阶段。英格兰银行创立了管理并扶持商业银行的一整套办法,使商业银行的活动受到统一的权威机构的制约。美国是个崇尚自由竞争原则的国度,不论是商业银行还是整个社会都不能接受在美国建立一家统一管理金融业务的中央银行的设想。1833—1863 年,美国曾出现自由银行制度时期,各银行都可以自由发行银行券,结果是货币体制紊乱,货币贬值。1863 年,美国联邦政府为结束货币紊乱的局面并为南北战争筹措经费,颁布了《国民银行法》,规定凡在联邦政府注册的国民银行都可以根据其持有的政府公债发行银行券。国民银行制度的一个缺点是,银行券的发行没有弹性,其发行是以政府债券为基础,而不能随经济的发展调节发行;另一个缺点是存款准备金过于分散,不能应付经常出现的金融动荡。1913 年,美国国会通过《联邦储备法》,正式建立中央银行制度,即联邦储备系统。其中的一项主要措施是由联邦储备系统统一发行联邦储备券,同时把会员银行的存款准备金分散于 12 家联邦储备银行,并规定联邦储备银行可以根据金融形势的需要发放最后贷款,从而使美国货币发行有了充分的弹性。美国联邦储备系统的建立说明,银行业与其他行业不同,为了保持货币的稳定,须建立一个统一管理全国货币流通和金融业务的权威机构,由这一机构调节货币的数量和成本,并扶助商业银行以增强其承受经济震动的能力。这一机构必须抛弃盈利目标,摆脱日常的工商信贷业务,专门致力于货币与金融的稳定。

第三阶段是 20 世纪 30 年代至今。这是中央银行宏观调控能力进一步增强的阶段。中央银行从仅仅维持金融业的稳定发展成为调控一国宏观经济的重要力量,是第三阶段与第二阶段的区别。中央银行职能转变的直接原因是 20 世纪 30 年代资本主义世界经济与金融的严重危机。这一危机使人们对通过市场机制摆脱经济危机并实现经济增长产生了怀疑。面对这一局面,凯恩斯的经济理论诞生了。该理论认为资本主义经济单靠市场调节并不能达到充分就业的均衡,必须依靠政府的宏观调节,而中央银行是宏观调节的机构之一。中央银行的货币政策不能仅仅建立在金融业的稳定之上,而应建立在整个国民经济的稳定之上。既然要利用中央银行来调控宏观经济,那么政府加强对中央银行的控制就是顺理成章的了。第二次世界大战后,政府对中央银行控制的加强主要表现为两个方面:

其一,中央银行国有化。中央银行虽然也是政府的银行,但其股本更多的是私人股份。第二次世界大战后,不少国家中央银行的私人股份被先后转为国有,其中就包括法国及荷兰的中央银行;有些新建的中央银行一开始就由政府出资,其中包括苏联和中华民国的中央银行;而其他继续留有私人股份或公私合营的中央银行也都加强了国家的控制。

其二,制定强化中央银行的银行法。银行法规定了中央银行的主要职责是贯彻执行货币金融政策,维持货币金融的稳定。银行法对中央银行地位的肯定,为其发挥宏观调节作用提供了前提。

从上述中央银行的三个发展阶段中可以看出,中央银行在经济中的地位是一步一步上升的,其职能是逐步完善的。但中央银行制度仍处于发展变化之中,因为经济活动和金融业不断向前发展,中央银行只有不断地完善自己的组织体系和调控手段,才能更好地调控宏观经济。

第二节　中央银行体制

一　中央银行的机构设置体制

中央银行的机构设置可分为三种类型:单一制中央银行、跨国型中央银行和准中央银行。

(一) 单一制中央银行

单一制中央银行是指一国单独建立中央银行机构,其职能是全面的。单一制中央银行又有两种具体形式:一元式中央银行与二元式中央银行。

1. 一元式中央银行

一元式中央银行是指在一个国家内只建立一个统一的中央银行,其机构设置一般采取总行分制。一元式中央银行也称英格兰银行模式,世界上绝大部分国家都采用这种机构设置模式。总行一般设在首都,分行是总行的隶属和派出机构。分行不能独立制定自己的货币政策,而只能执行总行的货币政策。这种模式的中央银行,领导权集中统一,便于业务政策的贯彻,呈报手续简便,决策迅速,因此为各国所广泛采用。从西方各国来看,中央银行分支机构多数不是按行政区划分,而是根据经济发展的需要和经济中心的分布而设立的。有的国家重点在大城市设立分行;有的国家,如日本,按经济大区设立分行;

也有的国家,如意大利,在农村地区普设分行。一般来讲,各分支机构都有划定的业务辖区,并通过分支机构的工作提高整个中央银行的工作效率。我国的中央银行——中国人民银行也属于一元式组织形式。

2. 二元式中央银行

二元式中央银行是指在一国内建立中央和地方两级相对独立的中央银行机构。地方级中央银行虽然也受中央级中央银行的监督管理,并执行统一的金融政策,但它们在各自的辖区内有较大的独立性,与中央级的中央银行并非总行和分行的关系。采用二元式中央银行体制的国家主要是实行联邦政治体制的国家,如美国。欧洲中央银行也是二元式体制。

美国的一级中央银行机构有联邦储备委员会、联邦公开市场委员会和联邦顾问委员会。这些委员会实际上并不是中央银行本身,也不能办理任何业务。美国的二级中央银行机构是12家联邦储备银行。美国根据各地区的经济与金融情况,将全国划分为12个联邦储备区,在每个区内设立一家联邦储备银行。联邦储备银行是该地区的中央银行,其资本由该地区参加联邦储备系统的会员银行认购。因此,美国各联邦储备银行的股东是会员银行。纽约联邦储备银行是联邦公开市场委员会进行证券买卖的场所,因此,在某种意义上起到总行的作用。

联邦储备委员会是美国联邦储备系统(简称"美联储")的最高权力机构,总部位于华盛顿。委员会由7名委员组成,由总统任命,报参议院批准。委员任期长达14年,不得连任。委员来自不同的联邦储备区。委员会主席从7名委员中选举产生,任期4年,可以连任。总统可以任命新主席,为了维护新主席的权威和独立性,前任主席即使任期未满,也必须从委员会辞职。

联邦公开市场委员会是公开市场操作的决策机构。公开市场委员会的构成包括联邦储备委员会的7名委员、纽约联邦储备银行行长、其他4名联邦储备银行行长,公开市场委员会主席由联邦储备委员会的主席兼任,其他7名联邦储备银行行长可以列席会议并参与讨论。联邦公开市场委员会每年举行8次会议,制定有关公开市场操作的决策,对基础货币施加影响,并确定作为政策利率的联邦基金利率。由于公开市场操作是最重要的货币政策工具,因此联邦公开市场委员会是美联储决策制定的核心。

美联储的决策机制是这样的:美国所有吸收储蓄存款的金融机构在美联储都有一个储备金账户(Reserve Account)。这些金融机构除包括美联储的会员银行外,还包括信用社(Credit Union)、储蓄与贷款协会(Savings and Loan Association)、外国银行在美国的分行等。每个机构的储备金账户余额都不能低于法定的比例,该比例被称为储备金率或存款准备金率。如果某个金融机构的储备金低于要求,其必须想办法补足。相反,超过标准的部分被称为超额储备金,可以随时支取。正常情况下,储备金不足的银行可以向有超额储备金的银行拆借资金,补足储备金。市场上这种金融机构间为满足储备金要求而进行的短期贷款的利率被称为联邦基金利率。

美联储通过公开市场操作来影响联邦基金利率。比如美联储买入债券时，投放美元；卖出债券时，则从市场上收回了美元。公开市场委员会设定联邦基金利率目标后，美联储通过公开市场操作改变市场上货币的发行量，实现预先设定的目标利率。出于对风险和市场容量的考虑，正常情况下，美联储在公开市场操作中买卖的债券主要是短期政府国债。

美联储通过调节联邦基金利率这种短期利率，可以在金融市场上引起一系列的连锁反应。联邦基金利率的变化会直接影响其他短期利率，然后进一步影响长期利率。长期利率变化会影响家庭消费和企业投资，另外，利率政策也可以通过资产价格影响经济。

（二）跨国型中央银行

跨国型中央银行也称区域性中央银行，是由若干主权国家联合组建的。这类中央银行在其成员国范围内行使中央银行的职能。跨国型中央银行为成员国发行共同使用的货币并制定统一的货币金融政策，监督和管理各成员国的金融机构和金融市场，对成员国政府提供融资等。欧洲中央银行、西非货币联盟、中非货币联盟等都属于跨国型中央银行。

（三）准中央银行

准中央银行是指某些国家或地区只设置类似于中央银行的机构，或由政府授权某家或某几家商业银行行使中央银行的部分职能。采取这种体制的国家和地区有新加坡及中国香港。新加坡没有中央银行，但有一个相当权威的金融管理局。金融管理局除了不发行货币，执行中央银行的全部其他职能。新加坡的货币——新币由货币委员会发行。

香港在 1997 年回归祖国之前，就属于准中央银行制。回归祖国后，按照"一国两制"的原则和《中华人民共和国香港特别行政区基本法》的规定，仍然实行独立的货币与金融制度，其货币发行与金融管理自成体系。香港金融管理局担当准中央银行的角色，其主要职能是维持港元汇价（主要是对美元的汇价）的稳定，管理外汇基金，促进香港银行体系稳健，发展香港金融市场基础设施，使货币畅顺流通。

二 中央银行的产权结构

中央银行的产权构成可分为五种类型，即国有、公私共同出资、企业法人持股、无资本、多国共有。需要说明的是，无论是何种产权结构，都不会对中央银行的性质与职能产生实质性影响。

（一）国有资本的中央银行

全部资本都属于国家。这类中央银行或者由国家拨款组建，或者通过政府收购股份将某一私营银行改组而成。历史悠久的中央银行最初大多是由私营商业银行逐渐演变而成的。为了加强政府对经济的干预能力,第二次世界大战之后,各国普遍将中央银行的非国有资本国有化,如英、法两国。新成立的中央银行从一开始就是国家出资建立的。我国的中央银行——中国人民银行的全部资本由国家出资,属于国家所有。

(二) 公私共同出资的中央银行

这类中央银行的资本一部分属于国家,一般占资本总额的50%以上;另一部分属于私人资本家,如日本的中央银行即日本银行的资本,55%由政府持有,其余45%的股份由私人持有。私股持有者唯一的权利是按法律规定每年领取5%的股息。比利时中央银行的国有资本占50%,墨西哥中央银行的国有资本占51%。这类中央银行还包括奥地利和土耳其等国的中央银行。由于私人股东不能参与决策和经营,因此对中央银行的政策没有多大的影响。

(三) 企业法人持股的中央银行

这类中央银行的全部资本由企业法人股东持有,经政府授权,这类银行执行中央银行的职能。如意大利的中央银行,就是由股份公司转变为被国家法律授权的中央银行,其资本全部由储蓄银行、全国性银行、公营信贷机构等认购。美国联邦储备银行的资本全部由参加联邦储备系统的各会员银行持有,由各会员银行认购其所参加的联邦储备银行的股票,认购金额相当于各会员银行实收资本和公积金的6%。会员银行按实缴股本享受年6%的股息。

(四) 无资本的中央银行

由于中央银行有发行货币的授权,又要吸收金融机构的准备金存款,因此中央银行的资本并不重要。韩国的中央银行是世界上唯一没有资本的中央银行。

(五) 资本为多国共有的中央银行

跨国型中央银行的资本金是由各成员国按商定比例认缴的。认缴比例也就构成了各成员国对跨国型中央银行的所有权。跨国型中央银行的典型例子就是欧洲中央银行。1999年1月,根据《马斯特里赫特条约》,欧洲中央银行成立,结构参照美联储的模式,各国中央银行类似于美国联邦储备银行。欧洲中央银行总部设在德国法兰克福。欧洲中央银行的决策机构是管理委员会和执行委员会,管理委员会由执行委员会所有成员和参加欧元区的成员国中央银行行长组成。管理委员会是欧洲中央银行的最高决策机构,负责制定欧元区的货币政策,并且就涉及货币政策的中介目标、指导利率以及法定准备金率等作出决策,同时确定其实施的行动指南。执行委员会由欧洲中央银行行长、副行长和其他四位成员组成。

欧洲中央银行是世界上第一个管理超国家货币的中央银行。独立性是它的一个显著特点,它不接受欧盟领导机构的指令,不受各国政府的监督。

三 中央银行的隶属体制

中央银行的隶属体制可分为以下三种情况：

第一，中央银行隶属于财政部。这类中央银行的独立性较差，如意大利中央银行直接受财政部的监督与控制，财政部有权派人列席中央银行的董事会议。董事会的决议，财政部有权暂缓执行。

第二，中央银行名义上隶属于财政部，实际上有较强的独立性。如英格兰银行，虽收归国有，但不同于一般的国有企业，也不是一个独立的政府部门。根据英格兰银行法的规定，财政部有权向英格兰银行发布命令，但历史上财政部从未向英格兰银行发布过命令。日本银行虽隶属于大藏省，但在金融政策的决定上仍有相当大的独立性，这主要表现为日本银行政策委员会是一个独立性很强的决策机构，在该委员会的会议上，代表政府部门的委员没有表决权。

第三，中央银行隶属于国家立法机关。美联储隶属于国会，其独立性很强，主要表现为：① 联邦储备委员会的 7 名理事须经参议院同意才能由总统任命，而且任期长达 14 年，从而使金融政策不受政府换届的影响，连续性较强；② 联邦储备委员会有权独立制定和执行金融政策；③ 美联储对财政只有短期的一般支持义务；④ 美联储的经费独立，不需要财政拨付。

第三节　中央银行的职能

中央银行具有发行的银行、银行的银行、政府的银行三大基本职能。

一 发行的银行

所谓发行的银行，是指中央银行垄断货币的发行权，从而成为一国唯一的货币机构。中央银行垄断货币发行权是中央银行最基本的标志，也是其履行其他职能的基础。

在过去的金本位制度下，各国对货币的发行都有严格的规定。为了保持货币金融的稳定，中央银行集中大量的黄金作为储备，黄金储备增多，纸币或银行券的发行才能扩大；而黄金储备下降，则必须收缩货币供给。

在现今的货币制度中，黄金已不再成为货币储备，即货币流通已转化为不兑现的纸币流通了。而影响购买力的货币数量中，纸币仅仅是其中很小的一部分，更大的部分则是存款货币。货币金融稳定与否，关键并不在于纸币发行数量的大小，而是较宽口径的货币供给状况。也就是说，发行的银行的含义已经有了变化，不再是简单的现钞的发行，而是包含存款货币在内的广义的货币发行。

目前，中央银行作为发行的银行的基本职能表现在以下方面：

第一,货币发行权集中于总行。

第二,货币发行要经过一定的程序。中央银行发行货币要根据经济发展的需要,围绕着货币政策目标,参照市场资金供求状况来进行。

第三,中央银行经过一定的业务活动,使发行的货币进入流通。这些活动也就是中央银行投放基础货币的活动。基础货币属于高能货币,通过派生作用生成全社会的货币供给总量。

二　银行的银行

所谓银行的银行,是指中央银行以商业银行和其他金融机构为对象,而不与工商企业及私人发生直接关系,因此是银行的银行。这一职能表现在以下三个方面:

(一) 中央银行是银行存款准备金的保管者

法律通常规定,商业银行及有关金融机构必须向中央银行缴存一部分存款准备金。目的在于:一方面,保证存款机构的清偿能力,以备客户提现,从而保障存款人的资金安全以及银行等金融机构本身的安全;另一方面,有利于中央银行调节信用规模和控制货币供应量。缴存准备金的多少,通常是对商业银行及有关金融机构所吸收的存款确定一个缴存的法定比例,有时还对不同种类的存款确定不同的比例。同时,中央银行有权根据宏观调节的需要,调整存款准备金的上缴比率。集中统一保管商业银行存款准备金的制度,是现代中央银行制度的一项极其重要的内容。

(二) 中央银行是银行的最后贷款者

全国商业银行缴存于中央银行的存款准备金构成中央银行吸收存款的主要部分,当商业银行发生资金短缺,而在同业中难以拆借融通时,可向中央银行申请贷款,中央银行则执行最后贷款者的职能。商业银行一般以票据再贴现、证券再抵押方式向中央银行取得贷款。所谓再贴现,是商业银行用它们从工商企业那里以贴现方式收进来的票据向中央银行贴现,取得贷款。所谓再抵押,则是商业银行以其手中的有价证券等作为抵押品向中央银行申请抵押贷款。中央银行所吸收的存款准备金和国库存款不足以为一般商业银行提供贷款时,就要利用其作为发行银行的特权发行货币,中央银行也可以通过增加贷款的方式直接创造存款货币。中央银行最后贷款者的地位决定了它可以对再贴现率和再抵押贷款利率进行调整,以扩张或紧缩信用。

(三) 中央银行是银行票据结算中心

由于中央银行具有票据结算中心的职能,同时又是银行的银行,各商业银行和金融机构都在中央银行设有存款准备金账户,因此,各银行及金融机构之间的应收应付票据,可在中央银行设立的票据交换所通过存款账户划拨来办理结算,从而结清彼此间的债权债务关系。中央银行作为全国的票据结算中心,为各家银行提供服务,有利于提高结算效率,也有利于中央银行对银行及其他金融机构的监督和管理。

三　政府的银行

所谓政府的银行,是指中央银行代表政府执行金融政策,代为管理财政收支并为政府提供各种金融服务。中央银行作为政府的银行是通过以下几个方面表现出来的:

(一) 中央银行代理国库

国家财政收支不另设机构,而是交由中央银行代理。政府的财政收入和支出都通过在中央银行开设的各种账户进行。具体而言,中央银行按国家预算要求协助财政、税收部门征缴国库存款。一般将财政部门征收的并存入中央银行的款项称为金库存款。中央银行又根据财政支付命令向经费使用单位划拨资金。一般将经费使用单位经中央银行划拨并转存商业银行的存款称为经费存款。中央银行要随时反映经费预算收支缴存和划拨过程中的情况。此外,中央银行可代理政府债券的发行及到期偿付本息等事宜。

(二) 中央银行给国家以信用支持

中央银行在国家财政出现赤字时,负有向财政提供信用支持的义务。当然,这种义务在不同体制的国家中表现出很大的不同。中央银行对政府的信贷支持主要有两种形式:

第一,中央银行购买国家公债。中央银行可以在国债的发行市场上认购,这样中央银行的资金直接进入财政存款,流入国库;中央银行也可以在国债的交易市场上买入政府债券,这意味着资金间接流向财政。无论是直接还是间接方式,从中央银行某一时点的资产负债表来看,只要持有国家债券,就意味着中央银行向国家提供了信用支持。以美国为例,2022年年底,美国国债最大的持有者是海外投资者,占比为30.54%,而美联储排在第二位,占比为22.79%。日本国债投资者最主要的是日本中央银行,2022年年底的占比为52.02%。

第二,中央银行向财政透支。向财政透支主要是解决财政先支后收而发生的暂时性的资金困难。一般情况下,透支意味着货币发行,因此中央银行不会向财政提供长期贷款。如果是向财政提供长期贷款,中央银行则变成财政赤字的弥补者,从而不利于一国货币金融的稳定。正因为中央银行一般只是向财政提供短暂性的透支,所以财政资金的缺乏一般都通过发行国家公债来解决。我国中央政府的财政透支或赤字需要得到全国人民代表大会的批准,例如,2022年,全国人民代表大会批准的中央财政的赤字率(赤字金额占国内生产总值的比重)为2.8%,实际财政赤字为2.65万亿元,赤字比率为2.2%。

(三) 中央银行管理黄金和外汇

黄金和外汇储备对一个国家有重要意义,这些意义包括维护本国货币汇率、弥补贸易逆差、象征一国资信水平以及应付突发事件等。一般一个国家都有一定数量的黄金和外汇储备。中央银行通过替国家保管和经营黄金与外汇储备,实现黄金与外汇储备的保值和增值;通过黄金与外汇的买卖稳定一国货币的币值与汇率;通过黄金与外汇的管理实现一国的国际收支平衡。

(四) 中央银行制定或执行金融政策

一般情况下,一国通过立法来管理金融活动。金融法规使商业银行等金融机构有章可循,有法可依。但经济生活是多面的,还需要有符合具体形势的金融政策。这些金融政策在中央银行独立性很强的国家都由中央银行制定。在中央银行独立性较弱的国家一般由政府制定,由中央银行执行,但即使是在这种体制中,中央银行也充当政府的顾问,提供经济和金融情报及决策建议。中央银行根据政策、法令,对银行等金融机构的设置、撤并等进行审查批准;对金融机构的业务活动范围、清偿能力、资产负债结构和存款准备金缴存等情况,进行检查和监督,对金融机构的业务报表、报告进行稽核和分析;对有问题的金融机构进行行政处罚。

除了以上四个方面,中央银行还要代表政府参加国际金融组织,出席国际会议,从事国际金融活动,签订金融协议,也就是说,中央银行是一国联络对外金融关系的政府机构。

四　中央银行的独立性与职能发挥

(一) 中央银行与商业银行的不同

中央银行与商业银行有本质的不同,这是显而易见的:① 虽然二者都是银行,但商业银行的经营对象是一般工商企业,而中央银行的经营对象是商业银行等金融机构和政府财政;② 商业银行是经营货币资本的企业,以盈利为目的,而中央银行是一国金融管理机关,不以营利为目的;③ 商业银行的资产要在保持流动性的前提下最大限度地获取利润,因此长期投资和贷款不可避免,但中央银行的资产保持最大的流动性,这一流动性为发挥中央银行调控经济的职能提供了保证;④ 中央银行处于某种程度的超然地位,不受外界因素过多的干扰和牵制,独立性较强。

(二) 中央银行保持相对独立的意义

中央银行的相对独立性是指,一方面,中央银行与政府密切配合,受政府的监督和指导,不是凌驾于政府之上或独立于政府之外的;另一方面,中央银行在政府机构体系中不同于一般行政部门,具有金融调节方面的独立性,对政府推行通货膨胀政策有制约作用。

中央银行保持相对独立的意义主要表现为:

第一,适应中央银行的特殊业务。中央银行既是政府的银行,又是发行的银行和银行的银行。中央银行的政策直接影响国民经济的各个方面。政府的政策有时与中央银行的政策不一致,比如政府为解决就业问题而主张宽松的货币政策,但中央银行却把货币和金融稳定放在最重要的位置上。如果没有中央银行的相对独立性,就很难有中央银行一贯的货币政策。西方国家的政府每隔几年就要进行大选,执政党为争取获胜,往往会采取一些经济措施保证其政治目的的实现,放松银根以支持高工资和高就业往往成为一种政策。但新的政府刚上台时就面临通货膨胀,因此不得不采取紧缩的财政政策和货币政策。很明显,如果中央银行没有相对独立性,就难以避免政治权力的更迭对经济的破坏。

第二,避免财政赤字货币化。中央银行作为政府的银行,有义务帮助政府平衡财政收支。但政府的财政赤字有时是政府推行功能财政政策的结果。政府的目标有时会远远地偏离中央银行的目标。如果财政一出现赤字,中央银行就无条件地弥补,就会产生三个问题:其一,政府的赤字因及时得到中央银行的弥补而变得越来越大,政府机构也会变得越来越臃肿,政府的工作效率会越来越低;其二,货币政策将不复存在,货币政策将由财政政策所取代,或成为财政政策的附属物;其三,通货膨胀不可避免。

正因为如此,中央银行对政府的贷款一般仅限于短期贷款,而且有最高限额。另外,政府在举借国债以弥补财政赤字时,更关心的是以低利率出售政府债券,但中央银行为稳定经济、抑制通货膨胀和降低货币需求会提高利率。

(三) 中央银行独立性的表现

中央银行的独立性表现在以下几个方面:

1. 法律的独立

为保障中央银行能够独立地履行其职能,世界各国都根据各自的国情制定了独立的中央银行法。通过立法确定中央银行的性质、地位、权力等。

2. 业务的独立

中央银行在业务上的独立表现在两个方面。其一,货币政策目标的制定独立。一国政府在制定宏观经济政策目标时,会根据不同情况在四个主要目标(充分就业、经济增长、物价稳定、国际收支平衡)中作出选择或排序。而中央银行的货币政策目标并非完全服从于政府的宏观经济政策。如果中央银行法明确规定了中央银行的首要目标是保持物价稳定,那么中央银行的独立性也就体现在其他部门不能随意要求中央银行调整目标。其二,中央银行对货币供给的调控,包括对利率、汇率的调控,不受任何干预。中央银行选择什么样的政策工具也是自己来决定。

3. 管理金融市场权力的独立

中央银行作为一国金融体系的灵魂,负有管理、调节金融市场运行的职责,这在客观上也要求中央银行具有独立性,不能受外界的过多干预。

尽管中央银行有这样或那样的独立性,但不能理解为中央银行的地位是超然的。中央银行既然是发行的银行和政府的银行,就必须服从于国家的根本利益。当国家利益需要时,中央银行就应该作出政策调整。号称独立性很强的美联储,在关键时刻,也必须配合美国政府以挽救美国经济。2008 年,为了拯救因金融危机遭受重创的美国经济,美联储频频出手,包括出资救助受困的金融机构,大幅降低基准利率,大量认购美国国债,增加基础货币,等等。

目前,欧洲中央银行体系是世界上独立性最强的中央银行。欧洲中央银行设置的通货膨胀目标为 2%,为了维护这一目标,法律明确规定,欧洲中央银行不得向成员国中央和地方政府提供透支,也不得在一级证券市场直接购入成员国的国债。可以说,欧元区国家实现了财政支出与货币发行的彻底分离。但正是这种分离,让欧元区国家的财政失去了保护,也失去了必要的弹性。2009 年和 2012 年以希腊为代表的欧洲债务危机的直接原因也正在于此。

第四节 中央银行的货币创造与资产负债业务

一 中央银行创造货币的功能

中央银行是发行货币的银行,它首先为社会提供新的货币量。中央银行一般通过再贴现、再抵押贷款、购买证券、支付利息以及收购黄金和外汇等方式投放货币,货币投放的过程也就是资金运用的过程。对中央银行来说,资金运用创造资金来源。

货币制度从金本位过渡到纸币流通制度后,信用创造货币就成为一个普遍的规律。现代经济生活中,金属货币已退出流通,直接由财政发行货币的现象已极为少见。现代经济中流通的货币都是在支付手段基础上产生的信用货币,而信用货币都是由各国中央银行通过增加资金运用的办法首先提供的。当经济生活中需紧缩通货规模时,也首先是通过中央银行减少资金运用来实现的。

为了说明在中央银行体制下货币创造的过程,不妨举一个具体的例子。

假设物质生产部门生产出产品,这些产品由商业企业以延期付款的形式收购,商业企业与生产企业建立了一种商业信用关系。生产部门向商业企业开出了一张远期汇票,面值为 10 100 万元,到期日为 1 个月之后,该汇票得到了某家商业银行的承兑。生产企业可以持有这张银行承兑汇票要求另一家商业银行贴现,假定这家贴现银行为 A。生产企业得到贴现款之后,可以继续组织生产。而 A 银行为满足其他客户的贷款需要,则持有这张未到期的银行承兑汇票向中央银行申请再贴现,中央银行按年贴现率 12%、期限为 1 个月计算,并扣下贴现利息后将大约 10 000 万元再贴现给 A 银行,A 银行将 10 000 万元存入自己在中央银行的账户。此时基础货币新增 10 000 万元,并引发了以下经济行为:

(1) A 银行向甲企业提供 9 000 万元贷款;

(2) 甲企业从乙企业购入 5 000 万元的原材料,乙企业将 5 000 万元存入银行;

(3) 甲企业提取现金 1 000 万元发放工资;

(4) 乙企业提取现金 800 万元发放工资;

（5）甲企业向财政支付300万元税款，并通过银行转账变为财政存款；

（6）乙企业向财政支付200万元税款，也通过银行转账变为财政存款；

（7）财政拨给政府部门300万元经费，并形成机关团体存款；

（8）政府部门购买100万元的商品，商业企业将100万元转存银行；

（9）政府部门提取100万元现金，支付工资；

（10）个人用工资收入购买1 200万元商品，商业企业将其存入银行；

（11）个人储蓄存款300万元。

从上述经济行为中我们可以计算出全部商业银行信贷收支平衡表，见表8-1。

表8-1 商业银行信贷收支平衡表 （单位：万元）

资　产		负　债	
贷　款	9 000	企业存款	8 000
		财政存款	200
		机关团体存款	100
		个人储蓄	300
		流通中现金	400

其中，企业存款包括甲企业存款2 700万元、乙企业存款4 000万元和商业企业存款1 300万元；财政存款因有财政收入共计500万元，而支出包括支付经费300万元，差额为200万元；机关团体存款因有财政拨款共计300万元，而购买支出和工资支出各为100万元，剩余100万元；个人储蓄为300万元；流通中现金为400万元。

在这一例子中并没有出现派生存款现象，如果其他银行依据所吸收的存款再发放贷款的话，全社会信贷收支的规模将会加大。

在我国，中央银行的货币创造和流动性的生成具有如下特点：

（1）中央银行通过再贴现、再贷款、收购黄金和外汇或者提供公开市场操作向商业银行特别是大型国有银行投放资金，形成中央银行资产；商业银行回存准备金等使得中央银行负债端形成基础货币。基础货币中的超额准备金形成银行系统可以使用的资金总量，这属于狭义的流动性。

（2）商业银行进行信贷投放，企业和居民回存存款形成银行负债，也就是派生存款，亦即社会上可以使用的资金总量，这就是广义的流动性。

（3）中央银行、商业银行、企业和居民的资产负债表发生跨层的资金流转会导致同层的货币供应量发生变化，而同层之间的资金流动不会导致货币供应量发生改变。

（4）社会生产和流通的扩大是信贷资金增加的源泉或主要原因，但在中央银行体制下，由于货币是通过信用渠道投放和派生的，因此过于宽松的信用政策会使货币供给量过多而产生信用膨胀，最终引起通货膨胀。

（5）当商业银行偿还中央银行的最初贷款时，信用规模会相应收缩。但由于经济增长是持续的，因此中央银行通过各种途径提供的基础货币也是持续增加的。

二　中央银行的资产负债业务

（一）中央银行的权力与业务范围

由于中央银行自身的特殊性，法律赋予其特殊的权力。这些权力包括以下七项：① 发布并履行与其职能相关的业务命令和规章制度的权力。② 决定货币供应量与基准利率的权力。③ 调整存款准备金率和再贴现率的权力。④ 决定对金融机构贷款数额和方式的权力。⑤ 灵活运用相关货币政策工具的权力。⑥ 依据法律规定对金融机构和金融市场监督管理的权力。⑦ 法律规定的其他权力。

根据法律赋予的权力，中央银行的业务有一定的范围界定，其中包括：① 货币发行和货币流通管理业务。② 存款准备金业务。③ 为在中央银行开立账户的金融机构办理再贷款与再贴现业务。④ 在公开市场买卖有价证券的业务。⑤ 黄金、外汇的购买与管理业务。⑥ 代理政府债券的发行与兑付业务。⑦ 代理国库业务。⑧ 组织金融机构之间的清算业务。⑨ 金融活动调查的统计与相关报表发布。⑩ 对金融机构与金融市场的相关监督管理。⑪ 中央银行财务收支的核算与内部监督。⑫ 法律允许的其他业务。

（二）中央银行业务的原则

中央银行的职能决定了其业务的基本原则。

第一，不以营利为目的。中央银行以制定和实施货币政策、维护金融稳定为目标，不同于商业银行，因此中央银行的各项业务不能以盈利为目的。在同等或可能的情况下，中央银行的业务活动应尽量避免或减少亏损，以降低金融管理的成本。

第二，不经营一般银行业务。中央银行不与一般商业银行争利，这与其职能是一致的。

第三，保证资产的流动性。中央银行负责金融管理和调控社会货币供应量，其资产要保持很强的流动性。如果资产流动性差，就会失去其调控基础货币的灵活性。

第四，保证业务活动的公开性和主动性。保持业务的公开性是为了强化货币政策的信息传递效应，及时向社会提供必要的金融信息与政策意向，使社会各界调整其预期。业务的主动性也是在社会上传递政策意图，以有效管控货币供应量。

（三）中央银行的资产负债

中央银行的各项业务及其执行情况都会反映在其资产负债表中。以我国为例，中央银行的资产负债表如表8-2所示。

表 8-2　我国中央银行的资产负债表

资产	负债
国外资产	储备货币
外汇	货币发行
货币黄金	金融机构存款
其他国外资产	存款货币银行
对政府债权	特定存款机构
其中:中央政府	其他金融机构
对存款货币银行债权	非金融机构存款
对特定存款机构债权	发行债券
对其他金融机构债权	国外负债
其他资产	政府存款
	其中:中央政府
	自有资金
	其他负债

在表 8-2 中,国外资产包括中央银行持有的可自由兑换的外汇、黄金储备、地区货币合作基金、对外国政府和外国金融机构的贷款、在国际货币基金中的储备头寸、在世界银行的特别提款权等。

国内资产主要由中央银行对政府、金融机构和其他部门的债权构成,包括中央银行持有的政府债券、财政短期贷款,法律允许的透支额,中央银行的再贴现、再贷款、回购协议等对存款货币银行的债权,对非货币金融机构的债权,对非金融政府企业的债权,对特定机构和私人部门的债权等。

负债项下,主要包括储备货币、发行债券、国外负债、政府存款等。储备货币主要包括公众持有的现金,存款货币银行的现金及其在中央银行的存款,非货币金融机构在中央银行的存款,特定机构和私人部门在中央银行的存款等。

发行债券是指中央银行向银行等金融机构发行的债券。

(四) 货币的发行管理

统一货币发行权是中央银行制度建立的根本动因,现代各国均通过立法由中央银行垄断货币发行权。货币发行是中央银行最主要的负债业务。

中央银行的货币发行有两层含义:一层含义是指货币从中央银行的发行库经由各家商业银行的业务库流向社会。前面已举例说明货币(现金加存款)是如何通过中央银行流到社会中去的。另一层含义是指货币从中央银行流出的数量大于回笼到中央银行的数量。

人民币发行的关键是发行数额的掌握。我国人民币发行计划由国务院审批。人民银行总行与各商业银行总行联合向基层行处下达各基层行处的发行或回笼计划,凡货币从发行库出库,必须有上级发行库的出库命令。

当商业银行基层行处的现金不足以支付时,可到当地人民银行从其存款账户余额内提取现金。这样,人民币就从发行库转移到商业银行基层行处的业务库。这意味着人民币进入流通领域。当商业银行基层行处收入的现金超过其业务库库存限额时,超过的部分自动送交人民银行,这部分人民币进入发行库,意味着退出流通领域(见图8-1)。

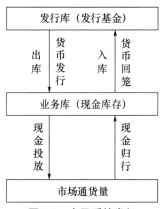

图 8-1　人民币的发行

三　我国中央银行体制的演变与职能完善

中华人民共和国成立初期,我国的经济模式为苏联模式,金融体制的建立也是仿照苏联。那时,我国的中央银行制度为复合制,即没有单独设立具有中央银行职能的银行,而是由一家大银行同时履行中央银行职能与一般商业银行职能。

改革开放后,几家专业银行相继恢复或建立。1979 年,中国农业银行恢复建立,中国银行也从中国人民银行独立出来,中国人民建设银行从财政部独立出来。专业银行建立后,中国人民银行与专业银行之间的关系变得混乱起来。那时专业银行总行与中国人民银行一样都直属于国务院,国务院只是将专业银行委托给中国人民银行管理,但这种委托管理的效果很不理想。

1983 年,我国开始实行单一中央银行体制,由中国人民银行专门行使中央银行职能。

1995 年,为了规范中央银行的职能,我国颁布了《中华人民共和国中国人民银行法》。1997 年,我国设立货币政策委员会。2003 年,《中华人民共和国中国人民银行法》获得修正。根据该法,中国人民银行在国务院领导下,制定和执行货币政策,防范和化解金融风险,维护金融稳定。货币政策的目标是保持货币币值的稳定,并以此促进经济增长。

2004 年,我国成立了银行业监督管理委员会(简称银监会),以往由中国人民银行执行的银行监管职能转交给银监会来履行。

2005—2022 年,中国人民银行把自己的工作重心调整到金融改革和货币政策上。这期间,中国人民银行一直致力于培育以上海银行间同业拆借利率、国债收益率曲线、贷款市场报价利率为代表的金融市场基准利率体系,不断健全市场利率定价机制和传导机制。

这期间,中国人民银行不断优化货币政策工具组合,保持经济体系的适度流动性。中国人民银行的货币政策工具包括调整存款准备金率与以央行票据回购和逆回购为形式的公开市场操作,并设置了常备借贷便利(Standing Lending Facility, SLF)、中期借贷便利(Medium-term Lending Facility, MLF)、抵押补充贷款(Pledged Supplementary Lending, PSL)等基础货币投放工具。这些政策工具兼顾了金融体系和实体经济,也顾及了短期和中期,同时也起到了利率引导的作用。

中国人民银行于2013年年初创设了常备借贷便利,贷款对象主要为政策性银行和全国性商业银行。贷款期限为1~3个月,利率水平根据货币政策调控需要确定。常备借贷便利要以高级别债券以及优质信贷资产为抵押。常备借贷便利旨在提供体系内银行机构的流动性保障,保证市场资金流通和利率的稳定。

中期借贷便利创设于2014年,是中国人民银行提供中期基础货币的货币政策工具,对象为符合宏观审慎管理要求的商业银行、政策性银行,需提供国债、中央银行票据、政策性金融债券、高等级信用债等优质债券作为合格质押品。2018年,中国人民银行新增中期借贷便利的担保品范围。新增担保品主要包括不低于AA级的小微、绿色和"三农"金融债券,AA+级、AA级公司信用类债券,以及优质的小微企业贷款和绿色贷款等。2018年,中国人民银行又创设"定向中期借贷便利"(Targeted Medium-term Lending Facility, TMLF),根据金融机构对小微企业、民营企业贷款增长情况,向金融机构提供长期稳定的资金来源。

2014年,中国人民银行借鉴发达国家中央银行基础货币投放的创新方式,在我国创设了抵押补充贷款工具。抵押补充贷款采取质押方式发放,合格抵押品包括高等级债券资产和优质信贷资产。抵押补充贷款不仅是基础货币的投放工具,也是中期利率的引导工具。

这期间,中国人民银行健全和完善了人民币汇率形成机制。2015年,中国人民银行宣布调整人民币对美元汇率中间价报价机制,做市商参考上日银行间外汇市场收盘汇率,向中国外汇交易中心提供中间价报价。这一调整使得人民币兑美元汇率中间价机制进一步市场化,更加真实地反映了当期外汇市场的供求关系。这一调整还使得人民币汇率双向浮动弹性明显增强;人民币汇率不再紧盯美元,而是逐步转向参考一篮子货币,人民币汇率波动摆脱了受单一美元汇率的影响。

这期间,人民币跨境使用不断增加,跨境人民币业务已经从经常项目扩展至部分资本项目。2016年10月1日,国际货币基金组织正式接纳人民币进入特别提款权(SDR)货币篮子。人民币成为SDR货币篮子中的第五位成员,国际地位明显提高。人民币在SDR货币篮子中的权重2016年时为10.92%,2022年上升到12.28%。环球银行金融电信协会(SWIFT)的数据显示,人民币国际支付份额于2022年1月提高至3.2%,超过日元成为全球第四大支付货币。国际货币基金组织发布的数据显示,2022 年第一季度,人民币在全球外汇储备中的占比达 2.88%,较 2016 年人民币刚加入 SDR 货币篮子时增加了 1.8 个百分点,在主要储备货币中排名第五。人民币资产对全球投资者保持较强的吸引力,截至 2021 年年末,境外主体持有境内人民币股票、债券、贷款及存款等金融资产金额合计为 10.83 万亿元。

2023 年 3 月,我国组建了国家金融监督管理总局,将中国人民银行对金融控股公司等金融集团的日常监管职责,以及对金融消费者的保护职责,划入国家金融监督管理总局。我国撤销了中国人民银行大区分行及分行营业管理部、总行直属营业管理部和省会城市中心支行,在 31 个省(自治区、直辖市)设立省级分行,在深圳、大连、宁波、青岛、厦门设立计划单列市分行;撤销县(市)支行。这一改革使得中国人民银行的中央银行职能更加凸显。

思考题

1. 中央银行存在的理由是什么?
2. 各国的中央银行体制有哪些主要的类型?
3. 中央银行的主要职能是什么?
4. 中央银行为什么要保持独立性? 独立性如何体现出来?
5. 我国中央银行的独立性如何?
6. 举例说明中央银行是如何创造货币的。
7. 我国中央银行的货币政策工具都有哪些? 它们是如何发挥作用的?

第三篇

货币供求与
货币政策

第九章　货币供给

第一节　货币与货币供给层次

货币供给理论研究货币供应量的影响因素及其决定机制。在货币理论中,货币需求理论较为完整和丰富,并且形成了五花八门、具有鲜明特色的有关理论学派,然而货币供给却曾经一直被视为可以由金融当局加以控制的外生变量。从 20 世纪 60 年代开始,随着货币主义学派的兴起,再加上货币政策越来越受到货币当局的高度重视,货币供给理论的研究才迅速发展起来。

一　货币的职能

什么是货币?在经济学家看来,所谓货币是指在商品和劳务支付或者债务偿付中能够被人们普遍承认和接受的东西。作为具有交易媒介和支付手段职能的特殊商品,货币与我们日常生活中的"现金""财富"和"收入"密切相关,以至于人们常常把货币与这三者混为一谈。其实,把货币视为"现金"内涵过窄,除现金外,类似支票存款等资产类型同样可以履行支付手段的职能;把货币视为"财富"内涵过宽,类似汽车、豪宅等属于财富的资产类型显然不能履行货币的职能;把货币视为"收入"同样存在问题,把作为存量范畴的货币与作为流量范畴的收入混淆起来,无法解释货币供给增加会使收入成倍增加的乘数效应。要理解货币的内涵首先必须理解货币的职能。一般来讲,货币具有交易媒介、价值尺度和财富贮藏三个职能。

(一) 交易媒介

我们通常是使用货币作为交易的中介物,以商品和劳务交换货币,然后再以货币交换我们所需要得到的东西。这样的间接交换可以避免物物交易的缺陷,提高交易效率。因为在物物交易中,前提条件是必须满足"需求的双重耦合",即我们必须找到能够为我们提供所需的商品,又恰好需要我们所提供的商品的交易对应方,很明显,这是十分费时耗力的事情,交易成本非常高。如果有了货币作为交易媒介,"需求的双重耦合"问题就可以避免,从而降低交易成本,提高交易效率。每个人都可以用节省下来的时间做自己最擅长的事情,整个经济体系的效率由于专业化水平的深化而提高。

在原始社会,劳动分工极少,部落生活范围狭小,仅有数量非常有限的少数商品需要交换,且大多数交换都属于礼仪性的,并按照传统方式来进行,要找到这样的交易对应方相对容易。但在商品种类五花八门的现代社会,这种寻找是非常困难的,即使最终能够找到交易对应方,交易效率也比较低。

直接的物物交易成本很高、效率低下的局限性,使得间接的物物交易取而代之成为可能。在间接的物物交易制度下,人们并不是直接用自己的物品去交换他们所需要的物品,而是去交换其他物品,因为他们确信别人也需要这种物品。某种物品用于间接物物交易的次数越多,它的用处就越大,人们接受这种物品的愿望也就越强烈。某些商品开始逐渐分离出来,成为特殊等价物,充当交换媒介。由于某些商品充当等价物具有天然的优势,比如黄金、白银等贵金属,因此它们逐渐分离出来充当一般等价物,于是货币就产生了。

物物交易被以货币为媒介的间接交易所取代,在现代经济中已非常少见。近年来,物物交易虽然有所增加,但是都与特殊的环境和特定的情形密切相关,并不意味着物物交易卷土重来。

首先,如果经济体系中出现了严重的通货膨胀,物物交易就有可能发生。此时,货币作为价值贮藏手段的功能丧失,持币成本会随着持币时间的推移而上升,即使人们的收入与支出之间的时间间隔很短,货币的持有者也宁愿缩短持币时间而不愿意持有货币。在这种情况下,一部分交易就由物与物之间的交换来进行。

其次,在存在价格管制的场合,物物交换也会发生。由于价格受到控制,供求关系严重失衡。在需求大大超过供给的情形下,销售者不愿意按受控制的价格卖出自己的商品,而是希望用这些商品去交换其他商品,这种情况在战争期间最为常见。当存在法定最低价格,或者某些大的商品供应商在商品供给超过需求时,为了阻止价格下跌,有时也可能会采取物物交换的方式。例如,一国为了保护出口,对出口商品规定一个最低价格,但又不能按这种价格出售全部商品,为了解决这一问题,该国就会与同样有此问题的他国进行物物交易。

最后,为了逃避税收,物物交换也会发生。在有些国家,存在所谓的"物物交易俱乐部",会员都是亿万富翁,他们之间交易的目的是更方便地逃税、避税。

人类历史上曾经有许多五花八门的商品充当货币,如美洲土著人使用的贝壳,美洲殖民者使用的烟草和威士忌,第二次世界大战战俘集中营里使用的香烟等。值得强调的是,任何行使货币功能的商品都必须满足以下条件:① 必须便于标准化,价值易于确定;② 必须被广泛承认和接受;③ 易于分割,以方便找零;④ 便于携带;⑤ 不易变质。

货币作为经济体系的"润滑剂",降低了交易成本,促进了专业化和社会分工,从而提高了整个经济体系的运行效率,改善了每个人的经济福利。我们支付货币以获取商品和劳务,货币的交易媒介功能能够降低交换商品和劳务的时间成本,提高整个经济体系的运行效率。

（二）价值尺度

所谓价值尺度,就是以货币作为衡量和比较商品价值的工具。全部商品都用货币来计价,使得商品的价值有了一个共同的标准,因此很容易进行比较,如果没有共同的价值标准,人们就很难比较商品的价值,例如,一斤牛肉有的标价为5斤黄瓜,有的标价为7斤西红柿,那么购买牛肉的人一时半会儿是难以比较出哪家的牛肉更便宜的。

即使在一个简单的社会(假设该社会只有5种商品)中,如果没有货币作为交换标准,我们也必须知道仅有的几种(比如5种)商品之间的交换比率(很明显,共有10个交换比率);但如果该社会共有100种商品,那么就有4 950个交换比率。如果有共同的价值标准,且这一价值标准是这些商品中的一种,那么,上述社会中所需的交换比率就分别是4个和99个,因此,经济生活中的商品越多,价值标准所起的作用就越大,当一个社会有 N 种商品时,所需要的交换比率只有 $N-1$ 个。

价值标准的另一个明显的优点是简化了簿记,我们无法想象,当没有共同的价值标准时,在一个拥有几百万种商品的社会中,应该如何进行簿记管理。

（三）财富贮藏

货币作为财富贮藏手段,是一种超越时间的购买力的贮藏,它可以将我们取得收入的时间和支出时间分隔开来,使我们的支出在时间上更具灵活性,消费与投资时间转换的便利性使人们的决策行为优化更加合理。不论是货币、债券、股票、土地、房产、艺术品还是珠宝都可以用来贮藏财富,货币并不是唯一的财富贮藏手段。很多资产充当财富贮藏手段时具有比货币更大的优势,通常能给持有者带来更高的利息收入或者会升值更多。既然如此,我们为什么仍然愿意持有货币?因为货币尽管不是最好的财富贮藏手段,却是所有资产类型中最具流动性的资产。货币本身就是交易媒介,不需要转换为其他任何东西,可以直接表现为购买力;其他资产在转化为货币时,需要付出交易成本。这就是人们愿意持有货币的原因。这一职能虽然没有前面两个职能重要,但货币作为财富贮藏手段,也有许多特点。

第一,货币作为财富贮藏手段需要很低的交易成本,甚至不需要交易成本。如果人们通过其他方式来贮藏财富,不仅在价值转换上有可能遇到诸多麻烦,而且需要承担不低的交易成本。例如,有人用粮食进行财富的贮藏,当他需要货币时,就必须将粮食卖掉,而在他持有粮食的一段时间里,他必须花费一定的费用,比如保管费等。如果他打算用持有证券的方式贮藏价值,他就必须为证券的买卖向他的经纪人支付费用,也必须承担证券价格下跌给他造成损失的风险。而此人如果用货币的形式贮藏财富,就可以节省前述贮藏形式所产生的费用。

第二,货币作为财富贮藏手段具有价值固定的特点。由于债务一般是按照货币单位来确定的,而债务的货币价值是固定的,因此,如果人们拥有债务,就会使其产生持有货币的动机,当然,货币并不是具有这一特征的唯一的资产。

第三,某些货币没有直接的收益,没有利息收益,例如现金就没有利息。

第四,货币的价值是相对于商品和劳务的价值而波动的。如果人们的需要不是相对于债务,而是相对于商品和劳务等具有价值固定特征的资产,货币就明显不是理想的选择。例如,当经济体系中通货膨胀率较高时,持有货币一定会遭受损失,因为并不存在可以防止通货膨胀损失的真正完美的保值手段。

货币作为财富贮藏手段的优劣取决于物价水平。在通货膨胀比较严重的时期,货币的价值迅速下降,持有货币的成本急剧上升,货币不再能够发挥财富贮藏手段的功能。

通常,同一单位的货币执行货币的全部职能,这是因为,使用不同的货币来实现不同的货币职能是不方便的。例如,如果交换中介是由人民币来完成的,而确定价值是由美元来完成的,那么人们在每次购买商品或服务时,必须作一些心算,判断一下按照美元确定的价格应该支付多少人民币。前面提到的财富贮藏手段,恰恰在于货币作为交换中介和作为价值尺度都是同样的单位。也就是说,经济活动的方便性要求同一货币单位履行货币的全部职能。

二　货币的种类与信用货币

货币可以分成以下几种类型:① 足值的商品货币。足值的商品货币是指作为商品的价值与它作为货币的价值相等。金币就是典型的例子。如果在商品市场上出售,金币作为黄金的价值等于其面值。② 信用货币。如果货币作为商品自身的价值不能与它作为货币的价值相等,并且不能兑换为商品货币,该货币就是信用货币。在我国,全部货币都是信用货币。③ 法偿货币。法偿货币是指在债务支付中必须接受的货币,除非债务契约本身明确规定了另一种支付形式,例如以商品支付。现金是明显的法偿货币,而存款就不是法偿货币,因为债权人可以不接受债务人的存款,但债权人必须接受债务人用现金支付债务。某种商品是不是法偿货币,并不是判断它是不是货币的标准,只要在交换中能够被普遍接受,或者能够用作价值标准,它就可以被称为货币。

信用货币节省了稀缺的资源。我们用生产成本较低的物品、银行账簿上的记录、纸张或者某些贱金属,来代替生产成本较高的金和银,这样货币的数量就大大增加了,货币所起的作用也大大提高了。货币是一种标志,它赋予持有者获得商品和服务的权利,而持有者之所以愿意接受某种货币,是因为其他人在交换他们的商品和服务时也愿意接受它。正因如此,信用货币也具备了货币的职能。但是,相对于商品货币而言,信用货币也有它的缺点,那就是信用货币受政府的控制,当政府过度放松货币政策时,信用货币就会发行过多,从而有可能出现通货膨胀。

信用货币需要相当程度的假设。人们必须这样想,尽管某些物品作为商品并没有事实上的使用价值,但只要大家都认为它有价值,它就有了价值。因此,信用货币是近代社会的一项革新。

信用货币本身有多种形式。现金是信用货币,可以签发支票的活期存款也是信用货币。有时,定期存款也是信用货币,因为在一定的条件下,定期存款也具有货币的职能。关于信用货币的内容存在非常激烈的争论,孰是孰非尚无定论。因此,人们根据信用货币流动性的大小将货币划分为多个层次,不同层次的货币包括不同的内容。

三 凯恩斯的货币观[①]

(一) 货币的本质

凯恩斯是一个典型的名目主义者。他认为,货币是用于债务支付与商品交换的一种符号,这种符号是由"计算货币"的关系而派生的。所谓计算货币,是指观念上的货币,是货币的基本概念。它表现为一种计算单位。这种计算单位用符号或称号来表示,如英镑、法郎、美元等。经济生活中的债务和一般购买力就是通过这种计算单位的符号来表现的。货币的本体即有形的货币(如 1 美元或 1 英镑的纸币),其作用主要是便利交换,如用于履行债务,在商品买卖中作为支付手段,或作为一般购买力形式存在,但这一切首先必须通过计算货币的关系才可以实现。没有计算货币,货币本体就不存在了。所以货币本体是依赖于计算货币才成为货币的。计算货币本身就是一种符号或称号,由它派生出的货币本体只能是相应于符号之物,既然如此,货币就不可能具有实质价值。

没有实质价值的货币为什么能成为履行债务和作为一般购买力的凭证呢? 计算货币这个符号或称号从何而来? 凯恩斯是用国定货币来说明的。在凯恩斯看来,货币契约的一个特征在于,国家不但要强迫履行以计算货币所缔结的契约,而且还要决定此种契约之合法或合乎习惯的在履行时所应交付之物。于是,国家首先就以强制支付相应于契约上所定的名称或符号之物的权威而出现。不但如此,国家还有权决定并宣告何物相应于契约上的名称。货币是国家的创造物,所有文明国家的货币都无可争议的是一种票券。可见,凯恩斯的名目主义货币观是其国定货币论的基础。正因为货币只是一种便利交换的计算单位,本身并没有实质性的价值,所以国家才能凭借权力创造它,并有权随时增减变更。

凯恩斯的这一思想对他后来的经济理论影响很大,从这一点出发,凯恩斯认识到国家干预经济的力量所在。国家既然可以创造货币,那么当有效需求不足时,为什么不能扩大政府开支,实行扩张性的赤字财政,用多发货币的办法来提高有效需求,化解经济危机呢? 所以他力主采用积极的财政政策和扩张性的货币政策。他认为这种做法的可行性在于,货币发行不受商品经济内在规律的制约,而是可以被国家的权力所左右,因此,在经济危机的特殊情况下,国家自然可以动用手中的权力"变更"一下对通货的管理政策,多

---

① 参见 J. M. 凯恩斯:《货币论》(上卷),商务印书馆 1986 年版,第 6—10 页。

创造一些货币来渡过难关。

(二) 货币分类

凯恩斯在阐明计算货币这一概念之后,对货币内容进行了分类(见图9-1)。

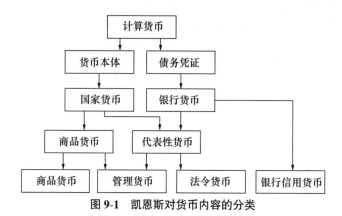

图 9-1　凯恩斯对货币内容的分类

图 9-1 表明,计算货币是货币的基本概念及总和。计算货币包括货币本体和债务凭证。债务凭证被用于结算交易之后,就演变为银行货币。银行货币中国家所负债务的部分,当被国家规定为法定支付手段时,就成为一种代表性货币,非国家所负的债务部分即成为银行信用货币。

货币本体是由国家法令规定的,所以称为国家货币,它由商品货币和代表性货币组成。具体表现为三种形态:① 商品货币,由特殊商品的现实单位构成。虽然这种商品货币的供给受稀缺性和生产费用的支配,但国家有权决定以什么作为货币本位,如金本位、银本位或复本位,因此这种货币也作为国家货币的一种。② 管理货币,是指由国家控制其发行条件的货币,或者准许这种货币兑现为商品货币,或者采用其他方法使其与某种客观标准相联系,以保持一定的价值,如外汇准备本位。③ 法令货币,是指政府或中央银行发行的纸币与辅币,这种货币既不能兑现,也没有内在价值。从这三种形态来看,法令货币是典型的代表性货币;而管理货币则是介于商品货币与法令货币之间的混合物,在货币发行当局拥有十足的商品本位准备时,管理货币等同于商品货币,一旦脱离了商品本位,管理货币就变成了纯粹的法令货币。

凯恩斯对货币进行分类之后,就按照各种货币的关系,将其排列如图9-2所示。凯恩斯列出此图的目的,是用来研究货币总量问题。他认为货币总量问题是货币理论中的重要问题,货币总量由国家货币和银行货币构成,二者合计可以称作流通货币或通货。具有三种形态的国家货币总量分别为公众、商业银行及中央银行所持有。中央银行持有的国家货币是指由商业银行缴存在中央银行的存款准备金,所以又被称为中央银行货币。商业银行持有的国家货币就是公众的存款,其中一部分作为法定准备金率已经缴存在中央银行,另一部分作为自有准备金留在商业银行。这些国家货币加上银行信用货币被称为商业银行货币。商业银行货币和公众持有的国家货币之和就是流通货币的总量。

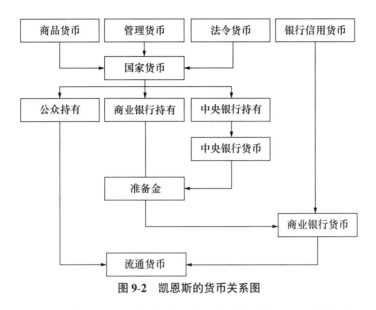

图9-2 凯恩斯的货币关系图

凯恩斯认为,要保持这些流通货币,持有者当然有其动机,于是他按照人们持有货币的动机,又绘制了一幅图,如图9-3所示。

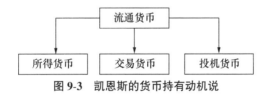

图9-3 凯恩斯的货币持有动机说

凯恩斯认为人们手持货币都具有一定的动机,用于满足各种需要。流通中的货币按照用途可以分为三种形态:① 由于个人的收入和支出不是发生在同一天,一般说来,存在较长的时差,因此个人需要保持自己的一部分收入,以作日常开支之用,出于这种动机而持有的货币叫作所得货币。② 同理,企业在不同时点也有收入和支出的差额。为了应付日常业务开支,需要保持一部分货币用于交易,出于这种经营性动机而持有的货币叫作交易货币。③ 个人和企业为了进行投资或得到未来收益,需要储蓄一部分货币。出于这种动机而持有的货币叫作投机货币。

凯恩斯把人们保持流通货币的动机简单地归结为这三种,并在此基础上提出了较为系统的货币需求理论。

（三）货币的职能

凯恩斯认为，货币有两个职能：一是交换媒介，即充当商品交换中的流通手段和支付手段；二是财富贮藏。货币履行财富贮藏职能是不能生利的，那么，为什么人们愿意持有货币而不愿意持有股票、债券等可以生利但较难变现的资产呢？凯恩斯认为，货币能够用于商品交易，在一定限度内，值得为它所具有的流动性而牺牲利息收益；另外，持有货币也避免了持有债券等生息资产变现时所可能遭受的损失。

凯恩斯认为，由于人们把一部分货币保存起来，持币待购或持币不购，因此就打破了货币收入和货币支出的平衡关系，买卖就会出现脱节，造成供求失衡，供给就不一定自动创造需求，最终将导致有效需求不足，产出减少，失业率上升，经济危机便不可避免。因此，货币通过贮藏财富职能对经济产生至关重要的影响。

（四）货币的特征

凯恩斯认为货币具有三个特征：生产弹性为零，替代弹性近似于零，周转灵活且保藏费用低。

1. 生产弹性为零

所谓货币的生产弹性，是指生产货币的人数变化率除以购买货币的人数变化率。凯恩斯认为，在金属货币条件下，由于货币的生产受资源稀缺性的制约，因此不是增加劳动力就能扩大生产的。在纸币不流通或者实行通货管理的国家，这种条件就更是绝对的，私人企业绝对没有生产纸币的权力。纸币的生产或发行都由国家严格控制，对于私人企业来说，货币的生产弹性只能等于零。因此，排除政府（金融当局）的行为来考察，货币的供给弹性几乎等于零。

2. 替代弹性近似于零

所谓货币的替代弹性，是指当货币的交换价值提高时，人们抛弃货币而用其他商品来替代货币的比率。凯恩斯认为，货币的这种替代弹性近似于零。这是由于货币本身并无效用，其效用在于交换价值。作为一般购买力的代表，它可以换回其他任何商品，但其他商品中却没有一种商品具备这种效用。因此，人们不愿用其他商品来替代货币，货币的交换价值越高，人们越不愿用其他商品来替代货币，从而对货币的需求就越大。

3. 周转灵活且保藏费用低

凯恩斯认为，货币与其他商品相比，具有周转灵活性。这是由于货币较其他商品有更强的流动性，既可以直接用于支付，又可以储藏起来，以防日后不时之需，还可以灵活运用于各种资产的投机；同时，由于未来的不确定性，以及货币工资又常常是相当稳定的，因此人们对货币未来价值的估计也是乐观的。持有货币可以自动升值，与现在相比，产生未来收益，因此货币具有"高额灵活升值"的特征。但作为存货，就必须考虑另一个重要问题——保藏费用。由于货币所用材料的属性（如体积小、自然损耗少等），其具有保藏费用很低甚至微不足道的特征。货币的这一特征与周转灵活性结合在一起，意义重大。如果货币仅仅具有周转灵活的便利,而其保藏费又相当高,等于或超过货币的未来收益,那么人们对于货币的需求就会锐减。因为在这种情况下,增加货币持有量就意味着要支付巨额保藏费,而货币的灵活升值又是对未来的一种预期。所以如果形势动荡,人们在权衡利弊得失后,又有谁愿意持有货币作为存货呢?反之,若一种商品的保藏费用低而本身又缺乏周转灵活性,或灵活升值的空间小于保藏费用,人们也不愿持有它作为存货。与其他商品相比,唯有货币具有这个充分必要条件,既有可能灵活升值,获得收益,又无须支付高额的保藏费,货币保藏费用与灵活升值相比小到微不足道的地步;与其他资产相比,货币最适合作为存货,作为财富的积累。可见,货币具有贮藏手段的职能,不是由于其自身具有价值,而是由货币的特征所致。

凯恩斯分析货币特征的目的在于指出由货币特征所导致的结果,提出补救的办法。在凯恩斯看来,货币的这三个特征联合产生了以下情况:① 由于货币具有周转灵活、保藏费用低的特征,使其能满足人们的流动性偏好,因此,人们对于资产的需求,可能绝大部分都集中于货币,使货币需求旺盛。② 由于货币的供给弹性极小,几乎等于零,因此,当货币需求上升时,无法用多投入劳动力的办法来扩大货币的生产,货币供应无法增加。③ 由于货币的替代弹性等于零,因此,即使其他商品很低廉,也无法取代货币,无法减少货币需求。

综合这三种情况的结果是,人们具有旺盛的货币需求,但由于一方面人们所需要的货币无法生产出来,另一方面人们对货币的需求又不容易替代或压制,因此,货币的供求产生尖锐的矛盾。在货币供不应求的情况下,人们预期货币灵活升值的空间增大,货币会被当作财富的积累贮藏起来,卖者取得货币后不是立即就买,买卖脱节的可能性转化为现实性,商品供求失衡,危机爆发。面对这种情况,凯恩斯认为,应由政府统管纸币工厂,发行纸币,缓解货币供求矛盾,使货币利率低于资本边际效率,从而刺激投资,扩大生产,增加就业。

四 关于货币内容的争论

现代货币理论原则上同意把存款等信用工具视为货币,但存款等信用工具种类繁多,哪些属于货币,哪些不属于货币,又引发新的争论,主要包括:

(1) 一些人认为,既然货币是交易媒介和支付手段,那么货币就只包括两种:现金与活期存款,即 $M_1 = C + D_d$,其中,C 为现金,D_d 为活期存款。

(2) 一些人认为,在现代社会中,有些信用工具,如银行透支额、信用卡、旅行支票等,经常担任交易媒介,这些内容也应包含在 M_1 内,即 $M_1 = C + D_d + T$,其中,T 为信用卡、旅行支票、银行透支额等信用工具。

(3) 一些人认为,透支和信用卡的使用者所欠的债务迟早要由现金和银行活期存款来偿还,作为购买和支付手段的还是现金与银行活期存款,把那些信用工具也计入 M_1,会引起重复计算。

（4）一些人认为，货币是一种资产，主要职能不是交易媒介，而是财富贮藏。这样，商业银行体系中的其他存款，如储蓄存款和定期存款也是货币，即 $M_2 = C + D_d + D_s + D_t$，其中，$D_s$ 为商业银行的储蓄存款，D_t 为商业银行的定期存款。

（5）一些人认为，不仅商业银行可以接受定期储蓄和定期存款，其他银行机构如储蓄银行、投资银行、发展银行、土地银行以及非银行金融机构如信用社、房屋贷款公司等也可以吸收定期储蓄和存款，这些定期储蓄和存款也应划入货币范围，即 $M_3 = M_2 + D_n$，其中，D_n 为商业银行以外的金融机构存款。

（6）一些人认为，除了银行和其他金融机构的存款，现代社会中还有不少金融或信用工具也具有很强的流动性和货币性，如政府和大企业发行的短期债券、人寿保险公司的保险单、共同基金的受益凭证和退休基金股份等。这些金融工具很容易在金融市场上贴现或变现，与狭义货币相比，它们只有程度上存在差别而已，因此，$M_4 = M_3 + L$，其中，L 为银行及金融机构以外的所有短期流动资产。

萨缪尔森认为，由于在一系列的因素中，很难准确地划分哪些因素对支出具有直接影响，因此货币究竟包含哪些内容，在一定程度上取决于主观臆测，而不是科学的判断。

目前，经济学家一般把 M_1 确定为基本的货币，理由是：① 货币的交易媒介和支付手段是主要职能，而贮藏手段则是次要的。② 作为交易媒介和支付手段，M_1 的交易成本最低。③ 无论货币层次如何扩大，M_1 始终是基本的组成部分。

五 货币供给层次

目前世界各国银行业务的名称不尽相同，同一名称的业务内容也不一定相同，因此，各国中央银行都是根据自身的特点和需要划分货币层次的。

（一）美国现行的货币供给层次

狭义货币 $M_1 = C + D =$ 通货 + 旅行支票 + 活期存款 + 其他支票存款，具体包括：① 处于国库、联邦储备系统和存款机构以外的现金；② 非银行发行的旅行支票；③ 商业银行的活期存款（支票存款），其中不包括存款机构、美国政府、外国银行和官方机构在商业银行的存款；④ 其他各种与商业银行活期存款性质相近的存款，如 NOW 等。

广义货币 $M_2 = M_1 +$ 货币市场共同基金份额（非机构）+ 货币市场存款账户 + 储蓄存款 + 小额定期存款 + 隔夜回购协议 + 隔夜欧洲美元 + 综合调整

$M_3 = M_2 +$ 大额定期存款 + 货币市场共同基金份额（机构）+ 定期回购协议 + 定期欧洲美元 + 综合调整

$L = M_3 +$ 其他短期流动资产（储蓄债券、商业票据、银行承兑票据、短期政府债券等）

需要强调的是，M_2 在 M_1 的基础上增加了其他能够签发支票的资产以及其他能够以较低的成本迅速变现而具有较高流动性的资产；M_3 在 M_2 的基础上增加了某些流动性较差的资产。

由于我们无法确定哪个层次的货币总量是真实的货币计量,因此有必要弄清楚这些货币总量的变化趋势是否一致。如果答案是肯定的,那么使用某种货币计量方式预测未来的经济走势以及制定货币政策就和使用其他货币计量方式没有区别。如果答案是否定的,那么依据不同的货币总量计量方式所得出的关于货币供给量及其变化的结论就有可能存在差异,甚至相互矛盾,从而给货币政策实施带来困惑。

实证数据表明:M_1、M_2 和 M_3 在 1960—2014 年的增长率变动基本一致,上升和下降的时间十分相似,在 20 世纪 60 年代和 70 年代,它们都表现出了较高的平均增长率。

需要注意的是,三种货币总量的变化情况存在明显的差异。1968—1971 年,M_1 的增长率在 6% 至 7% 之间波动,并没有加速增长;同一时期,M_2 和 M_3 增长率的波动区间却从 8%~10% 上升到 12%~15%,表现出明显加速的趋势。1989—1992 年,M_1 的增长率上升而 M_2 和 M_3 的增长率却有下降的趋势;1992—1999 年,M_1 的增长率大幅下降,而 M_2 和 M_3 的增长率却上升了;2004—2007 年,M_2 的增长略微加速,M_1 的增长却大幅放缓,增长率变成了负数;2009—2011 年,M_1 的增长率冲高至 15% 以上,M_2 的增长率却没有这么夸张。

可见,政策制定者和经济学家选择哪一个货币总量作为真实的货币统计指标,结果会有很大的不同,对于货币政策的判断也会大相径庭。

(二) 日本现行的货币供给层次

M_1 =现金+活期存款(现金指银行券发行额与辅币之和减去金融机构库存现金后的余额,活期存款包括企业支票活期存款、活期储蓄存款、通知即付存款、特别存款和纳税准备金存款)

M_2+CD=M_1+准货币+可转让存单(其中,准货币指活期存款以外的一切公私存款,CD 是指大额可转让定期存单)

M_3+CD=M_2+CD+邮政、农协、渔协、信用合作和劳动金库的存款以及货币信托和贷放信托存款

此外还有"广义流动性",等于 M_3+CD+回购协议债券、金融债券、国家债券、投资信托和外国债券。

(三) 我国现行的货币层次

M_0 =现金

狭义货币 M_1 =M_0+企业活期存款+机关团体部队存款+农村存款+其他存款(个人持有的信用卡类存款)

广义货币 M_2 =M_1+城乡居民储蓄存款+企业机关存款中具有定期性质的存款+信托类存款+其他存款(自筹基建资金存款)

$M_3 = M_2 + 金融债券 + 商业票据 + CD$

其中,在衡量货币供给(M_s)的几个货币总量指标中,最常用的指标 M 通常是指 $M_1 = C + D$;$M_2 - M_1$ 是准货币,准货币是指流动性介于货币与非货币之间的资产;M_3 是根据金融工具的不断创新而定义的,因此是不稳定的。

(四) 货币层次划分的意义

各国中央银行在确定货币供给的统计口径时,都以流动性的大小,亦即作为流通手段和支付手段的方便程度作为标准。流动性较强,即在流通中周转较便利,相应地,形成购买力的能力也较强;流动性较差,即周转不方便,相应地,形成购买力的能力也较弱。显然,这个标准对于考察市场均衡、实施宏观调节有重要意义。

货币层次划分有利于中央银行进行宏观经济运行监测和货币政策操作。由于从 20 世纪 70 年代开始,货币供给量逐渐取代利率成为一些国家货币政策的中介目标,因此对货币供给内容的约定是执行货币供给量政策的前提。货币当局要明确到底控制哪一层次的货币以及这一层次的货币与其他层次的货币的界限何在。很明显,如果没有明确划分货币层次,货币政策就成为空谈。

当然,金融创新会改变一些金融工具的流动性。比如,定期存款到期前不便于流动,于是创造出易于变现的大额可转让定期存单;定期存款不能开支票,于是创造了自动转账账户;储蓄存款不能开支票,于是创造了货币市场互助基金账户;等等。这些都使得流动性加强了,并大大突破了原有货币层次的界限。界限变得模糊起来,以至于各国货币统计口径过一段时期就不得不进行一次调整。

我国的中央银行中国人民银行定期公布不同层次的货币量,这会对我国货币政策发挥应有的作用产生积极影响。

至于货币数据的可靠性,我们必须清楚,计量货币的困难不仅在于很难选择正确的货币定义,还在于中央银行经常对已经公布的货币总量数据进行调整。一方面,小的存款机构不必经常报告其存款总量,中央银行最初公布的货币总量数据往往基于预测,必须根据真实数据进行修正;另一方面,中央银行必须对货币总量数据的季节性因素进行调整。

一般而言,中央银行公布的初始货币总量数据对于了解货币供给量的短期变动并不是非常可靠的,然而初始货币数据从长期来看是比较可靠的,因此,我们不必过分关注货币供给量数据的短期变动,而应关注其长期变动。

第二节 货币供给模型

一 基础货币

(一) 基础货币的定义

基础货币(Monetary Base),也叫高能货币或强力货币(High-powered Money),一般具

有以下四个特点：① 基础货币是中央银行的负债；② 基础货币的流通性很强，持有者可以自主运用，是所有货币中最活跃的部分；③ 基础货币运动的结果能够产生数倍于其自身的货币量；④ 中央银行能够控制基础货币，并通过对基础货币的控制来实现对货币供给的控制。

基础货币包含哪些内容，不同的国家有不同的计算口径，不同的学者有不同的解释。我们可以把基础货币按照计算口径的宽窄排列如下：

（1）基础货币=银行准备金

（2）基础货币=社会公众手持现金+商业银行法定准备金率

（3）基础货币=社会公众手持现金+商业银行库存现金+商业银行法定准备金率

（4）基础货币=社会公众手持现金+商业银行库存现金+商业银行法定准备金率+商业银行超额准备金

在分析基础货币时，西方学者习惯于用一个方程式即"基础货币方程式"来表示。西方国家中央银行资产负债表的基本构成可以参见表9-1。

表9-1　中央银行资产负债表

负债（L）	资产（A）
L_1 流通中现金	A_1 政府证券
L_2 存款准备金	A_2 放款
L_3 政府存款	A_3 外汇资产
L_4 其他负债	A_4 其他资产
合计	合计

因为　　　$L=A$

即　　　$L_1+L_2+L_3+L_4=A_1+A_2+A_3+A_4$

又因为基础货币 $B=L_1+L_2$

所以　　$B=(A_1+A_2+A_3+A_4)-(L_3+L_4)$

这就是说，基础货币由流通中现金 L_1 和存款准备金 L_2 两部分组成，而 L_1 和 L_2 又受资产负债表其他组成部分的影响，因此，中央银行负债表中任何一个项目的变化都会引起基础货币量的变化。

（二）基础货币投放的渠道

基础货币是中央银行直接控制的。目前各国一般把各商业银行在中央银行的准备金和社会公众手持现金之和视为基础货币。中央银行增加基础货币的途径有七个：① 中央银行向商业银行提供贷款；② 中央银行收兑黄金；③ 中央银行收兑外汇；④ 中央银行对财政透支；⑤ 中央银行买进有价证券；⑥ 中央银行对票据再贴现；⑦ 中央银行支付利息。

(三) 增大基础货币的因素分析

1. 证券持有

假定中央银行从 A 银行购买 100 万元有价证券,当 A 银行把出售证券而收到的 100 万元支票存入自己在中央银行的账户上时,A 银行的储备增加 100 万元,表示如下:

中央银行		
资　产	负　债	
证券 +100	储备 +100	

A 银行		
资　产	负　债	
证券 −100		
储备 +100		

假定中央银行从甲那里购买有价证券,付给甲现金,那么中央银行与甲的 T 型账户为

中央银行		
资　产	负　债	
证券 +100	通货 +100	

甲		
资　产	负　债	
证券 −100		
通货 +100		

第一种情况,即中央银行从 A 银行那里购买证券,结果是储备增加 100 万元;第二种情况,即中央银行从甲那里购买证券,结果是通货增加 100 万元,通货与储备都是基础货币,结果是基础货币增加 100 万元。

2. 贴现贷款

假定中央银行向 A 银行发放 100 万元贴现贷款,并立即贷记 A 银行在中央银行的账户,那么,中央银行与 A 银行的 T 型账户为

中央银行		
资　产	负　债	
贴现贷款 +100	储备 +100	

A 银行		
资　产	负　债	
储备 +100	借款 +100	

结果是贴现贷款使基础货币等量增加。

3. 收购黄金及外汇

在美国,黄金的收购是财政部进行的,但收购资金会间接来源于中央银行;而在我国,黄金及外汇的收购是由中央银行代理的,因此收购资金直接来源于中央银行。如果中央银行直接收购黄金和外汇,例如,中央银行收购 100 万美元,支付 830 万元人民币,那么,中央银行和售汇银行的 T 型账户将是

中央银行	
资　　产	负　　债
外汇 +830	储备 +830

售汇银行	
资　　产	负　　债
外汇 −830	
储备 +830	

假定美国财政部从约翰那里买回 100 万美元的黄金,付给他一张支票,该支票是属于联邦储备体系账户的。约翰把这 100 万美元存入当地银行。财政部增加了 100 万美元黄金,而它在中央银行的存款减少了 100 万美元。约翰的开户银行增加了 100 万美元的存款,储备也增加了 100 万美元。此时财政部、约翰的开户银行和中央银行的 T 型账户分别为

财政部	
资　　产	负　　债
黄金　　　+100	
中央银行的	
存款　　　−100	

约翰的开户银行	
资　　产	负　　债
储备 +100	存款 +100

中央银行	
资　　产	负　　债
	储备 +100
	财政部存款 −100

此时的基础货币并没有增加。但财政部要发行纸金证券(对 100 万美元的要求权)以补充自己在中央银行的存款;中央银行再把 100 万美元加回到财政部的存款账户上,使之恢复到原来的水平,这样,中央银行和财政部的 T 型账户为

中央银行	
资　　产	负　　债
纸金证券 +100	储备 +100

财政部	
资　　产	负　　债
黄金 +100	纸金证券 +100

财政部收购黄金的净结果是储备增加了 100 万美元,从而基础货币增加了。
减少基础货币的因素与增加基础货币的因素是一样的,只不过作用方向相反罢了。

二　货币乘数

所谓货币乘数,是指基础货币变动导致货币供给量成倍变动的倍数。货币供给之所以数倍于基础货币,是因为商业银行信用扩张或派生存款。有些关于货币供求的书中将

241

货币乘数定义为基础货币发挥作用的倍数,这一定义存在一定的问题。在商业银行派生存款那一部分,本书已经阐述过这样的道理:如果商业银行的存款准备金率和现金漏出率均为零,则中央银行提供一定量的贷款给商业银行,商业银行创造的派生存款将是无穷大的。而当存款准备金率或现金漏出率不为零时,派生存款就是收敛的,而不是无穷大的。当存款准备金率或现金漏出率提高时,派生存款倍数下降。因此,虽可以把货币乘数定义为基础货币发挥作用的倍数,但本质上,货币乘数应该是非基础货币发挥作用的倍数,因为不上缴中央银行也不漏出银行体系的存款才有派生的功能。

由于货币供给是指社会上现存的货币量,而货币乘数是货币供给相对于基础货币的倍数,因此,$m = \dfrac{M_s}{B}$。

其中,m 为货币乘数,M_s 为货币供给,B 为基础货币。

如果基础货币被定义为现金与商业银行存款准备金之和,那么

$$B = C + R$$

其中,C 为现金,R 为存款准备金。R 由两部分组成:一是法定存款准备金;二是超额准备金,即 $R = (r+q)D$,这里的 r、q 分别为法定准备金率和超额准备金率。

如果此时货币供给是指 M_1,即现金与全社会活期存款,那么货币乘数可以由下式计算:

$$m_1 = \frac{M_1}{B} = \frac{C+D}{C+R}$$

$$m_1 = \frac{C/D + D/R}{C/D + R/D}$$

$$= \frac{c+1}{c+r+q}$$

例如,一国的法定准备金率为 12%,现金漏出率为 8%,超额准备金率为 11%。该国的流通中现金为 3 000 亿元。那么,该国的 M_1 是多少?货币乘数又是多少?

由于流通中现金为 3 000 亿元,而现金漏出率为 8%,则活期存款总额为 3 000 亿元÷8% = 37 500 亿元,因此,$M_1 = 40\,500$ 亿元(= 3 000 + 37 500)。

$$m_1 = \frac{M_1}{B}$$

$$= \frac{40\,500}{3\,000 + (12\% + 11\%) \times 37\,500}$$

$$= \frac{40\,500}{3\,000 + 8\,625}$$

$$= 3.48$$

$$M_1 = \frac{c+1}{c+r+q}$$

$$= \frac{8\%+1}{8\%+12\%+11\%}$$

$$= 3.48$$

当基础货币还是 $R+C$，而货币供给是 M_2 时，货币乘数可以按照下式计算：

$$M_2 = C+D_d+D_t$$

其中，D_d 为活期存款，D_t 为定期存款。

令　$\dfrac{D_t}{D_d} = h$

$$m_2 = \frac{M_2}{B}$$

$$= \frac{C+D_d+D_t}{C+R}$$

$$= \frac{C+D_d+hD_d}{C+(r+q)(D_d+D_t)}$$

$$= \frac{C/D_d+D_d/D_d+\dfrac{hD_d}{D_d}}{C/D_d+(r+q)(D_d+hD_d)/D_d}$$

$$= \frac{1+c+h}{c+(r+q)(1+h)}$$

其中，$r+q$ 为全部存款的综合法定准备金率和超额准备金率之和。

例如，一国法定的活期存款与定期存款的平均准备金率为 12%，平均的超额准备金率为 6%，现金漏出占活期存款的比率为 10%，定期存款占活期存款的 30%，则该国的货币（M_2）乘数为

$$m_2 = \frac{1+10\%+30\%}{10\%+(12\%+6\%)(1+30\%)} = 4.19$$

当已知活期存款的法定准备金率为 r_1，活期存款的超额准备金率为 q_1，定期存款的法定准备金率为 r_2，现金漏出率为 c，定期存款占活期存款的比率为 h 时，M_2 的货币乘数为

$$m_2 = \frac{M_2}{B} = \frac{C+D_d+D_t}{C+R}$$

$$= \frac{C+D_d+D_t}{C+(r_1+q_1)D_d+r_2D_t}$$

$$= \frac{C+D_d+hD_d}{C+(r_1+q_1)D_d+r_2hD_d}$$

$$= \frac{1+c+h}{c+r_1+q_1+r_2h}$$

货币乘数的大小直接反映货币运转的效率，也关系到中央银行货币政策特别是基础货币投放政策的力度。根据研究成果[1]，1994—1998 年，我国狭义货币乘数 m_1 在不断下降，而广义货币乘数 m_2 大体维持在 2.5 至 3 之间，1998 年调整法定准备金率后，货币乘数发生了变化。2000 年中期货币乘数进一步上升，2000 年年底趋于稳定。

三　货币供给模型

货币供给模型可以用图 9-4 说明。

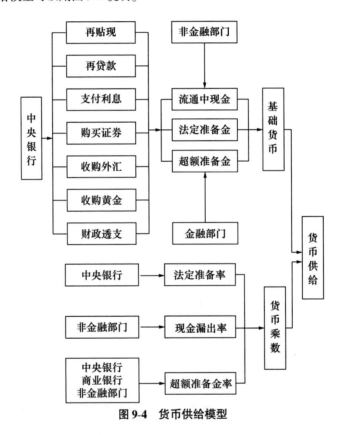

图 9-4　货币供给模型

在货币供给模型中，货币供给取决于基础货币和货币乘数两个因素。而影响基础货币量的主要部门是中央银行。中央银行通过七种途径向社会提供基础货币。除中央银行外，商业银行以及非金融部门也会影响基础货币，具体而言，商业银行对超额准备金量

---

①　金德环、许谨良：《2001 中国金融发展报告》，上海财经大学出版社 2001 年版，第 420—421 页。

有较大的自主权,商业银行可以根据利率水平与利率趋势决定超额准备金量。而流通中现金虽然也是由中央银行发行的,但是与非金融部门对流通中现金的需求相关。具体而言,流通中现金量的影响因素有以下几个:第一,公众收入与消费倾向。一般情况下,居民收入增加,手持现金也会增加。消费倾向决定了收入在消费和储蓄间的划分。如果消费倾向高,用于消费性交易的手持现金也会增加。第二,利率的高低。当利率提高时,手持现金的机会成本提高,手持现金部分地转化为银行存款。第三,物价趋势。当物价稳定时,手持现金是比较稳定的,但出现较为严重的物价上涨特别是人们预期物价会上涨而银行实际利率较低甚至为负时,存款会转化为现金并实现其购买力。第四,信用发达水平。当信用工具种类繁多,特别是一些日常交易可以利用支票等工具实现时,流通中现金就会减少,因为现金的作用被其他信用工具替代了。

在货币供给模型中,影响货币供给的因素既有法定存款准备金,又有法定准备金率,二者看上去是此消彼长的关系。例如,当提高法定存款准备金时,货币乘数下降,但基础货币中的法定准备金率会上升。在派生存款次数不是无穷大的现实生活中,中央银行提高法定准备金率后,在中央银行账户上确实可以反映出法定存款准备金增加,那么,此时调整法定准备金率对货币供给的作用就是综合作用,要看是货币乘数下降的幅度大还是基础货币上升的幅度大。

但是,在理论上,法定存款准备金的大小与存款准备金率无关,而与中央银行向社会提供的贷款或购买证券的量有关。例如,如果法定准备金率为 r,中央银行通过再贴现的方式向社会新增 10 亿元的货币,这一货币就会转化为某商业银行在中央银行账户中的准备金。当该商业银行向某企业提供贷款时,该商业银行的准备金将减少,但这会引起其他商业银行在中央银行账户中的准备金增加,最终使 10 亿元的基础货币固定不变。

假如商业银行留足法定准备金率后,将剩余部分全部贷放出去,那么,商业银行在中央银行的法定存款准备金为

$$R = 10r + 10 \times (1-r)r + 10 \times (1-r)^2 r + \cdots + 10 \times (1-r)^n r$$
$$= 10r \times [1 + (1-r) + (1-r)^2 + \cdots + (1-r)^n]$$

当 $n \to \infty$ 时,因为 $0 < 1-r < 1$,所以

$$R = 10r \times \frac{1}{r} = 10$$

如果中央银行向社会提供的新增货币量为 B,那么全部商业银行在中央银行的法定存款准备金总和的最大值就是 B,与存款准备金率的高低无关。

正因为如此,法定准备金率在理论上可以作为中央银行执行货币政策的工具,并且在现实中也得到应用,仅仅是现实的结果与理论结论还有差距罢了。

在货币供给模型中,财政透支和外汇、黄金收购都会改变一国的货币供给,关于这两个问题,本书将各辟一节进行论述。

第三节　财政收支与货币供给[①]

一　财政赤字与赤字的弥补

一般来讲,长期的恶性财政赤字只会增大社会上的货币供给量,造成通货膨胀。短期的财政赤字对货币供给却不一定会产生不良的影响。短期的财政赤字对货币供给的影响主要有以下三种情形:① 假定引入财政收支差额之前的社会总供给和总需求的关系是总供给大于总需求,即投资+消费<生产者收入+剩余。财政赤字意味着需求的增大,因此财政赤字对货币供给的影响是,如果财政赤字小于社会的需求缺口,则财政赤字的存在将缓解社会上货币供给量的不足;如果财政赤字大于需求缺口,则超过需求缺口的那部分财政赤字将产生通货膨胀的压力。② 假定引入财政收支差额之前的总供给小于总需求,那么,此时的财政赤字扩大了已经存在的供给缺口,造成社会上货币供给量过大,通货膨胀的压力增大。③ 假定引入财政收支差额之前的总供给和总需求是平衡的,那么,一般情况下,财政赤字会扩大总需求。但是因为财政赤字有多种弥补办法,所以财政赤字对货币供给的影响也有多种情况。

为了分析方便,我们假定社会上的产品总供给和总需求是平衡的,即投资+消费=生产者收入+剩余。短期财政赤字一般有以下五种弥补方法:发行货币,动用历年财政结余,向银行透支,举借内债,举借外债。这些方法对货币供给都将产生影响。

(1) 发行货币。这是财政赤字变成社会需求,从而变成社会购买力最直接的渠道。很明显,既然产品总供给与总需求是平衡的,那么货币发行将扩大总需求,出现供给缺口,从而使社会上的货币供给过多。况且货币发行的作用与基础货币增加的作用一样,货币总供给会成倍增加。

(2) 动用历年财政结余。财政结余不是不可以动用,当社会上的产品总供给大于总需求时,财政结余可以动用,并且可以动用的量的上限是社会总需求缺口。而当我们所假定的情况存在,即产品总供给等于总需求时,财政结余不能动用,因为会扩大社会上的货币流通量,造成物价上涨。实际上,当产品总供给等于总需求时,会出现财政赤字,就相当于此时动用了财政结余。如果这时再动用财政结余,就可以认为是会出现更大数额的财政赤字。

(3) 向银行透支。向银行透支对货币供给的影响要看引入信贷收支差额后社会总供给和总需求的情况。由于投资+消费=生产者收入+剩余,因此引入财政收支差额后,就有投资+消费>生产者收入+剩余+财政差额。要使得社会总供给和总需求重新恢复平衡,信

---

① 参见姚长辉:《论举借内债与货币流通》,载《金融研究》1991 年第 10 期;姚长辉:《对内债偿还的经济分析》,载《财贸经济》1992 年第 4 期。

贷收支的正差额必须等于财政收支的负差额,即信贷存差=财政赤字。可见,向银行透支而不造成社会上货币供给过多,必须遵循这样一个前提:社会上存在信贷收支的存差,而且这个存差额不小于财政赤字的数额。如果社会上信贷收支的存差额小于财政赤字,那么向银行透支以弥补财政赤字的上限就是存差额本身;如果社会上根本不存在存差,甚至相反,存在信贷收支的借差,那么是不允许向银行透支的,因为此时向银行透支就相当于第一种情况,即直接发行货币了。

(4) 向国内举债。假定社会的信贷收支是平衡的。由于出现了财政赤字,社会总供给和总需求的关系就变成:投资+消费>生产者收入+剩余+财政差额(负项),即投资+消费+财政赤字>生产者收入+剩余。政府可以通过举借内债的方法来缓和总供给和总需求的失衡,其缓解是通过两条途径实现的:其一,由于内债来源于国内的投资和消费,因此,举借内债势必减少国内投资和消费的数量;其二,从另一个角度来看,由于本年财政收入因债务的增加而增加,因此,如果包括债务收入,财政赤字将会减少或消除。由于举借内债是通过减少本国的投资和消费来弥补财政收入的不足,与货币发行和银行透支不同,这种弥补方式不改变社会中的货币供给总量,因此从整体上讲,对国内物价不会产生影响。

(5) 向国外举债。如同前一种情况,由于举借外债,政府的债务收入增加,赤字可以得到弥补。但是,需要分两种情况进行分析:

第一,举借外债只是弥补政府财政收入的不足而不伴随进口的增加。此时总供给方面的生产者收入+剩余等于总需求方面的投资+消费。即使不考虑财政赤字,国外债务的举借由于没有伴随进口的增加,必然增大对国内产品的需求。因此,投资+消费+额外的投资与消费>生产者收入+剩余。在这种情况下,财政赤字虽然因外债的引入而得到缓解,但是国内总供给和总需求的矛盾加大,表现为社会上货币供给量过多。

第二,举借外债而伴随进口的增加。假定举借外债前贸易是平衡的,即进口=出口,并假定出口不因举借外债而发生变化。社会总供给和总需求分别为

$$总供给=生产者收入+剩余+进口+\Delta 进口$$

$$总需求=投资+消费+出口+外债$$

其中,Δ 进口是举借外债而导致的进口的增量。外债等于财政赤字。

总供给和总需求是否恢复平衡关键在于 Δ 进口能否等于外债。如果全部外债都用于进口,那么总供给和总需求是平衡的,对货币流通在总量上不产生作用。但是,由于假定了出口不因外债的借入而增加,但进口却在增加,因此财政赤字用外债来弥补以保证国内货币流通的稳定,必然以贸易收支的逆差为代价。从动态上看,外债本息的偿还依赖于出口收入,也依赖于本国财政收入的增加,因此弥补财政赤字的外债必须产生促进经济增长的作用,否则面临的困难将是双重的:一方面贸易收支平衡需要恢复,另一方面财政收支平衡也需要恢复。这样,就要保证外债不能仅仅用于消费支出,而必须形成投资资金,并产生较高的经济效益。

二 内债来源与货币供给

(一) 从资金性质角度划分内债来源与货币供给

正是由于举借内债与货币发行、银行透支不同,用这种形式弥补财政赤字一般不会改变社会中的货币供给量,因此举借内债成为弥补财政赤字的主要方式之一。但由于不同的债务来源对货币供给将产生不同的影响,因此有必要对这一问题进行更深层次的分析。

内债来源可以从两个角度进行划分:一是从购买主体进行划分,可以分为个人、企业和银行;二是从资金性质进行划分,可以分为投资资金和消费资金。

举债是用于弥补财政赤字的,但形成财政赤字的原因主要有两个:一是经济建设费用支出的增长,形成建设性公债;二是行政事业费用支出的增长,形成赤字性公债。用于经济建设而举债与用于行政事业费用支出而举债的作用是不同的。分析如下:

1. 债来源于消费资金,用于经济建设

由于假定:投资+消费=生产者收入+剩余,因此在这种情况下,因为消费资金的减少,总需求也相应地减少了,但由于财政赤字的出现,总需求又增加了。如果发行的内债刚好等于赤字,则总供给和总需求是平衡的。因为经济建设支出的增加就是政府公共投资的增加,而投资的增加却又源于消费资金的减少,所以有:投资+Δ投资+消费−Δ消费=生产者收入+剩余。从总体上看,举借内债不会对货币供给产生影响,但是会对投资和消费产生结构性影响。如果一国的国民生产总值(GNP)中用于投资和消费的量是固定的,那么投资资金的增加会造成投资品的相对短缺;又由于消费资金的减少,消费品会出现相对过剩。从价格上看,投资品的价格在上升,而消费品的价格在下降。但是,如果一国 GNP 中投资品和消费品的比率不是刚性的(投资品和消费品有些是可以相互替代的,例如煤炭既可以是投资品,也可以是消费品),那么投资资金的增加会促进消费品向投资品的转化,因此举借内债对投资品和消费品的价格作用会下降。

2. 债来源于消费资金,用于行政事业费

在结构上,因为投资资金不发生变化,因此对投资领域的货币供给不产生影响。此时对货币供给的影响表现在消费品的结构上。由于政府行政事业费的支出再次转化为消费资金,却不同于作为债务来源的消费资金,因此对不同消费品的需求会发生变化。一般情况是,居民消费的价格下跌,而行政办公用品的价格上升。例如,在此前提假设下,由赤字引起的行政事业费支出的增加,会造成集团购买力提升,因此,集团购买的商品的价格自然会上升。

3. 债来源于投资资金,用于经济建设

类似于情况 2。在结构上,消费资金不发生变化,所以对消费品的货币供给不产生影响。对投资品可能会产生结构性的作用。如果政府经济建设费的支出方向不同于作为债务来源的投资资金的方向,就会对政府增加经济建设费支出而扩大其需求的投资品形成一定的压力。

4. 债来源于投资资金,用于行政事业费

类似于情况 1。由于投资资金的减少减少了对投资品的需求,因此在投资品领域表现为货币供给量过少,经济增长会放慢速度;消费资金由于行政事业费的增加而增加,对消费品的需求增加,在消费品市场上表现为货币供给量过多。如果投资品和消费品有较强的替代性,投资品由于市场价格机制的作用就会向消费品转化。

因此,从投资、消费以及由此而产生的对经济增长作用的角度去考察可以得出结论:债来源于消费资金,用于经济建设是最为有利的;而债来源于投资资金,用于行政事业费是最不利的。

(二)从债源主体角度划分的内债来源与货币供给

那么,什么资金代表投资资金,什么资金代表消费资金呢? 针对这一问题,要对债源主体进行分析。

1. 债来源于居民

居民是消费者,因此,一般来说,居民手持现金是消费资金。但并不是说居民收入的全部都是消费资金。居民储蓄存款是银行信贷资金的重要来源。居民收入的相当一部分是作为投资资金而构成对投资品的需求的。至于居民收入中有多大比例是投资资金,则是一个更为复杂的问题。从理论上讲,投资资金是居民收入中的边际储蓄部分,消费资金则是边际消费部分。如果因为举借内债而使居民银行存款的绝对额减少了,或者相对于居民总收入而言,居民在银行的存款减少了,那就可以认为债不是全部来源于消费资金,有些来源于投资资金。

2. 债来源于企业和银行

银行资金的全部都可以认为是投资资金。企业资金的绝大部分也是投资资金。企业购买债券的资金可能分为以下几种:未分配利润、企业流动资金、银行贷款。如果是后两种,则全部是投资资金;如果是未分配利润,则要看是用其中哪一部分购买债券的。未分配利润中包括以下三项:职工奖励基金、职工福利基金、生产发展基金。如果是职工奖励基金和职工福利基金,则债源是消费资金;如果是生产发展基金,则债源是投资资金。如果债来源于企业或银行,就会产生两种情况:第一,如果财政赤字是为了扩大经济建设费支出而发生的,投资主体就会发生转移,由企业和银行转移到国家财政主体;第二,如果财政赤字是为了增加行政事业费而发生的,投资资金就会转化为消费资金。在第一种情况下,虽然对货币供给不会产生大的影响,只是对投资品的结构产生影响,但是,需要权衡投资主体的投资效率。如果企业与银行的投资效率不如国家的投资效率,那么投资主体的转移对经济增长就是有利的;如果相反,则投资主体的转移对经济增长是不利的。当然,投资效率既包括财务效益,也包括国民经济效益。在第二种情况下,会产生货币供给结构的问题,投资品领域货币流通量不足,而消费品领域货币流通量过多;同时也会对经济增长产生不利的影响。如果我们的前提假设发生变化,即总供给和总需求是平衡的,但投资品供给小于需求,而消费品供给大于需求,那么投资资金转化为消费资金对缓解经济中的结构性矛盾是有利的。

如果债的来源不是商业银行而是中央银行,那么对货币流通的影响则又要分两种情况:如果中央银行通过收回对商业银行的贷款或者通过提高存款准备金率的办法来认购国债,同样会发生前面分析的情况,即投资主体发生转移,或者投资资金转化为消费资金;如果中央银行通过发行新钞票的手段来认购国债,则类似于财政直接发行货币,结果是增加了社会上的货币供给量。

三 内债的偿还与货币供给

假定一国在偿还国内公债本息前的产品总供给与总需求是平衡的,即投资+消费=生产者收入+剩余;假定政府的财政收入(不包括债务收入)与财政支出(不包括债务支出)平衡,即财政收支差额为零;假定该国的信贷收支平衡,信贷收支差额为零;假定该国的贸易收支平衡,进出口差额为零。因此,社会总供给与总需求平衡,即

投资+消费+财政支出+信贷支出+出口
=生产者收入+剩余+财政收入+信贷收入+进口

如果此时不发生内债的还本付息,货币流通就是正常的、稳定的。但是,由于发生了内债的还本付息,宽口径的财政支出增加了,这也就如同前面所讨论的财政出现了赤字。但与一般的财政赤字不同,这不是由于政府的消费性支出或投资性支出增加了,而是相反,债务的还本付息增加了居民个人、企业以及银行的消费性或投资性支出。

第一,债务的还本付息从总量上增加了对货币供给的压力。由于假定政府的财政收入(不包括债务收入)与财政支出(不包括债务还本付息)平衡,因此,如果债务的还本付息额超过了当年政府所举借的新债务,那么社会上的货币供给量就会增加,其中基础货币增加额是二者的差额。如果债务的还本付息额恰好等于新的债务,社会上的货币供给量就不会发生变化。如果债务的还本付息额小于新的债务额,货币供给量就会减少,出现通货紧缩。因此,不考虑贸易收支对货币流通的影响,债务的还本付息是否会对货币流通在总量上产生影响,主要取决于以下几个因素:① 当年政府所能举借的新的债务。② 不包括债务还本付息的财政支出与不包括债务收入的财政收入是否平衡。如果支出大于收入,就必须有超过还本付息额的更大数额的新债发行。③ 信贷收支是否平衡。如果信贷收支出现存差,债务的还本付息就会缓和社会上货币流通量不足的矛盾;相反,如果信贷收支出现借差,债务的还本付息就会对信用膨胀起到推动作用。

第二,债务的还本付息对货币流通产生结构性的作用。在假设的前提下,即:投资+消费=生产者收入+剩余+财政收支差额+信贷收支差额+贸易差额,再假设新举借的债务少于当年的债务还本付息额,那么对货币流通将产生总量上的影响(如前所述)。如果债

务来源于居民个人,则债务的还本付息就增加了居民的可支配收入,而居民可支配收入的一部分就会按照边际消费倾向转化为消费资金,从而扩大对消费品的需求;另一部分则按照边际储蓄倾向转化为投资资金,从而扩大对投资品的需求。如果债务来源于企业和银行,对投资品的需求就会扩大,使得投资品领域货币过多。投资品领域货币过多也会对消费品需求产生间接影响。一般有两条渠道:一是投资品价格升高,会促进替代性强的消费品向投资品转化,从而提高该类消费品的价格;二是投资领域职工收入的增加会扩大对消费品的需求。

第四节　国际收支与货币供给

国际收支对货币供给的影响是通过国际储备的变化而实现的。国际收支出现顺差,则国际储备增加;国际收支出现逆差,则国际储备减少。在开放经济条件下,一国货币供给为

$$M_s = L + meR$$

其中,M_s 为货币供给,L 为国内已有但与国际储备无关的货币存量,m 为货币乘数,e 为以直接标价法表示的汇率(即 1 单位外币以本币数量表示的价格),R 为自有国际储备。

很明显,在理论上,国际收支变动通过货币乘数、自有国际储备和汇率三个因素影响一国货币供给。当外汇汇率上升时,如果此时自有国际储备量没有发生变化,则自有国际储备就会占用更多的本国货币;当外汇汇率下降而国际储备不变时,自有国际储备对货币的占用量就会下降。但本书认为,一国的国际储备中只有自有外汇和货币化的黄金储备对货币供给产生直接影响,而因借入外债而增加的国际储备并没有引起本国货币投放的增加。黄金产量增加不一定会引起货币量增加,只有当一国通过购买黄金进而投放货币时才会引起货币供给增加。国际储备量对货币供给的影响可以作如下分析:

一　贸易收支与货币供给

贸易、劳务项目收支是经常项目中最主要的内容,无论是出口收入还是进口支出,在国际收支中都占绝对大的比重。贸易收支表现为以外币表示的外汇资金的收支,但与人民币的收支密切联系在一起。

(一) 外汇资金与人民币资金的相互转化

贸易、劳务项目收支的实质是国际的商品和劳务的交换。完成这种交换需借助两种货币形态:外汇资金与人民币资金。从出口创汇看,组织出口商生产和收购必须先垫付人民币资金。生产企业要垫支流动资金和固定资金,外贸企业要占用大量商品储备资金,即使旅游服务企业也要有人民币资金用以兴建旅游设施和储备商品。只有垫付了人民币才可以收入外汇资金。

出口企业收入外汇后，或者将外汇卖给国家银行，或者经过外汇市场换成人民币。所以，出口创汇收入的过程，即表现为人民币资金与外汇资金不断转化的过程。

进口用汇企业首先要将人民币资金通过银行或外汇市场换成外汇，用以支付进口价款和交易费用。商品在国内销售后，又恢复到人民币资金形态。这里同样经历着人民币资金与外汇资金的不断转换。

（二）贸易收支与货币供给

一国贸易收支有三种情况：顺差、逆差、平衡。当贸易收支平衡时，贸易的结果不会影响一国的货币供给。当贸易收支为顺差或存在净出口时，出口企业持有更多的外汇，而国内市场的流通货币是人民币。1994年开始的外汇体制改革规定出口企业创汇后通过中国银行结汇，中国银行再向中国人民银行兑换。如果不考虑资本项目和经常项目中的非贸易项目，由于贸易顺差，国际储备增加，其增加额就是中国人民银行收购的出口企业净外汇收支差额。基础货币将增加，增加额即为中国人民银行收购外汇而新投放的货币。基础货币投放之后，经过乘数作用使得国内人民币的存量成倍上升。

当贸易收支为逆差即存在净进口时，进口企业需要用人民币兑换外汇以支付进口费用。净进口将减少国际储备，国内基础货币减少，货币供给也减少。

二　资本收支与货币供给

资本项目包括长期资本往来和短期资本往来。长期资本往来包括直接投资和对外负债。短期资本往来是指偿还期在一年以下的资本项目。国际资本流入有两种用途：其一，国际资本流入的同时，引起一国进口增加，相当于国外实物资本流入，这会增加一国的商品总供给，对国内货币供给则不产生影响；其二，如果流入的国际资本直接或间接增加了一国的国际储备，可以视为外汇储备中借入储备部分增加，但借入储备增加并没有引起基础货币的变化，因此，对货币供给也没有直接的影响。

直接投资有些不同。外国的直接投资必然在本国引起一系列的支付行为，如支付水电、交通、通信等基础设施的费用，日常的劳务与商品支付也是其中一项重要内容。由于劳务、商品等收汇部门在收取外汇后要向外汇指定银行结汇，外汇指定银行再向中国人民银行兑换，因此在这一过程中，国家外汇储备增加，基础货币投放增加。也就是说，外国直接投资导致基础货币增加是通过所引发的商品及劳务支出实现的。

国际资本流动之所以与国内货币（人民币）的供给不一定发生直接关系，是因为资本流动不一定要向中国银行结汇和发生人民币的买卖。当然，在货币自由兑换或自由流通时，货币供给的内涵就应该发生变化，那时货币供给就不应该是指市场中人民币资金的存量，而应该是包括外汇资金在内的更广范围的资金存量。

三　外债对货币供给的间接影响

所谓外债对货币供给的间接影响，是指外债引入之后对国内人民币资金存量的影响。这种间接影响主要表现在外债对人民币配套资金的要求上。外债可以用来购买国外设备或技术,但外债的使用必然会引起国内配套资金的增加,配套资金包括国内固定资产投资资金和流动资金。假设在引入外债之前,国内的货币供给为 L_1,引入一定外债之后,中央银行要增加额外的基础货币的投放,假定新增投放的基础货币为 ΔB,经过派生之后的国内资金总供给为 M_s,则

$$M_s = L_1 + \Delta Bm$$

其中,m 为货币乘数。

新增加的货币供给(ΔBm)就是外债引入对货币供给的间接影响。

假设无论外债增加多少,与外债配套的人民币资金都不来源于新增货币量,而是来源于人民币资金结构的改变,也就是说,国家银行对其他国内项目的贷款总量减少,减少的货币量用来与外债相配套,此时国内货币供给依然是 L_1,即

$$M_s = L_1$$

因此,外债引入对国内货币供给的影响不一定真的发生,这要根据实际情况去判断。有些企业或项目用举借的外债作抵押去向银行申请贷款,这一般会引起国内货币量的净增加。有时一个国家的贸易收支出现逆差,此时如果用国家自有外汇储备去弥补逆差,就会减少外汇储备量,从而减少外汇储备占用的货币量。而此时,如果用举借外债的方式弥补贸易逆差,就会使自有外汇储备量不变,从而保证国内货币供给的稳定。有时外债引入可以弥补财政赤字,当然,此时政府支出中的一部分是举借外债来维持的,而举借外债不能直接转化为对国内投资品和消费品的需求,必须由政府购买国外商品来实现,也就是说,此时政府赤字的部分就是政府对进口品的购买数额,但对进口品的购买是通过举借外债实现的。可以想象,当政府支出数额既定,而不通过向外举债或向内举债的方式去实现这一既定的支出时,政府赤字必然通过向中央银行透支或向中央银行申请贷款的方式来解决,这必然引起国内基础货币的增加,从而货币供给将更快地增加。可见,举借外债弥补财政赤字也有缓解国内货币流通的作用,却以贸易收支可能出现逆差为代价。

思考题

1. 货币的主要职能是什么?
2. 我国的 M_0、M_1、M_2 都包括哪些内容? 与美联储的货币总量指标有哪些不同?
3. 什么是基础货币? 中央银行投放基础货币的渠道有哪些?
4. 什么是货币乘数? 如何计算 M_1、M_2?
5. 阐述货币供给模型,说明哪些因素是中央银行有能力完全控制的,哪些因素是中央银行不能完全控制的。

第十章 货币需求

第一节 宏观货币需求理论

一 货币需求的概念

(一) 主观货币需求与客观货币需求

主观货币需求是指个人、家庭或企业等经济单位在主观上"希望"自己拥有多少货币。这是一种占有的欲望。客观货币需求可以指在某一时刻个人、家庭或企业等经济单位应该或者可以占有多少货币，也可以指一个国家在一定时期内究竟需要多少货币才能满足生产和流通的需要。

在现实生活中，这两种类型的货币需求都是存在的，但理论研究的对象是客观货币需求，而不是主观货币需求。

(二) 微观货币需求与宏观货币需求

微观货币需求是指个人、家庭或企业等经济单位在既定的收入水平、利率水平和其他经济条件下，保持多少货币在手中最为合适。宏观货币需求是指一个国家在一定时期内经济发展和商品流通所必需的货币量，这种货币量既能满足货币需要，又不会引发通货膨胀。

(三) 名义货币需求与真实货币需求

名义货币需求是指个人、家庭或企业等经济单位或整个国家在考虑价格变动时的货币持有量，它受制于中央银行的货币政策。真实货币需求量是指各经济单位所持有的扣除物价因素之后的货币数量。

二 古典政治经济学中的货币数量学说

宏观货币需求理论的起源可以追溯很远。英国经济学家威廉·配第在他的《政治算术》一书中就已经提出了宏观货币需求量的命题。他认为，货币发行的银行要考虑以下问题：① 保证一国正常交易需要多少货币？② 在流通中已经存在的货币有多少？③ 需要多少货币才足以应付新增的支付？④ 对于需要增加的货币，银行有没有无可怀疑的保证？威廉·配第举例说："如果英国有 600 万人，每人每年消费 7 镑，则其全部支出为 4 200 万镑，即每周约 80 万镑。而其结果是，如果所有的人都是每周支付，而货币在一周的周期内循环，则以不足 100 万镑就可以达到目的。但是，英国的地租是每半年支付一次，由于每年共计 800 万镑，所以，其支付没有 400 万镑就不够。英国的房租每年支付四次，一年约 400 万镑，故为支付这种租金只需 100 万镑。因此，如果有 600 万镑，就可以充分完成工资、地租、房租的支付循环。"①

在《赋税论》一书中，威廉·配第指出："推动一国商业，需要有一定数量和比例的货币，过多或过少都对商业有害。商业所需的货币的比例，取决于交换次数和支付额大小。"②

由此可见，威廉·配第已经非常敏感地注意到了宏观货币需求理论的几个实质性问题，并以严密的逻辑把它们关联起来：第一，发行银行考虑，为实现一国正常的商品流通，需要多少货币；第二，流通中已经有多少货币；第三，客观需要与实际存在的货币的差额；第四，货币流通速度；第五，货币增发量；第六，对于新发行货币的保证。

约翰·洛克进一步发展了早期的货币数量学说。他认为货币也是商品，同商品一样具有两种价值。商品价值可以分为固有价值和市场价值。固有价值基于其所满足的欲望，市场价值则为供求关系所决定。货币的市场价值同样由供求关系所决定。由于货币能够换取世界万物，因此货币具有无限的需求，不存在供大于求的情况。所以，货币的价值完全由供给数量来决定。洛克认为，对货币的需求，各地差不多都相同，用途也总是一样的。货币的数量越少，其价值就越高，购买力就越强。在货币缺乏时，由于没有可以替代之物，同量的货币就能与更多的商品相交换。

理查德·坎蒂隆（Richard Cantillon）在洛克研究的基础上，又对货币数量增加引起物价上涨的过程进行了论述。坎蒂隆认为，货币数量的增加来自两个方面：一是由金银矿的开采而造成的货币数量的增加，二是由对外贸易的顺差而造成的货币数量的增加。假设流通中的货币量的增加是由金银矿的开采所引起的，则金银矿的所有者、企业主、矿工等人的收入增加，而这些人的收入增加必将使其支出同比例增加，因此使其所购买的商品价格上涨，这又会引起生产这些商品的从业人员的收入和支出增加，并使这些人需要的农产品价格上涨，农产品的价格上涨又促使农民收入和支出也增加。就这样，一切商品的价格都在上涨。如果流通中的货币量是由对外贸易的顺差引起的，则一切从事与对外贸易有关的活动的商人、企业家收入增加，从而其雇员人数增加，雇员的收入增加，然后也经过与上述途径大致相同的过程造成一般物价的上涨。

坎蒂隆认为，货币数量增加后物价不是按比例上涨的。虽然货币数量与物价有因果关系，却无严格的比例关系。一国货币数量增加一倍，不能认为商品价格也必然上涨一

---

① 威廉·配第：《政治算术》，转引自郑先炳：《货币供求均衡论》，中国金融出版社 1990 年版，第 35 页。
② 威廉·配第：《赋税论》，1667 年伦敦版，第 17 页。

倍。坎特罗对货币数量增加与物价上涨之间的过程分析成为维克塞尔"累积过程理论"的基础。

古典经济学的奠基人亚当·斯密认为，一国流通中必需的货币量，取决于该国每年所流通的商品价值量，亦即取决于该国每年所销售的商品的价格总额，而不是商品的价格总额取决于流通中的货币量。亚当·斯密认为，无论在哪一国，每年买卖的物品的价值要求有一定量的货币来使货物流通并把它分配给真正的消费者，但不能超过必要的量。一国的生产物逐渐增加时，需要有更大量的通货，国内生产物的价值降低了，每年在国内流通的消费品的价值也降低了，因此国内每年所用的货币量也必然减少。亚当·斯密反对把货币需求看成是无限的，他指出，对黄金的需求正像对其他各种商品的有效需求一样，在任何一国都是一个有限的量。

约翰·穆勒(John Mill)通过对以往各学派的理论加以综合和分析，提出了自己的货币数量学说，其学说支配了货币理论界长达数十年的时间。

约翰·穆勒认为货币只不过是便利交换的工具而已。货币的价值由货币的供求决定。供给量即流通中的货币量，需求量即市场上的全部商品。如果市场上的流通货币量是一定的，货币价值就由市场商品量所决定；如果市场上的商品量是一定的，货币的价值则由流通中的货币量所决定。约翰·穆勒认为，物价上涨的比例就是货币数量增加的比例。若流通中的货币量增加两倍，物价也必然上涨两倍。纵然一些物价上涨多一些，另一些物价上涨少一些，但平均上涨就是两倍。如果不是货币增加而是商品减少，对于物价亦产生同一结果。如果商品增加而货币减少，则货币价值上升，物价回落。

三　甘末尔的现金交易数量学说

E. W. 甘末尔(E. W. Kemmerer)是近代货币数量学说的先驱，他的分析对欧文·费雪(Irving Fisher)以及现代货币数量学说都产生了一定程度的影响。甘末尔在《一般物价关系下的货币与信用工具》一书中，继承并发展了早期货币数量学说的集大成者约翰·穆勒的货币供求决定说，就货币与物价的关系给出了一个公式：

$$MR = NEP \text{ 或 } P = \frac{MR}{NE}$$

其中，P 表示商品的价格，MR 表示货币供给，NE 表示商品供给，NEP 表示货币需求。这是运用数学工具表示货币数量与物价关系的最早的公式。

甘末尔在分析了货币数量与价格的关系之后，还分析了信用交易对物价的影响。他将信用分为三种：① 债务不能转让的信用形态，如账簿信用；② 延期支付的信用形态，如期票与汇票；③ 见票即付的信用形态，如支票、即期票据等。他认为前两种形态都不影响物价，因为这两种形态的信用工具并没有真正作为交换手段，后一种形态的信用工具则起到了交换手段的作用，故会影响物价。甘末尔对使用支票信用交易与物价的关系，给出了和使用金属货币交易与物价的关系同样的公式：

$$P_c = \frac{CR_c}{N_c E_c}$$

其中，P_c 表示用支票交易的商品价格的水平，C 表示支票总额，R_c 表示支票的流通速度，N_c 表示用支票交易的商品数量，E_c 表示用支票交易的平均交易次数。

再用 P_s 表示以货币与支票所交易的一切商品的平均价格，M_s 表示货币与支票的总量，R_s 表示货币与支票的平均流通速度，N_s 表示以货币与支票交易的商品总量，E_s 表示以货币与支票交易的商品的平均交易次数，则公式为：

$$P_s = \frac{M_s R_s}{N_s E_s}$$

这是甘末尔给出的包括支票信用在内的总的通货数量方程式。

甘末尔认为，信用交易与货币交易一样影响物价，但由于信用票据数量与货币数量之间保持着一定的比例关系，因此，货币数量决定物价始终是一个真理，不会因信用的发展而改变。

四　费雪的现金交易数量学说

美国经济学家欧文·费雪的现金交易数量学说的中心思想在于解释总的物价水平为什么会发生变化。他的贡献体现在用一个数学方程式把直接影响物价变化的各个因素归纳在一起，将货币数量学说更为严谨地表达出来。后人把这个方程式称为费雪方程式或交易方程式。费雪对交易方程式的各个变量赋予了特定的内容，阐明了它们之间的相互关系和因果关系，于是交易方程式从恒等式上升为一种理论。费雪的现金交易数量学说集前人的货币数量学说之大成，成为现代货币数量学说最著名的代表。

费雪公式发表在费雪 1911 年所出版的《货币的购买力》一书中。在该书中，他区分了通货和货币两个概念。他认为，货币是必须在交换时能为一般人所接受的商品，通货是一种财产的总称，其主要用途是作为交换手段，而不管其是否具有一般接受性。因此，通货是包含货币在内的一个较广的概念。比如存款同样具有交换性和流通媒介性，能影响物价的变动，所以存款虽然不是货币，但它与货币一起构成通货。费雪还把货币分为基本货币与信用货币两种。基本货币是其本身具有价值的货币，如金银货币。信用货币是指持有人确信能够与其他商品相交换，因此具有全部或一部分价值的货币，如银行券、纸币与辅币等。这样，费雪的通货概念就包括金银货币、银行券、纸币、辅币与存款等。他认为，这些通货种类对于物价的影响力都相同，从而在物价水平的研究上，通货是第一位的，货币是第二位的。因此，费雪所谓"货币的购买力"实际上是指"通货的购买力"。在具体的研究上，费雪如同甘末尔一样，先将存款通货除外，以观察物价水平的决定因素。他认为物价取决于以下三个因素：① 流通货币的平均数量 M；② 流通货币的效率（即流通速度)V;③ 商品的交易数量 E。用 P 表示加权平均后的一般物价水平,T 表示用货币进行交易的社会总商品量,则

$$E=PT,MV=PT \text{ 或 } P=\frac{MV}{T}$$

费雪认为,物价水平与货币数量 M、货币流通速度 V 和用货币进行交易的商品量 T 的关系是:① 物价与货币数量 M 呈正比例变动关系;② 物价与货币流通速度 V 呈正比例变动关系;③ 物价与用货币进行交易的商品量 T 呈反比例变动关系。他认为,在此三个关系之中,第一个关系特别值得强调,正是这个关系构成了货币数量学说。在货币的流通速度与商品交易量不变的条件下,物价水平随流通货币数量的变动而正比例地变动。

在分析了货币之后,费雪又把存款通货引入以上公式,并用 M' 表示存款通货的总额,以 V' 表示其平均流通速度,公式则变为

$$MV+M'V'=PT \text{ 或 } P=\frac{MV+M'V'}{T}$$

这样,直接影响物价水平即货币购买力的因素就变为五个:① 货币的数量 M;② 货币的流通速度 V;③ 存款通货的数量 M';④ 存款通货的流通速度 V';⑤ 商品交易的数量 T。他认为其他经济社会中与生产、流通、消费、进口和出口等有关的一切因素,均不直接影响物价水平,而只是通过这五个因素间接影响物价水平。在这五个因素中,费雪认为最活跃、最多动无常因此也最为主要的因素是货币数量 M。他认为 V、V' 及 T 三个因素虽然亦经常变动,但程度甚低,因此,对物价的影响甚微。存款通货的数量 M' 的变化虽然剧烈,但出于以下两个原因,却不至于破坏货币与物价间的数量关系。这两个原因是:① 银行存款与其现金准备有一定的比率;② 各人、各企业所进行的现金交易与支票交易之间以及保持的现金余额与银行存款之间亦有一定的比率。因此,费雪认为:从原理上来说,物价水平是交易方程式中唯一完全被动的因素,它只受其他各因素的影响,而自身则毫不影响其他各因素……总之,是货币数量决定物价水平,而不是物价水平决定货币数量,也就是说,物价水平是结果而不是原因。

费雪还指出,货币数量决定物价水平,但不一定在任何情况下都完全保持相同的比例。因为在从货币数量增加到物价上涨的过程中,货币数量的变化对方程式中的其他因素也会产生一定的影响,即 M 增加后,M' 会按照对 M 的正常比率增加,有时可能超过正常比率,也可能使 V 和 V' 在一定时期内加速。在这种情况下,货币数量增加与物价上涨就不是完全等比例的。

费雪对现金交易数量的研究是建立在对前人特别是对甘末尔的研究基础上的。他的现金交易数量研究的出发点是宏观角度,也就是说,费雪探讨货币需求的最初动机是说明一国商品与劳务的交易总值与交换过程中的货币流通总量的恒等关系。从宏观上看,费雪认为有以下三个因素影响货币需求:第一,社会支付制度。包括收入和支出的规则

性、时距、次数等。通常收支时距越短、越有规律,则货币需求量越小。第二,金融制度。金融机构越发达以及支票流通越广泛,则货币需求量越小。第三,经济形势。经济中工商业越发达、人口密度越大,则货币需求量越大。

费雪从宏观货币需求角度出发得到的一些基本结论也适合分析个人的货币需求。费雪认为,$MV=PT$ 已经表明,个人在手中持有若干货币的基本理由是使日常生活中的交易活动顺利进行,而持有量的多少则取决于 V、P 和 T 三个变量。费雪认为,个人的货币需求受以下三个因素的影响:第一,个人的习惯。个人越节俭、在银行的存款越多,货币需求就越少。第二,个人对未来收入及价格变动的预期。预期收入越少、预期价格变动幅度越小,则货币需求越大。第三,个人对财富量的预期变化。预期利率下降、证券价格上升,都会使预期财富增加,从而减少货币需求。

总之,费雪涉及了微观货币需求问题,但真正建立起微观货币需求理论的是费雪之后的经济学家。

第二节　微观货币需求理论

古典政治经济学所研究的货币需求问题都是宏观货币需求问题,而近现代西方经济学家与古典政治经济学家的研究角度大相径庭,他们把货币需求理论的立足点从国民经济总体转移到个人,最多也只是扩展到家庭或企业等经济单位。微观货币需求理论经过几十年的发展,形成了众多派别,各派别都有较完整的货币需求理论体系。

一　现金余额数量学说

(一) 马歇尔的现金余额说

马歇尔是剑桥学派的创始人,也是现代微观经济学的奠基人。他于 1923 年出版了《货币、信用与商业》一书,系统地提出了现金余额说。他认为,货币包括金属铸币和纸币,是商品与劳务的购买手段和债务的清偿手段,是不经任何审查即可普遍流通之物。

马歇尔认为,货币的价值与其他商品价值一样,是由供给与需求所决定的。供给为当时存在的通货量,需求则为人们对于货币的需要量。他把货币比作机油,欲使机器灵活运转,就需要不断添加机油,但加油过多,又会妨碍机器的正常运转。货币亦如此,其数量过多,必将丧失信用。马歇尔认为,费雪的交易方程式有很大的缺点。他认为,一国通货的总值与其在一年内为交易目的而流转的平均次数相乘,其数额自等于该年内由通货直接支付所完成的交易总额。这是不言自明的。但该恒等式未能揭示支配通货流通速度的原因。为了发现其中的原因,必须观察该国民众以通货形态保持购买力的数额。马歇尔认为,在一般情况下,人们都将财产和收入的一部分以货币的形式持有,而另一部分则以非货币的形式(实物形态持有或直接消费)。如果储存货币过多,必然遭受损失。因此,人们常将储存货币所得到的利益与购买消费品所得到的享受及投资于生产所得到的收益加以权衡,从而决定其应储存的货币量,即应保有的备用购买力数量。他认为,不论社会状况如何,社会各阶层人民用通货形态保存财富以备购买的数额都是一定的,如果流通中的货币量增加,必然引起物价上涨。假定其他情况不变,在通货数量与物价水平之间便存在一种直接的关系。若通货数量增加 10%,物价水平就上升 10%。因此,他认为,货币的价值取决于全国居民用通货保持的实物价值与信用货币数量的比例。

(二) 庇古的剑桥方程式

1917 年,庇古发表了《货币的价值》一文,把马歇尔的现金余额理论用数学方程式予以解释,庇古的剑桥方程式为

$$P = \frac{KY}{M}$$

其中,P 为单位货币的币值,M 为货币供给数量,Y 为全部财富,K 为用货币形态保持的财富与总财富之间的比率,KY 为货币需求量。

按照该式,如果 Y 与 M 不变,则单位货币的币值 P 与 K 的变化成正比。因为币值越高,物价越低,物价与 K 的变化成反比。所以,货币的币值或一般物价水平取决于现金余额系数 K。马歇尔认为,货币的价值取决于全国居民欲以通货保持的实物价值与该国货币数量的比例。由于庇古的 K 是依据马歇尔的理论假设,因此人们一般称 K 为"马歇尔的 K"。

庇古把马歇尔的分析进一步明确化。他说,人们拥有的财产与收入有三种用途:一是投资于实物形态,从事生产;二是用以直接消费;三是保持货币形态,形成现金余额。投资于生产可得利润与利息,消费可得享受,保持现金余额可得便利与安全。这三种用途是互相排斥的,人们究竟在三者之间保持一个什么样的比例,由各自的主观意志所决定,K 也就因此而变动。庇古还分析了现金余额变化引起物价变化的传导中介是货币流通速度。他说,现金余额增加,货币流通速度就减慢,即使货币数量不变,货币也必然升值,物价必然下跌。在经济萧条时期,一方面货币数量减少,另一方面现金余额增加,所以物价的跌落便更为剧烈。在经济繁荣时期,一方面货币数量增加,另一方面现金余额减少,物价则迅速恢复和上升。

二 凯恩斯的货币需求理论

本书在第二章("利率"一章)中介绍了凯恩斯流动偏好的利率理论,而凯恩斯的货币需求理论与其利率理论是一脉相承的。为避免内容的重复,这里仅介绍凯恩斯货币需求理论的关键内容。

凯恩斯认为,人们持有货币有三个动机,即交易动机、预防性动机和投机动机。前两个动机承袭了庇古的思想,而投机动机是他的独创,正是有了投机动机,进而有了投机性

货币需求,凯恩斯的货币需求理论才与庇古的理论截然不同。

凯恩斯认为,交易动机和预防性动机主要与货币流通手段的职能有关,他把这两个动机合二为一,由这两个动机产生的货币需求统称为交易性货币需求。交易性货币需求有以下几个特征:

第一,货币主要充当交换媒介。货币的交易性需求主要用于商品交换。货币持有者将货币作为商品交换的媒介,货币发挥流通手段的职能,以满足商品交易的需要。

第二,交易性货币需求相对稳定,可以预计。出于交易动机的货币需求一般可以事先确定,原因是在一定时期内用于交易的货币金额、用途、支出时间是完全可以事先预测的,因此这类货币需求是稳定的。出于预防或谨慎动机的货币需求虽然难以事先确定,但由于它主要作为交易的备用金,因此受交易规模、货币收入的影响,也受手持现金而损失的利息收入大小的影响。而这些因素在短期内是相对稳定的,因此,出于预防动机的货币需求也是可以预计的。

第三,交易性货币需求是收入的递增函数。交易性货币需求的大小主要取决于收入的多少和货币流通速度的大小。货币流通速度在短期内是相对稳定的,因此,交易性货币需求主要取决于人们的收入。收入增加会使开支增加,从而交易数量增加,货币的交易需求必然增加。而预防性货币需求只有在一定收入水平上才会产生,并随收入的增加而上升,因此预防性货币需求也是收入的递增函数。

第四,交易性货币需求对利率不敏感。由于持有货币会丧失利息收入,因此利率变动会影响货币需求,但交易性货币需求主要用于必不可少的日常交易,利率再高、利息损失再大,也必须持有一定数额的现金,以保证正常的交易顺利进行,也必须保持起码的预防性货币以备不测。

投机性货币需求的特征是:

第一,货币主要充当财富贮藏的职能。凯恩斯在复杂的经济中抽象出两种金融资产:货币和债券。债券包括各种缺乏流动性但能带来收益的生息资产。货币自身的特征使其不仅具备极好的流动性,履行交换媒介的职能,还能作为积累而履行财富贮藏的职能。因此,人们在选择自己资产的形式时,需要对金融市场作出预测,权衡具有流动性且有贮藏作用的货币所带来的效用与具有收益的债券所带来的效用,将二者进行比较之后,才能决定是持有货币还是购买债券。一般说来,持有货币的目的首先是使自己的资产至少能够保值,然后去投机,尽力实现增值。对于不确定的未来,保存货币本身就会带来灵活升值。

第二,投机性货币需求难以预测。人们出于投机动机产生的货币需求注重的是货币的流动性,但人们的流动性偏好随着其对未来情况所作的估计而发生变化,并且人们对未来的估计不尽相同。这种心理现象是变化莫测的,加上市场行情变化的影响,货币投机需求难以预测。

第三，投机性货币需求对利率极为敏感。债券价格是与市场利率反方向变化的。因此，凡是预计未来利率下降、债券价格上涨的人，就会用货币买进债券，此后他的投机性货币持有额为零。而预计未来利率上升、债券价格下跌的人就会出售所持债券，他的投机性货币需求会增加。可见，投机性货币需求主要取决于利率的高低。现行利率的微小变动都会引起人们预期的变更，从而引起投机性货币需求的较大波动。

第四，投机性货币需求是利率的递减函数。这是因为现行利率越高，未来下降的可能性越大，到那时，债券价格就会上升，因此，人们宁愿购入债券而不愿持有货币。并且利率越高，手持货币的机会成本也越高。因此，利率与投机性货币需求是递减函数关系。

货币总需求就是交易性货币需求与投机性货币需求之和。凯恩斯认为，在正常的经济发展过程中，货币需求的变动主要受收入水平和利率变动的影响。在特殊的情况下，则会发生不规则的变动。例如，当利率水平降到无法再低时，人们就会产生利率上升而债券价格下降的预期，货币需求弹性就会变得无限大，即无论有多少货币，都会被人们贮藏起来。凯恩斯认为，货币需求也会对利率、收入产生作用，进而影响经济体系中的其他变量。假定货币供给不变，货币需求减少将会使利率下降，货币需求增加将会使利率上升。利率的波动会影响投资，从而影响就业和国民收入。

三　现代凯恩斯主义的货币需求理论

凯恩斯把货币需求分为交易性需求和投机性需求。交易性货币需求取决于收入，与利率无关；投机性货币需求取决于利率。20 世纪 50 年代以后，一些凯恩斯学派的经济学家在深入研究和发展凯恩斯的货币理论时，认为交易性货币需求对利率同样相当敏感。而在投机性货币需求中，凯恩斯认为人们对未来利率的变化是自信的，且在自信的基础上决定是持有货币还是保持债券，而由于每个人的预期不同，因此总有一部分人持有货币，另一部分人持有债券，二择其一而不是两者兼有。一些学者对凯恩斯的这一理论发表了许多新的见解，并形成了以托宾模型为代表的资产组合理论。

（一）平方根定律

第一次深入分析交易性货币需求与利率关系的是美国经济学家威廉姆·鲍莫尔（William Baumol）。他于 1952 年 11 月在 *Quarterly Journal of Economics* 上发表了一篇题为 "The Transactions Demand for Cash: An Inventory Theoretical Approach"[1]的论文，运用管理科学中的最佳存货控制技术进行研究。此后，詹姆士·托宾（James Tobin）撰文论证了货币的交易需求同样受利率的影响。他们虽然从不同的角度提出了各自的平方根公式，却因其平方根公式基本结论和分析方法的一致而被西方经济学家统称为"平方根定律"，也

---

[1]　W. S. Baumol, "The Transactions Demand for Cash: An Inventory Theoretical Approach", *Quarterly Journal of Economics*, 66 (November 1952).

称鲍莫尔–托宾模型。本书主要介绍鲍莫尔对现金交易需求的论证。

鲍莫尔认为,任何企业或个人的经济行为都以收益最大化为目标。因此,在货币收入取得和支用之间的时间差内,没有必要让所有用于交易的货币都以现金形式存在。由于现金不会给持有者带来收益,因此应将暂时不用的现金转化为生息资产,待用时再转为现金,只要利息收入超过变现的手续费就有利可图。利率越高,收益越大,生息资产的吸引力越强,人们就会把现金持有额压到最低限度;但如果利率低下,利息收入不够变现的手续费,那么人们宁愿持有全部现金。因此,货币的交易需求与利率不但有关,而且关系极大。凯恩斯贬低利率对现金交易需求的影响是不符合实际的。

鲍莫尔在分析时,提出以下假定:① 人们收入的数量一定,间隔一定;支出的数量事先可知,且速度均匀。② 人们采用购买国库券的形式将现金换成生息资产,具有变现容易、安全性高的特点。③ 每次变现(出售债券)与前一次的时间间隔及变现量都相等。

鲍莫尔认为,一家企业的现金余额通常可以被看作一种存货——一种货币的存货,这种存货能被其持有者随时用来交换劳动、原料等,这种存货同鞋子制造商准备随时用以交换现金的鞋子没有本质的区别。企业存货要使企业耗费成本,同样,企业持有现金也要负担一定的成本。持有现金的成本等于两项之和,一项为将有息资产转换为现金的手续费,另一项为持有现金所丧失的利息收入。

设未来时间内所预见的交易支出量为 T,每次变换现金额为 C,每次买卖证券的手续费为 b,于是买卖证券的成本总额为 $\dfrac{bT}{C}$。例如,某人预知在未来一年内的交易支出量为 12 万元,于是他先用该笔资金投资证券,然后每月卖出 1 万元证券,每次证券买卖手续费 100 元,交易成本 $=\dfrac{120\,000 \times 100}{10\,000} = 1\,200$(元)。由于每次得到现金额 C 之后,有规律地将其支出,因此平均一年中手中持有的现金额 $\dfrac{C}{2}$。因为现金没有利息收入,所以如果市场利率是 i,那么持有现金所丧失的利息收入或者机会成本为 $\dfrac{iC}{2}$。设 X 为成本总额,因为 X 又是 C 的函数,所以 X 可表示为

$$X = f(C) = \frac{bT}{C} + \frac{iC}{2} \tag{10-1}$$

任何企业在不妨碍正常经营的情况下,都会尽量将保持存货的成本降到最低限度。同样,任何有理性的经济单位显然都希望把保持现金的成本总额减到最低限度。在数学上,求解 X 的极小值的方法是求(10-1)式的一阶导数,并令其为零,即

$$f'(C) = \frac{\mathrm{d}}{\mathrm{d}C}\left(\frac{bT}{C} + \frac{iC}{2}\right) = \frac{-bT}{C^2} + \frac{i}{2} \tag{10-2}$$

$$C = \sqrt{\frac{2bT}{i}} \tag{10-3}$$

即每次变换的现金余额为 $\sqrt{\dfrac{2bT}{i}}$ 时，持有现金存货的总成本最小。

由于人们的平均手持现金余额为 $\dfrac{C}{2}$，那么最适量的现金持有额为 $\dfrac{1}{2}\sqrt{\dfrac{2bT}{i}}$，即现金余额（用 M 表示）为

$$M = \frac{C}{2} = \frac{1}{2}\sqrt{\frac{2bT}{i}} \tag{10-4}$$

如果把物价因素考虑在内，则实际的现金余额为

$$\frac{M}{P} = \frac{1}{2}\sqrt{\frac{2bT}{i}}$$

或 $\qquad M = \alpha T^{0.5} i^{-0.5} P \tag{10-5}$

（10-5）式中，P 为一般物价水平，$\alpha = \dfrac{1}{2}\sqrt{2b}$。这就是著名的平方根公式，它表明：当交易量（$T$）和手续费（$b$）增加时，最适度的现金存货余额就将增加，而当利率上升时，这一现金余额就会下降。公式还表明，最适度的现金余额与交易量、手续费的变化并不成 1:1 的比例关系，它们的变动比率（弹性值）可以通过数学方法求得。对（10-5）式取自然对数：

$$\ln M = \ln \alpha + 0.5 \ln T - 0.5 \ln i + \ln P \tag{10-6}$$

由于（10-6）式是一个多变量函数，因此对（10-6）式求偏导便可以得到现金余额对交易量（T）和利率（i）的弹性值：

$$\frac{\partial \ln M}{\partial \ln T} = 0.5 \tag{10-7}$$

$$\frac{\partial \ln M}{\partial \ln i} = -0.5 \tag{10-8}$$

（10-7）式是现金存量（或现金余额）对交易量的弹性，其数值为 0.5，表示交易量与现金的需求成正比，在其他条件不变的情况下，交易量每增加 1 个百分点，其现金需求增加 0.5 个百分点。（10-8）式是现金存量对利率的弹性，其数值为 -0.5，表示现金存量与利率反方向变动，即利率上升，现金存量下降，在其他条件不变的情况下，利率每上升 1 个百分点，现金需求下降 0.5 个百分点。

鲍莫尔-托宾模型问世以后，对西方货币理论产生了重大影响。众多学者在研究货币理论和货币政策问题时都涉及该理论。

归纳起来，对该模型的肯定之处是，该模型从人们保持适度的现金用于交易，而将暂

时闲置的部分用以获利这一常见现象出发,得出交易性货币需求在很大程度上受利率变动影响的结论,具有普遍适用性。这是对凯恩斯货币需求理论的重要发展。该模型又可以广泛应用于国际金融领域,即国际储备不必与国际贸易量按照同一比例增减。

(二) 资产选择理论

资产选择理论是对凯恩斯货币需求理论中投机性货币需求的修正。凯恩斯认为,投机性货币需求是人们对未来利率的正常水平预期后的货币需求,一部分人认为利率将会下降,债券价格将会上升,于是就会购买债券从而减少货币持有量;另一部分人判断利率将会上升,债券价格将会下跌,因此会卖掉债券,从而使货币持有量增加。一些经济学家认为,凯恩斯关于投机性货币需求的论述与正常情况下人们分别持有一部分货币和一部分债券的现象不一致。以托宾为代表的经济学家认为利率是无法预期的,正是利率的不确定性给投资者带来了潜在的风险。如果未来收益是确定的,那么投资者的决策是很容易作出的,只要选择最高收益的投资机会即可,但由于未来收益是不确定的,因此,投资收益低,则投资风险小,投资收益高,则投资风险大。

托宾的一篇题为"Liquidity Preference as Behavior Towards"[①]的文章,较好地解决了投机性货币需求问题,该文章奠定了资产选择理论的基础。

托宾认为,由于有风险,因此投资决策的原则也将发生变化,不是以收益最大化,而是以效用最大化为原则。效用是指物品或服务满足人的欲望的能力,不同的人对效用的判断是不同的。但可以这样认为,财富增加会使人产生更多的满足感,因此财富增加,效用也会增大;而风险增加,会使人更加痛苦,因此风险增加,效用减少。

例如,资产 A_1 有 100% 的可能给投资者带来 100 元的收入;资产 A_2 有 50% 的可能给投资者带来 150 元的收入,又有 50% 的可能给投资者仅带来 50 元的收入。A_1 与 A_2 的预期收入相等,都为 100 元,但效用不同。由于 A_1 没有风险,A_2 有风险,因此 A_1 的效用大于 A_2 的效用。假设资产 A_3 有 50% 的可能给投资者带来 175 元的收入,有 50% 的可能仅产生 25 元的收入,那么,虽然 A_3 的预期收入也是 100 元,但 A_3 的风险更大,所以 A_3 的效用比 A_2 的效用还小。效用与财富的关系可见图 10-1。

预期效用是预期收益和预期收益风险的函数。托宾假定,除交易性的货币需求之外,收入的形式是货币和债券。在物价一定时,货币的收益与收益风险均为零,但债券的价格是波动的。假设货币资产为 A_1,债券资产为 A_2。A_2 的效用由 A_2 的预期收益及收益风险共同决定。

---

① James Tobin, "Liquidity Preference as Behavior Towards", *Review of Economic Studies*, February 1958.

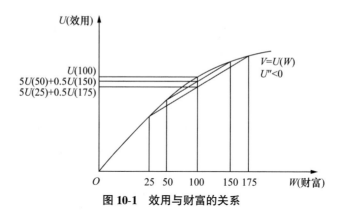

图 10-1　效用与财富的关系

A_2 的收益可以分为固定收益和变动收益。假定债券的利率是固定的,则利息收益就是固定的;而债券的资本利得或资本损失是经常发生的,假定 g 是单位资本收益或资本损失,则 A_2 的收益 $R=A_2(i+g)$。g 在前面的例子中可能是+50,也可能是−50,g 是从 −50 到 +50 的连续随机变量,投资者是根据 g 的概率分布进行投资的。g 的期望值是 0,即 $E(g)=0$,且与当前利率无关,则 A_2 的预期收益为

$$
\begin{aligned}
R &= E[A_2(i+g)] \\
&= A_2 E(i+g) \\
&= A_2 i + A_2 E(g) \\
&= A_2 i
\end{aligned}
$$

A_2 的风险被定义为预期收益的标准差 σ_R,σ_R 的大小取决于 A_2 和债券资本利得率或损失率的标准差 σ_g,因此

$$\sigma_R = A_2 \sigma_g$$

由于资产选择的原则是效用最大化,而持有更多的债券能增加预期的利息收益,这可以使财富增加,因此效用增大,但与此同时风险也增加了,因此效用又会减小。收益与风险同长同消。

由于　$\sigma_R = A_2 \sigma_g$

则　　$$A_2 = \frac{\sigma_R}{\sigma_g} = \frac{1}{\sigma_g}\sigma_R$$

$$R = A_2 i = \frac{i}{\sigma_g}\sigma_R$$

上式说明预期收益 R 与预期收益风险 σ_R 是正相关的。

由于效用是预期收益 R 和预期收益风险 σ_R 的函数,即

$$U = U(R, \sigma_R),$$

其中,　　$$\frac{\partial U}{\partial R} \geq 0, \frac{\partial U}{\partial \sigma_R} \leq 0$$

当 U 极大时,有

$$dU = \frac{\partial U}{\partial R}dR + \frac{\partial U}{\partial \sigma_R}d\sigma_R = 0$$

$$\frac{dR}{d\sigma_R} = -\frac{\partial U/\partial \sigma_R}{\partial U/\partial R}$$

而 $\qquad R = A_2 i = \frac{i}{\sigma_g}\sigma_R$

因此 $\qquad \frac{dR}{d\sigma_R} = \frac{i}{\sigma_g}$

$$\frac{i}{\sigma_g} = -\frac{\partial U/\partial \sigma_R}{\partial U/\partial R}$$

因此 $\qquad \frac{\partial U}{\partial \sigma_R} = -\frac{i\partial U}{\sigma_g\partial R}$

这说明当 $\frac{i}{\sigma_g}$ 既定时,效用最大化的条件是,投资者增加 1 单位债券 A_2 的风险的负效用 $\frac{\partial U}{\partial \sigma_R}$ 等于增加 1 单位债券所产生的收益的正效用 $\frac{i\partial U}{\sigma_g\partial R}$。

托宾认为,效用函数完全取决于不同人的偏好。由于人们对待风险的态度不同,因此可以将人们分为三类:

(1)风险规避者。他们非常注重安全,尽可能避免冒险。其效用函数的无差异曲线如图 10-2 所示。当预期收益增加时,他们才会接受较高的风险,甚至收益增加要比风险提高得更快。前面的数学分析,分析的就是风险规避者的效用函数。

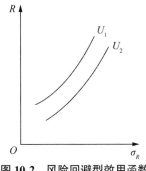

图 10-2　风险回避型效用函数

(2)风险中立者。他们追求预期收益,也注意安全,当预期收益相等时,他们可以不考虑风险。可以用图 10-3 表示这类人的效用函数。

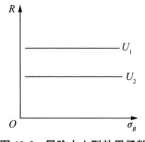

图 10-3　风险中立型效用函数

(3) 风险偏好者。他们准备接受较低的预期收益,目的是不放弃获得较高的资本利得的机会,可以用图 10-4 表示这类投资者的效用函数。

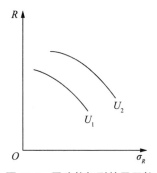

图 10-4　风险偏好型效用函数

托宾认为,人们在现实生活中既持有投机性的货币,又持有债券,二者之间的比例取决于预期收益和预期收益风险的大小。如图 10-5 所示,上半部分中,纵轴表示预期收益,横轴表示风险,OC_1、OC_2、OC_3 线表示在不同利率(i_1,i_2,i_3,$i_3>i_2>i_1$) 水平下的投资机会线。其斜率由 $R=\dfrac{i}{\sigma_g}\sigma_R$ 中的 $\dfrac{i}{\sigma_g}$ 来确定。I 是一组无差异曲线,在任一既定的曲线上,不同的收益与风险的组合有相同的效用。

图 10-5 下半部分中,左纵轴为债券构成比率,箭头从上向下(0~100%);右纵轴表示货币的比例,箭头从下向上(0~100%)。当利率为 i_1 时,无差异曲线 I_1 与 OC_1 相切于 A 点,此时资产组合的比率为 $m_1+b_1=1$,很明显 $m_1>b_1$,故在 A 点风险与收益都较小;当利率上升时,投资机会线 OC_2 与 I_2 相切于 B 点,资产组合比例也随之改变,风险资产增加,货币资产减少。当利率上升到 i_3 时,风险资产比率更高,此时的预期收益与风险都高于 A、B 两点。

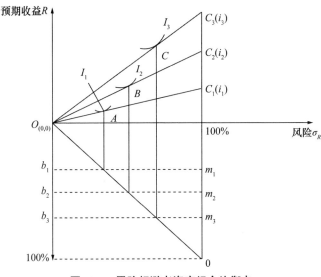

图 10-5 风险规避者资产组合均衡点

图 10-5 说明 A、B、C 三点都是风险规避者资产组合的均衡点,即风险负效用与收益的正效用相等。从这些均衡点的变化中可以看出,利率越高,预期收益越大,货币持有量越少,证实了货币投机需求与利率之间呈递减函数关系。

(三) 新剑桥学派的货币需求

新剑桥学派的货币需求理论主要体现在把凯恩斯的货币需求动机的分类加以扩展,提出了货币需求七动机说,并且根据他们提出的货币需求的不同动机,重新对货币需求进行了分类,对各类货币需求的特征和影响作了分析。

凯恩斯认为人们的货币需求动机有三种,即交易动机、预防动机和投机动机。新剑桥学派认为,随着经济的发展,仅这三种动机并不能说明全部现实状况,应该予以扩展。他们提出了货币需求七动机说:① 产出流量动机。当企业决定增加产量或扩大经营规模时,无疑需要有更多的货币。它相当于凯恩斯提出的交易需求,这部分需求由企业的行为所决定。② 货币-工资动机。这种货币需求是由货币-工资增长的连带效应造成的。在现代经济中,通货膨胀是一种普遍现象,货币量增加以后,往往连带着工资的增长。③ 金融流量动机。这是指人们为购买高档消费品需要储存货币的动机。高档商品在实际购买之前一般要有一个积蓄货币的时间。④ 预防和投机动机。在手中保留超出交易需要的货币,一方面以备不时之需,另一方面等待时机以进行投机。⑤ 还款和资本化融资动机。这是由于随着信用的发展,债权债务关系十分普遍,大部分个人或企业都负有一定的债务。同时,现代社会中融资具有资本化的特点,即各种融资形式都以取得报酬为前提,因此,为了保持自己的信誉,保证再生产顺利进行,必须按照规定的条件偿还债务、支付利息等,这就需要保持一定的货币量。⑥ 弥补通货膨胀损失的动机。这是通货膨胀造成的后果,因为在物价上涨、货币贬值的情况下,即使维持原有的生活或生产水平,也需要更多的货币量。⑦ 政府需求扩张动机。除了个人或企业,政府也有货币需求扩张的动机。现实中,赤字往往是货币需求大大增加的重要原因。特别是当政府有意识地采取这种政策以支持战争或作为反危机措施时,情况更是如此。

为了更清楚地说明问题,他们又将上述七个动机归纳为三类:① 商业性动机。包括产出流量动机、货币-工资动机和金融流量动机。商业性动机是与生产流通活动相连的。由商业性动机引起的货币流通是货币的商业性流通,它主要取决于人们收入中的支出部分,包括实际的消费支出和投资支出,这部分货币需求与收入紧密相关。② 投机性动机。包括预防和投机动机、还款和资本化融资动机以及弥补通货膨胀损失动机。由投机性动机引起的货币流通主要取决于人们对未来的预期。当人们的预期比较悲观时,这部分货币需求就会增加,因此,这种货币需求与收入的关系不大,但与金融市场紧密相关,是引起经济不稳定的重要因素。③ 公共权力动机,包括政府需求扩张动机。这是因政府的赤字财政政策和膨胀性货币政策所产生的扩张性货币需求动机。如果政府把这些额外的流通货币主要用于商业性流通,那么,受冲击的将是商品市场的价格;如果政府把这些额外的流通货币主要用于金融性流通,则金融市场将受到冲击。因此,这类动机对经济的影响取决于政府如何分配所创造出的这些额外的货币。

新剑桥学派的货币需求动机说与凯恩斯的货币需求动机说具有密切的关系。前者沿袭了后者的分析方法,对人们持有货币的不同动机进行区别讨论,以此为基础对相近的动机产生的货币需求进行分类研究,找出它们不同的特征以及影响所在。

预防动机和投机动机就是凯恩斯提出的。中间五个动机则是对凯恩斯提出的三大动机的细分,基本上没有超出凯恩斯提出的范围。只有政府需求扩张动机是新剑桥学派的独创。

四 货币学派的货币需求理论

(一) 货币需求函数

以弗里德曼为首的货币学派的货币需求理论与凯恩斯及新凯恩斯主义的货币需求理论不同。弗里德曼在研究货币需求时不是从持有货币的动机开始,而是承认人们持有货币的事实,并对各种情况下人们持有多少货币的决定因素进行了仔细分析,建立了货币学派的货币需求函数。

弗里德曼认为,人们对货币的需要就像对别的商品和劳务的需要一样,可以采用消费者选择理论进行分析。消费者在对商品进行选择时,要考虑以下三种因素:效用、收入水平和机会成本。考虑效用是要弄清为什么购买,以及它能带来什么好处。例如,购买衣服是为了美观和保暖,从而使自己得到享受。当然,效用是主观评价,个人偏好对效用的影响很大。考虑收入是因为人们的需求受支付能力的限制,对商品的需求不是主观的无限需求,而是客观的受到限制的需求。考虑机会成本,是因为人们如果购买某商品就要失去购买其他商品的机会,原因是人们的收入有限。人们在购买某商品时,就要选择机会成本最小的商品。

弗里德曼认为,人们的货币需求与消费者对商品的选择一样,同样受到收入水平、机会成本和效用的影响。

1. 收入或财富对货币需求的影响

弗里德曼认为,收入或财富是影响货币需求的重要因素。一般情况下,财富可以用收入来表示,但不能用统计测算出来的即期收入代表财富,因为即期收入受不规则的年度波动的影响,带有较大的片面性。应该用长期收入或永恒收入表示财富。永恒收入是一个人在相当长的时间内获得的收入流量,相当于观察到的过去若干年收入的加权平均数。

永恒收入来源于各种财富。弗里德曼把财富划分为人力财富和非人力财富。人力财富是指个人获得收入的能力,包括一切先天的和后天的才能与技术,其大小与接受教育的程度密切相关。非人力财富是指物质财富,如房屋、机器、设备、耐用消费品等各种财产。一般只有少数人才拥有一定量的非人力财富,而大多数人只拥有人力财富。一般说来,人力财富给人们带来的收入是不稳定的,很难转化为非人力财富。例如,当一个人失业时,人力财富就会一无所获,没有任何收入,更不可能去购买非人力财富。这两类财富在总财富中的比例,会影响它们所带来的收入的比例,进而影响货币需求。弗里德曼认为,货币的持有不是与总财富而主要是与非人力财富相联系。用 Y 表示永恒收入,用 W 表示非人力财富占总财富的比率,因此 W 也表示来自财产的收入占总收入的比率。

2. 机会成本对货币需求的影响

持有货币的机会成本是指货币与其他资产的预期收益率之差。货币的名义收益率 (r_m) 在通常情况下为零。其他资产收益率一般可以分为两部分。第一部分是目前的名义收益率,主要指:① 预期的固定收益率,用 r_b 表示,如债券利率和债券价格的预期波动;② 预期的非固定的收益率,用 r_e 表示,如股票的收益率,这里包括股票价格的预期波动。第二部分的名义收益率是指预期的商品价格变动率。通货膨胀时,各种商品价格会随之剧烈波动,物质财富会给持有者带来收益或损失。通货膨胀时,物价上涨就是持有货币的机会成本之一。物价上涨得越快,持有货币的机会成本越大,对货币的需求就越小。这样,物价变动率 $\dfrac{1}{P}\dfrac{\mathrm{d}P}{\mathrm{d}t}$ 也是影响货币需求的因素之一。

3. 效用对货币需求的影响

对于个人或企业来说,持有货币既可以用于日常交易的支付,又可以应付不时之需,还可以抓住获利的机会,这就是货币所提供的效用。这些效用虽然无法直接测量出来,但人们的感觉和现实证明它确实是存在的。这种流动性效用以及影响此效用的其他因素,如人们的嗜好、兴趣等是影响货币需求的因素之一，用符号 U 表示。

综上所述，弗里德曼列出个人的货币需求函数为

$$\frac{M}{P}=f\left(Y,W;r_m,r_b,r_e,\frac{1}{P}\frac{\mathrm{d}P}{\mathrm{d}t};U\right)$$

其中，M 为个人货币持有量——名义货币量，P 为一般物价水平，$\frac{M}{P}$ 为个人实际货币需求

量。弗里德曼认为，如果略去 Y 和 W 对个人间分配的影响，把 M、Y 分别视为按照人口平均的货币持有量和实际收入，W 为社会中非人力财富占总财富的比率，上面的函数就可以用来进行全社会货币需求的分析。

（二）对货币需求函数的分析

弗里德曼和其他货币学派的学者对货币需求函数进行了较为细致的研究。货币需求函数为

$$\frac{M}{P}=f\left(Y,W;r_m,r_b,r_e,\frac{1}{P}\frac{\mathrm{d}P}{\mathrm{d}t},U\right)$$

函数中自变量较多，为了便于分析，他们省略了一些在某种条件下可以忽略的自变量。① 省略 U。因为在短期内货币的效用及影响此效用的因素，如人们的嗜好、偏爱等不会发生无规则的大幅度变化。② 省略 W。因为财富的构成比例在一定时期也是相对稳定的，它对收入进而对货币需求不会产生大起大落的影响，因此可以视 W 为常数。③ 省略 $\frac{1}{P}\frac{\mathrm{d}P}{\mathrm{d}t}$。因为根据弗里德曼对发达国家统计资料的分析，物价变动率只有在变化幅度很大、期限较长时才直接影响货币需求，而这种情况很少出现。④ 省略 r_m、r_b、r_e。省略 r_m 是因为货币收益率通常为零。而 r_b、r_e 受市场利率的影响和制约，因此可以归结为市场利率的作用。市场利率为 i，i 则包括了 r_b、r_e 对货币需求的影响。

因此，货币需求函数就可以简化为

$$\frac{M}{P}=f(Y,i)$$

即货币需求由人们的收入和市场的利率来决定。

弗里德曼在寻找货币需求与收入和市场利率的函数关系时，采用了指数函数，即

$$\frac{M}{P}=aY^bi^c$$

其中，a、b、c 是通过测算而得到的常数。由于指数方程可以转为对数方程

$$\ln\frac{M}{P}=\ln a+b\ln Y+c\ln i$$

这个多元回归分析的公式被认为是货币数量论者通过大量对货币需求的经验研究

所得出的基本公式。式中的每个变量 $\left(\dfrac{M}{P}、Y、i\right)$ 都是可测的,而 a、b、c 的值则可以用最小二乘法求得。

弗里德曼根据 1892—1960 年的资料计算出: $a=3.003$, $b=1.394$, $c=-0.155$。这样,美国实际货币需求与永恒收入和利率间的关系就可以用如下方程来表示:

$$\ln \frac{M}{P}=3.003+1.394\ln Y-0.155\ln i$$

$$R^2=0.99$$

其中,M 的定义包括定期存款(即 M_2),Y 表示实际永恒收入,i 为 4~6 个月的商业票据利率,R^2 为相关系数。这一方程的经验含义非常明显。第一,收入对货币的需求弹性为1.394,说明当永恒收入增加 1% 时,实际货币需求增加 1.394%。收入的货币需求弹性大于 1,弗里德曼的解释是,人们对货币的需求就像对奢侈品的需求一样,当收入水平提高时,其需求会更快地增加。第二,实际货币需求的利率弹性为 −0.155,说明利率与货币需求之间呈反方向变动关系,当利率提高 1% 时,实际货币需求下降 0.155%。

(三) 货币需求函数的特点及其对货币当局的意义

弗里德曼认为,货币需求函数最主要的特点是该函数的稳定性。弗里德曼指出,货币需求与其决定因素间存在稳定的函数关系,并且决定货币需求的变量必须限定于 Y、W、r_m、r_b、r_e、$\dfrac{1}{P}\dfrac{\mathrm{d}P}{\mathrm{d}t}$ 和 U 的范围。如果任意改变函数式中的自变量,不仅函数式会失去实证意义,而且将破坏货币需求函数的稳定性。

货币需求函数为什么具有稳定性呢? 弗里德曼认为有以下三个理由:

第一,影响货币供给和需求的因素相互独立。弗里德曼认为,影响货币供应的若干主要因素并不影响货币需求。比如,影响货币供给量最主要的因素——金融制度和金融政策对货币需求没有什么影响,货币需求主要受制于函数式中的那些变量。

第二,在函数式的变量中,有些自身就具备相对的稳定性(如 U、W),有些只在很少的情况下才影响货币需求 $\left(\text{如}\dfrac{1}{P}\dfrac{\mathrm{d}P}{\mathrm{d}t}\right)$,因此它们不会破坏货币需求函数的稳定性。货币需求函数最主要的影响因素是收入与利率。实证表明,货币需求对利率变化的敏感性差,其利率弹性很小,不仅美国只有 −0.15,其他国家的统计资料也证实利率弹性一般为 −0.1~−0.5,因此利率对货币需求的影响较小。货币需求对收入的弹性较大(一般为 1.0~2.0),说明货币需求受收入波动的影响较大。但如果用永恒收入的概念来考察,货币需求的变化就不大了。因为随着经济的发展,即期的年度收入会有所波动,但将历年的收入加权平均为永恒收入后,这种波动就会趋于平衡,因此并不会影响货币需求的稳定性。

第三,货币需求函数的倒数——货币流通速度基本上是稳定的。弗里德曼认为,从实证来看,货币流通速度有一定的稳定性和规则性。但旧货币数量说把这种稳定性与规则性过分地夸大了,并且不适宜地用简单的形式表示为一个常数,而实际上货币流通速度本身的数值并不是一个常数。而凯恩斯把货币流通速度看成是极不稳定的,也不符合事实。弗里德曼认为,货币流通速度是一个稳定的函数,有规律可循。弗里德曼通过对美国货币史的研究论证了货币流通速度在长期内是十分稳定的;在短期内,用永恒收入来考虑,货币流通速度也是稳定的。

弗里德曼的货币需求稳定性的结论对货币当局具有重要意义。由于货币需求是稳定的,因此货币当局不应该采取货币需求管理的政策,而应该采取货币供给管理的政策。货币供给应配合货币需求,而货币需求是稳定的,因此货币供给也应该是稳定的,货币当局应采取稳定的货币政策。弗里德曼的规则论由此产生。

思考题

1. 什么是费雪方程式? 哪些因素决定货币需求量?
2. 凯恩斯认为的持有货币的三个动机是什么? 这三个动机的特点是什么?
3. 推导关于货币需求的平方根定律。
4. 阐述新剑桥学派关于货币需求的七动机说。
5. 货币学派的货币需求函数是如何确定的? 这一货币需求函数对货币当局的意义是什么?

第十一章　货币政策

第一节　货币政策的目标

一　货币政策的内容

实施正确的货币政策对于经济的健康运行至关重要。过度扩张的货币政策导致通货膨胀率居高不下，降低经济运行效率，阻碍经济增长。过分紧缩的货币政策则会导致严重的经济萧条，产出减少，失业率上升。它还可能导致通货紧缩，即物价水平的下跌对经济造成严重的破坏，会引起金融动荡，甚至引发金融危机。

从广义上讲，货币政策是指政府、中央银行以及其他有关部门关于货币方面的全部规定和所采取的影响货币数量的一切措施。从这一定义去理解，货币政策包括建立货币制度的规定，促进金融体系发展、提高运作效率的措施，以及诸如政府借款、国债管理、政府税收和财政支出等影响货币供给的政策。

从狭义上讲，货币政策是指中央银行为实现宏观经济目标而用来影响货币供求的措施。因此，货币政策包括三个方面的内容：第一，政策目标；第二，实现目标所运用的政策工具；第三，具体执行所达到的政策效果。

二　货币政策的目标

在过去几十年中，世界各国的政策制定者都越来越关注通货膨胀的社会成本和经济成本，因此将维持稳定的价格水平作为经济政策的首要目标。所谓物价稳定，是指通货膨胀率保持在稳定的低水平。这已经成为中央银行货币政策最重要的目标。价格水平上升会使通货膨胀压力加大，增加经济体系的不确定性，使得消费者、企业和政府的决策变得更加复杂，从而降低金融体系的效率，进而危害经济增长。民意调查的结果显示，社会公众对通货膨胀十分反感；许多实证证据表明，通货膨胀会抑制经济增长，对经济运行具有非常强的破坏力。阿根廷、巴西、俄罗斯和德国都曾经历过恶性通货膨胀。即使在中国也有类似的体验，无论是解放战争时期的国统区还是改革开放时期的新中国，都曾经出现过比较严重的通货膨胀。通货膨胀加大了规划未来的难度。例如，在通货膨胀环境下，企业很难决定保留多少现金流才能维持企业的正常运行；家庭很难决定应该储蓄多少才能足够供孩子接受大学教育。通货膨胀往往产生再分配的效果,使富人更富、穷人更穷。由于各个利益集团之间存在竞争关系,在通货膨胀时期,恶化的竞争关系有可能会引发冲突,使得一国的局势变得更加紧张。为了实现物价稳定的目标,保证经济体系的良性运转,各国中央银行在货币政策战略中会使用名义锚。或者钉住通货膨胀,或者钉住货币供给等名义变量,保证名义变量在一个窄幅内波动,将通货膨胀预期维持在稳定的低水平上,进而实现物价稳定目标。钉住名义锚相当于有了行为规则的约束,可以避免掉入时间不一致性的陷阱,进而在货币政策实施中避免自由放任和频繁调整有可能导致的长期不良后果。钉住名义锚同样可以避免政客试图利用超出预期的扩张性货币政策,通过在短期内刺激产出改善经济绩效,进而谋求政治利益的企图。

货币政策的目标包括货币政策的最终目标和中介目标,前者一般是一国宏观经济的目标,后者则是为实现宏观经济目标而确定的中央银行的货币供给目标与利率目标。

宏观经济目标一般有以下四个:物价稳定、充分就业、经济增长和国际收支平衡。但把这四个目标中的哪一个放在最主要的位置上,各国政府以及一个政府在不同时期有不同的选择。例如,美国政府把经济增长放在最重要的位置上,其宏观经济目标依次是经济增长、充分就业、物价稳定和国际收支平衡。日本则把物价稳定放在最重要的位置上,其宏观经济目标依次是稳定物价、国际收支平衡以及维持对资本品的适当需求。德国货币当局则把马克的币值稳定或物价稳定放在最重要的位置。除上述四个目标之外,人们常常把金融市场稳定、利率稳定、外汇市场稳定也视为货币政策要实现的目标。

既然货币政策的最终目标有四个,那么这四个最终目标的具体含义以及对宏观经济的意义表现在哪些方面呢?

首先,物价稳定。物价稳定既是经济增长的条件,也是经济增长的结果。一般情况下,宏观经济所要实现的物价稳定是相对的物价稳定,即把通货膨胀控制在一定的水平之下。由于社会对某种商品的需求增加,这种商品的价格自然上升,而价格上升又有利于生产供给的增加,因此,一般情况下,价格上涨与经济增长是一致的,或者说物价稳定与经济增长相矛盾。那么,一国宏观经济目标应该允许物价以多快的速度上涨,则是一个重要而又难以回答的问题。一般情况下,各国都把该国对物价上涨的承受力作为物价上涨是否过快的标准。而关于什么是对物价的承受力则有较大的分歧。

其次,充分就业。失业率太高会使许多人生活异常悲惨,失业的人没有收入来源,而且大量资源闲置,产出会大幅减少。充分就业并不是要完全消除失业,经济学中的充分就业是允许较低水平(比如4.5%~6%)的失业率的就业水平。在市场经济中,失业者是产业发展的后备军,是劳动市场供给要素流动的必备条件。就像企业生产过程中随时要保留一部分的产品库存和投入品库存一样,整个经济体系运行中的重要生产要素——劳动力也需要一定的后备。这部分后备军的存在能满足生产扩张和结构性调整对劳动力的需求,同时又能在就业工人中产生竞争压力。但作为产业后备军的失业人数不能过多,如果过多,一方面经济增长要受到制约,另一方面社会的安定局面也会受到影响。一般来讲,失业率高的时期,也是经济萧条的时期和社会不安定的时期。

再次,经济增长。经济增长在通常情况下与就业率同方向变化。经济增长一般用一国的 GNP 增长率来表示。一国在一定时期的经济增长水平取决于该国要素资源的投入水平和宏观经济政策。要素资源投入水平要以该国要素资源的潜力为上限。在经济学中,一国存在客观的生产可能性边界,一般称为潜在的 GNP。但这一潜在的 GNP 一般很难实现,也就是说,实际经济运行中实现的 GNP 要低于潜在的 GNP。经济增长目标就是尽量使实际的 GNP 接近潜在的 GNP。

最后,国际收支平衡。由于国际收支包括经常项目和资本项目,因此,国际收支变动是众多项目综合变动的结果。而对于国际收支平衡,各国均有自己的定义。由于在世界范围内一国国际收支顺差必然有其他国家的逆差存在,因此,在世界范围内应该把国际收支差额为零作为最终目标,但这是办不到的。理由是世界经济发展不平衡,一些国家的经济在成长的过程中,而另一些国家的经济已经达到发达水平,因此,发展中国家需要更多的外国资源,包括更多的外国资本和要素,这就会产生该国贸易收支的逆差。进口增加对一国经济增长是有好处的,但如果没有资本项目的顺差,该国国际收支就将出现逆差,从而导致该国国际储备的减少。而这又会影响该国未来对外资的利用。如果一国吸收国外资金较多,而较多的外国资金被用在进口要素商品上,那么虽然该国国际收支差额并没有发生变化,但国际收支中贸易项目有逆差,而资本项目有顺差。关于一个国家的国际收支平衡如何定义,各国是不同的。本书对我国国际收支平衡的定义是,国际储备要有适当的增长,这一增长率要适应我国的进口需求和利用外资的需求。

三 货币政策目标之间的关系

货币政策的最终目标不是单一的,而是多重的,因此目标间存在很复杂的关系,有些目标是相互矛盾的。各目标间的关系主要表现在以下几个方面:

首先,充分就业与经济增长的一致性。一般来讲,经济增长率越高,对要素投入的需求就越大,对劳动力的需求也会增加,因此就业率也高;反之,经济萧条时,开工不足,就业者人数减少,失业率上升。

其次,充分就业与物价稳定之间的对立性。当失业人数过多时,需要采用扩大信用规模的方法刺激经济增长,增加就业。但信用规模扩大会引起货币供给增加,进而社会总需求增加,物价上涨。在分析充分就业与物价稳定的关系时,人们通常采用菲利普斯曲线方法。所谓菲利普斯曲线,是由澳大利亚籍的英国经济学家威廉·菲利普斯(William Phillips)在研究从 1861 年至 1975 年英国失业率和工资物价变动关系后得到的。该曲线说明在失业率和物价上涨率之间存在此消彼长的置换关系(见图 11-1)。

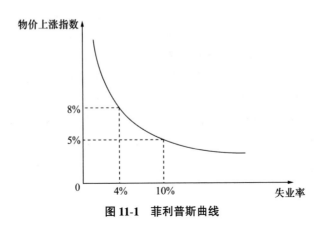

图 11-1　菲利普斯曲线

图 11-1 说明，要实现充分就业，比如把失业率控制在 4% 的水平上，就必须增加货币供给以刺激社会总需求增加，而总需求增加会引起物价上涨，比如上涨到 8% 的水平。如果要降低物价上涨率（例如将物价上涨指数控制在 5%），就要减少货币供应量以抑制社会需求，而总需求减少，会使失业率提高（例如提高到 10% 的水平）。因此，要么是低失业率与高物价上涨并存，要么是高失业率与低物价上涨并存。因此，宏观经济目标就会产生如下组合：第一，以物价稳定为主要目标，后果是失业率高；第二，以充分就业为目标，后果是通货膨胀率较高；第三，物价上涨率与失业率都在一定的可接受的幅度以内。一般来讲，第三种组合即选择物价上涨率和失业率的某一适当组合点是一国中央银行货币政策的目标选择。

再次，经济增长与物价稳定的对立性。由于前面提到经济增长与充分就业的一致性，又提到充分就业与物价上涨的对立性，因此按照逻辑关系来讲，经济增长与物价稳定也是对立的。但有时物价稳定与经济增长并存，或经济停滞与物价上涨并存。当然这是极端情况，只有在特殊的环境下才会出现。在信用货币环境中，虽然也可以在物价稳定条件下实现经济增长，但要实现经济的较快增长，使一国实际 GNP 尽量接近潜在的 GNP，物价就不可能平稳。而经济停滞与物价上涨并存或滞胀现象的存在，是在 20 世纪 70 年代特殊的历史环境下产生的，主要原因在于：第一，某些部门产品供给异常变动。某一部门产品供不应求以致价格上涨，使其他产品成本增加从而不得不提价，致使这些产品需求下降，出现滞胀现象。第二，由于财政支出不是用于公共工程等投资性支出，而是用于社会福利费用支出，因此当社会福利支出较大时，财政支出不仅失去了对生产的刺激作用和对扩大就业的促进作用，而且使失业者不急于甚至不情愿去找工作，所以这种需求增加导致的物价上涨与生产停滞并存。

最后，国际收支平衡与其他目标间的矛盾。一般情况下，经济增长会增加对进口品的需求，而经济增长速度加快后，国内对本来可以出口的产品需求增加，致使该种产品的价格上升,其出口会受到影响。两个方面作用的结果是,出口增长慢于进口增长,贸易收支出现逆差。就资本项目而言,要促进经济增长,就要扩大国内储蓄总量并吸收国外储蓄,利用外资就是吸收国外储蓄的重要方法。外国直接投资增加致使进口品增加,对一国而言是资本项目的顺差弥补了贸易或经常项目的逆差。外债借入量增加虽然也能弥补经常项目的逆差,但外债偿还时就会产生国际收支的平衡问题,如果那时没有足够的出口增长和贸易顺差,国际储备就将下降,从而国际收支平衡就会受到损害。

另外,物价稳定与国际收支存在矛盾。第一,当物价上涨率较高,且有较高的通货膨胀预期时,外资流入量会减少,特别是合资项目中所能吸引的外资量会下降;第二,经济萧条时,中央银行会降低利率,但利率降低会促使资本外流,使国际收支中的资本项目受到影响;第三,通货膨胀时,如果本国货币的汇率变动滞后于物价上涨,或者调整幅度小于物价上涨幅度,该国货币就会被高估,结果是不利于出口,有利于进口,造成贸易收支逆差;第四,当国际储备因出口增长而大幅度增加时,会导致基础货币投放增加,货币供给增加又会造成物价上涨;第五,经常项目大幅度地持续逆差,并且导致国际储备下降,必然引起外汇汇率上升,外汇汇率上升虽然有利于出口,不利于进口,从而有利于贸易收支出现顺差以及国际收支状况的改善,但外汇汇率上升,会导致进口成本增加,从而导致因进口成本上升而产生的成本推进型通货膨胀。

总而言之,宏观经济目标间是矛盾重重的,中央银行的货币政策目标就是在复杂的关系中寻找适度的目标间的组合。其实,在长期内,物价稳定目标与其他目标之间不存在不一致的问题。然而在短期内,物价稳定常常与经济增长、充分就业和利率稳定等目标发生冲突。为了解决这些目标之间的冲突,许多国家将物价稳定作为中央银行首要的长期目标。为了实现这一目标,具体的做法则分为阶梯目标与双重目标两种。英格兰银行、加拿大银行、新西兰储备银行以及欧洲中央银行等中央银行采用阶梯目标,这种做法是将物价稳定置于优先地位,只有在实现物价稳定的情况下才能追求其他目标。联邦储备体系则追求双重目标,将物价稳定和就业最大化两个目标置于平等地位。一国中央银行选择哪种类型的目标更为适合,取决于它们在实践中是如何实施的。只要在实施过程中将物价稳定作为长期而非短期的首要目标,任何一种类型的目标都是可以接受的。当然,在世界上有个别国家的中央银行是以单一目标为货币政策的最终追求,例如德国和澳大利亚的中央银行就仅以货币和物价稳定作为唯一的目标。

第二节　货币政策传导机制与中介目标

在西方货币政策的理论中,凯恩斯主义主张以利率为中介目标,而货币学派则主张以货币供给量作为中介目标。与此相适应,在具体的货币政策实践中,不同国家的中央银行也往往采用不同的货币政策战略。有的国家采用货币总量目标制,20 世纪 70—80 年代的美联储和日本银行即是如此。同一时期的德国和瑞士以及后来的欧洲中央银行采用的则是以货币总量为主的混合货币政策战略。有的国家采用通货膨胀目标制,从1990年开始,新西兰、加拿大、英国、瑞典、芬兰、澳大利亚、西班牙、以色列、智利和巴西等国陆续采用以通货膨胀为指标的货币政策战略。美联储吸取这两种货币政策战略的优缺点,则采取了富有预见性的、先发制人的"直接行动"战略。这种货币政策战略没有明确的名义锚,但是高度关注对于通货膨胀的控制。这种货币政策战略使用广泛的信息谨慎监控通货膨胀的迹象,周期性地使用先发制人的货币政策,强调货币政策的前瞻性、灵活性、针对性,在货币政策实践中收到了良好的效果。需要注意的是,货币政策战略各有利弊,货币政策战略的选择也是一个趋利避害的优化过程。

一 凯恩斯主义的货币政策传导机制

所谓货币政策传导机制,是指货币政策工具如何引起社会经济某些关键因素发生变化,从而实现货币政策的最终目标。

凯恩斯主义的货币政策传导机制理论的最初思路是:货币供给是中央银行可以调控的外生变量,通过货币供给的增减来影响利率的升降,利率的变化则通过资本边际效率的影响使投资以乘数方式增减,而投资的增减就会影响总支出和总收入,即

$$M \rightarrow r \rightarrow I \rightarrow E \rightarrow Y$$

其中,M为货币供给,r为利率,I为投资,E为总支出,Y为总收入。

我们在第二章("利率"一章)中阐述了IS曲线的形状。IS曲线实际上反映的是收入与利率的对应关系,利率较低,投资增大,从而收入增加。在这个传导机制发挥作用的过程中,主要的环节是利率的作用。中央银行货币供给调整必须首先影响利率,然后才能使投资和总收入增加。

凯恩斯主义的最初思路被称为局部均衡分析,只反映货币供给对商品市场的影响,而没有反映商品市场与货币市场的相互作用。对二者相互作用的分析又被称为一般均衡分析。一般均衡分析的思路是:

(1) 假定货币供给增加,而交易性货币需求稳定不变,因而投机性货币需求增加,而投机性货币需求增加将导致利率下降,从而引起LM曲线向下移动(参见第二章)。LM曲线下降将导致经济均衡点向右移动,即收入增加。这说明货币供给与国民收入同方向变动,而与利率反方向变动。

(2) 收入增加后,人们的交易性货币需求也将增加,如果没有新的货币供给投入经济中,投机性货币需求就会减少,从而使利率有所回升。在IS-LM模型中,L_1增大,L_2减小。这是商品市场对货币市场的作用。

(3) 利率的回升,又会对商品市场产生影响,即投资减少,收入下降。商品市场又会对货币市场产生影响,即收入减少,L_1减小,L_2增大,这又会引起利率的回落。这是一个

往复不断的过程。

（4）最终，收入与利率会逼近一个均衡点，这一点同时满足货币市场与商品市场的均衡，即 $I=S$ 和 $L=M$。

从上面的分析中可以看出，凯恩斯主义特别重视货币供给调整后利率的变化。利率成为凯恩斯主义主要的中介目标。

二　后凯恩斯学派的货币政策传导机制

后凯恩斯学派的货币政策传导机制主要包括两种思路。

（一）托宾的 q 理论

托宾建立了关于股票价格与投资支出相关联的 q 理论。托宾的 q 是这样定义的：

$q=$ 上市公司权益资本的市场价值/权益资本的重置成本

当 $q>1$ 时，即股票的市场价值超过重置成本，有利于上市公司通过发行股票筹措资金。换言之，当货币供给增加时，人们将发现他们所持有的货币比他们所需要持有的多，于是就会增加支出，而增加支出的一种方式就是购买股票。股票购买需求的增加，会抬升股票价格，从而 q 值增大，上市公司投资增加。总之，托宾的 q 理论可以归纳如下：

$$M\uparrow \Rightarrow P_{股票}\uparrow \Rightarrow q\uparrow \Rightarrow I\uparrow \Rightarrow Y\uparrow$$

托宾的 q 理论还可以用于分析一国股票市场价格是否合理，即是否有很大的泡沫。如果 q 值过高，那么 q 值复归的可能性很大，也就意味着股票价格回落的机会很大。

（二）米什金的货币政策

弗雷德里克·S. 米什金（Frederic S. Mishkin）认为，货币增加导致个人财富增加时，不一定会增加消费，特别是耐用消费品的支出，因为当他需要流动性时，就只能卖掉耐用消费品，从而很容易遭受损失。相反，如果他拥有金融资产，由于金融资产的流动性强，因此，当他需要货币时，可以卖掉手中的金融资产。故当个人财富增加时，金融资产持有增加，个人发生财务危机的可能性下降。在这样的前提下，消费者会增加耐用消费品和住房的支出，从而导致全社会总收入增加，用符号表示为

$$M\uparrow \Rightarrow V\uparrow =D\downarrow \Rightarrow C\uparrow \Rightarrow Y\uparrow$$

其中，V 代表金融资产价值，D 代表财务危机的可能性，C 代表耐用消费品和住房的消费支出。

三　货币学派货币政策传导机制

为了说明货币供给、物价、收入、利率等经济变量之间的关系，弗里德曼提出了一个高度简化的模型，在此基础上，他探讨了货币政策的传导机制。

弗里德曼在货币分析的理论模型中省略了外贸部门，也省略了政府的财政收支，把分析的重点放在国民收入在消费与投资间的分配，以及货币供给与货币需求的调整上。

弗里德曼的理论模型为

$$\frac{C}{P}=f\left(\frac{Y}{P},r\right) \tag{11-1}$$

$$\frac{I}{P}=g(r) \tag{11-2}$$

$$\frac{Y}{P}=\frac{C}{P}+\frac{I}{P} \tag{11-3}$$

$$M_d=Pl\left(\frac{Y}{P},r\right) \tag{11-4}$$

$$M_s=h(r) \tag{11-5}$$

$$M_d=M_s \tag{11-6}$$

其中，Y 为名义国民收入，P 为物价指数，r 为利率，C 为消费，I 为投资，M_d 为货币需求，M_s 为货币供给。

上述各式中，(11-1)式为消费函数，表明实际消费为真实收入与利率的函数。(11-2)式为投资函数，表明实际投资是利率的函数。(11-3)式为收入恒等式，收入等于投资加上消费，同时也表示商品市场均衡，即储蓄等于投资。(11-4)式为名义货币需求函数，表明实际货币持有额 $\left(\frac{M_d}{P}\right)$ 是真实收入和利率的函数。(11-5)式为名义货币供给函数，表明货币供给是利率的函数。(11-6)式是货币市场均衡条件。

上述各式中，(11-1)式、(11-2)式、(11-3)式描述储蓄与投资的调节——流量调节。储蓄量和投资量将随国民收入和利率的变化而变化，当储蓄等于投资时，产品市场均衡情况下的国民收入将被决定。

(11-4)式、(11-5)式、(11-6)式描述货币供求的调节——存量调节，即通过国民收入和利率而使货币市场均衡，并决定货币市场均衡情况下的国民收入。

由于上述六个方程中共有七个未知数：C、I、Y、r、P、M_d 和 M_s，因此，这七个变量中的某一个必须由该方程组以外的因素所决定。弗里德曼认为，由该方程组以外的因素所决定的变量为实际收入 y，即

$$\frac{Y}{P}=y \tag{11-7}$$

将(11-1)式、(11-2)式及(11-7)式代入(11-3)式，得

$$y=f(y,r)+g(r) \tag{11-8}$$

由于 y 为外生决定，因此(11-8)式可以决定 r 值。r 值决定后，M_s 便可以决定，即

$$M_s=h(r)$$

由于 $M_d=M_s$，因此

$$Pl\left(\frac{Y}{P},r\right)=M_s \qquad\qquad (11\text{-}9)$$

即　　　$Pl(y,r)=M_s \qquad\qquad (11\text{-}10)$

由于(11-10)式中 M_s、y 和 r 都是已经决定了的,因此 P 也可以通过(11-10)式求出。这样,由(11-1)式、(11-2)式、(11-3)式、(11-4)式、(11-5)式、(11-6)式组成的方程组加上(11-7)式,就得到了关于七个变量的七个方程所组成的联立方程,这七个变量可以同时决定。

由于 $Pl(y,r)=M_s$

方程两边同时除以 y,则

$$P\frac{l(y,r)}{y}=\frac{M_s}{y}$$

而 $\dfrac{l(y,r)}{y}$ 是货币流通速度(V)的倒数,即

$$\frac{l(y,r)}{y}=\frac{1}{V}$$

因此　　　$P\dfrac{1}{V}=\dfrac{M_s}{y}$

$$P=V\frac{M_s}{y} \qquad\qquad (11\text{-}11)$$

(11-10)式与(11-11)式的内容和含义是相同的。如果(11-10)式的函数是稳定的,P 就是 M_s 的正函数。(11-11)式中,如果 V 和 y 是既定的,P 与 M 就成正比例变动。因此,要保持 P 长期稳定,只需 M_s 的变化率与 y 的变化率一致,而后控制 V 就行了。如果 V 是长期稳定的,为了保证 P 的长期稳定,就必须控制货币供给 M_s 的变化率并使其与 y 的变化率相一致。

弗里德曼虽然没有假定货币流通速度是不变的,却认为货币流通速度在短期内随经济的繁荣和萧条而波动,但长期内还是十分稳定的。特别是用永恒收入替代年度收入之后,货币流通速度更为稳定。

弗里德曼认为,货币需求函数是稳定的。他认为,物价或者由实际货币需求变动所引起,或者由现实持有的货币余额即名义货币供给变动所引起。货币供给常常偏离货币需求,因此,物价变动是货币供给变动的结果。

名义货币供给即货币量影响经济的传导机制是怎样的呢?弗里德曼认为,当货币数量增加时,由于货币需求函数中的变量都没有发生变化,因此实际货币需求量不变。故人们所持有的名义货币余额较其所希望持有的货币余额多。这时,人们就会将其所持有的多余的货币量与其他资产交换,即人们将通过购买债券、股票和实物资产而把多余的货币支付给他人。若人人都采取同一行动,则将提高资产的价格,使利率下降,于是刺激投资,

增加产量和收入,因此人人都会增大其支出,致使物价上涨。直到货币供给量的实际价值降低,与人们的实际货币需求相一致时,均衡才恢复。简言之,货币学派的货币作用机制是货币供给增加→人们的支出增加→收入增加→物价上升,即 $M \rightarrow E \rightarrow Y \rightarrow P$。

四　货币政策的中介目标

(一) 中介目标的特征

由于货币当局不能直接控制和实现一国的最终经济目标,因此它只能借助货币政策工具间接实现最终目标。政策工具通过经济机制影响中介目标,而中介目标影响最终目标。中介目标是货币政策作用过程中十分重要的一个环节,它的选择正确与否以及选定后能否达到预期效果,关系到最终经济目标能否实现。

中介目标的选择要符合以下四个标准:① 相关性。相关性是指只要能达到中介目标,中央银行实现最终目标就不会遇到太大的障碍和困难。也就是说,中介目标与最终目标之间要有稳定、密切的关系。相关性也就是指中介性。② 可测性。这是指中央银行能够迅速获取有关中介目标的准确数据,中介目标有明确的定义并易于观察、分析和监测。③ 可控性。这是指中介目标易于被中央银行控制。要求中央银行所采用的货币政策工具与中介目标之间有稳定、密切的关系。同时,可控制性也包括抗干扰性。货币政策在实施过程中常会受到外来因素的影响,选择了那些中介目标之后,只有这些中介目标有较强的抗干扰能力,中央银行才可以根据中介目标去实现最终的经济目标。④ 适应性。这是指中介目标在不同制度和环境的国家中与最终目标间的关系是不同的,中介目标必须依国家的特定环境而有所不同。

按照以上四个标准,在一般情况下,可以作为中介目标的经济变量主要是利率与货币供给量。

(二) 利率

利率有以下特点:① 相关性。投资需求与消费需求都与利率有关,因此最终经济目标与利率有一定的稳定关系。② 可测性。很明显,中央银行在任何一个时间点上都可以观察到市场利率的水平与结构。③ 可控性。中央银行或者直接控制市场利率,或者间接给予控制。在市场经济条件下,间接控制利率是主要形式,中央银行一般通过再贴现率或再抵押贷款利率来影响商业银行的融资成本,从而影响市场利率。

作为中介目标,利率也有不理想之处,这一不理想之处表现在,在经济生活中利率的内生性与外生性很难确认。当经济繁荣时,利率因投资需求的增加而上升;当经济停滞时,利率因投资需求的减少而下降。这一过程中,经济环境影响利率的高低,即利率是内生的。而作为外生变量,利率与投资需求的关系也是同方向的,即当经济过热时,应提高利率;当经济萧条时,应降低利率。当经济过热时,利率本身就已经提高了,利率由中央银行间接影响并提高到一定水平之后,其对需求的抑制作用到底有多大,取决于利率弹性的大小。因此,中央银行将利率作为中介目标,必须清楚利率发挥作用的环境以及利率作用的程度。

(三) 货币供给量

货币供给量作为中介目标同样具备中介目标的四个条件:相关性、可测性、可控性和适应性。首先,在货币供给理论中,人们将货币划分为多个层次,如 M_0、M_1、M_2 等,这些层次的货币的可测性是不言而喻的。其次,货币供给量等于基础货币与货币乘数的乘积,而基础货币和货币乘数的可控性是比较明显的。再次,货币供给量与宏观经济目标间的关系是稳定、密切的,前文中的货币政策的作用机制,实际上就是货币供给对宏观经济目标的影响机制。最后,一个国家货币供给量与宏观经济最终目标之间的关系是不同的,各国货币当局可以根据实际情况确定这一关系。因此,货币供给量作为中介目标是可以被接受的。

货币供给有不同的层次,哪个层次与宏观经济目标间有最明显的相关性,目前还存在较多的争议。但存在争议并不影响将货币供给作为中介目标,原因是可以采用折中的方法,分别考虑并量化不同层次货币供给与宏观经济目标的相关性。从理论上来讲,利率与货币总量两个指标并不兼容。中央银行如果要维持利率的稳定,公开市场操作的实施就会导致货币总量发生变化。中央银行如果要保持货币总量的稳定,就必须放弃对于利率的控制,二者不可兼得。近年来,越来越多的人认为,与货币总量和通货膨胀率之间的关系相比,利率与通货膨胀率等目标之间的关系更为密切。因此,世界各国中央银行普遍采用短期利率作为其政策手段。美联储使用泰勒规则确定联邦基金利率。按照这一规则,控制通货膨胀与稳定产出同样重要。货币政策的成功必须遵循泰勒定理,即货币当局提高名义利率的幅度应当超出通货膨胀率的上升幅度。货币政策的实施只有遵循泰勒定理,才能对通货膨胀和总产出产生更为有利的影响。

第三节 货币政策的工具

一 经济手段

中央银行实施货币政策的工具主要分为两类:常规货币政策工具与非常规货币政策工具。常规货币政策工具主要包括公开市场业务、贴现机制和法定准备金率,一般将它们称为中央银行的三大法宝,也称为一般性的货币政策工具。全球金融危机发生以后,美联储于 2008 年 10 月开始对准备金存款支付利息,准备金利率因此也成为新的常规货币政策工具之一。与此同时,非常规货币政策工具也应运而生。这些经济手段的使用会对整个金融系统货币信用的扩张与收缩产生全面的影响。

(一) 公开市场业务

公开市场业务是指中央银行在金融市场上公开买卖有价证券,以调节基础货币,进而影响利率和货币供给的一种业务。中央银行买卖的有价证券主要是政府公债、国库券和银行承兑汇票等。公开市场业务是中央银行最重要的货币政策工具。

中央银行买卖有价证券的直接影响对象是基础货币。当中央银行购买有价证券时,基础货币的投放等量增加;当中央银行出售有价证券时,基础货币量等量减少。公开市场业务的运作过程如下:

当货币当局从银行、企业或个人那里购入债券时,会造成基础货币增加,但由于债券出售者获得支票后的处理方式不同,因此会形成不同形式的基础货币。尽管本书在"货币供给"一章(第九章)中介绍了基础货币增加的途径,并介绍过中央银行证券买卖,但这里还是要对公开市场业务进行更深入的分析。

假设一国中央银行从一家银行购入200万元债券,付给它200万元支票。这家银行或将支票兑现以增加现金库存量,或将款项存入在中央银行设立的储备账户。这时,该银行和中央银行账户分别发生两组变化:

第一组

某银行

资　产		负　债
政府债券	−200 万元	
现金库存	+200 万元	

中央银行

资　产		负　债	
政府债券	+200 万元	现金发行	+200 万元

第二组

某银行

资　产		负　债
政府债券	−200 万元	
在中央银行储备存款	+200 万元	

中央银行

资　　产	负　　债
政府债券　　　　+200万元	商业银行储备存款　+200万元

当债券出售者是非银行的企业或个人时,假若出售者将中央银行开出的支票存入自己的开户银行,则中央银行、开户银行及出售者的账户分别发生如下变化:

债券出售者

资　　产	负　　债
政府债券　　　　−200万元	
支票存款　　　　+200万元	

开户银行

资　　产	负　　债
在中央银行的储备存款+200万元	支票存款　　　　　+200万元

中央银行

资　　产	负　　债
政府债券　　　　+200万元	商业银行储备存款　+200万元

当债券出售者把获得的支票兑现时,出售者和中央银行账户分别出现如下变化:

债券出售者

资　　产	负　　债
政府债券　　　　−200万元	
现金　　　　　　+200万元	

中央银行

资　　产	负　　债
政府债券　　　　+200万元	现金发行　　　　　+200万元

从上面的分析可知,中央银行购买债券可以增加流通中现金或银行的准备金,即引起基础货币增加。当然,现金增加,准备金增加,还是二者不同比例的增加,会导致不同的乘数效应,因此对货币供给的影响也是不同的。

当中央银行出售债券时,基础货币将收缩,货币供给将减少。

一般情况下,中央银行公开市场业务要达到两个目的:一是"积极性"的调节目的,即通过公开市场业务来影响基础货币、货币供给和市场利率;二是"防守性"的目的,即利用证券买卖稳定商业银行的准备金数量,从而稳定基础货币,达到稳定货币供给的目的。

公开市场业务具有以下优点:① 主动性。公开市场业务是按照中央银行的主观意愿进行的,它不像再贴现政策那样,中央银行只能用贷款条件的调整去影响商业银行的再贴现需求,从而间接影响货币供给。② 可控性。中央银行通过买卖政府债券把商业银行的准备金有效地控制在自己期望的规模内,从而实现基础货币量的稳定。③ 准确性。公开市场业务的规模可大可小,交易方法和步骤随意安排,保证了法定准备金率调整的准确性。④ 可逆性。公开市场业务不像法定准备金率及再贴现政策那样具有很大的惯性。中央银行根据市场情况认为有必要改变调节方向时,业务逆转极易出现。⑤ 灵活性。中央银行可以根据货币政策目标每天在公开市场上买卖证券,对货币量进行微调,不会像存款准备金率与再贴现政策那样对货币供给产生很大的冲击。⑥ 常规性。公开市场业务每天都在进行,不会导致人们产生预期心理,货币政策易于达到理想的效果。⑦ 时效性。货币政策从制定、实施到收到效果通常需要滞后一段时间,公开市场业务的时滞非常短。关于货币政策的决策一旦做出,有关操作指令就可以迅速发出,交易柜台立即可以执行。

公开市场业务虽然具备许多优点,但并不是所有国家的中央银行都可以采用这一货币政策工具。开展公开市场业务必须具备以下条件:首先,中央银行必须是强大的,具有调控整个金融市场的力量;其次,金融市场发达,证券种类,特别是债券种类齐全并达到一定的规模;最后,必须有其他政策工具配合。

(二) 贴现机制

中央银行利用贴现机制通过影响准备金和基础货币量来影响利率和货币供给。中央银行通过管理贴现窗口、调整贴现率、道义规劝、充当最后贷款人实施货币政策。

由于商业银行可以凭商业票据对企业进行贴现放款,因此其经常持有大量的商业票据。如果商业银行感到资金短缺,就可以用这些票据向中央银行进行再贴现以取得资金。中央银行可以通过调整再贴现率扩大或收缩对商业银行的信用。中央银行对商业银行进行再融资的方式是多种多样的,除再贴现外,还可以发放以国库券为抵押的贷款,利用回购协议方式向商业银行购入证券,这实际上是中央银行向商业银行发放的以证券为抵押的贷款。抵押贷款利率与再贴现率一样,可以随时调整,对商业银行的信贷活动具有调节作用。中央银行向银行发放的贷款习惯上被称为贴现贷款,这些贷款的利率被称为贴现率。

贴现率最直接的影响对象是货币需求。如果中央银行提高了贴现率,就意味着商业银行向中央银行的融资成本提高了,因此,商业银行必然要调高对企业放款的利率,从而引起整个市场利率的上升。利率上升就会增加企业的生产成本,降低其投资边际效益,从而企业的贷款需求受到抑制。当全社会的货币需求下降时,货币供给总量也将下降。在这里,贴现率调整是通过货币需求间接影响货币供给的。

中央银行的贴现政策,除了包括调整贴现率,还包括规定贴现申请的资格。这被称为"贴现窗口管理"。对贴现申请资格的规定在不同的经济环境下有所不同。当经济萧条时,中央银行会放宽贴现的票据范围和申请机构的范围;而当经济过热时,则会收缩票据和申请机构的范围。中央银行对贴现资格的规定会对货币供给总量和货币供给结构都产生影响。当资格要求较严时,中央银行通过贴现渠道投放的基础货币会减少;而当资格要求不严时,通过这一渠道投放的基础货币就会增加。

贴现政策作为货币政策工具具有以下特点:第一,贴现率调整不能保证中央银行有足够的主动权,甚至市场变化可能违背其政策意愿。商业银行是否愿意向中央银行申请贴现,或贴现多少,取决于商业银行自身的决策。当市场对利率的承受能力提高时,即使中央银行提高了贴现率,也不能有效抑制商业银行的贴现需求。与贴现率调整不同,贴现资格调整使中央银行的主动性增强,但资格调整过于频繁或幅度过大,会使商业银行无所适从,因为资格调整从严格意义上讲并不属于经济手段。第二,贴现率的高低有一定的限度,而且贴现率的随时调整会引起市场利率的经常波动,有可能扰乱经济的正常秩序。需要强调的是,中央银行的贴现贷款是一种应急机制。一家商业银行,除非遇到流动性不足或者陷入财务困境,否则应当自觉不借贴现贷款。如果一家商业银行频繁向中央银行借贴现贷款,意味着该银行总是出问题,中央银行有可能关闭其贴现窗口,从而使商业银行即使有一天真的出了问题,也无法从中央银行借到贴现贷款。这种道义规劝是贴现机制中隐含的始终悬起的利剑。

除此之外,中央银行使用贴现机制不仅可以影响准备金、基础货币和货币供给,而且可以防止金融危机。充当最后贷款人是中央银行最重要的职责之一。中央银行通过发放贴现贷款向银行体系注入准备金,向没有其他资金来源的银行提供流动性,以避免银行业恐慌和金融危机。在金融危机比较严重的时期,中央银行是存款保险制度的后盾,确保存款人对银行体系的信心不会动摇。这是确保金融体系平稳运转的重要制度安排。需要说明的是,中央银行履行最后贷款人的职责虽然有利于防止银行恐慌和金融危机,但是也会导致道德风险问题的加剧。因此,中央银行需要在最后贷款人所引发的道德风险成本与防止金融危机的收益之间进行权衡,克服"大则不倒"困境产生的困扰。由于申请贴现贷款的决策由商业银行做出,中央银行无法完全控制贴现贷款的数量,因此贴现机制在货币政策实施中的作用通常不如公开市场操作。

(三) 法定存款准备金率

法定存款准备金率(以下简称法定准备金率)是指商业银行以及其他金融机构缴存中央银行的存款准备金占其吸收存款的比率。法定存款准备金制度建立的最初目的,是保持银行资产的流动性,提高银行等金融机构的清偿能力,从而保证存款人的利益以及银行本身的安全。后来,伴随着银行法的修订赋予中央银行随时调整法定准备金率的权力,法定准备金率成为中央银行控制货币供给的一项重要工具。

法定准备金率的变动通过影响商业银行的放贷能力间接影响货币供给。法定准备金率的变动同货币供给量成反比例关系,同中央银行贷款或贴现利率以及市场利率成正比例关系。法定准备金率最直接的影响对象是货币乘数,法定准备金率提高,货币乘数下降;法定准备金率降低,货币乘数上升。法定准备金率与基础货币的关系比较复杂。在"货币供给"一章(第九章)中,本书曾指出,如果派生存款的次数是无限的,那么中央银行吸收到的法定存款准备金的数额就是一定的,这一数额等于中央银行向社会新增的货币量。因此,在这样的假定前提下,基础货币量是稳定的,与法定准备金率的高低无关。但如果派生存款次数不是无限的,中央银行吸收到的存款准备金就不是稳定不变的。事实上,当法定准备金率提高时,中央银行资产负债表中的法定准备金率也将增加。因此,货币供给增加受货币乘数下降和基础货币增加两个相反作用的影响,此时,货币供给量与法定准备金率的关系就变得更加复杂。尽管如此,结论是明确的,法定准备金率提高,货币供给将减少。

中央银行可以针对经济的繁荣与衰退来调整法定准备金率,发挥其金融调节作用。如果经济处于需求过度和通货膨胀时期,中央银行可以提高法定准备金率,借以收缩信用规模及货币量。如果经济处于衰退和萧条时期,中央银行则可以降低法定准备金率,使银行及整个金融体系成倍增加信用及货币供给量,从而刺激经济增长。

法定准备金率的高低同存款的种类、流动性、期限和规模有关。期限短的定期存款和一般活期存款的法定准备金率高,期限长的定期存款的法定准备金率低,储蓄存款的法定准备金率也较高。存款金额大的法定准备金率高,存款金额小的法定准备金率就低些。

法定准备金率通常被认为是货币政策中作用最猛烈的工具。之所以是最猛烈的,原因在于:① 通过乘数作用引起货币供给更大幅度的变化。即使法定准备金率的调整幅度很小,也会引起货币供给量的巨大波动。② 即使存款法定准备金率维持不变,它也在很大程度上限制了商业银行体系的存款派生能力,而且中央银行的其他货币政策工具也都是以存款准备金为基础的。③ 当商业银行出于各种原因持有超额准备金时,如果法定准备金率变动引起超额准备金率相反方向的等幅度变动,法定准备金率调整就不会对货币乘数产生影响。但商业银行持有超额准备金是有原因的,这些原因不会因为法定准备金率的调整而消失,因此可以认为超额准备金率在一个阶段内是稳定的,法定准备金率的调整势必引起整个存款准备金率的变动,从而引起货币乘数的变动。法定准备金率作为货币政策工具,优点在于公平、有力。缺点在于具有明显的局限性,主要表现在:第一,由于法定准备金率调整对货币供给量的影响较为强烈,往往产生一刀切的副作用,因此不宜作为中央银行经常性的货币政策工具,一般只在经济发展阶段转换时才使用,而在一个阶段内要保持稳定。第二,货币供给和利率的小幅调整很难通过法定准备金率的变动来实现,即使可以实现,管理成本往往也比较高。第三,法定准备金率的调整会产生心理预期效应,会使货币金融领域中的其他经济变量产生相应的变化,因此,存款准备金率的固定化倾向得到加强。第四,由于不同存款种类有不同的法定准备金率,其调整对不同类型的银行和不同种类的存款会产生不同影响,这就使得中央银行难以判断存款准备金率调整之后的局面。第五,提高法定准备金率会立即引发那些超额准备金较少的银行出现流动性问题,与中央银行稳定银行体系的初衷背道而驰。第六,不断变动法定准备金率会加大银行经营的不确定性,使银行流动性管理的难度上升。正是由于法定准备金率的上述特点,才使它成为中央银行手中掌握的一件强有力但不经常或不轻易使用的武器。在货币政策实践中,各国往往保持法定准备金率相对稳定,即使必须使用,也常常通过公开市场操作和贴现机制来削弱其力度。

(四) 准备金利息

准备金利率的变动会影响超额准备金的数量,进而通过影响准备金市场的供求影响其他短期利率。2008 年 10 月之前,美联储对准备金存款不支付利息。中国人民银行对准备金存款一直支付利息。在货币政策实践中,美联储只是把准备金利率当成联邦基金利率的下限,还没有当成一个货币政策工具来使用。准备金利率并没有被视为一个可以利用的货币政策工具。2008 年 10 月起,美联储开始对准备金支付利息,向准备金支付的利率低于联邦基金利率。这种制度安排的变化是为了应付金融危机冲击而进行的调整。一方面,美联储为了稳定银行体系,避免银行破产,不得不向银行体系注入更多的流动性。银行积累了大量超额准备金,美联储提高联邦基金利率需要涉及大量的公开市场操作。另一方面,为了缓解商业银行盲目扩张信贷的冲动,化解大规模购买资产、量化宽松、基础货币增加和资产负债表扩张带来的通货膨胀隐患,维持对日益增加的大量超额准备金的控制,美联储开始对准备金存款支付利息。此时,准备金利率可以用来提高联邦基金利率,事实上已经成为一种可以使用的常规货币政策工具。

(五) 非常规货币政策工具

在正常情况下,中央银行只使用常规货币政策工具实施货币政策就可以实现政策意图。在一些特殊情况下,比如出现比较严重的金融危机或者发生大规模的战争,金融体系无法正常运转,市场资金配置功能失效,零利率下限压缩了中央银行常规货币政策工具的空间。在这种情况下,非常规货币政策工具应运而生。以美联储为例,在具体的货币政策实践中,非常规货币政策工具主要有以下几种形式:① 提供流动性。美联储通过调低贴现率扩张贴现窗口;通过短期资金标售工具(Term Auction Facility,TAF),以竞争性拍卖的方式确定贷款利率,进而强化商业银行借入贴现贷款的动因;通过设立新贷款项目向金融体系提供更多的流动性等。② 大规模购买资产。美联储于 2008 年 12 月、2010 年 12 月、2012 年 9 月、2012 年 12 月先后发起了四个大规模资产购买项目(LSAP),俗称 QE1、QE2、QE3 和 QE4。这种做法的目的是降低特定类型信贷工具的利率,最终导致美联储资产负债表规模的空前扩张,因此也被称为"扩表"。美联储实施量化宽松政策的目的是:一方面,通过调整资产负债表的结构,向无法正常运转的信贷市场提供流动性,通过购买特定种类的债券,突破零利率下限的限制,进而实现信贷宽松;另一方面,通过对准备金存款支付利息,将扩表增加的大量基础货币转化为商业银行持有的超额准备金,从而克服了商业银行非理性的信贷扩张,通过提高超额准备金率、压低货币乘数抑制了货币供给的大幅增加,从而化解了严重的通货膨胀隐患。③ 前瞻性指引和对未来货币政策行动的承诺。这是美联储变相降低长期利率的方式。所谓前瞻性指引或预期管理,是指美联储承诺在未来较长的时间内将联邦基金利率维持在较低水平,降低市场对未来短期利率的预期值,从而拉动长期利率下降,进而刺激经济增长。对未来货币政策行动的承诺有附加条件和不附加条件两种类型。前者意味着中央银行维持低利率的承诺会随着经济形势的变化而放弃。后者意味着中央银行仅仅直接声明会维持低利率、保持联邦基金利率的零水平,而不会说明该政策会根据经济状况的变化而调整。

二 行政手段

中央银行的三大常规货币政策工具以及准备金存款利率属于正常情形下调整货币总量的手段。非常规货币政策工具则属于特殊时期特定情形下调整货币总量的应急工具,二者都属于实施货币政策的经济手段。除经济手段之外,货币政策工具还包括行政手段。所谓行政手段,是以行政命令或其他方式对商业银行等金融机构所进行的控制。行政手段包括信用控制、利率控制、流动比率控制和直接干预等。

(一) 信用控制

在货币政策实践中,中央银行可以实施的信用控制主要包括以下四种类型:

(1) 信用配额。中央银行根据经济形势,为避免信用过度扩张,对商业银行的资金用途进行合理分配,以限制其信贷活动。在限制信用方面,主要是对商业银行向中央银行提出的贷款申请,以各种理由拒绝,或者给予贷款但规定不得用于某些领域。对信用采取配额限制,一般发生在资金供求不平衡的国家。由于这些国家的投资需求超过资金来源,因此不得不对信用采取直接分配的办法。例如,制定一国产业政策时,规定优先提供资金的顺序;或按照资金需要的缓急,将有限的资金分配到最需要发展的部门;有些国家则采取设立专项信贷基金的办法,保证某种建设的特殊需要。

(2) 不动产信用控制。不动产信用控制是指中央银行对金融机构在房地产方面进行贷款限制,以抑制房地产投机。如对金融机构的房地产贷款规定最高限额、最长期限以及首次付款最低额和分期付款的最长期限等。

(3) 消费信用控制。消费信用控制是指中央银行对不动产以外的各种耐用消费品的销售融予以控制。其内容包括:① 规定分期付款购买耐用消费品时首次付款的最低金额;② 规定消费信贷的最长期限;③ 规定可以用消费信贷购买耐用消费品的种类。对消费信用的控制可以抑制消费需求,抑制消费品价格上涨。

(4) 证券投资信用控制。证券投资信用控制的主要手段是规定保证金比率。为了防止证券投机,中央银行对各商业银行办理的以证券为担保的贷款,有权随时调整保证金比率。保证金比率越高,信用规模越小。当证券价格上涨,中央银行认为必要时,就提高保证金比率;反之,则降低保证金比率。

(二) 利率控制

中央银行主要通过两种方式实施利率控制:① 规定存贷款利率的上下限。在发展中国家,利率上下限的规定普遍存在。即使是在发达国家,过去也曾规定过利率的上下限,如美国在 1986 年以前也曾经对利率进行上下限的规定,其目的是防止银行用抬高利率的办法竞相吸收存款和为谋取高额利息而进行风险贷款。② 差别利率。中央银行对不同部门、不同企业规定不同的贷款利率。例如,中央银行对国家重点发展的经济部门和产业,如出口工业、农业等,采取鼓励措施,执行优惠利率政策。

(三) 流动比率控制

流动比率是流动资产对存款负债的比率。一般说来,流动比率与收益率成反比。为了保持中央银行规定的流动比率,商业银行必须采取减少长期投资和贷款、扩大短期贷款和增加应付提现的资产等措施。本书在"金融体系与管理"一章(第四章)曾仔细论述过流动比率控制问题,这里不再赘述。

(四) 直接干预

直接干预是指中央银行根据金融情况,在必要时对各金融机构或某一类金融机构规定贷款的最高发放额;直接干涉银行对活期存款的吸收;规定各银行投资与贷款的方针,既包括对贷款项目的限制,如不允许商业银行从事股票以及不动产投资,也包括对贷款额度的限制,如规定商业银行中长期贷款的最高额度。中央银行对业务活动不当的商业银行,拒绝向其提供融资,或者提供融资时要收取惩罚性的利息。

三 道义规劝与窗口指导

(一) 道义规劝

中央银行利用自己在金融体系中的特殊地位和威望,通过对银行及其他金融机构和信贷活动采取劝告的方式去影响其贷款数量与投资方向,以达到控制信用的目的。

道义规劝作为一种货币政策,应具备以下三个条件:第一,中央银行具有较高的威望和地位;第二,中央银行拥有控制信用的法律权力和手段;第三,该国具有较高的道德水准和遵纪守法的精神。道义规劝被认为有以下政策效果:首先,道义规劝可以避免强制性信用控制所带来的令人不愉快的心理反应,有助于加强中央银行与商业银行及其他金融机构的长期密切合作关系。其次,由于中央银行的利益与一般金融机构的长期利益相一致,因此在某些情况下，道义规劝非常有效。最后，道义规劝在质和量方面均能起作用，比如中央银行可以根据经济发展情况，把自己的货币政策意向及根据向金融机构予以说明，劝告它们注意限制贷款和投资的数量，进行信用总量控制。中央银行根据自己对信用结构问题的判断，对金融机构的信用结构进行道义规劝，以实现对信用结构的控制。

道义规劝是一种重要的辅助货币政策，在某些情况下可能十分有效，但由于它不具有法律效力，因此只是表明中央银行意向的一种方式。

（二）窗口指导

窗口指导是日本中央银行——日本银行——间接控制信用的一种政策工具。主要内容是，日本银行根据市场情况、物价变动趋势、金融市场动向、货币政策的要求以及前一年度同期贷款情况等，规定每家金融机构季度贷款增加的额度，以指导的方式要求各金融机构遵照执行。实行窗口指导的直接目的是保持同业拆借利率的稳定。日本银行利用自己在金融体系中的威信和与日本民间金融机构的频繁接触，劝告它们遵守其提出的要求，从而达到控制信用的目的。

以限制贷款增加额为特征的窗口指导作为一种货币政策工具，虽然仅是一种指导，不具有法律效力，但发展到今天，已经转化为一种强制性的手段。如果商业银行等金融机构不听从日本银行的窗口指导，日本银行就可以对商业银行等金融机构进行经济制裁，制裁的办法主要是在再贴现时对这些金融机构进行限制。

第四节　金融发展与金融政策选择

一　金融发展指标

所谓金融发展，是指金融资产规模扩大和金融结构不断优化。一个社会的金融体系由众多金融工具和金融机构组成（参见本书第四章）。不同类型的金融工具与金融机构的组合构成了不同特征的金融结构。发达的金融体系中，金融工具种类庞杂、数量巨大、流动性强，同时金融机构规模大、数量多、服务范围广；不发达的金融体系则刚好相反。

关于如何衡量一个国家的金融发达程度，有不少学者对此进行过研究。本书在此主要介绍著名学者雷蒙德·W. 戈德史密斯（Raymood W. Goldsmith）的研究成果。戈德史密斯认为，以下五个指标可以衡量一国金融发展的水平：① 金融资产与实物资产的比重；② 金融资产与负债在各金融机构间的分布；③ 金融资产和负债在金融机构与非金融机构间的分布；④ 各部门拥有的金融资产与负债的总额；⑤ 由金融机构发行、持有的金融工具总额。

由于绝对指标存在比较大的困难，戈德史密斯主张用金融相关率指标。金融相关率是指在一定时期内社会金融活动总量与经济活动总量的比值。金融活动总量一般用金融资产总额来表示,它包括金融部门与非金融部门发行的全部金融工具的市场价值。经济总量一般用 GNP 来表示。

根据戈德史密斯的研究,在一国经济发展的过程中,金融资产的增长比 GNP 的增长更快,因此金融相关率有不断提高的趋势。但金融相关率的提高不是没有止境的,一旦金融发展到一定水平,该比率即趋于稳定。与上面的结论一致,发展中国家的金融相关率比发达国家低得多。金融相关率还受诸如生产集中程度、财富分配状况、储蓄倾向等因素的影响。随着金融的发展,银行资产占金融机构全部资产的比重趋于下降,而非银行金融机构资产所占的比重不断上升。

货币化程度的指标——货币化率也可以反映一国金融发展的水平。货币化率是一国经济中通过货币交换而实现的商品与服务价值占 GNP 的比重。随着社会的进步,货币化率的指标会不断上升,因为商品交换的范围在不断扩大。但在使用货币化率时,需要对货币进行明确的定义。本书在阐述货币供给时已经指出,不同层次的货币之间有很大的差别,因此不存在统一的货币化率。只有相同层次的货币化率才可以进行比较。

二　金融发展与经济发展的互动关系

分析金融发展与经济发展之间的关系可以从多个角度出发。本书在这里的分析从经济发展的决定因素开始。经济发展依赖于产业投资和技术进步。分析金融发展对经济发展的作用,要分析金融发展对产业投资和技术进步的作用。

产业投资是人作用于自然的过程。资金只有达到一定规模后,才能实现投资,并最终创造出财富。小的项目如农民建房,大的项目如三峡工程等,都需要一定的资金规模才能成功实施。在没有金融的情况下,人们要想实现产业投资,就只能凭借自然经济中的自我积累,或者通俗地讲,要靠攒钱的方式来实现,这大大影响了产业投资的数量和对投资机会的把握。

帮助产业投资达到那个投资规模就需要金融投资。最简单的两种金融投资是股权投资和债权投资。债权投资主要是银行信用,包括存款人到银行存款和银行再贷款给企业两个阶段。这是间接金融,具有安全性、流动性、收益性等特点。股权投资承担较大的风险,但最终获取剩余权益。股权投资的特点主要是参与管理、收益不固定等。

仅有股权投资的一级市场是不够的,因为投资者出于交易需求、谨慎需求和投资需求而需要流动性。由于需要流动性,证券的二级市场即交易市场就是必要的。由于有了证券交易,证券价格就必然发生变化,证券投资的风险也就产生了。为了回避风险,投资者需要对证券进行分析,而一般人没有这方面的能力,所以需要别人替他投资,因此,证券投资基金也就产生了。封闭式投资对投资基金管理人的要求较低,开放式基金则要求较高,因此,开放式基金逐渐成为基金的主体。同样,为了规避风险,就需要有规避风险的金融工具。这样,指数期货就产生了,股票期权也产生了。

从股权的角度,金融在不断地发展。很显然,金融发展对经济发展有促进作用。因为股票市场的每一步发展都会吸引更多的资金进入股票市场,从而股票价格会被抬升。股票价格的上升有利于上市公司继续发行股票,因此上市公司在一级市场中筹措资金的规模就会扩大。上市公司获得的资金越多,投入产业领域中的资金就会越多。而且某些急需发展的产业的股票价格上升得越快,这些产业筹措资金的成本就越低,这一产业就越容易从股票市场中获得资金。

但股票市场发展对经济发展有两个关键环节。一是股票二级市场与一级市场之间的连接是否顺畅,也就是说,股票价格的上升是否带动上市公司的股票融资。如果二级市场与一级市场相脱节,即股票价格很高,但上市公司却很难在股票市场中进一步融资,那么就会形成股票市场的泡沫。二是上市公司的一级市场筹资与产业投资之间的连接是否顺畅。如果上市公司从股票一级市场中获得了资金,但难以在产业领域中投资,那么就无法增加全社会的有效供给。换句话说,如果上市公司本应该投资于产业中的资金再次投入股票二级市场中,那么资金就在股票二级市场与一级市场中进行自我循环,这种局面对经济发展是不利的。本书在此不对我国股票市场的问题作过多评价,但我国 A 股市场中第二个关键环节是不畅的,B 股市场中第一个环节与第二个环节都不是很顺畅。

经济发展与上市公司管理水平的提高有很大的关系,而金融发展对上市公司管理水平的提高也有重要的促进作用。首先,为了提高上市公司的资本结构管理,降低公司资本成本,债券市场发展了起来。债券市场与银行信用共同成为公司债务资本融资的主要来源。但为了提升上市公司的运营水平,增强对公司管理者的约束力,降低代理成本,公司债券逐渐替代了商业银行,因此,公司债券大量发行,并且公司债券交易市场也被建立起来。其次,为了从外部促进上市公司管理水平的提升,购并市场特别是敌意购并市场产生并有所扩大。

经济发展与一个国家的技术进步有很大的关系,因为技术水平决定了一国的资本产出系数。技术进步需要在技术研究、技术开发方面的投入,而技术研究与开发有很大的风险,传统的银行信贷不可能参与,除非银行改变参与的方式。而风险投资向这里注入资金,既承担了风险,也获取了得到巨额收益的机会,因此风险投资产生并逐渐发展壮大。

从上面的分析来看,经济发展的两个决定因素——产业投资与技术进步都与金融发展有很大的关系,因此,金融发展对经济发展的贡献是巨大的。

三　金融压抑

金融压抑是指发展中国家存在过多的金融管制、利率限制、信贷配额、金融资产单调等现象。过多的金融管制主要表现为政府对金融业的过多直接干预;利率限制主要是指政府规定银行存款与贷款的利率,这种利率无法反映货币资金供求状况的变化;信贷配额是信贷资金的计划分配;金融资产单调是指金融工具很少,投资者的选择机会很少,因此诸如银行等金融机构养尊处优,效率低下。

对金融压抑现象的分析形成了系统的理论,这一理论被称为金融压抑论。E. S. 肖(E. S. Shaw)与 R. I. 麦金农(R. I. Mckinnon)是金融压抑论的主要代表人物。

肖与麦金农认为,金融变量与金融制度对经济发展而言,不是中性的可有可无的因素,而是起到重要的作用。这种作用如果利用得好,对经济发展是有利的;而如果处理得不好,对经济发展则是有害的。关键问题是如何选择金融政策和金融制度。当金融当局人为规定存款和贷款的最高限时,利率就已经失去了价格的特性,因为利率已经无法反映资金的供求状况。由于大多数的发展中国家都存在比较严重的通货膨胀,因此实际利率很低,甚至为负数。在实际利率为负时,储蓄者储蓄的积极性下降,而借款人借款的积极性却很高。资金需求严重超过供给,资金的配给制就被迫实行。而能够获得资金配额的,是那些享有特权的国有企业,或者是与政府有特殊关系的民营企业。而大量的其他民营企业就只能到传统的借贷市场中去寻找代价高昂的资金。又由于在发展中国家,金融机构主要集中在城市,因此广大农民和小工商业者很难获得资金来源。

金融压抑也在外汇市场中有所表现,发展中国家的政府人为过高或过低地制定本国货币的汇率。与资金来源一样,能够获得外汇资源的主要是有特权的机构和阶层。外汇汇率制定的不合理,对这些发展中国家的进出口产生了很大的影响。

金融压抑产生了以下四个负面影响:

第一,负面的收入效应。由于通货膨胀很严重,发展中国家的公众和企业持有的实际货币余额很少,因为货币余额越多,受到通货膨胀的损害就越大。货币余额越少,越不利于储蓄和投资,进而越不利于经济的发展。因此,从长远来看,这些国家的收入增长缓慢。

第二,负面的储蓄效应。由于通货膨胀,再加上低利率政策,给储蓄者造成很大的损害,因此储蓄增长缓慢,甚至是负增长。

第三,负面的投资效应。在金融压抑的战略下,传统部门的投资受到影响,也伤害到农业的投资,进而增加了对粮食和原材料的进口。而本币的高估又影响了出口。出口增长缓慢或者下降,对出口投资的需求也就下降了。而由于储蓄增长缓慢,那些旺盛的投资需求也无法得到满足。

第四,负面的就业效应。由于传统部门发展缓慢,这些部门吸纳劳动力的能力受到伤害,而资本密集产业的发展吸引的劳动力数量有限,因此,这些国家失业现象严重。

四 金融深化

基于对金融压抑的研究结论,为了改变金融压抑的各种负面影响,金融深化论也就应运而生了。金融深化论者认为,吸引国外资金固然重要,但动员国内储蓄更为重要。在西方经济学中,储蓄通常是个常数,而在发展中国家,储蓄倾向应该被看作变数。也就是说，如果给压抑的金融解去束缚，那么人们持有货币的意愿会增强，持有的实际货币余额将会增加。储蓄增加后，会带动收入增加，而收入增加会进一步带动储蓄的增加。经济发展开始进入良性循环。

与金融深化相一致的是金融自由化，包括放松利率、汇率的管制，降低信贷指令性计划比重，促进金融机构间的竞争，发展直接融资市场，等等。

第五节　我国货币政策的实践

一　我国货币政策实践的阶段划分

从 1984 年起，中国人民银行开始独立行使中央银行的职能。因此我国货币政策的实践应该从 1984 年开始算起。我国货币政策阶段的划分可以按照这样两个标准进行：一是货币政策的目标，二是货币政策的调控方式。按照这两个标准，1984—2023 年，我国货币政策可以划分为以下几个阶段：

1984—1997 年，这一阶段我国货币政策的重要任务是应对通货膨胀。在此期间，尽管也出现过几次过度紧缩后的货币扩张，但从总体上来看，1997 年以前，中国人民银行货币政策的主要任务是应对通货膨胀。1995 年通过的"九五"计划中就有关于货币政策方向的说法，即要把通货膨胀率降下来，实行适度从紧的货币政策。

1998—2007 年，这一阶段我国货币政策的目标开始转变为应对通货紧缩。原因在于，受亚洲金融危机的冲击，我国出口受到很大的影响，由出口拉动的外部需求下降，迫使我国采取扩张国内需求的宏观经济政策。也就是说，从货币政策的方向来看，1998 年开始，我国改变了货币政策的主基调，货币政策的首要目标从抑制通货膨胀调整为克服通货紧缩，目的是刺激经济复苏。在这一阶段，我国货币政策以适度宽松为主要特征，货币政策成为宏观经济调控的重要手段。从 2007 年 10 月开始，中国人民银行开始加息、提高法定准备金率，实施釜底抽薪式的紧缩货币政策，意在抑制持续宽松的货币政策导致的通货膨胀压力。这一临时性的政策调整仅仅持续了一年。

2008—2015 年，与美联储提供流动性、量化宽松、大规模购买资产、扩张资产负债表相适应，这一阶段我国货币政策的目标旨在化解全球金融危机的冲击，配合四万亿元经济刺激计划的实施，为金融机构提供更多流动性，刺激经济复苏。货币政策的主基调是适度宽松，不过很多时候表现为过度宽松。尤其是 2009 年第一季度出现了信贷"超常规扩张"。这一年，中国货币供给 M_1 和 M_2 的增速分别为 32.4% 和 27.7%。

从 2015 年年底开始，伴随着美国通货膨胀率居高不下，通货膨胀压力加大，美联储开始加息、缩表，全球中央银行货币政策取向趋紧。为了刺激经济复苏、稳增长、稳就业、稳金融，中国人民银行进行逆周期调节，货币政策取向为中性谨慎、相对宽松，与其他国家相反。

　　我国货币政策的调控手段与调控方式在这几个阶段也发生了不小的变化。1997年以前,货币政策的调控方式很简单,也就是直接控制货币供给量,即控制全社会的信贷总规模。我国从1998年1月1日起,取消了信贷规模的指令性控制,代之以指导性计划。从1998年5月开始,我国公开市场业务开始扩大。2003年4月,中国人民银行开始发行中央银行票据,中央银行票据成为中央银行公开市场业务的主要工具,并基本上实现了货币政策从直接调控向间接调控的转变。之所以称为"基本上",而不是完全发生了转变,是因为我国利率还没有放开,利率还是受管制的利率。近年来,由于我国外汇储备的规模日益扩大,外汇占款数量不断增加,在货币政策实施的过程中,人民币汇率调整的作用不断加大。2010年6月19日新的人民币汇率机制改革启动以后更加明显。尤其是2015年下半年以来,随着资本账户逐渐开放以及人民币国际化的步伐加快,人民币汇率波幅加大,货币政策的空间与人民币汇率的走势更加密切相关。美联储以连续加息、缩表为特征的货币政策取向趋紧以后,中国人民银行货币政策空间和回旋余地缩小,相应地,货币政策的调控手段通过创新更加丰富,调控方式的市场化趋向日益明显,货币政策的制定考虑了更多外部环境变化的影响以及我们的政策效应对全球其他国家和地区产生的影响。货币政策的独立性、自主性增强了,与全球货币政策的协调合作也在加强,我们在货币政策上变得越来越开放、越来越负责任,彰显了一个大国的自信。

二　我国货币政策的实践

　　我国货币政策在1984年年底出现失控。1984年,我国分设了中国工商银行,并打算从1985年起实行新的信贷管理体制,即实贷实存、划分资金的体制。所谓实贷实存,是指商业银行若需要资金,先要向中央银行借,然后再存在中央银行,中央银行分户管理。划分资金,顾名思义就是各家银行自己管理属于自己的资金。而如何决定各家银行的资金量,实际上就是根据1984年年底的贷款规模。各家银行都心领神会,因此在1984年年底,为了把贷款基数提高,各家银行都拼命地贷款。当年的货币流通量比上一年增长了近50%。中央银行被迫实行货币紧缩,对各家银行实行严格的现金管理。正因为如此,1985年下半年经济增长速度出现严重的下滑。由于经济增长速度下降得过快,1986年我国货币政策基本上是紧中求松。但货币政策一松,1986年贷款规模就扩大了很多。因此,1987年采取了紧中有活的政策。

　　1988年我国经济改革的突破口出现在价格改革上。人们对物价上升的预期造成严重的通货膨胀,通货膨胀率连年分别高达18.5%和17.8%。抢购风潮的后果是严格的治理整顿,货币供给减少,经济出现了低增长。1989年、1990年的经济增长率只有3%~4%。

　　我国经济从1993年起持续高速增长。但当时我国金融体制中一些根本性的矛盾并没有解决,表现为金融机构缺少自我约束,对信贷风险控制得很差。尽管整个贷款规模还由中央银行控制着,但通过同业拆借这一渠道把大量的银行资金转移到了股票市场和房地产市场中,助长了泡沫经济。因此出现了 1993 年较为严厉的宏观调控,后来被称为"软着陆"。"软着陆"的结果是经济增长速度逐渐下滑,但还是在一个很高的水准上。

1997 年 7 月,以泰国泰铢失守为标志,亚洲金融危机爆发。这场危机在 1998 年给我国经济带来很大的负面影响,表现为我国的出口大幅下滑。亚洲金融危机使我国货币政策调控方向发生了根本性的转变。这期间,我国银行不良贷款问题日益显现出来。由于银行的商业化经营,各家商业银行都采取了较为严格的贷款风险控制手段,从而我国当时的货币政策产生了相互矛盾的两个结果:一是为了扩大内需,需要扩张货币供给;二是商业银行有存款也不敢轻易贷放。为了解决这一矛盾,发挥货币政策的效力,我国 1998—2002 年采取了一系列货币政策措施。① 1998 年年初,取消了长达几十年的贷款规模控制。商业银行可以根据存款的多少安排贷款。这是最根本性的转变。② 灵活运用利率手段。1998—1999 年四次降低银行利率,加上 1996 年和 1997 年的三次利率下调,共七次调低利率。如果说 1996 年和 1997 年的三次降息是由于当时利率的绝对水平过高,是为了经济的软着陆而采取的措施,那么 1998—1999 年四次降低银行利率则是中央银行主动运用货币手段刺激经济增长。2000 年 9 月 21 日,外币存款利率放开,从而拉开了利率市场化的序幕。③ 调低存款准备金率。1998 年 3 月下调 5 个百分点,1999 年 12 月又下调 2 个百分点。④ 积极推进货币市场发展,努力扩大公开市场业务。我国公开市场操作是从 1996 年开始的,但出于客观的原因后来被迫停止。1998 年 5 月恢复。在 2002 年以前我国中央银行购买的债券主要是政策性银行的金融债券。由于金融债券可以在银行间市场上流通,因此中央银行可以在这个市场上根据需要进行买卖。⑤ 调整信贷政策,优化信贷结构。这些政策包括鼓励个人消费信贷的发放、农村信贷的发放、助学贷款的发放等。⑥ 发挥再贷款和再贴现的作用。再贴现发展得较快,1999 年年底的余额约为 500 亿元,2000 年 10 月底增长到 560 亿元。2001 年 9 月,我国又提高了再贷款的利率,由 2.16% 提高到 2.97%。

2003 年,我国的货币政策主要以宏观调控为目的,适度从紧的货币政策是主旋律。

2003 年 4 月 22 日,中国人民银行开始发行中央银行票据,从那以后公开市场业务摆脱了债券特别是短期高级别债券不足的限制。

2003 年 6 月 5 日,中国人民银行发布《中国人民银行关于进一步加强房地产信贷业务管理的通知》(121 号文件),加强了针对房地产贷款的管理。

2003 年 9 月 21 日,中国人民银行上调存款准备金率 1 个百分点,达到 7%。

2004 年 1 月 1 日,中国人民银行扩大金融机构贷款利率的浮动区间。商业银行、城市信用社浮动区间上限为基准利率的 1.7 倍,农村信用社为 2 倍,金融机构贷款浮动区间不变,为 0.9 倍。

2004 年 3 月 25 日,中国人民银行实施再贷款浮息制度。再贷款利率调高 0.63 个百分点,再贴现利率调高 0.27 个百分点。

2004 年 4 月 25 日,中国人民银行上调存款准备金率 0.5 个百分点,执行 7.5% 的存款准备金率,并实行差别准备金制度,只有农村信用社和城市信用社仍执行 6% 的存款准备金率。

2004 年 10 月 29 日,金融机构(不含城乡信用社)上调一年期贷款基准利率 0.27 个百分点,同时开放贷款利率上限,并允许存款利率下浮。城乡信用社贷款上浮为基准利率的 2.3 倍。

2005 年 3 月 17 日,下调超额准备金率,从 1.62% 下调到 0.99%。法定准备金率维持不变,为 1.89%。

2005 年 3 月 17 日,中国人民银行调整商业银行自营性个人住房贷款政策,使现行的个人住房贷款优惠利率回归到同期贷款利率水平,实行下限管理,下限利率水平为相应期限档次贷款基准利率的 0.9 倍,商业银行法人可以根据具体情况自主确定利率水平。以 5 年期以上个人住房贷款为例,其利率下限为贷款基准利率 6.12% 下浮至 0.9 倍的水平(即 5.51%),比现行优惠利率 5.31% 高 0.20 个百分点。

从 2006 年起直到 2011 年,我国货币政策呈现出明显的周期性特征。2006—2007 年上半年,货币政策取向趋于宽松;从 2007 年下半年开始,为了抑制通货膨胀,货币政策转为从紧,并一直持续到 2008 年 10 月,在此期间,中国人民银行多次加息和提高法定准备金率;2008 年 10 月,由于次贷危机愈演愈烈,随着美国政府开始救市,以及我国四万亿元经济刺激计划的实施,货币政策由原来的从紧转为适度宽松最终演变成以超常规扩张为特征的极度宽松;从 2010 年 1 月 18 日开始,为了抑制经济过热、房地产泡沫和不断加大的通货膨胀压力,货币政策开始回归稳健,实际上是新一轮紧缩的开始,其间多次加息和调整法定准备金率;从 2011 年 12 月 5 日开始,法定准备金率开始下调,意味着货币政策从紧周期的结束。

随后,货币政策转为实质性宽松,2012 年连续三次降低法定准备金率,两年后,即从 2014 年起,继续连续降低法定准备金率,降低利息,由此导致大量的流动性过剩以及严重的资产荒,更是直接催生了 2014 年下半年到 2015 年上半年 5 178 点的大牛市。随着股市泡沫的破裂,人民币面临的贬值压力加剧,经济增速放缓,货币政策转为谨慎宽松的信号已经非常清楚。

从 2017 年开始至今,政府坚持稳中求进的总基调和宏观政策要稳、微观政策要活的总体思路,实施稳健中性的货币政策。货币政策已经由原来的"稳健"转为"中性稳健",或者称"中性谨慎"。所谓"中性",就是货币政策既不能过度宽松,也不能过度紧缩,"不松不紧"是合理状态。具体来看,在货币供给规模上要保持总量的适度与稳定,同时不断优化资金投向的结构,重视服务实体经济。在实施稳健中性货币政策的同时,防控金融风险将被放到更加重要的位置上。充分发挥"货币政策+宏观审慎政策"双支柱政策框架的作用,既要"防风险",又要"抑泡沫",处置一批风险点,着力防控资产泡沫,及时采取有效措施防范和化解金融风险,牢牢守住不发生系统性金融风险的底线。在这种政策取向下,中央银行货币政策变得更具前瞻性、灵活性和针对性,货币政策实施的效果也越来越好。

从我国货币政策的实践可以看出,我国中央银行调控货币政策的手段在不断发生变化,即不断强化市场手段,淡化行政手段,市场化手段的使用变得比过去更为频繁,调整幅度趋小,说明我国货币当局的调控能力与技巧不断提升。

思考题

1. 阐述宏观经济四大目标间的关系。
2. 凯恩斯主义的货币传导机制是怎样的?
3. 阐述托宾的 q 理论。
4. 货币学派的货币政策传导机制是什么?
5. 为什么利率可以成为中介目标?
6. 为什么货币供给量可以成为中介目标?
7. 分析调整存款准备金率对货币乘数与基础货币的影响,并分析存款准备金率调整最终对货币供给的影响。
8. 中央银行的三大法宝是什么? 如何发挥作用?
9. 如何衡量一个国家的金融发展水平?
10. 什么是金融压抑? 其生成原因及后果是什么?
11. 总结我国货币政策的实践,分析新一轮宏观调控中货币政策扮演的角色。

第十二章 通货膨胀

第一节 通货膨胀概述

一 通货膨胀的定义

通货膨胀是一个复杂的社会现象,因此有众多的关于通货膨胀的定义。在西方货币金融学说中,各个学派都有各自关于通货膨胀的定义。例如,哈耶克认为,通货膨胀是指货币数量的过度增长,这种增长导致物价的上涨。弗里德曼认为,物价普遍的上涨就是通货膨胀。萨缪尔森则加上时期概念来看待通货膨胀。他认为,通货膨胀是指物品和生产要素的价格普遍上升的时期。罗宾逊夫人对通货膨胀的解释是,通货膨胀是由同样经济活动的工资报酬率的日益增长引起的物价的上升。

在经济学文献中,通货膨胀的定义一般有以下几种:① 通货膨胀是需求过度的表现,在这种状态上,过多的货币追逐过少的商品。② 通货膨胀就是货币总存量、货币总收入或单位货币存量、单位货币收入增长过快的现象。③ 通货膨胀就是在如下条件下的物价水平上涨现象:无法准确预期;能引发进一步的上涨过程;没有增加产出和提高就业效应;其上涨速度超过安全水准;由货币供给的不断增加来支撑;具有不可逆性。④ 通货膨胀是货币客观价值的下跌,其度量标准是:黄金价格,汇率,在黄金价格或汇率由官方规定的条件下对黄金、外汇的过度需求,等等。

在宏观经济学教科书中,通货膨胀通常被定义为:商品和服务的货币价格总水平超过一定幅度的持续上涨现象。这一定义包含以下五个含义:第一,把商品和服务的价格作为考察对象,目的在于与股票、债券等金融资产的价格区别开来。第二,强调"货币价格",即每单位商品或服务用货币数量表示的价格。也就是说,通货膨胀分析中所关注的是商品或服务与货币的关系,而不是商品或服务之间的对比关系。第三,强调"总水平",即关注的是普遍的物价水平波动,而不仅仅是地区性的或某类商品及劳务的价格波动。第四,强调"持续上涨",即通货膨胀并非偶然的价格上升,而是一个过程,在这个过程中价格有上涨的趋势。第五,强调物价上涨超过一定幅度,才能算作通货膨胀。

本书将通货膨胀定义为商品及服务的货币价格总水平持续的、超过一定幅度的上涨。

二　通货膨胀的类型

由于对通货膨胀的认识角度不同,因此人们按照不同的标准将通货膨胀划分为多种类型。

按照市场机制的作用,通货膨胀可以分为公开型通货膨胀和抑制型通货膨胀。公开型通货膨胀是指物价总水平明显地、直接地上涨;而抑制型或隐蔽型通货膨胀则是指货币工资水平没有下降,物价总水平也未上升,但居民实际消费水平却下降的通货膨胀。公开型通货膨胀在市场经济国家是常见的,原因是在这种类型的国家,价格在一般情况不受限制,因此当社会总需求大于总供给时,物价上升就是不可避免的。但在发展中国家,特别是在原计划经济国家,由于存在价格的严格管制,因此不论是生产要素价格还是一般商品和服务价格都受到严格的限制,这就使得社会总需求与总供给的平衡无法通过价格上升来调节。当社会总需求超过总供给时,表面上价格并没有上涨,但实际生活中却出现了商品匮乏、凭票供应、持币待购或货币沉淀等现象,这都是隐蔽型通货膨胀的表现。此外,产品质量下降、价格多轨制等也都是这种类型通货膨胀的表现。

按照价格上涨的速度,通货膨胀可以划分为爬行的通货膨胀、温和的通货膨胀及恶性的通货膨胀三种类型。它们的数量界限有时不太明确。20世纪60年代,发达国家的公众大都认为年6%的物价上涨就是难以忍受的,属于严重的通货膨胀;如果通货膨胀率达到两位数,则可以认为是恶性的通货膨胀。70年代的石油危机造成世界范围的通货膨胀,使得人们修正了对通货膨胀程度的认识。80年代,南斯拉夫出现了三位数的通货膨胀,玻利维亚出现了五位数的通货膨胀率。90年代的俄罗斯、南斯拉夫等国的通货膨胀率也高达三位数,因此,如何用确切的数量标准衡量一国通货膨胀是困难的问题。本书认为,对通货膨胀程度的认识应根据通货膨胀产生的背景去分析。当一国出现了较为严重的社会变迁、政治波动乃至战争等情况时,通货膨胀率就会很高,这时产生通货膨胀的原因就不完全是经济原因。但当一国的社会经济生活较为平稳时,对通货膨胀程度则可以用数量标准去衡量。我们不能拿一个国家的特殊历史时期,如解放战争时期的中国、战争期间的南斯拉夫等与和平建设时期的环境相比,否则,就会得出和平建设时期的通货膨胀可能永远温和的错误结论。

按照通货膨胀预期可以将通货膨胀划分为预期的与非预期的通货膨胀,这种划分目的是揭示通货膨胀的效应。

按照通货膨胀的成因可以将通货膨胀划分为需求拉上型、成本推进型、货币供给推动型、结构转换型和体制型通货膨胀。西方经济学界对通货膨胀的研究是从多个角度进行的,但最重要的角度是通货膨胀的成因,这也是本书在论述通货膨胀时的重点。

三　通货膨胀的衡量尺度

世界上衡量通货膨胀的尺度有以下三个:消费物价指数、批发物价指数和国内生产总值的平减因子。

以消费物价指数来衡量通货膨胀，其优点在于消费品的价格变化能及时反映消费品供给与需求的对比关系，直接与公众的日常生活相联系，在分析通货膨胀效应方面有其他指标难以比拟的优点。多数国家衡量通货膨胀的尺度也是消费物价指数。我国也以全国零售物价总指数作为衡量通货膨胀的尺度。消费物价指数的局限表现在，消费品仅是社会产品的一部分，从而不能说明全面的物价上涨。与消费物价指数类似的指标还有居民生活费指数。

以批发物价指数来衡量通货膨胀，其优点是在最终产品价格变动之前获得工业投入品及非零售消费品的价格变动信号，进而能够判断其价格变动对最终进入流通的零售商品价格变动的影响。批发物价指数的变动规律同消费物价的变动有显著区别：在一般情况下，即使存在过度需求，其波动幅度也常常小于零售商品的价格波动幅度。因此使用批发物价指数去判断总供给与总需求的关系时，可能会导致不正确的结论。

GDP（国内生产总值）平减因子是一个能反映综合物价水平变动的指标。其优点是覆盖范围全面，能度量各种商品价格变动对价格总水平的影响。但它容易受价格结构因素的影响。例如，虽然与公众生活密切相关的消费品价格上涨幅度已经很大，但其他产品的价格上涨幅度不大，就会出现 GDP 平减因子虽然不高但公众的日常消费支出却已明显增加的情况。GDP 平减因子的主要用途是对国民经济的综合指标进行名义值与实际值的换算。

第二节　通货膨胀的成因

从理论上讲，通货膨胀的成因极为复杂，几乎涵盖了宏观经济中的各个因素，其中主要包括总需求因素、成本因素、货币供给因素和结构转换因素等。与此相应，解释通货膨胀成因的学说包括需求拉上学说、成本推动学说、货币供给推动学说、结构转换学说等。

一　需求拉上学说

需求拉上学说是从货币需求的角度寻找通货膨胀的成因。该学说是解释通货膨胀成因的早期的学说。该学说认为，经济生活中之所以产生一般性物价上涨，是因为政府采用了扩张性财政与货币政策，刺激了有效需求。当货币需求大于商品供给时，就形成了膨胀性缺口，牵动物价上涨，导致通货膨胀。所谓膨胀性缺口，也就是一国总需求超过商品和服务总供给的部分。需求拉上说是凯恩斯学派特别是现代凯恩斯主义的一个重要学说。

凯恩斯从分析货币量变动影响物价的传导机制出发，认为货币量变动对物价的影响是间接的，而且影响物价变动的还有其他因素，如成本和就业量。凯恩斯认为，不是任何货币数量的增加都具有通货膨胀的性质,也不能把通货膨胀仅仅解释为物价上涨。货币数量增加是否会产生通货膨胀要视经济是否达到充分就业而定。在经济达到充分就业后,货币增加就会引发通货膨胀。

新古典综合派认为,需求创造供给的必要条件是资源的充分存在。一旦社会总需求超出了由劳动力、资本及资源所构成的生产能力界限,总供给就无法增加,这就形成了总需求大于总供给的膨胀性缺口。只要存在这一缺口,物价就必然会上涨。由于此时总需求的增加对总供给已经失去了刺激作用,因此,即使失业存在,物价也会上涨,失业就会与通货膨胀并驾齐驱。需求拉上型通货膨胀可以用图 12-1 说明。

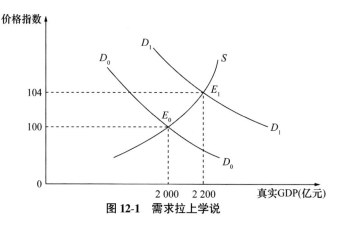

图 12-1　需求拉上学说

当总需求曲线 D_0 和总供给曲线 S 相交于 E_0 点时,经济处于均衡状态。真实 GDP 为 2 000 亿元,价格指数为 100。当总需求曲线向右上方移动到 D_1 时,新的均衡点为 E_1,而在这一点上的产量和价格都高于 E_0 点上的数字,产量由 2 000 亿元上升到 2 200 亿元,价格指数上升到 104。这说明了需求拉上型通货膨胀的过程。伴随真实产量上升而出现的通货膨胀程度取决于总供给曲线的斜率。由于价格反应滞后于生产,因此整个经济形势并未突然地由 E_0 点变动到 E_1 点,却按照图 12-2 的路线发生变化。[①]

最初,产量大大增加,而价格却未变,因此,整个经济开始由 E_0 点沿水平线变化到 A 点。但由于在许多市场上需求超过供给,价格就逐渐向上调整,整个经济由 A 点移动到 B 点。最后,原产量的某些增长为通货膨胀对总需求的相反影响所抵消,而当经济由 B 点调整到 E_1 点时,产量就会下降。这说明了需求拉上型通货膨胀的三个阶段:① 产量上升,同时价格并未上涨,此时通货膨胀与失业之间的替代关系并未明显反映出来。② 当产量继续增加时,价格便开始上升。这一阶段的通货膨胀与失业存在明显的替代关系。③ 尽管产量下降,但价格仍继续上涨,这就是"滞胀"。

---

① 关于通货膨胀的动态调整,参见 R. 多恩布什、S. 费希尔:《宏观经济学》,李庆云、刘文忻校译,中国人民大学出版社 1997 年版,第 418—420 页。

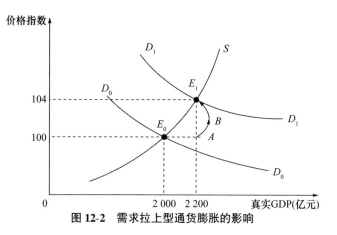

图 12-2 需求拉上型通货膨胀的影响

二 成本推动学说

成本推动学说是从供给方面寻找通货膨胀的成因。该学说认为,当今社会存在两大集团,即工会和雇主协会。工会有提高工资的力量,雇主有操纵价格的力量。在总需求不变的情况下,这两大组织能够人为地提高商品的供给价格,在短期内引起物价上涨,形成通货膨胀。如果政府为避免失业增加和经济萧条而采取扩张性的货币与财政政策来默许由提高供给价格所致的成本上升,那么物价势必呈螺旋形上升,就会形成持续性的通货膨胀。根据成本各组成部分在刺激物价上涨过程中的作用,具体可分为:

(1)工资成本推动。由于工会力量强大,雇主无力抵制工会增加工资的要求。工资提高后生产成本上升,而雇主则通过提高产品价格的方法弥补损失,从而引起物价普遍上涨。

(2)间接成本推动。现代企业为了加强竞争、扩张市场,必须增加许多间接成本支出,如技术改造费、广告费等,这种增加的间接成本转嫁到商品价格上,就会引起物价上涨。

(3)垄断价格推动。市场上存在一些垄断企业,它们为了获得垄断利润,大幅度提高价格,从而会带动其他商品价格的上涨。

(4)进口成本推动。许多商品以进口货物为主要原材料,当进口价格提高时,就会引起国内商品价格的提高。

工资推动成本上升从而引发通货膨胀是通货膨胀理论研究的重要内容之一。对于这一问题,新剑桥学派有重要的贡献。

新剑桥学派认为,不论在何时,货币工资率都与历史的和制度的因素有关,因此各国的货币工资水平会有差异,从而造成各国物价有别的局面。但从总体上看,货币工资有上升的趋势。新剑桥学派认为,在通货膨胀的传导过程中,主要的传导媒介就是货币工资率。他们认为通货膨胀的发生是从有效需求的急剧扩大开始的。首先表现为包括粮食在内的初级产品的价格上升，这就造成了双重结果：一是原材料涨价，二是人们的生活费用上涨。于是雇员们强烈要求提高货币工资来补偿这部分差额，而从经济活动中获得好处的厂商无法拒绝这种要求，因此被迫提高货币工资率，这两方面的结果致使直接成本增加。这时厂商面临两种选择：要么保持物价不变，减少利润；要么保持利润水平不变，抬高物价。很明显，厂商们都会选择后者，他们为了保持原有的利润水平不致下降，就把这部分增加的直接成本完全转移到商品的价格上去，于是导致制造品的价格上涨。如果传导到此结束，还不至于形成持续的通货膨胀，遗憾的是传导过程还要继续下去。由于制造品的价格上涨，雇员们的实际工资再次低于初级产品涨价前的水平，他们又提出增加货币工资的要求，再来一轮提高货币工资、增加直接成本、抬高物价的相互追逐。因此，新剑桥学派认为，货币工资、直接成本、物价的螺旋形上涨过程可以永无止境地持续下去。这就是通货膨胀持续存在的主要原因。

另外，为了保持各个行业和同一行业中不同工种之间的工资相对水平，一个行业的货币工资率上升将带动各个行业的货币工资率，提高一部分工人的工资会造成全体工人的工资都增加，于是整个物价水平上升，通货膨胀就从局部扩展到了全面。

随着物价的上涨和工资的提高，公众的货币需求加大，企业的贷款需求上升，银行就会相应地扩大贷款供应，迫使货币供应量再度增加。尽管中央银行企图控制货币供应量，但总是控制不住，通货膨胀有增无减，主要原因就在这里。

他们进一步认为，通货膨胀持续一段时间以后，各种以币值稳定为依据而订立的契约就开始遭到破坏，人们就会对通货膨胀产生一种预期心理和防范措施，事先抬高各种价格。这种预期一旦形成，它本身就变成了通货膨胀的动力，反过来又促使通货膨胀持续下去。

新剑桥学派在解释通货膨胀的内在原因时认为，通货膨胀的形成有深层的原因，主要是国民收入在工资与利润分配中不公平、不合理的结果。这种不合理既表现为历史上形成的资本所有者不劳而获，又表现为国民收入在工资和利润分配上的不公平。新剑桥学派认为，经济发展过程中，利润份额越来越大，而工资收入份额越来越小。工会就是为工人的利益而斗争的组织，工会的存在使工人在与资方的谈判中居于有利地位。新剑桥学派认为，国民收入的分配取决于利润率和工资率，而工资率又可以分为名义的货币工资和实际的货币工资。货币工资率与历史形成的工资水平、劳资双方的力量对比有关。货币工资率可以脱离实际工资率。工人的货币工资率提高后，资方却可以通过提高物价的方法使实际工资率不变甚至降低。货币工资率与实际工资率的运动不一致，使得实际工资率总是低于货币工资率，为了弥补这种差距，工会不断地提出增加工资的要求，于是社会上就会出现工资与物价间的相互追逐。这一追逐的结果引起货币供给增加，形成通货膨胀。

　　成本推进型通货膨胀可以用图 12-3 来说明。当工资提高而价格上涨时,总供给曲线 S_0 向上移动至 S_1。这就意味着只有按照高于原来的价格水平,才能生产出一定量的 GDP。但如果总供给曲线向上移动,而宏观经济政策却未能改变总需求曲线,那么在价格上升的同时,产量将下降(如图 12-4 所示)。

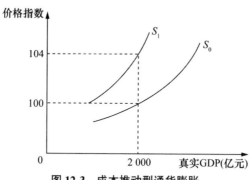

图 12-3　成本推动型通货膨胀

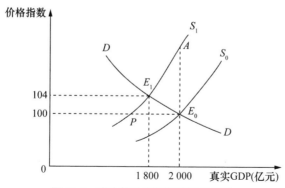

图 12-4　成本推动型通货膨胀的影响

　　当价格指数为 100 时,供给曲线 S_0 与需求曲线 D 相交于 E_0 点,此时的真实 GDP 为 2 000 亿元。此时发生了成本推动的价格上涨,如果此时总需求曲线 D 不动,当价格指数为 104 时,D 与 S_1 相交于 E_1 点,此时总供给将下降,例如为 1 800 亿元。为了保证生产量不下降,政策制定者势必会增加货币供给以刺激有效需求,直到总需求曲线与 S_1 相交于 A 点,才会防止产量下降,但又会促使价格进一步升高。另一个可供选择的方案是,通过向下推动需求曲线 D,使需求曲线与供给曲线相交于 P 点,此时,物价是稳定的,但产量将会大幅下降。

三　货币供给推动学说

　　货币学派对通货膨胀进行了全面、系统的研究,并揭示了通货膨胀的根本原因在于政府的扩张性货币政策。

弗里德曼认为，特定产品的价格或总物价水平的短期波动可能有多种原因，但长期持续的通货膨胀却是货币现象，是由货币数量的增长超过总产量的增长所引起的。他认为，承认并正视通货膨胀是因货币量过多而引起的货币现象这个命题非常重要，只有这样，才能找到通货膨胀的根本原因和根治对策。

货币供给为什么会过度增长呢？弗里德曼认为有以下三个原因：

第一，政府开支增加。当政府增加名目繁多的开支时，弥补支出的来源有两种方式：一是采取增税或向公众借款的方式取得资金来源，这种方式虽然因政府支出的增加为私人消费和投资减少所抵消而不会产生通货膨胀，但在政治上却不得民心，因此被绝大多数政府舍弃而采取另一种方式，即增加货币数量。

第二，政府推行充分就业的政策。20世纪30年代大萧条以后，人们对失业比对通货膨胀怀有更大的戒心，政府许诺执行充分就业政策就能拉拢民心，争取选票。为了讨好公众，政府一方面制定不恰当的过高的充分就业目标，另一方面采用增加货币量、扩大政府支出的办法来提高就业水平。于是一旦有经济衰退的迹象，政府就立即实行通货膨胀刺激经济；当制止通货膨胀的措施在短期内不能增加就业时，政府立即放弃制止手段而采用更高的通货膨胀率来换取就业的微量增加，以致形成通货膨胀率与失业率轮番上涨的恶性循环。

第三，中央银行执行扩张的货币政策。中央银行若不是把物价稳定而是把充分就业当作货币政策的目标，其货币供给无疑是扩张性的。

弗里德曼认为，政府是造成通货膨胀的主要责任者，而政府往往嫁祸于人。弗里德曼在《风险、货币与通货膨胀》一书中有过以下精彩的阐述：没有一个政府肯承担通货膨胀的责任，即使不是很严重的通货膨胀也是如此。政府官员往往寻找各种借口，把责任推诿给贪婪的企业家、刚性的工会、挥霍无度的消费者、阿拉伯的酋长、恶劣的气候以及一些风马牛不相及的理由。无疑，企业家是贪婪的，工会也有其刚性，消费者并不节约，阿拉伯酋长提高了石油价格，天气往往不正常，然而所有这些都只能提高个别商品的价格，并不能使一般物价水平普遍提高，也可能使通货膨胀率发生短暂的波动，但不会出于某种原因而出现持续性的通货膨胀。

四 结构转换学说

结构转换学说是从经济结构、部门结构等方面分析物价总水平上涨的机制。结构转换学说是由北欧学派提出的。首先提出结构转换学说的是挪威经济学家 W. 奥克鲁斯特（W. Aukrust），后由瑞典经济学家 G. 埃德格伦（G. Edgren）、K. O. 法克森（K. O. Faxzen）、C. E. 奥德纳（C. E. Odhner）加以扩展而成。由于瑞典的三位经济学家的姓的第一个字母分别为 E、F、O，因此该模型也被称为 EFO 模型。

结构转换学说中的核心模型北欧模型(Aukrust-EFO 模型)强调的是结构因素在通货膨胀中如何起作用,重点分析的是小国开放经济如何受世界通货膨胀的影响而产生国内的通货膨胀。由于小国开放经济的特征是商品的供给和需求都有无限弹性,因此小国开放经济只能被动地接受国际市场价格,而不能主动地影响国际价格。小国开放经济有两个部门:开放部门和非开放部门。开放部门的产品价格取决于国际市场,非开放部门的产品价格与国际市场没有直接联系,而是按照成本定价。

如果用 E 表示开放部门,S 表示非开放部门,Π 表示通货膨胀率,则 Π_E、Π_S 分别表示开放部门和非开放部门的通货膨胀率,Π_W 表示国际市场的通货膨胀率。

用 λ 表示劳动生产率的增长率,则 λ_E、λ_S 表示开放部门和非开放部门的劳动生产率的增长率。

用 α 表示各部门在整个经济中的比重,则 α_E、α_S 分别表示开放部门和非开放部门在整个经济中的比重。

用 W 表示工资增长率,则 W_E、W_S 分别表示开放部门和非开放部门的工资增长率。

因开放部门的价格随国际市场价格而变动,故假定 $\Pi_E = \Pi_W$,说明开放部门的通货膨胀率等于既定的国际通货膨胀率。

因开放部门比非开放部门的效率要高,故可以假定 $\lambda_E > \lambda_S$,即开放部门劳动生产率的增长率高于非开放部门劳动生产率的增长率。

如果把 Π 定义为 Π_E 和 Π_S 的加权平均数,权数分别为 α_E 和 α_S,且 $\alpha_E + \alpha_S = 1$,则北欧模型可以用公式表示为

$$\Pi = \Pi_W + \alpha_S(\lambda_E - \lambda_S)$$

这一公式的推导过程如下:

(1)开放部门的通货膨胀率等于国际通货膨胀率,即

$$\Pi_E = \Pi_W$$

(2)非开放部门与开放部门的工资增长率相同,而开放部门的工资增长率等于该部门的通货膨胀率加上该部门的劳动生产率的增长率,即

$$W_S = W_E = \Pi_E + \lambda_E$$

(3)非开放部门的通货膨胀率为

$$\begin{aligned}
\Pi_S &= W_S - \lambda_S \\
&= W_E - \lambda_S \\
&= \Pi_E + \lambda_E - \lambda_S
\end{aligned}$$

(4)小国开放经济的通货膨胀率为

$$\begin{aligned}
\Pi &= \alpha_E \Pi_E + \alpha_S \Pi_S \\
&= \alpha_E \Pi_E + \alpha_S(\Pi_E + \lambda_E - \lambda_S) \\
&= \alpha_E \Pi_W + \alpha_S(\Pi_W + \lambda_E - \lambda_S)
\end{aligned}$$

$$= (\alpha_E + \alpha_S)\Pi_W + \alpha_S(\lambda_E - \lambda_S)$$
$$= \Pi_W + \alpha_S(\lambda_E - \lambda_S)$$

小国开放经济的通货膨胀率公式说明,这类国家的通货膨胀率由两个部分组成:一是国际市场通货膨胀率;二是这类国家超过国际市场通货膨胀率的部分,而后者既取决于该国开放部门与非开放部门的劳动生产率增长率之差,又取决于两个部门在总体经济中的权重。北欧模型可以用图 12-5 来说明。

$$\Pi_W \longrightarrow \Pi_E \longrightarrow W_E \longrightarrow W_S \longrightarrow \Pi_S \longrightarrow \Pi$$
$$\uparrow \qquad\qquad\qquad \uparrow$$
$$\lambda_E \qquad\qquad\qquad \lambda_S$$

图 12-5　北欧模型

在北欧模型的基础上,瑞典学派的杰出代表阿瑟·林德贝克(Assar Lindbeck)把通货膨胀的研究推广到世界范围,建立了全球通货膨胀的模型。该模型把世界经济看成一个整体,揭示了各国经济间的相互影响以及国内通货膨胀的形成机制。

假定价格变动率是对产品需求和工资变动率的函数,以 $\hat{P}$ 表示价格变动率,以 X_P 表示产品需求,以 $\hat{W}$ 表示工资变动率,则

$$\hat{P} = f(X_P, \hat{W})$$

假定 $\hat{W}$ 是对劳动力需求的函数,X_n 表示劳动力需求,则

$$\hat{W} = g(X_n)$$

综合上述两个式子,得

$$\hat{P} = f[X_P, g(X_n)] = F(X_P, X_n)$$

X_P 对 $\hat{P}$ 的影响是直接效果,X_n 对 $\hat{P}$ 的影响是间接效果。林德贝克认为,在一国范围内,间接效果要大于直接效果,原因是劳动力市场相对而言更封闭些,所以劳动力需求这一因素对通货膨胀的影响主要集中在国内。而产品市场之间的相互联系强,要研究全球性的通货膨胀主要应研究产品市场。林德贝克认为,把封闭经济与开放经济两种研究方法结合起来,通货膨胀的成本推动型与需求拉上型就要变成一种相对概念,即在一国被看作成本推动型的通货膨胀,在全球范围内来看实际上是需求拉上型通货膨胀。

林德贝克认为,在分析全球性通货膨胀时,除了分析产品需求和劳动力需求,还应考虑以下因素:① 各国资源利用状况;② 产品和服务需求组合;③ 成本推动因素;④ 全球货币量;⑤ 预期因素。

国际通货膨胀如何影响国内呢? 林德贝克认为有以下五条传递途径:

第一,价格传递。也就是国际市场价格变动对国内商品价格的传递。从短期看,国

际价格变动对国内价格的影响程度和范围取决于一国出口部门的权重;从长期看,由于国外市场和国内市场或贸易品市场之间存在一定的替代性,因此国际价格通过冲击全部贸易品而影响国内价格水平。

第二,部门传递。在商品市场上,进口品若是中间产品,其价格上涨将使采用进口品的生产部门成本上升、售价提高,带动了不采用进口品生产部门的商品价格上升。在劳动市场上,出口部门的商品价格随世界市场的价格上涨后,其利润增加,刺激该部门扩大生产,对劳动者的需求加大,因此提高了工资。通过收入的攀比,使得非出口部门的工资也随之上升,增加了非出口部门的生产成本,导致非出口部门的商品价格上涨。

第三,需求传递。其他国家若存在过度需求,就会刺激本国出口部门的繁荣和出口量的上升,经过外贸乘数的作用,使国内收入增加、需求扩大,导致国内价格水平上涨。

第四,货币传递。当对外贸易出现顺差时,国外货币和资本流入国内,增加了国内货币量。但由于货币当局可以通过利率、公开市场业务等政策手段在很大程度上抵消这种影响,因此,只有突如其来的货币流入才能将通货膨胀从他国输入国内。

第五,预期传递。国际市场上工资和价格发生波动,会对人们的预期产生影响,使通货膨胀传递到国内来,例如国际市场上价格上涨后,人们预测国内价格也要上涨,这种预期反而引起了国内物价的上升。

对通货膨胀成因的解释除了前面论述的几种学说,还有其他一些学说,如体制学说、摩擦学说等。但本书认为,体制学说或摩擦学说等都是从不同角度去剖析需求拉上或成本上升产生的原因,因此,本书不再详述。

第三节　通货膨胀效应

对于通货膨胀对宏观经济的影响,不同的人有不同的观点,其中存在两种针锋相对的观点:通货膨胀促进论与通货膨胀促退论。

一　通货膨胀促进论

(一)凯恩斯的半通货膨胀论

凯恩斯认为货币数量增加后,在充分就业这一关键点的前后,其膨胀效果的程度不同。在经济达到充分就业分界点之前,货币量的增加可以带动有效需求的增加。也就是说,在充分就业点达到之前增加货币量既提高了单位成本,又增加了产量。之所以能够有双重效应,是因为:第一,由于存在闲置的劳动力,工人被迫接受低于一般物价上涨速度的货币工资,因此单位成本的增加幅度小于有效需求的增加幅度。第二,由于有剩余的生产资源,增加有效需求会带动产量——供给的增加,此时货币数量增加不具有十足的通货膨胀性,而是一方面增加就业和产量,另一方面也使物价上涨。这种情况被凯恩斯称为半通货膨胀。

经济实现充分就业后,货币量增加就产生了显著的膨胀性效果。由于各种生产资源均无剩余,货币量增加引起有效需求增加,但就业量和产量将不再增加,增加的只是边际成本中各生产要素的报酬,即单位成本。此时的通货膨胀就是真实的通货膨胀。

由于凯恩斯的理论中充分就业是一种例外,不充分就业才是常态,因此,增加货币数量只会出现利多弊少的半通货膨胀。

(二) 新古典综合派的促进论

这一学派认为,通货膨胀通过强制储蓄、扩大投资来实现增加就业和促进经济增长。当政府财政入不敷出时,常常借助于财政透支来解决收入来源问题。如果政府将膨胀性的收入用于实际投资,就会增加资本形成,而只要私人投资不减少或者减少的数额小于政府投资新增的数额,就能增加社会总投资并促进经济增长。

当人们对通货膨胀的预期调整比较缓慢,从而名义工资的变动滞后于价格变动时,收入就会发生转移,转移的方向是从工人转向雇主阶层,而后者的储蓄率高,因此会增加一国的总储蓄。由于通货膨胀提高了盈利率,因此私人总投资也会增加,这样,政府与私人的投资都会增加,这无疑有利于经济增长。

(三) 收入在工资和利润中的再分配与通货膨胀促进论

通货膨胀政策追求的目标是实际工资增长率低于劳动生产率增长率,而实现这一目标的关键是实际工资能否与劳动生产率同步增长。在劳动生产率与通货膨胀率已定的前提下,国民储蓄总水平取决于以下三个因素:① 物价变动对工资水平的影响;② 工资储蓄率与利润储蓄率的差别;③ 工资收入在总收入中的比重。

工资水平受两个因素的影响,首先是劳动生产率变化率,这是工资的自然变化率;其次是物价水平,物价上升,工资也应上升。那么,工资总的变化率就等于自然变化率同工资-物价系数与物价变化率的乘积之和,即

$$dw/w = a + \alpha(dp/p)$$

其中,w 为工资,dw/w 为工资变化率,a 为自然变化率即劳动生产率变化率,α 为工资-物价系数,dp/p 为物价变化率。

要想使工资占全部收入的份额不变,即收入不发生有利于利润获得者的再分配,必须使工资水平的提高减去物价变动等于生产率的提高,即

$$\frac{dz}{z} = \left(\frac{dw}{w} - \frac{dp}{p}\right) - \frac{dr}{r}$$

其中,z 为工资占总收入的比重,dz/z 为工资比重的变化率,r 为劳动生产率,dr/r 为劳动生产率变化率。有以下三种情况会导致工资占总收入比重的下降:

(1) 工资水平的提高慢于物价水平的提高,即 $dw/w < dp/p$,此时 dz/z 肯定为负。

(2) 一般情况下,工资增长只能在短期内低于物价上涨,但长期内还是高于物价上涨

幅度的,因此导致工资占总收入比重下降的另一个原因将是 α。当 $\alpha>1$ 时,由于 $dw/w=a+\alpha(dp/p)$,而 $a\geq0$,所以 $dw/w>dp/p$。如果 $\alpha<1$,工资占收入的比重就有可能下降,即 dz/z 出现负值。因为

$$dw/w-dp/p$$
$$=a+\alpha(dp/p)-dp/p$$
$$=a+dp/p(\alpha-1)$$

当 $\alpha<1$ 时,$dz/z=dw/w-dp/p-a$

$$dz/z=dp/p(\alpha-1)<0$$

(3) 假设工人工资的增长超过物价的上涨,并且单个工人工资的实际上涨率与劳动生产率增长率相同,即

$$dw/w-dp=dr/r=a$$

但如果就业总人口减少了,z 的数值还会下降,这是由工资总额的变化所导致的。

在通货膨胀中,工资与利润之间的关系变得非常微妙。只要实际工资增长赶不上劳动生产率的提高,就有可能发生有利于利润获得者的再分配。

经济学一般的假设是:随着人们收入的增多,人们用于储蓄的比率也会提高,也就是说,低收入阶层的储蓄率低于高收入阶层的储蓄率。英国经济学家 H. S. 休萨克(H. S. Houthakker)对 20 个国家的分析表明,从长期来看,工资收入平均储蓄率为 0.02,而非工资收入平均储蓄率为 0.24,两者相差 10 倍以上。他还认为,公司组织的利润的储蓄倾向最高且稳定,而工资的储蓄倾向并不稳定。这一结论说明,如果发生有利于利润获得者的再分配,将提高一国的储蓄率。

通货膨胀的结果不但会使利润获得者集中资金(因为通货膨胀会发生有利于利润获得者的再分配),还能够刺激市场需求增加,为投资者带来良好的收入预期,从而刺激投资。这样就会有如下所示的良性循环:通货膨胀—储蓄—投资—经济增长。

(四) 收入在政府与私人部门中的再分配与通货膨胀促进论

在经济增长过程中,政府往往扮演着非常重要的角色。政府要建设社会基础设施、扶植新兴产业的发展、调整经济结构。政府的上述行为都依赖其投资,而政府筹资主要包括政府本身的储蓄、举借内债和举借外债。20 世纪 60 年代后,通过货币扩张或通货膨胀政策来筹集投资来源变得越来越重要。在货币扩张中,正常发行的货币量的一部分直接转为财政收入。假设一国资源存货已经被充分利用,货币扩张只能转化为物价上涨,这本质上就是货币的财政发行。政府是这一政策的纯受益者,原因是货币贬值和物价上涨后,政府获得了对一部分资源的支配权,这实际上是政府向所有货币持有者非强迫征税——货币税。货币税的税基是实际货币余额(M/P),税率则是货币贬值幅度,也就是通货膨胀率。货币税给政府带来的收入是税基乘以税率,即

$$\frac{M}{P}\frac{\mathrm{d}p}{p}$$

如果物价上涨幅度与货币增发的量一致,那么政府的新增收入就等于新发行的货币量。但通常情况下,政府通过货币税征收而得到的收入与通货膨胀率之间有比较复杂的关系,见图12-6。[1]

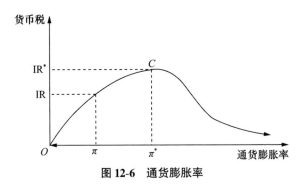

图 12-6　通货膨胀率

从图12-6中可以看出,在通货膨胀率为0时,货币税也为0;通货膨胀率上升后,政府货币税收入也开始上升,并在 C 点达到最大值 IR* ,此时通货膨胀率为 π^* 。超过 C 点后,货币税反而下降,原因是实际货币余额下降的速度更快。

政府在收入中所占比重对一国储蓄率会有什么影响呢? 休萨克认为,从长期看,政府的储蓄倾向高于私人部门平均的储蓄倾向,原因是公众因交税而削减的消费支出要大于政府因增税而增加的消费支出。那么,当发生通货膨胀时,政府占收入的比率提高,社会的储蓄率提高,这对加快经济增长来讲是有利的。对经济的有利影响主要表现在以下方面:

第一,降低资本-产出系数。由于政府在进行投资决策时可以更多地考虑宏观经济平衡的需要,而宏观经济平衡能使生产能力得到更大限度的提升。例如,政府可以向以下几方面增加投资:① 向瓶颈部门进行投资,使生产中的短线部门迅速发展,带动其他一系列部门生产的发展。② 向外部经济部门进行投资,改变整个生产结构。③ 吸收增加劳动密集型行业的技术,以减少资本投入,充分利用劳动力资源。政府的这些选择是私人投资所无法做到的。

第二,改变投资结构。在经济发展时期,会出现许多新兴的产业部门,这些部门是经济起飞的基础。但由于其新兴的性质,向这些部门投资往往周期长、风险大,而且原始投资的数额也非常大。如果所有投资都依赖私人部门,那么新兴产业将是投资的空白。在这一方面,只有政府才能平衡投资结构。政府通过货币扩张政策进行投资的产业应该是

---

① 参见 R. 多恩布什、S. 弗希尔:《宏观经济学》,李庆云、刘文忻校译,中国人民大学出版社1997年版,第479页。

基础设施和重工业,只有这样,才能维持经济长期稳定发展。政府投资从表面上并不影响私人投资的总量和结构,但实际上却改变了社会投资的总量和结构。私人投资因货币扩张性政策而遭受的损失会从长期发展得到的利益中获得补偿。

第三,促进对外贸易的发展。在开放经济中,欲使计划投资超过计划储蓄,除国内实行温和的通货膨胀政策外,还可以采用扩大进口、吸收国外储蓄的办法。但发展中国家往往缺少外汇,要保持较高的进口率,就要想办法通过各种途径弥补国际收支逆差。从国际金融关系上看,弥补逆差的资金可以来自国际金融市场和国际金融机构的借款,也可以来自外国私人资本的流入。除了这些有形的外汇收入,还有一种无形的外汇收入渠道,即实行本币贬值政策。本币贬值可以促进出口,限制进口,从而弥补前一时期因进口扩张而产生的外汇缺口。国内通货膨胀政策制造了这一外贸的循环,其结果是既提高了国内储蓄的总水平,又促进了对外贸易的发展。

通货膨胀促进论认为,通货膨胀是政府的一项政策,获得直接利益的肯定是政府,获利大小则完全取决于政府调控经济水平能力的高低。政府应努力提高自己的管理技能,最大限度地发挥通货膨胀政策的积极作用,并把它带来的各种利益转化为经济增长的动力。

二　通货膨胀促退论

概括地讲,西方学者对通货膨胀消极作用的论述主要包括以下几个方面:

(一) 通货膨胀降低储蓄

通货膨胀减少了人们的实际可支配收入,从而削弱了人们的储蓄能力。通货膨胀造成本金贬值和储蓄的实际收益下降,使人们对储蓄和未来收益产生悲观的预期,储蓄的意愿下降。储蓄意愿的下降导致人们的即期消费增加,因此人们的储蓄率不是不变的,更不是上升的,而是下降的。

(二) 通货膨胀减少投资

首先,在通货膨胀环境下,从事生产和投资的风险较大,而相比之下,进行投机会有利可图。这说明,在通货膨胀环境下,长期生产资本会向短期生产资本转化,短期生产资本会向投机资本转化。生产资本,特别是长期生产资本的减少对一个国家的长期发展是不利的。同时,短期资本,特别是投机资本增加会使各种财产价格上升,土地、房屋等所有者可以坐享其成,而对这类财产的过度投机对社会的益处要小于其害处。

其次,投资者是根据投资收益预期而进行投资的,当出现严重的通货膨胀时,价格上涨在各行业中是不一致的,投资者也无法判断价格上涨的结构,因此投资者行为就会变得盲目,而盲目的投资不利于产业结构的优化。

最后,在通货膨胀时期,会计标准很可能还沿用过去的,对折旧的提取还是以固定资产原值和一定的折旧率为计算标准。折旧的提取大大低于实际水平,因此,企业成本中的很大一部分转变为利润,这种虚假利润也被政府征税了,故企业未来发展的资金将会减少。

(三) 通货膨胀不利于社会公平

通货膨胀对经济力量强的阶层有利,而对贫困阶层不利。在通货膨胀中最能得到好处的是利润获得者阶层,他们可以不断地从物价上涨中获得更多的超额利润。大部分雇员则发现在他们的货币工资增加之前物价就已经上涨了,而且货币工资刚增加,物价又上涨了。他们要经过一番艰苦的斗争才能补回一点损失,但其货币收入总是落后于物价上涨。而固定收入者的境况更糟,或许是通货膨胀已经发生了相当长的时间,或许在几轮的物价上涨之后这些固定收入者的收入才增加。最凄惨的是靠养老金生活的退休者和穷人,他们既没有增加收入的希望,又得不到通货膨胀的好处。收入分配的不公会造成一个社会的不安定,而安定的社会秩序则是一个国家经济发展的保证。

(四) 通货膨胀造成外贸逆差

当一个国家的货币贬值,国内商品的价格都已经大幅上涨时,如果该国货币的对外汇率下降幅度与国内价格的上升幅度相同,这种汇率变动就不会对一国贸易产生影响。原因是该国货币汇率下降后,假定单位产品的国际销售价格不变,出口者用外汇去换取的本国货币数量增加幅度与该产品国内销售所引起的收入增加幅度相同。因此,单纯地认为通货膨胀造成本国货币贬值从而能够促进出口是不成立的。只有在本国物价稳定时,本国货币汇率下降才会有利于出口,因为这时出口企业净盈利增加。

当一国已经发生通货膨胀,而本国货币汇率调整没有及时跟上时,本国货币价值就会被高估,高估的结果是不利于出口而有利于进口。

第四节　通货膨胀的治理

当一个国家采取通货膨胀政策以促进该国经济增长时,不存在对通货膨胀的治理问题。当一个国家出于各种原因而存在通货膨胀并且其已经对宏观经济产生诸多不利影响时,才谈得上对通货膨胀的治理。因此,在持有通货膨胀促进论观点的学者那里,并没有通货膨胀对策,而持有通货膨胀促退论观点的学者对通货膨胀有各自不同的治理措施。

一　抑制需求

无论是由哪种原因引起的通货膨胀,都表现为社会总需求超过社会总供给。因此,抑制社会总需求就是主要的治理措施。需求抑制包括货币紧缩、财政紧缩和收入紧缩三种政策。

(一) 货币紧缩政策

货币紧缩政策主要有两种措施:一是减缓货币供应量的增长速度,二是控制实际利率。减缓货币供应量有两种选择:一是减少中央银行基础货币的投放,包括通过公开市场出售政府债券,减少对商业银行的贴现贷款和其他贷款数量,减少对政府的透支等;二是降低货币乘数,包括提高法定准备金率等手段。

控制实际利率的手段包括:一是提高中央银行对商业银行的再贴现率,提高对商业银行的抵押贷款和信用贷款利率。中央银行通过影响商业银行的筹资成本进而控制市场利率。二是提高政府债券的利率,从而影响一般市场利率。

关于货币政策应采取"急刹车"的办法还是"软着陆"的办法,不同的人有不同的看法。但一般的看法是,过急的货币政策将对生产、就业、投资造成比较大的破坏。

(二) 财政紧缩政策

财政紧缩政策就是调整财政支出结构,减少赤字。首先,削减财政赤字,控制政府支出。财政赤字对通货膨胀的影响是非常明显的,因此,削减甚至消除赤字是治理通货膨胀获得成功的重要措施。其次,对投资给予税收优惠,目的是强有力地刺激工商业投资,以增加有效供给。最后,当总失业率超过某一界限时,根据情况减少或停止发放失业津贴,因为在大量失业人口存在时,如果仍然给予失业补助,只会降低他们寻找工作的意愿和要求,不利于扩大就业。

(三) 收入紧缩政策

收入紧缩政策实际上是采取工资-物价管理政策,以阻止工会和雇主协会两大集团互相抬价所引起的工资和物价轮番上涨的趋势。有以下三种选择:

第一,确定工资-物价指导线。所谓指导线,就是政府在一定年份内允许货币总收入增长的目标数额线。对特定的工资或物价进行"权威性劝说",或政府施加压力使工会与雇主让步;对一般性的工资和物价,由政府根据生产率的平均增长幅度确定工资和物价增长标准,并作为工会和雇主协会双方协商的指导线。

第二,管制或冻结工资和物价。这是特殊时期采取的一种特殊政策,即强行将工资或工资增长率以及物价增长率固定在一定的水平上。

第三,运用税收手段。政府以税收作为奖励和惩罚手段来限制工资和物价的增长。如果增长率保持在政府规定的幅度内,政府就以降低个人所得税税率和企业所得税税率为奖励;否则,就提高税率进行惩罚。

在历史上,西方发达国家都实行过收入紧缩政策。20世纪六七十年代,西欧和日本实行过上述收入政策。美国尼克松政府所实行的新经济政策中也包括管制或冻结工资这种收入政策。

二 刺激供给

要治理通货膨胀,真正的治本方法是增加生产和供给。增加生产意味着经济增长,从而克服停滞;而增加供给则可以消除过剩的需求,从而克服通货膨胀;克服滞胀的手段则唯有增加生产和供给。要增加生产和供给，首先必须减税，以提高人们储蓄与投资的能力和积极性。其次，政府必须有相应的财政与货币政策，目的是稳定物价、排除对市场机制的干扰，保证人们储蓄与投资的实际收益，增强人们的信心和预期的乐观性。政府除了为增加供给提供良好的环境和必要的条件，不应对经济活动进行干预，而应由市场机制对经济进行自发调节。只有这样，才能充分发挥减税对供给的刺激作用。随着商品和劳务供给的增加，通货膨胀才会彻底消除。

三　改革收入分配制度

一些人认为，通货膨胀和失业都是一种灾难，但决策者容易接受通货膨胀更为严重的观点，于是用紧缩货币、压低就业的办法，即通货紧缩的办法制止通货膨胀，但结果却往往适得其反。紧缩货币政策提高了利率，减少了投资，降低了供给，增加了失业，但通货膨胀并不会因此而消除。由于没有调整国民收入分配结构，劳资双方的争斗不会停止，工资与物价相互追逐，通货膨胀不但不可能制止，还会带来物价与失业同时上升的滞胀局面。因此，用货币紧缩政策来抑制通货膨胀是一种治表不治里的办法。要治理通货膨胀，必须从深层次上入手。

改革收入分配制度是消除由工资推动的通货膨胀的根本方法。而改革收入分配制度与管制工资-物价的收入政策不同。改革收入分配制度是要实现收入的合理化和均等化，而不是维持现有的收入分配结构。管制政策一般是无效的，其结果只能使收入分配的失调状况用行政和法律的办法固定下来，除加剧通货膨胀和带来经济停滞之外，别无所获。

改革收入分配制度主要有以下措施：① 通过合理的税收制度，例如实行累进税率来改变收入分配不均的状况。通过提高遗产税等方法减轻私人财产的集中程度。② 给予低收入者以适当的补助。③ 提高失业者的文化技术水平，增加其就业机会。④ 制定逐步消除赤字的财政政策和提高实际工资增长率的政策。⑤ 奖励出口，限制进口，为国内增加就业机会。

四　推行指数化政策

这一政策主要是针对开放经济的小国而言的。小国开放经济通常是世界通货膨胀的受害者而不是发源者。因此，对经济开放的小国而言，主要问题是如何抵御外来通货膨胀的侵袭和干扰。由于小国开放经济中，外贸部门很大，对外依赖程度高，通货膨胀主要是由外生变量所决定的，因此收入政策即阻止工资增长政策并不能有效地抵御世界通货膨胀的输入。况且，限制工资增长会受到工人或工会的强烈抵制。

对于小国开放经济，由于通货膨胀是由国外输入的，因此，稳定本国的货币供给增长率并不能防止世界通货膨胀的冲击，因此也不能用稳定国内货币供给政策来对付通货膨胀。

对小国开放经济而言,实行指数化政策是最佳选择。指数化是指主要经济变量如收入、利率等直接与物价指数挂钩,物价指数上涨,主要经济变量相应增加。由于收入和利率等与价格指数相联系,因此可以消除通货膨胀对经济发展、收入分配和资源配置等方面的影响。

五　改革货币制度

一些人认为,要彻底清除通货膨胀,必须改革货币制度,限制货币发行。持这种观点的学者以供给学派为代表。

如何对货币发行进行限制呢？他们认为,货币当局控制货币供给增长率的做法是靠不住的,唯一的选择是废除信用货币制度,恢复金本位。货币当局控制货币供给增长率为什么靠不住呢？有以下两个理由:

第一,在信用货币制度下,很难分清什么是货币、什么不是货币,因此真正控制货币数量几乎是不可能的。由于银行、金融机构、企业甚至个人随时随地巧妙地创造各种各样的信用工具来充当货币,因此货币的内涵变得越来越模糊。目前,连货币数量指标的定义都很难确定,更不用说进行有效控制了。货币当局所能控制的只是 M_1 和 M_2 这类狭义的货币供应量,却无法控制由众多因素决定的广义货币数量。因此,即使货币当局控制的货币数量的增长率下降了,实际流通的货币数量却不一定会减少。

第二,由于货币供给的控制缺乏有效的依据,因此货币当局往往难以恰当地确定货币供给增长率。又由于货币供给缺乏有效的约束,因此货币当局在各种压力下会随意提高货币供给增长率,致使货币当局失信于民,使人们产生通货膨胀预期。

为此,废除信用货币制度,恢复金本位,才是理想的选择。恢复金本位既使货币当局控制货币数量有据可依,又强化了货币供给的约束机制。同时,这样做还可以消除人们的通货膨胀预期,恢复其对法定货币的信心,从而稳定币值、降低利率、提高投资、扩大生产和供给。

如何恢复金本位呢？这些人认为有五个步骤:① 货币当局公开宣布与民间进行黄金法币兑换的政策措施。② 决定黄金价格与单位法币的含金量。③ 货币当局按照公布的金价和法币含金量与民间进行黄金买卖。④ 规定黄金准备金率。⑤ 设定中央银行黄金准备的上下限。

改革货币制度、恢复金本位只是一部分人的主张,这一主张的现实意义并不大,原因是金本位之所以消亡,是由于社会经济的变化使金本位存在的理由不成立了,而为解决通货膨胀再去恢复金本位则过于理想化了。

第五节　我国的通货膨胀

一　我国通货膨胀的过程分析

中华人民共和国成立至今,我国发生了六次较为明显的通货膨胀:

第一次是中华人民共和国成立之初(1949—1950年),先后发生了四次大的物价上涨。上涨的核心区域是上海,主要表现为战后重建时期的物资短缺、投机活动以及管理相对混乱。原因在于国民党统治时期通货膨胀的滞后影响,以及中华人民共和国成立之初物资极端缺乏造成的物价上涨。

第二次是1959—1961年,由于三年困难时期的影响和工作失误,供不应求,物价上涨,国内粮、油、肉、蛋、布等主要商品货源锐减,1961年较1957年物价上涨了7.5%。

第三次是1988—1989年的物价上涨。中央于1984—1985年采取的紧缩政策在尚未完全见到成效的情况下,1986年又开始全面松动,国内的货币流量于1987年又一次迅速加大,年增长速度达116%,导致需求严重膨胀。在此期间,1988年和1989年,消费物价指数曾经高达18.8%和18%。物价上涨和抢购风潮引发了一系列的社会问题。

第四次是1993—1996年的物价上涨。邓小平南方谈话后,我国经济进入高速增长的快车道,固定资产投资规模扩张,金融持续混乱。表现为房地产热、开发区热、集资热、股票热,由此导致了高投资膨胀、高工业增长、高货币发行和信贷投放以及高通货膨胀,1994年消费物价指数曾经创下24.10%的纪录。这一时期,消费物价指数四年的平均水平高达16%。尽管从2003年开始,我国的物价从负增长转变为正增长,但2003年消费物价上升3.2%,2004年上升3.9%,都属于正常的物价上涨,不属于通货膨胀。

第五次是2007—2012年的物价上涨。这是2007年下半年以来伴随次贷危机的演变而出现的通货膨胀。2008年以后,全球为应对金融危机,实行相对宽松的财政和货币政策,美国和欧洲采取了多次量化宽松政策,我国既采取了四万亿元的经济刺激计划,同时还采取了信贷过度宽松的积极货币政策,客观上为通货膨胀的上行提供了催化剂,加上海外大宗商品价格上涨,导致了持续的通货膨胀。当然,在推动通货膨胀上行的结构性因素方面,由人口红利消失所导致的成本上涨也不容忽视。在这一阶段,物价上涨非常明显,通货膨胀持续时间长达四年之久,其间消费物价指数曾经高达6.5%,即使从2011年下半年开始回落,通货膨胀的压力仍然不容乐观。

第六次是2012年以来的物价上涨。从2012年开始,我国的通货膨胀率呈现出缓慢上升的趋势。进入2017年,通货膨胀有重新抬头的趋势,滞胀已经成为人们普遍担心的问题,也是货币当局面临的一大难题。2018年,我国的通货膨胀率为2.07%,2019—2022年的通货膨胀率分别为2.42%、4.97%、2.51%和2.88%。

　　严格地讲,由于通货膨胀被定义为商品和服务的货币价格总体水平的持续上涨,因此我国的通货膨胀一直存在,只是上述五个阶段物价上升得较快罢了,尤其是第五个阶段,通货膨胀的压力空前加大,原因也更加复杂。尽管在改革开放前,除中华人民共和国成立之初和三年困难时期物价上涨较快之外,我国物价保持稳定,但并不能说物价稳定就不存在通货膨胀。改革开放前的大部分时间内,我国商品供给奇缺,凭票供应、持币待购、货币沉淀等现象始终存在,这期间由于计划经济固定了产品价格,因此存在隐蔽性通货膨胀。

　　我国曾发生的六次较为明显的通货膨胀中,前两次属于特定历史环境下的物价上涨,缺乏一般意义。在这种特殊的历史环境下,通货膨胀不是由总需求扩张所造成的,而是由社会产品或商品供给极端缺乏所产生的。尽管我们可以称之为通货膨胀,但这种通货膨胀不具备一般通货膨胀的特点和意义。

　　改革开放后,尽管生产力获得了空前的解放,但人们对商品的需求却以更快的速度增长,总需求大于总供给的数量不是减少了,而是增加了。1979—1987 年,我国的经济改革是以利益为导向的,但价格改革的程度却很低,因此,尽管存在较大的需求缺口,物价在受到严格管制的情况下却始终处于相对稳定的水平。1988—1989 年的物价上涨在很大程度上是由人们对通货膨胀的预期造成的。这期间物价改革的步子还是很小的。而1993—1996 年的物价上涨在很大程度上是由价格特别是初级产品价格的放开形成的。

　　具体而言,1988—1989 年与1993—1996 年的物价上涨有三个方面的不同。

　　第一,20 世纪80 年代,价格改革出台的措施较少,幅度较小,因此对价格上涨的推动作用也有限。而90 年代就不同了,这几年的价格改革迈出了较大的步伐,其出台的项目之多,步子之大是前所未有的。

　　第二,80 年代大部分商品价格没有放开,即使放开的部分也不是完全的,而是采取双轨制的价格形式,价格上涨在相当大的程度上是由政府的调价行为所引起的。而90 年代则不同,绝大部分商品,包括大部分重要的初级产品的价格,已经放开由市场去调节,并且每年放开价格的范围相当大、比重相当高。这期间价格水平的上涨主要是由市场价格自发上涨而形成的。

　　第三,90 年代价格放开的商品多是曾经不宜放开或实行双轨制的能源、原材料等重要生产资料,这些产品的价格长期偏低,致使这些产品的生产部门发展滞后,并且成为我国经济发展的瓶颈部门。初级产品价格上涨的连锁效应大,从而推动其他产品价格的上涨。

　　2007 年以来的通货膨胀呈现出更加明显的不同特征。在这一阶段,中国经济已经由原来的封闭经济转变为开放经济,通货膨胀已经不再是单纯的结构性通货膨胀,而是供求结构性通货膨胀与输入性通货膨胀压力并存,维持巨额顺差和外汇储备成为通货膨胀的根源。前者是指来自实体经济的通货膨胀压力,与供求结构性失衡密不可分,片面压低汇率、追求刺激出口和贸易顺差的战略失误难辞其咎;后者则是指来自金融层面的通货膨胀压力,与热钱持续流入、外汇储备不断增加、外汇占款和基础货币被迫增加有关。正是出于这些复杂的原因,我国在抑制通货膨胀的努力方面也面临进退两难的境地。

从上述过程分析来看,我国物价上涨在各个阶段的客观环境是不同的。

二 我国通货膨胀的原因分析

(一) 总需求的扩张

首先,财政支出扩张。在我国,国家财政具有明显的公共财政职能。也就是说,国家财政要执行为经济和社会活动提供必要的外部环境和维护社会公平等职能。除这一功能之外,国家财政也有促进经济增长的职能。而促进经济增长,就需要有较高的投入。国家财政收入即使满足不了支出的需要,也要通过赤字财政手段实现对经济的较高投入。因此,只要财政的上述两种职能不变,经常性赤字的财政政策就是不可避免的。

其次,中央银行的贷款扩张。在"货币政策"一章(第十一章)中,我们阐述了货币政策与最终宏观经济目标间的关系。我国中央银行的货币政策目标也是双重的,中央银行既负责经济稳定,又要追求经济增长。当然中央银行贷款扩张来自商业银行贷款扩张,而商业银行贷款扩张又来自投资主体投资需求的扩张。银行体系与企业投资形成了自下而上的扩张连锁,当中央银行采取货币稳定政策时,企业生产或经济增长会受到伤害,因此迫使中央银行放松货币政策。

再次,企业投资需求扩张。我国企业投资需求扩张的原因主要有两个:一是由于我国经济增长速度快,投资收益较高。这种投资需求扩张是由利益动机所造成的。二是我国的主要投资主体——国有企业不承担投资风险,不自负盈亏。由于借钱可以拖欠,甚至可以不还,因此在这种背景下,投资需求的上限就是主观的投资需求,而主观的投资需求是无穷大的。虽然借入方有无穷大的投资需求,但如果贷出方有明显的硬约束机制,贷款规模也不会过度膨胀,问题是过去商业银行也不是独立的自负盈亏的银行,银行不能根据效益和风险的原则来发放贷款,因此,在我国,投资需求在某种程度上决定了投资供给。中央银行又不能执行自己独立的货币政策,使得我国的投资膨胀成为现实。

最后,外汇储备增加,基础货币投放增大。1994年以来,我国外汇储备增长迅速,外汇储备最高峰曾经达到3.99万亿美元,外汇占款居高不下,由于外汇储备增加而投放的基础货币是巨大的,货币供给在货币乘数的作用下增加更多,由此推动了物价的上涨。

(二) 成本增加推动价格上升

首先,生产资料价格上升推动其他产品价格上升。由于原煤、钢铁、水泥、木材、铁路运输等在相当长的时间里价格定得偏低,而20世纪90年代逐渐放开价格,致使这些短线产品的价格迅速上升,例如1993年许多生产资料的价格上涨了40%。原来完全是计划价格的原油也于1994年实现平价与高价合并,使原油的出厂价格提高,并且议价油的比重提升,这使得原油价格有较大幅度的上升。原油价格上升后,计划内的汽油、煤油、柴油及某些石化产品的价格都因成本增加而上升,而这些产品的价格上升,自然会增加石油加工、石油化工、化纤、电力、交通运输、农业等部门的生产成本。2003—2004年,我国生产资料(包括煤、电、油、钢材、水泥等)的价格都有一定幅度的上升,其中原油价格的上升是由于国际原油价格的上升。我们在前面曾分析过,当成本增加而总需求曲线不变时,生产供给会萎缩。为了不使生产萎缩,中央银行自然要提供额外的基础货币,从而使货币供给增加,这又会使总需求上升。总需求上升之后,全社会的商品价格都会因需求拉动而上升。

其次,工资增加导致价格上升。在我国一般还不存在利润推动型的通货膨胀,因为我国企业很大一部分的利润被工资侵蚀了。我国的工资水平近些年已经有了较大幅度的增长。收入的增加自然要与劳动生产率的提高相一致,如果超过劳动生产率的提高,在单位产品中工资的含量就会增加,就会在价格不变的前提下降低产品的获利能力。当产品的获利能力不变时,只有产品价格被提高才能满足工资的增长。

最后,外汇汇率上升推动进口成本增加。1994年年初,我国成功地实现了汇率并轨。汇率并轨实际上结束了我国外汇价格的双轨制,官定汇率被市场调剂汇率取代。但原来官定汇率是决定进口成本最主要的汇率,而并轨之后统一的汇率为调剂汇率,调剂汇率高于官方汇率,致使进口成本增加。如果进口品的外币价格没有变,进口关税也稳定,那么汇率并轨会使进口成本上升近40%,因为并轨前官定汇率为5.7元/美元,而并轨后约为8.3元/美元。

(三) 结构性转换引发价格上涨

首先,工资攀比引发价格上涨。在我国,存在多种类型的企业,例如国有企业、集体企业、三资企业等,也存在效益好与效益差的企业。而工资的攀比致使各种类型企业的职工工资有趋同的现象。例如,效益差的企业和效益好的企业攀比。在过去的分配体制下,即使企业是亏损的,其员工工资也不能比效益好的企业员工的工资低。又比如,在我国,三资企业,特别是独资企业的员工收入较高,而国内同类部门就会想方设法地去追赶这些三资企业的员工工资。这种攀比本质上是北欧模型所揭示的内容,它促使产品成本中工资含量增加,最终引起价格上涨。

其次,产品结构转换引发物价上涨。我国是个发展中国家,消费需求在某些方面是超前的,而供给却不可能很快调整。这就会出现下面的情形:某些产品是供不应求的,这种产品的价格自然很快上涨;而另一些产品是供过于求的,按理说这种产品的价格应该下降,但如果供过于求的产品价格不下降,或下降幅度达不到一定的水平,总物价水平必然上涨(假如总供给与总需求是均衡的,即没有需求拉上型通货膨胀)。当然,如果全社会的总需求曲线不变,总供给会受到影响,供不应求的产品生产也会受到制约,因此,中央银行又会采取宽松的货币政策,从而扩大总需求。

以上分析表明,引发我国通货膨胀的最主要的原因是制度:首先,企业制度本身有投资扩张的冲动,企业制度中也有工资攀升的冲动;其次,财政制度中有财政支出扩张的冲动;最后,银行制度缺乏必要的硬约束,使银行贷款规模适应了企业与国家财政的需求扩张。

三 我国通货膨胀的效应分析

(一) 通货膨胀对经济增长的效应

经济增长与物价上涨有一定的相关性,这一相关性说明了中央银行货币政策选择的双重约束,即物价稳定与经济快速增长二者不可兼得。

物价上涨与经济增长间的相关性的理论解释是,我国经济是典型的非充分就业的经济,因此,总需求的上升必然带动总供给的增加。我国城市人口中就业是不充分的,很多国有企业开工不足,就业岗位少,而待业人员多,况且提前退休的现象司空见惯。我国农村就业更是不充分的,我国农村有上亿的闲置劳动力,其中的几千万人成为我国的流动人口大军。由于开工率不足,资本得不到有效的利用,许多自然资源也得不到及时的开发与利用,人力资源的闲置更是巨大的浪费。有的经济学家就曾指出,我国在隋朝就动用两百万人修通了贯穿南北的大运河,而这条运河已经为我国人民服务了一千年。这是一项非常大的工程。在我国目前的生产力水平下,有众多可建的项目,也有大量闲置的资源,而宽松的货币政策和财政政策就是让闲置的资源尽早相互结合的政策。因此,执行宽松的货币政策与财政政策必然产生两个结果:一是就业量增加,生产供给增加;二是就业者收入增加,消费支出增加,投资者对投资品的需求也增加,从而投资品和消费品的价格也上升。

由于通货膨胀与经济增长间的正相关关系,我国不大可能实现在无通货膨胀或低通货膨胀下的高速经济增长。那种认为我国可以或应该在保持物价稳定的条件下去实现经济快速发展的观点,是不切实际的,或许只是一种美好的愿望。

(二) 通货膨胀对社会分配的效应

无论是哪种原因所导致的通货膨胀,最终都会表现在社会总需求的扩大上,而社会总需求增加的最初原因是财政赤字政策和货币宽松政策。由于中央银行是政府的银行,因此,总需求增加首先是政府需求扩张。我们在前一节的通货膨胀效应分析中已经阐述过,由政府赤字政策所导致的政府需求增加,相当于政府的"货币税"增加,而税收增加无疑会导致社会分配向有利于政府的方向发展。也就是说,政府是通货膨胀最直接的受益者。由于政府的购买能力增强意味着个人和企业的购买能力下降,因此,如果政府新增加的购买力用于社会投资,而此时个人和企业投资的数量不变或减少的数量小于政府新增投资数量,全社会的总投资将会增加,这对经济增长是有利的。当个人和企业因通货膨胀而减少的投资数量超过政府新增投资数量时,对经济增长就是不利的。

通货膨胀对社会公众的收入分配也会产生影响。如果名义收入低于物价上涨,实际收入将下降。因此,固定收入者受通货膨胀的影响最大。由于一般生产企业中工人的收入是与企业收入相关的,而企业收入因价格的上涨会有所增加,因此一般说来生产企业工人的名义所得会增加,但其实际收入是否增加要看名义收入增长率与物价上涨率之间的关系。

由于在通货膨胀时,低收入者抵御通货膨胀的能力最为低下,因此低收入者能否经得起通货膨胀的侵害就成为决定一个国家通货膨胀率的最主要的因素。当低收入者因物价上涨而生活水准大幅下降以至于无法生存时,他们就会要求政府降低通货膨胀率或为他们提供各种救济、保障或者补偿。而当他们的要求无法得到满足时,就会引发较为严重的社会问题。一般说来,低收入者所能承受的物价上涨率应成为一国通货膨胀率的上限。若超过这一上限,该国的通货膨胀就应该被视为恶性的。

我国的低收入者包括部分农民、全部退休的养老金领取者、失业工人和效益低下企业的工人等。通货膨胀导致的购买力下降对这些人的冲击最大,而这些人对通货膨胀的承受能力决定了我国通货膨胀率的上限。

高速的经济增长必然带来较高水平的物价上涨,而物价上涨却引起社会收入分配结构向不利于私人和企业、更不利于固定的低收入者的方向发展,那么政府在保证经济较高速发展的同时,必须想方设法保障固定的低收入者的生活,使这部分人的实际收入高于或至少不低于物价上涨前的水平。

四 我国通货膨胀的对策分析

(一) 避免恶性通货膨胀

经济增长与通货膨胀的正相关关系,只是说在物价上涨水平的上限之内,较高的物价上涨会带来较快的经济增长。认为通货膨胀率越高,经济增长率也越高是错误的,原因是过高的物价上涨或者恶性的通货膨胀将使经济增长停滞。因此,在制定通货膨胀政策时,应就恶性通货膨胀确定一个尺度,经济运行中要使通货膨胀率不超过一定的水平。

有些人认为通货膨胀率在 10% 之内是可以接受的;有些人认为通货膨胀率在 10% ~ 20% 就是严重的,而超过 20% 就是恶性的。实际上,这种划分没有任何依据。通货膨胀是不是恶性的,并不是以通货膨胀率简单的高低为标准的,而应该以通货膨胀的效应作为划分标准。这一标准包括三个:

第一,通货膨胀对经济增长的促进作用。当通货膨胀对经济增长有促进作用时,这种通货膨胀就不是恶性的。但通货膨胀失去了对经济增长的促进作用之后,无论多么低的通货膨胀都不能被称为良性的。本书认为,当社会中有闲置的生产要素,而且生产要素因总需求的扩张而得以结合并形成供给能力时,通货膨胀就有利于经济增长。而当经济中无闲置的生产要素,或无法使闲置的要素与其他生产要素相结合时,这时总需求的扩张就不对经济增长产生积极作用,甚至会使要素结合所形成的生产能力与总需求不一致,这时就会形成滞胀,而滞胀就是恶性的通货膨胀。

第二,恶性通货膨胀会严重损害社会公平,致使经济增长的持续性受到制约。当通货膨胀发展到固定的低收入阶层的实际收入无法维持正常的生活甚至危及其生存时,稳定的社会生活秩序将受到破坏,而这必将使经济增长的持续性受到干扰。前面讲过,政府应该承担起保障这部分人基本生活水准的责任,而政府承担此责任的能力就成为一国通货膨胀率的上限。

第三,恶性通货膨胀有极强的惯性力量,这一力量政府也无力抵御。当然,这种恶性通货膨胀一般发生在极端的社会环境下。在和平建设时期,政府一般具备抑制通货膨胀的力量。

(二) 制定切实可行的改革措施

在避免恶性通货膨胀的前提下,政府要制定切实可行的各种改革措施,包括价格改革、企业制度、投资制度等。

1. 价格改革

价格改革的措施应包括两方面:一是限制价格的措施,二是放开价格的措施。

由于我国经济的产业结构不尽合理,有些产业发展超过了社会需求,即该产业的社会总供给大于社会总需求,因此对这类产业应该有严格的限制措施,包括投资限制和价格限制措施。结构性的通货膨胀就是由供大于求的产品价格不下降甚至上升所造成的,这种价格上升为产业结构向合理化发展提供了失真的价格信号,政府应该认清哪类行业是长线的,并要对这类产业的产品实行限价。价格改革不是减少了政府价格调控的责任,更不意味着政府对价格放任不管,实际上,对于供过于求的产品价格就应采取严格的限价措施。

有些产品特别是基础原材料和关系到国计民生的重要产品如粮食、棉花等,政府的价格改革决心不能动摇。由于价格定得过死,影响这些产品的供给调节,因此,政府应该有次序地逐渐放开这些产品的价格,同时制定相应的价格上涨指导线。这些产品价格上涨后,由于连锁效应强,政府也应对其相关产品在短期内实行限价,但长期内应逐步放开。随着我国加入 WTO,我国的市场经济大大向前发展,受价格管制的商品变得越来越少。

2. 企业制度和投资制度改革

企业是最重要的投资主体,但前面分析了我国通货膨胀成因的关键在于国有企业投资约束力不够,而这一约束力是受现行的企业运行机制制约的。偿还责任意识淡薄会无止境地扩张贷款需求,而这种需求与生产供给的增加是不成比例的,它对社会公平的破坏,进而对经济增长的负面作用是高于暂时增加的供给所带来的正效应的。而约束企业贷款需求最重要的是企业制度改革,包括银行这种特殊的企业制度改革。企业制度改革的关键是产权制度的改革,不改革现存的产权制度就无法抑制企业不断扩张的贷款需求。我国已经在很多城市建立贷款担保公司,目的是帮助中小企业,特别是中小民营企业解决贷款需求问题。民营经济已经是我国经济增长最主要的力量,而我国资金市场中贷款使用者结构与之很不适应,这既造成贷款需求的无限扩张,也造成银行资产质量欠佳。解决我国资金市场的借款人结构问题,已经显得十分迫切了。

总之,抑制通货膨胀不是经济生活中最重要的目标,最重要的是避免恶性通货膨胀的发生,而避免恶性通货膨胀就要求政府认清经济运行中闲置生产要素以及闲置要素组合所能实现的对总供给的贡献;认清固定的低收入者承受物价上涨的能力以及政府增加和保持这些低收入者实际收入的能力;还要认清必要时制止物价惯性上升的能力。经济中困难的不是抑制通货膨胀,而是在通货膨胀与经济增长中寻找最佳的组合。

第六节　我国的通货紧缩

一　通货紧缩的定义

与通货膨胀相对应,经济中也存在通货紧缩的现象。本书在上一章给通货膨胀的定义是,商品和劳务的货币价格总水平持续上升的过程。因此,本书关于通货紧缩的定义是,商品和劳务的货币价格总水平持续下降的过程。

从 1998 年到 2002 年,五年的时间里,我国商品和服务的货币价格总水平疲软。消费价格指数的具体数据为:1998 年,-0.8%;1999 年,-1.4%;2000 年,0.4%;2001 年,0.7%;2002 年,-0.8%。可以肯定地讲,在这五年间,我国出现了较为严重的通货紧缩。除此之外,2009 年,我国消费价格指数曾经创出-0.7%的水平,主要是次贷危机的滞后影响所致。进入 2023 年以后,由于经济增速放慢、企业和居民资产负债表恶化、需求不振,物价水平开始低水平徘徊,对于通货紧缩的担忧日益加重。2023 年 1—12 月,我国 CPI 同比数据为 2.1%、1.0%、0.7%、0.1%、0.2%、0、-0.3%、0.1%、0、-0.2%、-0.5%、-0.3%;环比数据为 0.8%、-0.5%、-0.3%、-0.1%、-0.2%、-0.2%、0.2%、0.3%、0.2%、-0.1%、-0.5%、0.1%。我国是否出现了通货紧缩? 对于这个问题仍然存在很大争议。主流舆论持极力否认的态度,分析师们也因为维护唱多的立场而面红耳赤。无论如何,通货紧缩的迹象值得警惕。

二　通货紧缩的原因

一般情况下,通货紧缩有以下四个原因:

(一) 货币供给减少

在前面分析通货膨胀的治理时,提出了降低货币供给增长率、压缩财政支出等措施。货币手段和财政手段的使用有利于控制物价的上涨。但也有负面作用,那就是过分压缩投资,并控制社会需求,会导致全社会总需求的增长缓慢,甚至出现下降。社会总需求下降的结果就是市场疲软，进而影响到社会有效供给。那么，为什么货币当局和财政当局在控制通货膨胀时，如果物价上涨率达到理想状态，就要及时调整政策方向，以避免通货紧缩呢？原因在于政策的惯性。出于时滞的原因，通货膨胀率在货币政策和财政政策执行一段时间后才会发挥作用。因此，在物价还在上涨时，就应该放松货币政策和财政政策，但由于时滞问题的存在，决策者很难发现。因此，在出现物价的绝对水平向下走的时候，立即执行宽松的货币政策和财政政策就已经有些来不及了。

（二）货币需求因素

在我国的经济中，货币供给当然由货币当局控制。货币当局根据需求不断调整各种政策手段。但本书在分析货币供给问题时也曾经指出，全社会的货币供给在很大程度上是货币当局控制不了的。比如，中央银行调低了存款准备金率，但商业银行自己的超额准备金率如果以相同的幅度上升，那么存款准备金率的调整就不会产生多大的作用。商业银行超额准备金率的调整，有时是被迫的，即商业银行不是出于谨慎的原因保留更多的准备金，而是其可以动用的资金由于经济环境的恶化，无法顺利找到出口。因此，这些资金就只能滞留在商业银行的账上，无法变成获得理想收益的资产。这就是说，货币供给政策的调整需求通过货币需求的变化而实现。在通货膨胀期间，货币当局为了迅速降低通货膨胀率，也许采取过于猛烈的紧缩政策，包括提高利率、提高存款准备金率、在公开市场上卖出短期债券等。在我国的货币政策实践中，往往采用直接减少贷款指标的办法，即相当于急刹车的手段，使得那些正当的货币需求也无法得到满足。在通货膨胀得到抑制，但经济增长前景暗淡的情况下，货币当局采取相反的调控手段，即宽松的货币政策时，影响通货紧缩就是货币需求了。由于物价有了下降的趋势，因此投资者增加投资的积极性就会很低，因为不投资即持有现金也能获得正的收益，况且投资者负债的成本即真实利率水平是高的。此时消费者的消费也受到影响，因为物价下降有利于推迟消费，不利于增加消费。而投资者和需求者改变决策也需要一定的条件，等待这些条件成熟当然需要一定的时间，这就说明，通货紧缩也会成为一个过程，而不是瞬间就停止的现象。

（三）经济结构的失衡

人们的消费需求是变化着的，这就要求生产企业紧跟需求并迅速调整生产结构。但出于多种原因，生产者不可能迅速调整生产结构。这就会造成有的产品供不应求，有的产品供过于求。但在整体市场供过于求的情况下，供不应求的产品价格上升得也不快，而供过于求的产品价格下跌的幅度则很大。供过于求产品的生产企业就会减产或者裁员。而裁员的结果是使得全社会的收入下降，购买力下降，价格进一步下跌。

（四）国际市场的冲击

开放程度很高的国家，在国际经济不景气的情况下，会受到很大的影响，表现为出口下降，外资流入减少。出口下降会导致出口产品价格下降，而出口产品价格下降也会拉动国内可比产品价格的下降。外资流入的减少,对经济增长不利,而经济增长放慢自然会促使物价进一步下降。

在对外开放程度不高的国家,国际市场状况不好,也会给已经发生通货紧缩的经济雪上加霜。

三　通货紧缩与治理

如前所述,从 1998 年开始,我国出现了较为严重的通货紧缩。在这段时期,除了物价不断走低,居民消费水平、固定资产投资水平的增长速度都在下降,这导致经济增长速度也不断放慢。为了解决通货紧缩的问题,我国政府在货币政策和财政政策方面进行了调整。积极财政政策和宽松货币政策的执行产生了明显的效果。这些政策的具体内容,本书在相关章节已经进行了比较详尽的阐述,在此不再赘述。2014 年和 2015 年,消费物价指数曾经走低,分别只有 1.5%和 1.4%,人们一度担忧我国有可能陷入通货紧缩的陷阱。进入 2023 年,这种担忧进一步加剧。从现在来看,政府应该动用各种可行的政策工具,拓宽回旋余地,避免我国经济陷入通货紧缩的困境。

思考题

1. 通货膨胀有哪些类型?

2. 度量通货膨胀有哪几个指标? 其特点是什么?

3. 解释通货膨胀成因中的需求拉上学说。

4. 解释通货膨胀成因中的成本推动学说。

5. 解释通货膨胀成因中的结构转换学说。

6. 解释通货膨胀成因中的货币供给学说。

7. 通货膨胀促进论的主要理由是什么?

8. 通货膨胀促退论的主要理由是什么?

9. 治理通货膨胀的手段有哪些? 如何使用?

10. 20 世纪 90 年代初我国通货膨胀的主要原因是什么? 治理这次通货膨胀我国采取了什么手段? 代价是什么?

11. 什么是通货紧缩? 主要形成原因是什么?

第四篇

涉外金融

第十三章　外汇与汇率

第一节　外汇的基本概念

一　外汇的特征与种类

(一) 外汇的定义与特征

世界上大多数国家都有自己的货币,中国是人民币,美国是美元,俄罗斯是卢布,日本是日元。任何对外经济交往都离不开外汇,各个国家之间的贸易关系引起不同货币之间的相互交换。例如,当中国的一个投资者购买外国的商品、服务或者金融资产时,必须把人民币(通常是以人民币计值的银行存款)兑换成外国货币。在我国,随着改革开放的日益深入,对外经贸关系不断发展,涉及外汇的业务也越来越多。因此,学习涉外金融应当从了解什么是外汇开始。

所谓外汇,是以外币表示的用于国际结算的支付手段。"外汇"一词有两个方面的含义。作为名词来理解,是指以外国货币表示的并且可以用于国际结算的信用票据、支付凭证、有价证券以及外币现钞。作为动词来理解,相当于"国际汇兑"。其中,"汇"指货币资金在地域之间的移动,"兑"是指将一个国家的货币兑换成另一个国家的货币。国际汇兑通常与国际债权债务的清偿以及对外投资紧密地联系在一起。

根据国际货币基金组织的定义,所谓外汇,是指货币行政当局(中央银行、货币管理机构、外汇平准基金组织及财政部)以银行存款、财政部债券、长短期政府债券等形式所保有的在国际收支失衡时可以使用的债权。这一定义是从国家信用和银行信用的角度来给外汇下定义的,没有考虑风险较大的商业信用;并且将一国居民所持有的外币债权排斥于外汇概念之外;只适用于一国官方所持有的外汇储备,与我们平时所说的外汇具有不同的内涵。

根据我国施行的《中华人民共和国外汇管理条例》,外汇包括:① 外币现钞,包括纸币、铸币;② 外币支付凭证或者支付工具,包括票据、银行存款凭证、银行卡等;③ 外币有价证券,包括债券、股票等;④ 特别提款权;⑤ 其他外汇资产。显而易见,这一定义将外汇等同于外币资产。

任何货币自身都具有以一定的购买力表示的价值。因此，外汇相当于对外国商品（包括技术）和服务的一种要求权。一般而言，外汇必须具备以下四个基本特征：① 外汇是以外币计值的金融资产，它具有金融资产的一切特征，即外汇具有收益性、风险性和流动性。如美元在美国以外的其他国家是外汇，但在美国则不是。② 外汇是以外币表示的支付手段，因此用本国货币表示的支付手段不能视为外汇。如我国从美国进口一批机器设备，以美元支付货款，那么，我国是支出了外汇，但美国出口商却不能说收到了外汇。同样，加拿大元对加拿大人、日元对日本人而言都不能视为外汇。由于外汇是以外币表示的，因此，黄金虽然是国际支付的有效手段，却并不属于外汇这一范畴。③ 外汇的偿还必须有可靠的物质保证，并且能为各国所普遍承认和接受。一国的货币能够普遍地作为外汇被其他国家接受，意味着该国具有相当规模的生产能力和出口能力，或者该国拥有其他国家所缺乏的丰富资源。因此，该国货币在物质偿付上有充分的保证。④ 外汇必须具有充分的可兑换性。作为外汇的货币必须能够自由地兑换成其他国家的货币或购买其他信用工具以进行多边支付。由于各个国家（或地区）的货币制度不同，外汇管理制度各异，因此，一般而言，一个国家的货币不能直接在另一个国家自由流通。为了清偿由对外经济交易而产生的国际债权、债务关系，以及在国与国之间进行某种形式的单方面转移（如经济援助、无偿捐赠和侨民汇款等），一种货币必须能够不受限制地按一定比例兑换成别的国家的货币及其他形式的支付手段，才能被其他国家普遍接受为外汇。一国货币的充分可兑换性取决于该国进出口能力的大小及进出口贸易的自由程度。

根据各国货币在可兑换程度上存在的差异，国际货币基金组织对世界各国的货币大体进行了如下分类：

(1) 可兑换货币(Convertible Currency)，指对国际收支中的经常项目（包括货物、服务、收入和经常转移）收支不加任何限制，不采取差别性多重汇率，在另一个会员国的要求下随时履约换回对方在经常项目往来中积累起来的本国货币。根据国际货币基金组织的统计，目前有大约 40 种货币属于可兑换货币，包括美元、英镑、日元、澳元、瑞士法郎、加拿大元等。在这些国家中，保留的外汇管制基本上很少或者已经完全取消。

(2) 有限制的可兑换货币(Restricted Convertible Currency)，对本国居民进行经常性项目往来的支付仍然施加某些限制，对非居民原则上不施加限制；但对资本项目的交易一般仍然施以管制。根据国际货币基金组织的统计，目前有 20~30 种货币属于该类货币，在这些国家中，通常有一个以上的汇率。

(3) 不可兑换的货币(Non-convertible Currency)，实行计划经济的社会主义国家和绝大多数发展中国家，对贸易收支、非贸易收支和资本项目的收支一般都实施严格的外汇管制。根据国际货币基金组织的统计，目前约有 90 种货币属于该类货币。

（二）外汇的种类

外汇的分类很复杂，根据不同的区分标准，外汇可以区分为不同的种类。

首先,根据外汇的来源或用途,外汇可以分为贸易外汇和非贸易外汇。贸易外汇是指通过出口贸易而取得的外汇以及用于购买进口商品的外汇;与此相反,非贸易外汇包括劳务、旅游、侨汇、捐赠及援助外汇以及属于资本流动性质的外汇等。

其次,根据对货币兑换是否施加限制,外汇可以分为自由外汇和记账外汇。自由外汇指不需要经过货币发行国的批准,就可以随时自由兑换成其他国家(或地区)的货币,用以向对方或第三国办理支付的外国货币及其支付手段;记账外汇又称双边外汇、协定外汇或清算外汇,指必须经过货币发行国的批准,否则不能自由兑换成其他国家的货币或对第三国进行支付的外汇。记账外汇只是在双边的基础上才具有外汇的含义,它是在有关国家之间签订的"贸易支付(或清算)协定"的安排下,在双方国家的中央银行互立专门账户进行清算。一般是在年度终了时,双方银行对进出口贸易及有关费用进行账面轧抵,结出差额。出现的差额或者转入下一年度的贸易项目下去平衡,或者采用预先商定的自由外汇进行支付清偿。

再次,根据外汇交易的交割期限,外汇可以分为即期外汇和远期外汇。所谓交割,是指外汇买卖中货币的实际收付或银行存款账户上金额的实际划转。按照这一分类标准,即期外汇是指外汇买卖成交后,在两个营业日内办理交割的外汇;而远期外汇则是外汇买卖合约签订时,预约在将来某一个日期办理交割的外汇。

最后,根据外汇与一国国际收支状况的关系,外汇可以分为硬通货(Hard Currency)与软货币(Soft Currency)。如果一国国际收支持续出现顺差,外汇供给不断增加,外汇储备相应增加,本国货币对外国货币的比价随之提高,本币的国际地位日益增强,该国货币则成为国际市场上的硬通货;如果一国国际收支持续出现逆差,外汇供给不断减少,外汇储备相应减少,本国货币对外国货币的比价随之降低,本币的国际地位日益削弱,该国货币则成为国际市场上的软货币。

二 外汇市场与外汇交易

(一)外汇市场

外汇交易通常是在外汇市场上进行的,外汇市场是金融市场的一个重要组成部分。所谓外汇市场,是指本国货币与外国货币划转,更确切地说,是两种或两种以上货币相互兑换或买卖的交易场所。外汇市场上进行的交易决定了一种货币与另一种货币相互交换的比率,而这种比率又决定了购买外国商品、劳务和金融资产的成本。

从组织形态上来看,外汇市场基本上包括抽象的外汇市场和具体的外汇市场两种。前者没有具体的交易场所,所有买卖交易都通过连接银行和外汇经纪人的电话、电报、电传、计算机终端等通信网络来进行。外汇交易没有固定的开盘与收盘时间,买卖双方在安排成交时并不需要见面。后者拥有具体的交易场所,一般在证券交易所的建筑物内或交易大厅的一角设立外汇交易厅,由各银行的代表规定一定的时间,交易各方集中在交易厅内进行外汇交易。

外汇市场主要包括客户、外汇指定银行、外汇经纪人、其他非银行金融机构以及中央银行及其他官方机构等几个不同的角色。

1. 客户

根据交易行为的性质不同,客户可以分为三类:一是交易性的外汇买卖者,如进出口商、国际投资者、国际旅游者等;二是保值性的外汇买卖者,如套期保值者;三是投机性的外汇买卖者,如在不同国家货币市场上赚取利差、汇差的套利者或套汇者、外汇投机者等。此外,还有零星的外汇供求者,如出国留学生或接受外币捐赠的机构和个人。零星客户相互之间一般不直接进行交易,而是各自与商业银行或外汇指定银行进行交易。

2. 外汇指定银行

外汇指定银行是中央银行指定或授权经营外汇业务的银行,也常被称为"外汇银行"。包括:① 以外汇为专营业务的本国专业银行;② 兼营外汇业务的本国商业银行;③ 外国银行在本国的分行与本国的合资银行。

外汇银行在零售和批发两个层次上从事外汇业务。其中,零售是指银行通过增减其在海外分支行或外国代理行里的有关币种存款账户上的营运资金余额,与客户买卖外汇。批发是指银行主动参与银行同业市场上的外汇买卖以调节"多""空"头寸。若客户出售外汇,银行的外汇余额就会增加,形成多头头寸;而客户购买外汇,银行的外汇余额就会减少,形成空头头寸。在前一种情况下,银行承担了外汇贬值的风险;在后一种情况下,银行则承担了外汇升值的风险。银行作为风险规避者,会进入同业市场,通过抛售(或补进)与某种货币的多头头寸(或空头头寸)相等的数量,轧平外汇头寸敞口,使其售出的某种货币的数量与买入的相等,从而消除汇率风险。

银行利用外汇市场,除了进行头寸管理,有时还积极制造头寸,谋取风险利润,进行外汇投机。

3. 外汇经纪人

外汇市场上的大部分交易活动都是在银行同业之间进行的,银行同业之间的交易占外汇交易总额的90%以上。银行之间的外汇交易常常由外汇经纪人充当中介安排成交,外汇经纪人向双方收取佣金作为报酬。由于外汇交易往往金额巨大,因此,尽管佣金率一般很低(如每英镑 0.001 美元),但佣金额却非常可观。外汇经纪人的存在提高了外汇交易的效率。

4. 其他非银行金融机构

自 20 世纪 80 年代初以来,金融市场日益非管制化和自由化,投资公司、保险公司、财务公司、信托公司等非银行金融机构越来越多地介入外汇市场。

5. 中央银行及其他官方机构

为了稳定汇率,防止国际短期资金大量而频繁的流动对外汇市场产生猛烈冲击,西方国家的政府通常由中央银行对外汇市场进行干预。为此,有些国家甚至设立了专门的机构。尽管当今的汇率制度已由固定汇率制转为浮动汇率制,但各个国家的中央银行仍然不时进入外汇市场进行干预。因此,尽管中央银行在外汇市场上的交易量并不很大,但其影响却是非常广泛的。除了中央银行,其他官方机构(如财政部)为了达成不同的经济目标,也会进入外汇市场进行交易。

(二) 外汇交易

国际债权债务关系的清偿是运用各种各样的外汇交易来实现的。外汇交易是以一定的交易方式买卖以外币表示的支付手段或信用工具的活动。外汇交易可以分为以下几类:

1. 即期外汇交易

即期外汇交易又称现汇交易,指外汇买卖成交后,在两个营业日内办理交割的外汇业务。在即期外汇交易中采用的是即期汇率。例如,A 公司有一笔到期需要支付的瑞士法郎现汇货款,它从 B 银行购入所需的瑞士法郎。在成交后的两个营业日内,B 银行会将这笔瑞士法郎汇入 A 公司在法国的某家往来银行,同时 A 公司也会在 B 银行的存款账户上存入等值的本国货币。

在即期外汇交易中,按照交易惯例,交割必须在成交后的两个营业日内进行。两个营业日如何确定是即期外汇交易中的重要问题。国际外汇市场上遵循的是"价值抵偿原则",即一项外汇合约的双方必须在同一时间交割,以免任何一方因交割不同时而遭受损失。

在外汇交易中,"营业日"一般指实际交割的双方国家的银行都营业的日子。如果进行交易的两家银行有同样的休息日,那么这个问题就很容易解决。例如,伦敦和纽约的银行都是在星期六和星期日休息,所以,如果一家纽约银行和一家伦敦银行之间的即期交易发生在星期五,两个营业日以后就是星期二。虽然理论上应在营业日(上例中为星期二)进行交割,但其中往往还有各种复杂的情况。

首先,要遵守交割地点原则。所谓交割地点,是指银行进行交易的货币的发行国,与之相对的是交易地点,当进行货币交易的双方所在地与他们所交易的货币的发行国不一致时,银行所在地称为交易地点。交割地点原则是指,如果位于交割地点的银行不营业,那么就不能进行这种货币的交割。上例中,若两家银行交易的是瑞士法郎,而星期二是瑞士银行的休假日,那么那天瑞士法郎存款的转付就不会发生,交割日应向后顺延。

其次,如果交割日(如上例中的星期二)是交割双方任何一方的休假日,就应顺延一天。

最后,还有一个关于星期一的问题。假如在纽约,星期一是假日,而在伦敦则不是,那么"两个营业日"后在纽约是指星期三,而在伦敦则是指星期二,因此应以在市场上进行交易的银行的交割日为准。这样,如果纽约银行通知伦敦银行付款,就应以伦敦银行的交割日(星期二)为准;如果伦敦银行通知纽约银行付款,则应以纽约银行的交割日(星期三)为准。

2. 远期外汇交易

远期外汇交易又称期汇交易,是指外汇交易成交时,双方先约定交易的细节,到未来约定的日期再进行交割的外汇交易。远期外汇交易的期限一般为1个月、2个月、3个月、6个月或1年等。在远期外汇交易中采用的汇率是不同期限的远期汇率。

与即期外汇交易一样,远期外汇交易也存在交割日或交割日的确定问题。如果今天发生一笔远期外汇交易,要确定其一个月(或30天)后的远期交割日,首先应确定其即期交割日,然后将即期交割日顺延一个月,一个月后的同一天就是远期交易的交割日。例如,发生在7月26日的一笔交易,其即期交割日为7月28日,那么一个月后的远期交割日就应该是8月28日。

如果8月28日在那个交易中心正好是一个假日,或者交割地点的银行恰好不营业,那么,要将结算日推延到第一个合适的日子。但是绝不能延迟到下个月,上例中则是不能推迟到9月份。如果正好赶上月末,则应提前到第一个合适的日子。

如果即期交割日是当月的最后一个营业日,那么所有的远期交割日也都是相应月份的最后一个营业日。例如,如果发生在今天的即期交易的交割日是2月28日,是2月的最后一个营业日,那么今天发生的1个月远期合约的交割日应是3月的最后一个营业日,如果3月31日是最后一个营业日,则3月31日即为交割日,而不是3月28日(即使它也是营业日)。以上这些规则有时能使一系列的远期到期日相重合。

远期外汇交易的汇率与即期外汇交易的汇率是不同的,而且不同期限的远期外汇交易的汇率也不一样。远期汇率相对于即期汇率,会出现升水或贴水。远期汇率比即期汇率高的现象,称为远期升水;反之,则称为远期贴水;两者一致则称为平价。目前世界外汇市场上,对远期汇率的报价通常有两种方式:一是直接报出不同币种不同期限的远期汇率,日本、瑞士等国都采用这一方式;二是不直接报出远期汇率,而只公布不同期限的远期差价(即期汇率与远期汇率的差额),在具体交易时再由交易者根据当日即期汇率推算出远期汇率。英、美、法、德等国都采用这种报价方法。

人们利用远期外汇交易主要是为了套期保值和投机。套期保值(Hedging)是指为了避免汇率变动的风险,对持有的资产和负债进行该种货币的远期交易。进行套期保值的主要是已达成进出口交易的贸易商、国际投资者以及有外汇净头寸的银行。

(1)进出口商与国际投资者的套期保值。在国际贸易、国际投资等国际经济交易中,由于从合约签订到实际结算之间总存在一段时差,在这段时间内,汇率有可能向不利的方向变化,从而使持有外汇的一方蒙受风险损失。为了避免这种风险,进出口商等会在签订合约时,就向银行买入或卖出远期外汇,当合约到期时,即按已商定的远期汇率买卖所需的外汇。

例:某年某月某日,一家墨西哥公司从美国进口价值1 000 000美元的商品,双方达成协议:3个月后付款,货款以美元结算。当时外汇市场上的即期汇率为18.50墨西哥比索/美元,3个月远期汇率为18.80墨西哥比索/美元。如果预计3个月后墨西哥比索贬值到22.50墨西哥比索/美元,为了防范墨西哥比索贬值的风险,墨西哥进口商应当如何使用远期外汇合同套期保值?

对于墨西哥进口商来讲,该进口合同价值18 500 000墨西哥比索。如果3个月后墨西哥比索贬值到22.50墨西哥比索/美元,那么,进口商品价值22 500 000墨西哥比索。如果墨西哥进口商没有采取任何保值措施,他将支付22 500 000墨西哥比索进口货款。由于汇率的变动,该公司损失了4 000 000墨西哥比索。为了防范墨西哥比索贬值的风险,墨西哥进口商在签订进口合约的同时,与银行签订一份远期合约,以远期汇率18.80墨西哥比索/美元购入1 000 000美元。

如果3个月后墨西哥比索果然贬值到22.50墨西哥比索/美元,该进口商履行远期合约需要支付22 500 000墨西哥比索。如果墨西哥进口商不进行套期保值,将损失4 000 000墨西哥比索;使用远期外汇合约套期保值后,该进口商的损失只有300 000墨西哥比索。当然,如果结算货币是墨西哥比索而不是美元,那么承担汇率风险的就是美国出口商,而不是墨西哥进口商。为了避免风险,美国出口商也会进行套期保值。

套期保值使汇率变动给当事人带来的损失局限在一定的范围内,预先确定了该项交易的成本或收益,有利于进行财务核算。当然,也有可能汇率的变动与交易者所担心的方向相反,如果不进行套期保值反而有利,这种可能性也是套期保值必然的机会成本。

(2) 外汇银行为轧平外汇头寸而进行的套期保值。当面临汇率风险的客户与外汇银行进行远期外汇交易时,实际上是将汇率变动的风险转嫁给了外汇银行。而银行在它所进行的同种货币、同种期限的所有远期外汇交易不能买卖相抵时,就产生了外汇净头寸,面临风险损失。为了避免这种损失,银行需要抛出多头、补进空头,轧平各种币种、各种期限的头寸。如一家美国银行在3个月的远期交易中共买入22万瑞士法郎,卖出16万瑞士法郎,这家银行持有6万瑞士法郎期汇的多头,若瑞士法郎在这3个月内跌价,该银行就会蒙受损失。因此,这家银行一定会向其他银行卖出6万瑞士法郎期汇。银行的这种外汇买卖被称作外汇头寸调整交易。

(3) 投机者在远期外汇市场上的活动。与套期保值者利用市场轧平风险头寸的动机不同,投机者是有意识地持有外汇头寸以获得风险利润。投机者是基于这样一种信念,即相信自己比大多数市场参与者更了解市场趋势,自己对汇率趋势的预期更为正确。外汇投机者与套期保值者的一大区别是前者没有已发生的商业或金融交易与之对应。因此,外汇投机能否获得利润主要依赖于其预期是否正确。若预期正确,当然可以获得收益;若预期错误，则会蒙受损失。例如，如果投机者预期某种货币今后 3 个月会升值，他将在期汇市场上买入 3 个月该种货币期汇，若到期果然升值，他在期汇市场上买入该种货币，同时在现汇市场上高价卖出，获得风险收益。当然，他也可以直接在现汇市场上投机，即预期某货币将升值，就在即期市场上买入，等到它果然升值了，再将其卖出，获得收益。但是在现汇市场上投机需要更多的资金。在期汇市场上先卖后买的投机交易被称作卖空，在期汇市场上先买后卖的投机交易被称作买空。有时，买空或卖空不需要真正进行买卖，只需交割汇率变动的差价即可。

3. 择期交易

择期交易指买卖双方在订立合约时，事先确定了交易价格和期限，但订约人可以在这一期限内的任何日期买入或卖出一定数量的外汇。可见，择期交易的交割日期是不确定的。

在国际贸易中，许多时候往往既不可能事先十分明确地知道货物运出或抵达的日期，也不可能肯定地知道付款或收款的确切日期，而只是知道大约在哪段时间之内。在这种情况下，若是采用通常的远期外汇交易，有可能产生不便，如外汇合约到期，却没能如期收回货款。

一方面，择期交易为贸易商提供了很大的方便，不论他何时收到货款，都可以根据择期合约中已规定好了的汇率买卖外汇，从而避免了外汇风险。如果一个出口商知道出口货款会在第三个月内到达，但具体哪天却不确定，他就可以与银行签订一份择期合约，卖出 3 个月期的外汇出口收入，择期在第三个月。他根据这一合约确定了汇率，并可选择他认为最方便的日期结算。如果他有可能在第二个月或第三个月收到出口货款，他也可以签订 3 个月期的合约，择期在第二个月或第三个月。如果他有可能在这 3 个月中的任何时候收到货款，那么他可以卖出 3 个月期的远期外汇，择期 3 个月。

另一方面，择期交易给银行带来了不便，因为客户有可能在择定期限的第一天，也有可能在最后一天，或者在中间的任何一天进行交割。这使银行在择定期限内总须持有这笔交易所需的资金，可能给银行带来风险。为了平衡客户与银行之间的有利与不利、收益与损失，银行总是会选择在择定期限内对客户最不利的汇率。

例：出口商的择期交易。假定美国出口商与瑞士进口商于 6 月 20 日签订进出口合约，货款以瑞士法郎结算。美国出口商确知瑞士进口商会在 7 月 20 日至 9 月 20 日之间的某一天支付货款，为避免这种结算日不确定情况下的外汇风险，美国出口商在签订贸易合约的同时与银行签订了一份向银行出售远期瑞士法郎的择期合约。将交割日的择定期限设在第二个月和第三个月。如果 6 月 20 日纽约外汇市场上瑞士法郎的汇率行情如表 13-1 所示。

表 13-1 纽约外汇市场上瑞士法郎的汇率行情(1)

期限	卖出价(瑞士法郎)	买入价(瑞士法郎)
即期	1.2179	1.2183
1 个月期	1.2177	1.2185
2 个月期	1.2179	1.2187
3 个月期	1.2181	1.2189

无疑,银行会以 1.2189 瑞士法郎/美元的汇率与客户成交,因为这是择定期限内向银行出售瑞士法郎的最低价格。

例:进口商的择期交易。假定一个美国进口商在 6 月 20 日从瑞士进口一批商品,货款将以瑞士法郎结算,预计货款可以在 3 个月内支付,但具体日期无法确定。因此,该进口商在签订贸易合约时与银行签订了一份择期交易合约,择定期限为 3 个月。假如 6 月 20 日纽约外汇市场上瑞士法郎的汇率行情如表 13-2 所示。

表 13-2 纽约外汇市场上瑞士法郎的汇率行情(2)

期限	卖出价(瑞士法郎)	买入价(瑞士法郎)
即期	1.2179	1.2183
1 个月期	1.2175	1.2185
2 个月期	1.2173	1.2187
3 个月期	1.2171	1.2189

银行与客户签订的择期交易合约将在 1.2171 瑞士法郎/美元的汇率上成交,这是银行出售瑞士法郎的最高价格。

4. 掉期交易

掉期交易(Swap)指同时买入并卖出同一种货币,买卖的金额相等,但交割期限不同。掉期交易最初是在银行同业之间进行外汇交易的过程中发展起来的,目的是使某种货币的净头寸在某一特定日期为零,以避免外汇风险,后来逐渐发展为具有独立运用价值的外汇交易活动。掉期业务在银行同业市场上占有重要地位,据调查,美国 20 世纪 80 年代银行同业外汇市场上有近 2/3 的交易是即期交易,掉期交易占 30%,而单纯的远期交易只占总交易量的 6%。目前,掉期交易可以分为即期对远期和远期对远期两种类型。

(1)即期对远期的掉期。即期对远期的掉期,指买入或卖出一笔即期外汇的同时,卖出或买入一笔远期外汇。远期外汇的交割期限可以是 1 周、1 个月、2 个月、3 个月、6 个月等,这是掉期交易中最常见的形式。

例:南洋银行在 3 个月内需要英镑,它可以与东亚银行签订一份掉期协议,买入即期英镑,同时卖出 3 个月期的远期英镑,这样,既满足了对英镑的需求,又避免了持有外汇的风险。

对于参加掉期交易的人来说,他们关心的并不是具体的即期汇率和远期汇率,而是二者之差,即掉期率。在上例中,如果即期汇率为 1 英镑＝2.00 美元,3 个月期汇率是 1 英镑＝2.10 美元,那么 3 个月的掉期率为 0.10,将它折算为年率如下:

$$0.10/2.00×12/3×100\% = 20\%$$

这意味着与银行可以选择的其他盈利机会相比,这笔掉期业务每年可以获得 20% 的收益。

银行可以利用掉期交易轧平外汇头寸。例如,一家公司从某银行买入 6 个月期远期英镑 100 000,银行因出售远期英镑而有了空头英镑,为了轧平头寸,银行需买入远期英镑 100 000。如果这笔远期交易是在银行同业市场上进行的,那么一般采用掉期的形式,银行可以进行如下掉期交易:卖出即期英镑 100 000,同时买入 6 个月期远期英镑 100 000。掉期后,远期英镑头寸轧平,但又有了即期英镑空头,因此该银行必须在即期市场上买入 100 000 英镑,轧平即期头寸。

(2) 远期对远期的掉期。远期对远期的掉期,指同时买入并卖出币种相同、金额相同但交割期限不同的远期外汇。这种掉期的原理与即期对远期相同,但不常使用。

例:一家美国银行 1 个月后将有 100 000 瑞士法郎的支出,而 3 个月后又将有 100 000 瑞士法郎的收入。为此,银行进行一笔 1 个月期对 3 个月期的掉期交易,即买入 1 个月交易的远期瑞士法郎 100 000,同时卖出 3 个月期的远期瑞士法郎 100 000。

掉期除可以为银行轧平外汇头寸提供方便之外,还可以作为外汇合约展期的方法,即当原来购买外汇的合约期限定得较短时,可以将这笔外汇卖出,同时买入新的期限的外汇;同样,若是原来出售外汇的合约期限定得较短,也可以通过买入近期、卖出远期的方法掉期以延展外汇合约的期限。

5. 套汇交易

套汇指人们利用同一时刻国与国之间汇率的不一致,以低价买入同时以高价卖出某种货币,以谋取利润的做法。套汇可以分为直接套汇和间接套汇两种。

(1) 直接套汇。又称双边套汇或两角套汇,指利用同一时刻两个外汇市场之间出现的汇率差异进行套汇。这是最简单的套汇方式。

例:×年×月×日,美国纽约外汇市场上 1 美元＝1.2175/1.2185 瑞士法郎,同时瑞士苏黎世外汇市场上 1 美元＝1.2125/1.2135 德国马克。这时,由于两地美元与瑞士法郎的汇价不一致,因此产生了套汇的机会。显然,美元在纽约的价格更高,而在苏黎世则相对便宜。因此,在纽约卖出美元,同时在苏黎世买入美元,即可获得价差收益。具体如下:套汇者以 1.2175 瑞士法郎/美元的价格卖出美元,则卖出 1 美元,可以得到 1.2175 瑞士法郎;同时以 1.2135 瑞士法郎/美元的价格买入美元,即花 1.2135 瑞士法郎可以买入 1 美元,这样,只要耗费 1 美元的成本,就可以获得 0.0040 瑞士法郎的套汇收益。

(2) 间接套汇。也称三角套汇,指利用同一时刻三个外汇市场上的汇率差异进行的套汇。

例：×年×月×日，纽约外汇市场上 1 英镑＝2.0112 美元，伦敦外汇市场上 1 英镑＝16.0051 港币，同时，香港外汇市场上 1 美元＝7.8017 港币，那么，套汇者便可以在纽约市场上卖出 1 美元，得到 0.4972 英镑，然后将英镑在伦敦市场上卖出，得到 7.9577 港币，之后再将港币在香港市场上卖出，得到 1.02 美元，这样，以 1 美元套汇，最后获得 0.02 美元的收益。

判断三个市场或三个以上市场之间有无套汇机会会比较复杂。一种较简单的判断方法是将三个或更多外汇市场上的汇率按同一种标价方法即直接标价法或间接标价法列出，将其连乘，如果乘积为 1，说明没有套汇机会，如果不为 1，则说明有套汇机会，即 $e_{ab} \cdot e_{bc} \cdot e_{cd} \cdots e_{mn} \cdot e_{na} \neq 1$，便有可能套汇，其中，$e_{ab}$ 表示 1 单位 A 货币可以折算为多少 B 货币，其他汇率的表示与此相同。

若以上例说明该方法，则先把三个外汇市场上的汇率用直接标价法列出：

纽约市场　　1 英镑＝2.0112 美元

伦敦市场　　1 港币＝0.0625 英镑

香港市场　　1 美元＝7.8017 港币

将这三个汇率连乘，得到 0.98≠1，说明有套汇机会。

或者，把三个外汇市场上的汇率用间接标价法列出：

纽约市场　　1 美元＝0.4972 英镑

伦敦市场　　1 英镑＝16.0051 港币

香港市场　　1 港币＝0.1282 美元

将这三个汇率连乘，得到 1.02≠1，说明有套汇机会。

由以上介绍可以看出，套汇产生于各个市场上汇率的不一致，汇率的不一致使得在不同市场上贱买贵卖有利可图，而套汇活动本身又会使得市场不均衡消失，促使市场实现均衡。随着现代通信系统的发展，世界各地外汇市场上的信息传递得很快，使得套汇机会转瞬即逝。

6. 套利交易

套利指投资者根据两国金融市场上短期利率的差异，从利率较低的国家借入资金，在即期外汇市场上将其兑换成利率较高的国家的货币，并在那个国家进行投资，以获得利息差额的活动。

例：假定一个美国人手中拥有暂时闲置的资金 100 000 美元，此时美国货币市场上的 1 年期利率为 5%，英国货币市场上 1 年期利率为 10%，即期汇率为 1 英镑＝2.00 美元，12 个月远期汇率为 1 英镑＝1.96 美元。该投资者可以有两种投资选择：既可以在美国投资（存美元），也可以在英国投资（存英镑）。

如果在美国投资，那么 1 年后，该投资者可以获得的本利和为

$$100\,000\ 美元\times(1+5\%)=105\,000\ 美元$$

如果在英国投资,则必须先将美元按照即期汇率兑换成英镑(50 000 英镑),那么 1 年后,该投资者可以获得的本利和为

$$50\,000\ 英镑\times(1+10\%)=55\,000\ 英镑$$

如果汇率不变,他把在英国投资的收益换回美元,可以得到 110 000 美元,获得两国利差 5 000 美元。

如果汇率有所波动(上浮或下调),该投资者在英国获得的英镑收益在换回美元时就面临不确定性,有可能遭受汇差损失或获得额外的汇差收益。

如果 1 年后,英镑相对美元升值,1 英镑 = 2.10 美元,则英镑收益相当于 115 500 美元,投资者不仅获得利差收益 5 000 美元,而且还获得汇差收益 5 500 美元;如果 1 年后,英镑相对美元贬值,1 英镑 = 1.80 美元,则英镑收益相当于 99 000 美元,投资者不仅未获得利差收益,汇率的损失(11 000 美元)还超过了利率的优惠(5 000 美元),净损失 6 000 美元。

可以看出,这种纯粹的套利行为面临汇率变动不确定性所带来的风险。由于投资者没有对外汇风险进行弥补,因此被称作"非抵补套利"。为了避免汇率在投资期内向不利方向变动而带来损失,投资者通常会对风险进行弥补,这就是"抵补套利"。

在此例中,该美国投资者在英国投资的同时,可以在远期外汇市场上将到期应获得的本利和 55 000 英镑按照 1 英镑 = 1.96 美元的远期汇率卖出 1 年期外汇。这样,他从投资一开始就知道在英国投资将比在美国投资多赚多少,即

$$55\,000\ 英镑\times1.96\ 美元/英镑-105\,000\ 美元=2\,800\ 美元$$

从而抵补了汇率变动所可能带来的风险。

这种抵补套利的结果是使高利率货币的即期汇率不断提高,而远期汇率不断降低,即贴水额变大;使低利率货币的即期汇率不断降低,而远期汇率不断提高,即升水额变大。这种变动会使套利收益逐渐减少,等到利差相互抵消时,套利活动即会停止。也就是说,如果市场上以套利为职业的交易者都很圆满地完成了任务,那么很快就不会再有套利机会了,交易商们这样做无异于使自己失业。

7. 投机交易

投机交易是投机商利用外汇汇率的变动进行交易,并期望从中获利的外汇交易,它是建立在投机商对外汇市场的预期基础上的。投机交易一般是利用远期交易来进行的,如欧洲某投机商预计美元在未来 3 个月内有上涨的可能,便买入 3 个月期美元远期外汇,若 3 个月后美元汇率真的上涨了,他则先按照远期合同规定的汇率买入美元外汇,再以上涨了的汇率在即期市场上卖出外汇,从而获取低进高出的差价收入,这种先买后卖称为"多头";相反,如果该投机商预计美元汇率在未来 3 个月内可能下跌,他会先卖出 3 个月美元远期外汇,当 3 个月后美元汇率真的下跌了,他再以下跌了的汇率在即期市场上买入

与远期合同所规定的数量相同的美元去交割远期合同,从中获取利润,这种先卖后买称为"空头"。

以上介绍了几种常见的外汇交易业务。随着国际金融的不断发展,国际经济活动日益更新,出现了许多新的外汇交易种类,并已经有了很大的发展,如外汇期货、外汇期权交易等。

第二节 汇率

一 汇率的定义及其内涵

汇率又称汇价,是一种货币用另一种货币表示的价格,是一国货币兑换成另一国货币的比率或比价。由于汇率在外汇市场上是不断波动的,因此又称外汇行市。在我国,人民币对外币的汇率通常在中国银行挂牌对外公布,所以汇率又称外汇牌价。

汇率之所以重要,首先是因为汇率将同一种商品的国内价格与国外价格联系了起来。对于一个中国人来讲,美国商品的人民币价格是由两个因素的相互作用决定的:① 美国商品以美元计算的价格;② 美元对人民币的汇率。

例:假定王先生想要购买一台 IBM 电脑,如果该品牌的电脑在美国市场的售价为 1000 美元,而汇率是 1 美元=6.60 元人民币,则我们可以换算出,王先生需要支付 6600 元人民币(=1000 美元×6.60)。现在,假定王先生由于财力困扰而不得不推迟两个月才能购买,此时美元的汇率已经上升到 1 美元=7.00 元人民币,那么尽管该电脑在美国市场的售价仍然是 1000 美元,王先生却必须支付更多的人民币(7000 元人民币),即外汇汇率上升使外国商品的人民币价格升高了。

与此同时,美元汇率上升却使中国商品在美国的价格变得较为便宜。在汇率为 1 美元=6.60 元人民币时,一台标价为 7260 元人民币的海尔空调,美国消费者布朗先生需要花费 1100 美元;如果汇率上升到 1 美元=7.00 元人民币,布朗先生只需要花费 1037 美元,即外汇汇率上升使本国商品以外币表示的价格降低了。

相反,美元汇率下跌将降低美国商品在中国的价格,同时提高中国商品在美国的价格。如果美元对人民币的汇率从 1∶6.60 下降到 1∶6.40,那么,王先生购买上述一台 IBM 电脑只需花费 6400 元人民币,而布朗先生购买上述一台海尔空调的支出却上升到 1134 美元。

因此,在两国国内价格均保持不变的前提下,当一个国家的货币升值时,该国商品在国外就变得较为昂贵,而外国商品在该国则变得较为便宜。反之,当一国货币贬值时,该国商品在国外就变得较为便宜,而外国商品在该国则变得较为昂贵。汇率实际上是把一种货币单位表示的价格"翻译"成用另一种货币表示的价格,从而为比较进口商品和出口

商品、贸易商品和非贸易商品的成本与价格提供了基础。

二　汇率的标价方法

按照汇率是以本国货币还是以外国货币作为折算标准，汇率的标价方式可区分为直接标价法和间接标价法两种。

（一）直接标价法

直接标价法（Direct Quotation）又称价格标价法（Price Quotation）或应付标价法（Giving Quotation），是将一定单位（1个或100个、10 000个单位）的外国货币表示为一定数额的本国货币，汇率是单位外国货币以本国货币表示的价格。在直接标价法下，外国货币的数额保持不变，汇率的变动都以本币数额的相对变动来表示。如果汇率升高，意味着需要比原来更多的本币才能兑换到1个单位的外币，说明外币升值（本币贬值）或外汇汇率上涨（本币汇率下跌）；如果汇率下跌，意味着仅需要比原来更少的本币就能兑换到1个单位的外币，说明外币贬值（本币升值）或外汇汇率下跌（本币汇率上涨）。

（二）间接标价法

间接标价法（Indirect Quotation）又称数量标价法（Quantity Quotation）或应收标价法（Receiving Quotation），是将一定单位的本国货币表示为一定数额的外国货币，汇率是单位本国货币以外币表示的价格。在间接标价法下，本国货币的数额不变，汇率的涨跌都以外国货币数量的相对变化来表示。如果汇率升高，意味着1个单位的本国货币可以兑换到比原来更多数额的外币，说明外币贬值（本币升值）或外汇汇率下跌（本币汇率上涨）；反之，如果汇率下跌，意味着1个单位的本国货币只能兑换到比原来更少数额的外币，说明外币升值（本币贬值）或外汇汇率上涨（本币汇率下跌）。

目前，世界上大多数国家都采用直接标价法，采用间接标价法的国家很少。历史上，只有英国的英镑一直使用间接标价法；美国的美元原来采用直接标价法，后来伴随着美元取代英镑成为国际结算的主要货币，纽约外汇市场从1978年9月1日开始改用间接标价法，但美元兑英镑的汇率仍采用直接标价法。欧元兑大多数货币采用间接标价法，对英镑采用直接标价法。我国人民币目前采用直接标价法。

以直接标价法和间接标价法表示的汇率之间存在倒数关系。例如，2007年7月6日公布的按直接标价法报出的汇率100美元＝761.3500元人民币，可推算出以间接标价法表示的汇率为1元人民币＝0.1313美元（100÷761.3500）。

由于外汇报价涉及两种货币的价格，因此汇率的变动实际上意味着两种货币价格的同时变动。例如，假定某年某月某日在纽约市场上，瑞士法郎的汇率从原来的1美元＝1.2170瑞士法郎变成1美元＝1.2150瑞士法郎，意味着1美元的瑞士法郎价格从原来的1.2170瑞士法郎下降到1.2150瑞士法郎；同时也意味着1瑞士法郎的美元价格从0.8217美元上升到0.8230美元。换言之，我们既可以说每美元对瑞士法郎下跌了

0.0020,也可以说每瑞士法郎对美元上浮了 0.0013。

三　汇率的种类

根据不同的分类标准,汇率可以划分为不同的种类。

(一) 买入汇率、卖出汇率和现钞汇率

从银行买卖外汇的角度,汇率可以划分为买入汇率、卖出汇率和现钞汇率。买入汇率(Buying Rate or Bid Price)也称买入价,是银行从同业或客户那里买入外汇时所使用的汇率;卖出汇率(Selling Rate or Offer Price)也称卖出价,是银行向同业或客户卖出外汇时使用的汇率。由于买入汇率、卖出汇率分别适用于出口商、进口商与银行间的外汇交易,因此二者又常常称为出口汇率、进口汇率。

买入价和卖出价是从报价银行的角度出发的。银行买卖外汇的目的是追求利润,即通过贱买贵卖赚取买卖差价。外汇买入价和卖出价的差额即为银行买卖外汇的收益,一般为所买卖外汇价值的1‰~5‰。在外汇市场上,买卖差价通常以"点"来表示,每一个点为 0.0001。

外汇市场上挂牌的外汇牌价通常采用双向报价的方式同时报出买入价和卖出价。所报出的汇率尽管都是前一个数值较小,后一个数值较大,然而在不同的标价法下,其含义却不同。针对外汇汇率而言,采用直接标价法时,前一个数字是买入价,后一个数字是卖出价;采用间接标价法时,前一个数字是卖出价,后一个数字是买入价。

例:假定×年×月×日,瑞士苏黎世外汇市场上(采用直接标价法),美元的汇率是 1 美元=1.2179/1.2183 瑞士法郎,前一个数字 1.2179 瑞士法郎/美元是美元的买入价,即银行买入 1 美元付出 1.2179 瑞士法郎;后一个数字 1.2183 瑞士法郎/美元是美元的卖出价,即银行卖出 1 美元收进 1.2183 瑞士法郎。同一天,假设纽约外汇市场上(采用间接标价法),日元的汇率是 1 美元=123.37/123.41 日元,前一个数字 123.37 日元/美元是日元的卖出价,即银行卖出 123.37 日元收进 1 美元;后一个数字 123.41 日元/美元是日元的买入价,即银行买入 123.41 日元付出 1 美元。不论是在直接标价法还是在间接标价法下,银行都是以低价买入外币,以高价卖出外币。

两种标价法的内在本质其实是相同的。因此,我们可以这样判断:在任何一个汇率报价中,针对作为折算标准的货币而言,前一个较小的数值为买入价,后一个较大的数值为卖出价;而针对作为折算单位的另一种货币来讲,前一个较小的数值为卖出价,后一个较大的数值为买入价。

买入汇率和卖出汇率的算术平均数称为中间汇率,其计算公式为:中间汇率=(买入汇率+卖出汇率)/2。中间汇率通常在计算远期升、贴水率和套算汇率中使用,各国政府规定和公布的官方汇率以及经济理论著作或报道中出现的汇率一般也是中间汇率,因此,中间汇率不是在外汇买卖业务中使用的实际成本价。

现钞汇率是指买卖外币现钞的兑换率。由于外国货币一般不能在本国流通,因此只能将其兑换成本国货币,才能购买本国的商品和服务。尽管理论上买卖外币现钞的兑换率与外汇买入价和卖出价应该相同,但是,由于外币现钞只有运到发行国以后才能成为有效的支付手段,因此,银行在收兑外币现钞时,必须将运输、保险等费用考虑在内,给出一个较低的汇率,通常比外汇买入价低 2%~3%,而卖出外币现钞的汇率和外汇卖出价相同。

(二) 同业汇率和商人汇率

按照买卖外汇的对象,汇率可以划分为同业汇率和商人汇率。所谓同业汇率(Inter-bank Rate),是指银行与银行之间买卖外汇时采用的汇率。而商人汇率(Merchant Rate),则是指银行与客户之间买卖外汇时采用的汇率。一般而言,在正常情况下,银行同业间买卖外汇所采用的汇率买卖差价比银行与一般客户交易的买卖差价要小。

(三) 固定汇率和浮动汇率

按照国际货币制度的演变,汇率可以划分为固定汇率和浮动汇率。固定汇率是指一国货币同他国货币的汇率基本固定,汇率的波动仅限制在一定幅度之内。在金本位制下,这种汇率可以在黄金输送点的界限内波动;在布雷顿森林体系下,汇率可以在铸币平价上下 1%的幅度内波动。而浮动汇率则是指一国货币当局不规定本国货币与他国货币的官方汇率,听任市场供求来决定汇率。在外汇市场上,如果外币供给大于需求,则外币贬值,本币升值;如果外币需求大于供给,则外币升值,本币贬值。

(四) 电汇汇率、信汇汇率和票汇汇率

按照银行的付汇方式,汇率可以划分为电汇汇率、信汇汇率和票汇汇率。

电汇汇率(Telegraphic Transfer Rate,简称 T/T Rate),是经营外汇业务的本国银行在卖出外汇后,立即以电报委托其海外分支机构或代理机构付款给收款人时所使用的汇率。电汇汇率是外汇市场的基准汇率,是计算其他各种汇率的基础。

信汇汇率(Mail Transfer Rate,简称 M/T Rate),是经营外汇业务的本国银行在卖出外汇后,开具付款委托书,用信函方式通过邮局通知国外分支行或代理行解付所使用的汇率。

票汇汇率(Demand Draft Rate,简称 D/D Rate,或 Sight Bill Rate),是指经营外汇业务的本国银行在卖出外汇后,开立一张由其国外分支机构或代理行付款的汇票交给收款人,由其自带或寄往国外取款时所采用的汇率。票汇又分为短期票汇和长期票汇两种,由于银行能够更长时间地占用客户资金,因此长期票汇汇率低于短期票汇汇率。

(五) 即期汇率和远期汇率

按照外汇买卖交割期限,汇率可以划分为即期汇率和远期汇率。即期汇率(Spot Rate)又称现汇汇率,是买卖外汇的双方成交后,在两个营业日内办理外汇交割时所采用

的汇率。即期汇率的高低取决于即期外汇市场上交易货币的供求状况。

远期汇率(Forward Rate)又称期汇汇率,是买卖双方预先签订合约,约定在未来某一日期按照协议交割所使用的汇率。远期汇率建立在即期汇率的基础上,反映即期汇率变化的趋势。一般说来,即期汇率与远期汇率是同方向变动的。

远期汇率与即期汇率之间的差额称为远期差价(Forward Margin)或掉期率(Swap Rate)。通常以远期汇率高于或低于即期汇率的点数来报出期汇汇率。若外国货币趋于坚挺,则其远期汇率高于即期汇率,差价称为"升水"(at Premium);若外国货币趋于疲软,则其远期汇率低于即期汇率,差价称为"贴水"(at Discount);若外国货币的远期汇率与即期汇率相等,则称"平价"(at Par)。

远期差价通常以点数来表示,在外汇市场上,每一个"点"为万分之一,即 0.0001。一般而言,远期外汇的买卖价差要大于即期外汇的买卖价差。如某日瑞士法郎的即期汇率为 1 美元 =1.2153/1.2169 瑞士法郎,3 个月期的远期汇率为 1 美元 =1.2172/1.2193 瑞士法郎,即期外汇的买卖价差为 16 个点,而远期外汇的买卖价差为 21 个点。

为了便于同汇率涉及的两国的利率差异作比较,远期升(贴)水通常换算成以百分比表示的年率:

$$\text{远期升(贴)水年率} = \frac{\text{远期汇率} - \text{即期汇率}}{\text{即期汇率}} \times \frac{12}{\text{远期合约期限}} \times 100\%$$

例:假定英镑的即期汇率为 2.0110 美元/英镑,3 个月期远期英镑的远期汇率为 2.0210 美元/英镑,则英镑 3 个月期的升(贴)水年率为

$$\frac{2.0210 - 2.0110}{2.0110} \times \frac{12}{3} \times 100\% = 1.99\%$$

显然,如果以英镑为外汇的话,其他货币对英镑的汇率均采用直接标价法,因此,上述计算结果表示英镑的年升水率为 1.99%。

在不同的汇率标价方式下,根据即期汇率和远期差价来计算远期汇率的方法是不同的。在直接标价法下,远期汇率等于即期汇率加上升水或减去贴水;在间接标价法下,远期汇率等于即期汇率减去升水或加上升水。

(1)某日香港外汇市场(直接标价法)上现汇汇率为 1 美元 =7.8177/7.8187 港币,3 个月期远期升水为 95~107 点。那么,3 个月期的远期汇率计算如下:

```
        1 美元 =7.8177~7.8187 港币
    +)       0.0095~0.0107 港币
        1 美元 =7.8272~7.8294 港币
```

(2)某日多伦多外汇市场(直接标价法)上现汇汇率为 1 美元 =1.0481/1.0491 加拿大元,3 个月期远期贴水为 123~115 点。那么,3 个月期的远期汇率计算如下:

```
        1 美元 =1.0481~1.0491 加拿大元
    -)       0.0123~0.0115 加拿大元
        1 美元 =1.0358~1.0376 加拿大元
```

(3) 某日纽约外汇市场(间接标价法)上现汇汇率为 1 美元 = 1.2179/1.2186 瑞士法郎,3 个月期远期升水为 67~53 点。那么,3 个月期的远期汇率计算如下:

$$1 \text{ 美元} = 1.2179 \sim 1.2186 \text{ 瑞士法郎}$$
$$-)\qquad 0.0067 \sim 0.0053 \text{ 瑞士法郎}$$
$$\overline{1 \text{ 美元} = 1.2112 \sim 1.2133 \text{ 瑞士法郎}}$$

(4) 某日伦敦外汇市场(间接标价法)上现汇汇率为 1 英镑 = 2.0110/2.0120 美元,3 个月期远期贴水为 67~75 点。那么,3 个月期的远期汇率计算如下:

$$1 \text{ 英镑} = 2.0110 \sim 2.0120 \text{ 美元}$$
$$+)\qquad 0.0067 \sim 0.0075 \text{ 美元}$$
$$\overline{1 \text{ 英镑} = 2.0177 \sim 2.0195 \text{ 美元}}$$

在实际计算远期汇率时,可以不必考虑汇率的标价方式以及是升水还是贴水,仅根据升(贴)水的排列即可进行计算。具体如下:如果远期差价以小/大排列,则远期汇率等于即期汇率加上远期差价;如果远期差价以大/小排列,则远期汇率等于即期汇率减去远期差价。

当然,有时远期汇率的报价也采取直接报价的方式,即将远期汇率按不同的交割期限直接报出期汇的买入价和卖出价。直接报价方法通常适用于银行对一般顾客的报价,而以远期差价表示的报价方法则通常适用于银行同业间的报价。在日本和瑞士等少数国家,银行同业间进行的外汇交易,远期汇率的报价也采用直接报价方式。而英、美、德、法等国都以报出远期差价的方式报出远期汇率。

(六) 基本汇率和套算汇率

按照制定汇率的方法,汇率可以划分为基本汇率和套算汇率。基本汇率,是一国货币对其关键货币的汇率。套算汇率又称交叉汇率,是在各国基本汇率的基础上换算出来的各种货币之间的汇率。

由于外国货币种类繁多,因此一国若要制定出本国货币与每一种外国货币之间的汇率是非常麻烦的。为了简化起见,各国一般都选定一种在本国对外经济交往中最为常用的重要货币作为关键货币,制定出本国货币与该关键货币之间的汇率,这一汇率即为基本汇率。关键货币通常需要具备以下三个基本条件:① 是本国国际收支中使用最多的货币;② 是在该国外汇储备中占比最大的货币;③ 具有充分的可兑换性,能够被其他各个国家普遍承认和接受。

很多国家都选择将美元作为关键货币,将本国货币与美元之间的汇率作为关键汇率。各国银行之间在报出汇率时,通常只报出基本汇率,至于其他外国货币与本国货币之间的汇率,则根据各国的基本汇率进行换算。常见的汇率套算方法有以下几种:

(1) 按中间汇率套算。例如,假定×年×月×日,某外汇市场上汇率报价为 1 英镑 = 2.0115 美元,1 美元 = 1.2179 瑞士法郎。据此,我们可以套算出英镑与瑞士法郎之间的汇率：

　　　　1 英镑＝2.0115 美元＝1.2179 瑞士法郎/美元×2.0115 美元＝2.4498 瑞士法郎

　　（2）交叉相除法。这种方法适用于关键货币相同的汇率。例如，假定×年×月×日，某外汇市场上汇率报价为 1 美元＝1.2179/1.2183 瑞士法郎，1 美元＝123.37/123.41 日元。那么，我们可以使用交叉相除法计算日元和瑞士法郎之间的汇率。

　　假如一家银行想要以日元换瑞士法郎，即卖出日元买入瑞士法郎，那么这家银行可以以美元为中间货币来套算日元与瑞士法郎之间的汇率：卖出日元→买入美元→卖出美元→买入瑞士法郎。从这一过程的头尾来看，卖出日元买入瑞士法郎的交易目的达到了。卖出 1 日元，可以买到 1/123.37 美元，卖出 1/123.37 美元，可以买到 1.2183/123.37 瑞士法郎，即日元的卖出价或瑞士法郎的买入价为

　　　　1.2183÷123.37＝0.009875 瑞士法郎/日元

　　或　　123.37÷1.2183＝101.26 日元/瑞士法郎

　　假如这家银行想要以瑞士法郎换日元，即卖出瑞士法郎买入日元，则可以通过下面的过程达到目的：卖出瑞士法郎→买入美元→卖出美元→买入日元。以 1 瑞士法郎可买入 1/1.2179 美元，卖出 1/1.2179 美元可买入 123.41/1.2179 日元，因此瑞士法郎的卖出价或日元的买入价为

　　　　123.41÷1.2179＝101.33 日元/瑞士法郎

　　或　　1.2179÷123.41＝0.009869 瑞士法郎/日元

　　综上所述，套算汇率可表示为

　　　　1 瑞士法郎＝101.26/101.33 日元

　　或　　1 瑞士法郎＝0.009869/0.009875 瑞士法郎

　　总结套算规则，如图 13-1 所示。

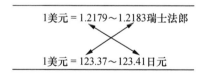

图 13-1　汇率的套算规则

　　（3）同边相乘法。这种方法适用于关键货币不同的汇率。例如，假定×年×月×日，某外汇市场上汇率报价为 1 美元＝1.2179/1.2183 瑞士法郎，1 英镑＝2.0115/2.0125 美元。那么，我们可以使用同边相乘法计算英镑和瑞士法郎之间的汇率。

　　假如一家银行想以瑞士法郎买入英镑，它可以将美元作为中间货币进行套算，过程如下：卖出瑞士法郎→买入美元→卖出美元→买入英镑。以 1 瑞士法郎可买入 1/1.2179 美元，卖出 1/1.2179 美元，可买入 1/(2.0115×1.2179)英镑。因此，英镑的买入价或瑞士

法郎的卖出价为

1/(2.0115×1.2179)= 0.4082 英镑/瑞士法郎

或　2.0115×1.2179 = 2.4498 瑞士法郎/英镑

若这家银行想以英镑买瑞士法郎,则可卖出英镑→买入美元→卖出美元→买入瑞士法郎。卖出 1 英镑,可买入 2.0125 美元,卖出 2.0125 美元,可买入(2.0125×1.2183)瑞士法郎。因此,英镑的卖出价或瑞士法郎的买入价为

2.0125×1.2183 = 2.4518 瑞士法郎/英镑

或　1/(2.0125×1.2183)= 0.4079 英镑/瑞士法郎

综上所述,英镑与瑞士法郎的汇率为

1 英镑 = 2.4498/2.4518 瑞士法郎

1 瑞士法郎 = 0.4079/0.4082 英镑

总结套算规则,如图 13-2 所示。

$$1 \text{ 美元} = 1.2179 \sim 1.2183 \text{ 瑞士法郎}$$
$$\updownarrow \qquad \updownarrow$$
$$1 \text{ 英镑} = 2.0115 \sim 2.0125 \text{ 美元}$$

图 13-2　汇率的套算规则

(七) 官方汇率和市场汇率

按对外汇管理的宽严程度,汇率可以划分为官方汇率和市场汇率。官方汇率,是指由一国货币当局(财政部、中央银行或外汇管理当局)规定的汇率,一切外汇交易都必须按照这一汇率进行。例如,以前我国国家外汇管理局公布的牌价即为官方汇率。

官方汇率通常可以划分为单一汇率和多重汇率。单一汇率(Single Rate)是国家机构只规定一种汇率,所有外汇收支全部按此汇率计算。多重汇率(Multiple Rates)是一国政府对本国货币规定一种以上的汇率,是外汇管制的一种特殊形式。其目的在于限制资本的流入或流出,以改善国际收支状况。双重汇率(Dual Exchange Rates),是多重汇率的一种,是对本国货币与另一国货币的兑换同时规定两种不同的汇率。

市场汇率,是指在自由外汇市场上买卖外汇所使用的实际汇率,随着外汇市场上供求关系的变化而上下浮动,因此能够比较客观地反映本国货币的对外比价。在外汇管制较松的国家,官方汇率往往有行无市,只起到中心汇率的作用,实际的外汇买卖则按市场汇率进行。由于政府干预的存在,市场汇率尽管通常高于官方汇率,却不会过远偏离官方汇率。

(八) 开盘汇率和收盘汇率

按银行营业时间,汇率可以划分为开盘汇率和收盘汇率。开盘汇率又叫开盘价,是

指外汇银行在一个营业日刚开始营业进行外汇买卖时使用的汇率。收盘汇率又叫收盘价,是指外汇银行在一个营业日的外汇交易结束时使用的汇率。

四　汇率制度

汇率制度又称汇率安排,是指一国货币当局对其货币汇率的变动所做的一系列安排或规定。汇率制度作为有关汇率的一种基本原则,通常具有普遍适用和相对稳定的特点。一种汇率制度应该包括以下几方面的内容:第一,规定确定汇率的依据;第二,规定汇率波动的界限;第三,规定维持汇率应采取的措施;第四,规定汇率应怎样调整。

根据汇率波动的剧烈程度和频繁程度,可以把汇率制度分为固定汇率制和浮动汇率制两大类型。前者指汇率取决于铸币平价,汇率的波动幅度被限制在一定范围内;后者指汇率不受铸币平价限制,而是取决于外汇市场上的供求关系。从历史发展来看,从 19 世纪末(约 1880 年)至 1973 年,世界主要国家采取的主要是固定汇率制;1973 年以后,则主要采用浮动汇率制。

(一) 固定汇率制

固定汇率制包括金本位制下的固定汇率制和纸币流通条件下的固定汇率制。二者的共同点主要有:① 各国都对本国货币规定了金平价,各国货币的汇率由它们的金平价对比得到。② 外汇汇率比较稳定,汇率围绕中心汇率上下波动的幅度较小。

它们之间的不同点在于:① 在金本位制下,各国规定了货币的法定含金量,金币可以自由兑换、自由铸造、自由输出入,汇率的波动幅度不会超过黄金输送点,固定汇率是自动形成的。在纸币流通条件下,固定汇率制是人为建立的,是通过各国之间的协议达成的,各国货币当局通过虚设的金平价来确定汇率,通过外汇干预或国内经济政策等措施来维持汇率,使它在较小的范围内波动。② 在金本位制下,各国货币的法定含金量是始终不变的,从而保障了各国货币间的汇率保持真正的稳定。而在纸币制度下,各国货币的金平价是可以变动的。因此,金本位制下的固定汇率是真正的固定汇率制,而纸币制度下的固定汇率制只可称为"可调整钉住汇率制"。

(二) 浮动汇率制

1973 年 2 月后,西方主要工业国纷纷实行浮动汇率制。在浮动汇率制下,一国不再规定金平价,不再规定本国货币与其他国家货币之间的汇率平价,当然也就无所谓规定汇率波动的幅度以及货币当局的汇率维持义务。

根据货币当局是否干预可将浮动汇率制分为自由浮动和管理浮动。自由浮动也称清洁浮动(Clean Floating),即指货币当局对外汇市场不加任何干预,完全听任外汇供求关系影响汇率的变动。管理浮动又称肮脏浮动(Dirty Floating),指货币当局对外汇市场进行干预,以使汇率朝着有利于本国利益的方向发展。目前世界上各主要工业国所实行的都是管理浮动制,绝对的自由浮动只是理论上的模式而已。管理浮动制从长期看可以反映各国经济实力的对比,在一定程度上避免了可调整钉住汇率制缺乏弹性的问题,从而避免了可能导致的破坏性的单向投机活动所带来的经济冲击。

浮动汇率制有不同的形式,可以分为单独浮动、钉住浮动和联合浮动三种形式。单独浮动是指本国(地区)货币不与其他任何国家的货币保持固定联系,其汇率按照外汇市场的供求状况单独浮动,美国、日本、新加坡、冰岛、新西兰等国均实行单独浮动汇率制。钉住浮动是指本国(地区)货币与某一货币或一组货币保持固定联系,汇率与被钉住货币确定一个固定的比价并随被钉住货币汇率的变动而变动。采用钉住汇率制的多为发展中国家(地区)。联合浮动是指参加联合浮动的国家(地区)彼此间的汇率基本保持固定,而对联合体以外国家货币的汇率则采取共同浮动的方式。

(三) 爬行钉住汇率制

爬行钉住汇率制是当今一些发展中国家(地区)采用的独具特色的汇率制度。在该汇率制度下,政府当局经常按一定时间间隔以事先宣布的百分比对汇率平价进行小幅度的调整,直至达到均衡。例如,若某国需要对本国货币贬值6%,将汇率平价从2.00变为2.12。在可调整钉住汇率制下,汇率平价将在一夜之间发生变化,而在爬行钉住汇率制下,该国货币当局则会将这一贬值分在三个月内进行,每个月月末贬值2%。

实行爬行钉住汇率制的国家,其货币当局有义务维持某一汇率平价或将汇率波动维持在一定范围内,避免可调整钉住汇率制下汇率偶然地、大幅度地变动。爬行钉住可分为消极爬行钉住和积极爬行钉住两种。若实行消极爬行钉住,则政府根据国内外通货膨胀率等指标进行事后调整;若实行积极爬行钉住,则政府根据自己的政策目标,对汇率平价进行经常的、小幅度的调整,诱导汇率上浮或下调。

1983年10月15日,中国香港实行联系汇率制度。这是一种特殊形式的钉住汇率制。其主要内容包括:① 选定美元作为锚货币(Anchor Currency)。港币对美元的汇率锁定在1美元:7.8港币。② 港币完全可以兑换。③ 港币的发行要有100%的美元作准备。④ 香港金融管理局负责港币的发行,但其本身并不发行货币,而是授权给三家商业银行(汇丰银行、渣打银行、中国银行)办理。这三家银行把相应规模的美元存入香港金融管理局,就可以获得港币的发行权。⑤ 香港金融管理局不得持有商业银行发行的债券,即使商业银行面临破产,金融管理局也不能出面干涉。也就是说,香港金融管理局没有"最后贷款者"的职能。

联系汇率制的最大优点是有利于香港地区的金融稳定,特别是在20世纪80—90年代的过渡期内,联系汇率制起到了很大的作用。但这一制度也有其明显的缺点,那就是其经济行为过分地依赖于美国,严重削弱了利用货币手段调节经济的能力,也失去了通过汇率来调节国际收支的能力。联系汇率制是一个颇有争议且很敏感的话题。

(四) 汇率制度的现状

根据国际货币基金组织的分类,汇率制度可分为三类:① 钉住汇率制度,包括钉住单一货币和钉住篮子货币。钉住单一货币时,这两种货币之间保持固定汇率,当被钉住的货币对其他货币的汇率变动时,实行钉住制的国家的货币汇率也随之变动。当钉住篮子货币时,首先要选定一系列国家的货币,并按一定比例将它们组成一种复合货币。当这些国家的货币对其他货币的汇率发生变化时,该国货币的汇率也会发生变化。当今被钉住的单一货币主要是美元,钉住的篮子货币主要是特别提款权。② 有限灵活性汇率,包括对单一货币具有有限弹性和合作安排。③ 更灵活的汇率,包括根据一整套指标调整、其他管理浮动和独立浮动,大多数发达工业国和发展中大国以及新兴工业国实行的都是这一类汇率制度。

(五) 固定汇率制与浮动汇率制优劣之争

关于固定汇率制与浮动汇率制孰优孰劣,西方理论界一直争论不休。赞成固定汇率制反对浮动汇率制的人固然大有人在,赞成浮动汇率制反对固定汇率制的人也不在少数。随着固定汇率制与浮动汇率制的相继实行,尤其是两者都暴露出各自的弊端之后,对固定汇率制和浮动汇率制的争论更是愈演愈烈。

赞成浮动汇率制的理由主要有以下几个:

(1) 国际收支平衡不需要以牺牲国内经济为代价。在固定汇率制下,当一国发生国际收支失衡时,为了维持汇率稳定,政府当局被迫采取紧缩性或扩张性的财政货币政策,从而使国内经济失去平衡,产生失业或通货膨胀。但是,在浮动汇率制下,这个问题不会出现。当一国发生国际收支失衡时,汇率会上下波动,从而消除失衡,使财政、货币政策免受影响,可专注于国内经济目标的实现。

(2) 保证了一国货币政策的自主性。在固定汇率制下,若一国企图通过采取扩张性货币政策来实现其经济目标,而扩张性货币政策却带来了国际收支赤字,使该国货币面临贬值的压力,为了维持稳定的汇率,该国货币当局不得不在货币市场上抛售外币,回购本币,结果使初始的货币扩张半途而废,无法达到原来的目的。另有学者指出,在布雷顿森林体系下,各国货币政策都是由美国制定的,全无自主性。当美国实行扩张性货币政策时,美元随着美国的国际收支赤字流入其他国家,使其他国家的货币对美元的汇率有上浮的压力。为了维持汇率稳定,世界各国须购进美元、出售本币,导致本国货币供给量的增加,而这一货币供给量的增加并不是自愿的。然而,在浮动汇率制下,由于一国无须维持汇率稳定,可听任汇率上下浮动,因此不必通过在外汇市场上的干预而影响货币供给量了。

(3) 避免了通货膨胀的国际传递。在固定汇率制下,国外发生通货膨胀,可通过以下途径传递到国内:① 根据一价定律,当汇率保持固定不变时,国外物价水平的上涨直接影响国内物价水平的上涨。② 国外通货膨胀将带来本国的国际收支盈余,增加本国的外汇储备,从而使本国的货币供给量增加,间接引起国内通货膨胀,而在浮动汇率制下,国外通货膨胀将通过本国货币汇率上浮得以抵消,不会带来国内通货膨胀。

（4）提高了资源配置效率。浮动汇率制下的汇率根据外汇市场上外汇的供求关系而定，并随外汇的供求对比变动而变动，因此，最能体现经济的真实要求。实行浮动汇率，一国便不需要竭力维护固定汇率，也不需要为维持国际收支平衡采取贸易管制，从而避免了资源配置的扭曲，提高了经济效率。

（5）增加了国际货币制度的稳定。如前所述，在固定汇率制下，各国汇率一般保持稳定，但在迫不得已时，也会宣布法定贬值。这种情况往往会造成单向投机，使得贬值更快也更严重。而在浮动汇率制下，各国的国际收支可自动恢复平衡，不至于出现累积性的国际收支盈余或赤字，从而避免了巨大的国际金融恐慌。

反对浮动汇率制的理由主要有以下几个：

（1）使汇率变得更加不稳定，给国际贸易和投资带来很大的不确定性，降低了世界范围内资源的配置效率。浮动汇率制使出口商无法确定未来汇率的变化，增加了进入国际贸易、国际投资市场的成本，使进出口商和投资者倾向于固守国内市场。从贸易来看，虽然进出口商可利用远期汇率来避免风险，但这一措施不能消除所有的风险。对投资来说，汇率变动也可能抵消资本收益，使投资受损。而汇率的频繁波动又不断改变着国际相对价格，从而使对国际贸易、国际投资至关重要的价格信号变得飘忽不定。

（2）浮动汇率制同样会引起外汇投机。尽管在浮动汇率制下的外汇投机不是在布雷顿森林体系下的单向投机，但当外汇市场上的供求关系导致货币汇率下跌时，往往也会使人们产生该货币汇率会进一步下跌的预期，这时就会有投机者"跳船"（Jumping Ship），该货币的价格必然会下跌。反之，汇率上浮时也会出现由投机所导致的"矫枉过正"。虽然在一个较长的时期内，货币汇率会由市场机制调节至均衡，但汇率在短期内的暴涨暴跌无疑会给国际经济带来不利影响。

（3）更易传递通货膨胀。在固定汇率制下，政府推行膨胀性政策会导致国际收支赤字，形成贬值的压力。为维护汇率稳定，中央银行又不得不抛出国际储备，购入本币，这实际上是一个自我纠正的机制。然而，在浮动汇率制下，各国政府不再受国际收支的"纪律约束"，这一机制不再起作用。一些具有膨胀倾向的政府就可大胆地膨胀国内经济，让汇率去承担国际收支失衡的后果。若汇率下跌，进口价格上升，货币当局仍采取迁就性货币政策，国内物价水平就会进一步上涨。另外，在工资和物价呈下降刚性的情况下，实行浮动汇率制便会产生棘轮效应（Ratchet Effect），即货币汇率上浮的国家物价水平下降的速度慢于货币汇率下浮的国家物价水平上升的速度，结果导致世界通货膨胀率的提高。

既然浮动汇率制、固定汇率制各自都有优势和劣势，那么一国应该采用哪种汇率制度呢？这一决策应根据各国的具体情况而定。1978年国际货币基金组织协定的第二次修正案承认各会员国有权自由选择本国的汇率制度。关于汇率制度的选择，比较著名的理论主要包括罗伯特·赫勒（Robert Heller）提出的"经济论"和发展中国家经济学家们提出的"依附论"。

"经济论"认为，影响汇率制度选择的主要是经济因素，比如一国经济的开放程度、经济规模、进出口的商品结构和地区结构、其金融市场的发达程度及与国际金融市场的密切程度，以及国内通货膨胀率的高低。如果一国的经济开放程度高（即一国进出口额占GDP 的比重大），经济规模小，或者进出口集中于某些产品或某几个国家，一般倾向于采取固定汇率制或钉住汇率制。相反，经济开放程度低，经济规模大，进出口分散而且多样化，国内金融市场发达，与国际金融市场一体化程度高，资本流动性强，或者国内通货膨胀率与其他主要国家不同，一般倾向于采取浮动汇率制。

"依附论"则认为，发展中国家汇率制度的选择取决于其对外经济、政治、军事等多方面的因素。尤其是钉住汇率制，在选择钉住哪种货币时更需考虑该国对外经济、政治的集中程度和依附关系。从国际货币基金组织的统计报告中可以看出这一论点在实践中的运用情况。当一国与美国关系密切，进出口中大多数是针对美国的，或需从美国获得大量捐赠援助时，往往会钉住美元。如果与数个国家都有较密切的关系，则可钉住由这些国家的货币所组成的复合货币。

第三节 汇率决定理论

一 汇率决定理论及其发展脉络

汇率决定理论所阐述的是什么因素决定汇率的大小，又有哪些因素影响汇率的上下波动。汇率理论与国际收支理论一样，是国际金融理论的基础与核心，同时，它们也是随着经济学理论的发展而发展的，是一国货币当局制定宏观经济政策的理论依据。

汇率决定理论在不同的经济时期经历了不同的发展阶段，主要有国际借贷说、购买力平价理论、汇兑心理说、国际收支决定论和资产市场说等。

国际借贷说是由英国学者 G. L. 葛逊（G. L. Goschen）于 1861 年提出的，在第一次世界大战前颇为流行。当时处于金本位盛行时期，因此该理论实际上是解释汇率波动原因的学说。葛逊认为，汇率变动是由外汇的供给与需求引起的，而外汇的供求又是由国际借贷引起的。商品的进出口、资本的国际转移、利润的汇出入和捐赠的收付，以及旅游和公务等收支都会引起国际借贷关系。在国际借贷关系中，只有已进入支付阶段的借贷，即流动借贷才会影响外汇的供求关系。当一国外汇收入多于支出时，汇率下降；反之，汇率上升。借贷平衡，汇率便不会发生变动。

第一次世界大战之后，金本位制崩溃，各国大量发行货币，造成物价上涨，汇率也急剧波动。瑞典经济学家古斯塔夫·卡塞尔（Gustav Cassel）于 1922 年出版《1914 年以后的货币与外汇》一书，提出了著名的购买力平价理论。该理论认为两种货币的汇率取决于它们各自所代表的购买能力，汇率的变动也是由货币的购买能力发生相对变化而导致的。

在卡塞尔之后，法国学者 A. 阿夫达里昂（A. Aftalion）于 1927 年提出了汇兑心理说，以此解释法国和欧洲其他国家的统计资料中出现的货币、物价和汇率变动之间的不一致。汇兑心理说认为人们之所以对外国货币有需求，是因为外汇除了能让人们购买外国商品，还能满足人们的其他欲望，如对外支付、国际投资、外汇投机和资本逃避等。这种欲望是使外国货币具有价值的基础。因此，两种货币的汇率也就取决于人们对这两种货币价值的主观评价，而外币价值的高低又是以人们主观评价中的边际效用的大小为转移的。外汇供给增加，其边际效用递减，汇率下调；反之，边际效用递增，汇率上浮。汇兑心理说因阐述了主观心理因素对汇率的影响而被视作独树一帜的汇率理论。

随着国际贸易的发展和汇率的剧烈波动，远期外汇业务也发展起来。1923 年，凯恩斯首次系统提出了远期汇率决定的利率平价理论；1931 年，英国学者 P. 艾因齐格（P. Einzig）出版了《远期外汇理论》一书，进一步阐述了远期差价与利率之间的关系。

第二次世界大战后，各国实行固定汇率制，对汇率的研究暂时没有重大发展。布雷顿森林体系解体后，各国普遍采取浮动汇率制，汇率的波动又趋于剧烈，对世界经济和贸易产生了重大影响，于是对汇率的研究又一次蓬勃发展起来。首先是一些学者在国际借贷说的基础上，将凯恩斯的国际收支均衡分析应用到汇率决定理论中，提出了现代的国际收支说。同时，由于 20 世纪 70 年代开始的国际资本流动的迅速发展，对此予以重视的西方学者提出了资产市场说。其中有弗兰克尔（Frenkel）等提出的弹性价格货币论，有多恩布什（Dornbusch）提出的短期内的黏性价格货币论，以及布朗森（Branson）等提出的资产组合平衡理论。下面我们对目前仍有重大影响的几种汇率理论进行较详细的介绍。

二 购买力平价理论

购买力平价理论是西方众多汇率决定理论中最有影响的理论。自 1916 年起，瑞典经济学家古斯塔夫·卡塞尔提出并发展了这一理论。在 1922 年出版的《1914 年以后的货币与外汇》一书中，卡塞尔进一步论述了该理论。

购买力平价理论认为，人们之所以需要外国货币，是因为用它可以购买国外的商品、服务和技术等；而外国人之所以需要本国商品，是因为外国人用它可以购买本国的商品、服务和技术等。因此，两国货币的交换实质上是两国货币所代表的购买力的交换，即汇率是两国货币在各自国家中所具有的购买力的对比。

购买力平价理论有两种形式：绝对购买力平价和相对购买力平价。前者解释某一时点汇率决定的基础，后者解释某一时间段汇率变动的原因。

(一) 绝对购买力平价

这一学说认为，在某一时点，两国货币之间的兑换比率取决于两国货币的购买力对比，而货币的购买力指数则是某一时点物价水平指数的倒数，所以绝对购买力平价可以将汇率表示为

$$e = P_a / P_b$$

其中,e 为汇率,即一单位 B 国货币可以折算为多少单位 A 国货币;P_a 为 A 国的一般物价指数;P_b 为 B 国的一般物价指数。

实际上,上述公式暗含着一个重要假设,即在自由贸易条件下,同一种商品在世界各地的价格是等值的。由于各国所采用的货币单位不同,因此同一商品以不同货币表示的价格经过均衡汇率的折算最终都是相等的,即 $P_a = eP_b$,这就是著名的"一价定律"。

如果汇率无法使一价定律成立,那么国际上就会产生商品套购,即套购者根据贱买贵卖的原则,在低价国购买,运到高价国出售,以获取无风险的套购利润。例如,同一匹布在英国价值 1 英镑,在美国价值 2 美元,则根据绝对购买力平价:1 英镑 = 2 美元。如果此时的汇率不是 1 英镑 = 2 美元,而是 1 英镑 = 2.5 美元,那么,人们就会发现套购商品是有利可图的,即从美国买入 1 匹布,花费 2 美元;运至英国出售,收入 1 英镑,将英镑在外汇市场上卖出,则可以得到 2.5 美元,净赚 0.5 美元。套购商不断在美国买入布匹,在英国卖出布匹,会使布匹的价格差异在两国发生变化;另外,套购商不断在外汇市场上卖出英镑,买入美元,又会使英镑贬值、美元升值,这些变化将一直持续到绝对购买力平价成立为止。

汇率取决于可贸易商品价格水平之比,即不同货币对可贸易商品的购买力之比。这一理论的前提是:第一,对于任何一种可贸易商品,一价定律都成立;第二,在两国中,各种可贸易商品所占的权重相等。

购买力平价理论的支持者认为,尽管一价定律不一定严格成立,但价格和汇率不会与购买力平价所预测的关系偏离太远。原因是一国商品和服务的价格比其他国家高时,对该国货币和商品的需求就会下降,这一力量会将其国内价格拉回到购买力平价所预测的水平上,使各国货币的购买力与其汇率相一致。

(二) 相对购买力平价

在纸币流通的条件下,由于各国经济状况的变化,各国货币的购买力必然会经常变化,相对购买力平价就是要使汇率反映这种变化,汇率的变化与同一时期内两国物价水平的相对变动成比例,以公式表示为

$$e_1 = \frac{P_a^1 / P_a^0}{P_b^1 / P_b^0} \cdot e_0$$

其中,e_1 和 e_0 分别代表当前时期和基期的汇率水平;P_a^1 和 P_a^0 分别代表当前时期和基期的A 国物价指数;P_b^1 和 P_b^0 分别代表当前时期和基期的 B 国物价指数。

续上例,假如一匹布的价格在英国由 1 英镑上涨到 2 英镑,而在美国由 2 美元上涨到6 美元,那么英镑与美元之间的汇率就会由 1 英镑 = 2 美元,上升到 1 英镑 = 3 美元。

$$e_1 = \frac{6/2}{2/1} \times 2 = 3$$

相对购买力平价说明，汇率的升值与贬值是由两国物价上升水平的差异所决定的。当 A 国发生通货膨胀时，其货币的国内购买力降低，若同时 B 国的物价水平维持不变，或涨幅小于 A 国，则 A 国货币对 B 国货币的汇率就会降低；反之，B 国的物价水平涨幅比 A 国大，则 A 国货币对 B 国货币的汇率就会上升；若两国都发生通货膨胀且幅度相等，则汇率不变。相对购买力平价突破了交易成本为零的假定，这是一价定律的前提。相对购买力平价针对的是跨期分析，可以通过比较两国价格指数的变化得出，而不必假定两国贸易品的权重相等。

(三) 购买力平价辨析

购买力平价理论提出后，在西方理论界引起了很大的反响，直到现在，它仍在外汇理论方面占有重要地位。购买力平价理论从货币的基本功能出发，把汇率这一复杂的问题简化为价格或价格变化的问题。这一理论对政府的汇率政策产生了很大的影响，也大量地被应用在汇率分析与预测中。

购买力平价理论所牵涉的问题都是汇率的核心问题，尽管实证研究很少支持购买力平价理论。例如，通过对美国、日本、德国、加拿大四国 1981—1996 年通货膨胀率之差与汇率变化百分比的分析可以看出，汇率变化的百分比比通货膨胀差额的波动幅度更大，所以，汇率比购买力平价预期的变化幅度更大。

经验研究不支持购买力平价的主要原因是一价定律存在一定的问题：① 运输费用和贸易管制是存在的，这使商品和服务在国家间的贸易受到影响；② 存在大量的非贸易品，两国间的非贸易品没有多大的联系，就算是相对购买力平价，也会存在相当大的偏差；③ 商品市场中的垄断和寡头竞争进一步损害了商品价格之间的联系；④ 物价指数计算的依据不同，可比性变弱。

购买力平价理论在理论上存在一些缺陷。在购买力平价理论中，决定两国货币汇率的两国相对物价水平用什么来代表，是用一般物价水平还是用贸易品物价水平？对这一问题，卡塞尔当年并未给予详尽说明。很显然，所用物价指数不同直接影响到以此计算出的汇率水平。而不论是采用一般物价水平还是采用贸易品物价水平，从理论上讲也都无法令人满意。若采用一般物价水平，显然包括贸易品和非贸易品两部分，非贸易品是不会被套购的，因此世界上不会形成统一的价格。将非贸易品包括在内的物价指数失去了购买力平价理论得以实现的一价定律的基础。反之，只用贸易品价格水平来决定汇率，又不能全面反映一国的物价水平。第一次世界大战后，丘吉尔曾采用贸易商品指数来决定英镑汇率，凯恩斯认为这使英镑价值被高估，并导致属于外向型的英国经济在整个 20 世纪 20 年代陷入萧条。此外，即使是贸易品，由于在国际贸易中存在贸易成本和贸易壁垒，两国的同种商品也不存在完全的替代性，其价格也很难通过商品套购而趋于相等。因此，在使用购买力平价确定汇率时，存在一系列技术性困难。

三　利率平价理论

利率平价理论认为,某种货币的远期汇率是由两个国家金融市场中的利率水平所决定的。如果不考虑其他因素,则远期汇率与即期汇率之差等于两国利率之差。两国利率水平的变化一定会影响远期汇率的变化。这是因为国际上资本流动的主要目的是获取投资收益,高利率将吸引外国资本流入,而低利率会促使本国货币外流。资本的流入流出使汇率发生变化,最终使任何一处的投资都获得相同的回报。也就是说,两国间的利率之差,由两国货币之间即期汇率与远期汇率之差所抵消。利率平价理论可以分为抵补利率平价(Covered Interest Parity)和非抵补利率平价(Uncovered Interest Parity)。

(一) 抵补利率平价

假设世界有两个国家 A 和 B,资本流动没有任何成本,投资也没有任何限制。本国(A)的一个投资者持有一笔资金,而收益率是他唯一考虑的因素。假设本国 1 年期存款利率为 i_A,外国利率为 i_B,即期汇率采用直接标价法。如果投资于本国,则 1 年后的收益为

$$1 \times (1+i_A) = 1+i_A$$

如果投资于国外,投资者应首先把本国货币兑换成外国货币,然后投到国外,1 年后再兑换成本国货币。当前,每一单位本币在金融市场上兑换 $\dfrac{1}{e}$ 单位的外国货币。1 年后,投资国外的收益为

$$\frac{1}{e}(1+i_B)$$

假定 1 年后的即期汇率为 e_f,则把外币兑换成本币的数额为

$$\frac{1}{e}(1+i_B) \times e_f = \frac{e_f}{e}(1+i_B)$$

由于 1 年后的汇率 e_f 是不确定的,因此这笔投资的收益也难以准确计算。这就说明该项投资有很大的风险。为了回避风险,投资者可以购买 1 年后交割的远期合约,假设远期合约规定的汇率为 f。这样,这笔投资将没有任何风险,1 年后的收益为

$$\frac{f}{e}(1+i_B)$$

如果国内与国外的投资都取得相同的收益,投资者将有双重选择,他既可以投资国内,也可以投资国外。如果国内投资的收益较高,当然投资国内;如果国外投资的收益较高,则投资国外。

其他的投资者与该投资者一样,决策标准完全相同。也就是说,当国内投资与国外投资都获得相同的收益时,市场才是均衡的,即

$$1+i_A = \frac{f}{e}(1+i_B)$$

$$\frac{f}{e} = \frac{1+i_A}{1+i_B}$$

如果用 α 表示即期汇率与远期汇率的升(贴)水率，则

$$\alpha = \frac{f-e}{e} = \frac{f}{e}-1 = \frac{1+i_A}{1+i_B}-1 = \frac{i_A-i_B}{1+i_B}$$

由于 $1+i_B$ 大致等于1，所以 $\alpha = i_A-i_B$。该式为抵补利率平价的一般形式，其经济含义为：汇率的远期升(贴)水率等于两国货币的利率之差。如果本国利率高于外国利率，则本币远期贴水，外币远期升水；如果本国利率低于外国利率，则本币远期升水，外币远期贴水。

（二）非抵补利率平价

投资者还可以选择另外一种方法来进行投资，即根据自己对汇率的预期，承担一定的汇率风险。假定投资者为风险中立者，且不进行远期交易。1年后，即期汇率为 e_1，那么投资者在国外市场上的总收益为

$$\frac{e_1}{e}(1+i_B)$$

如果与国内的收益有差异，就会有套利行为发生，使市场出现平衡，则

$$1+i_A = \frac{e_1}{e}(1+i_B)$$

$$\frac{e_1}{e} = \frac{1+i_A}{1+i_B}$$

令 $E\alpha$ 为预期汇率变化率，且 $E\alpha = \frac{e_1-e}{e}$，则

$$E\alpha = \frac{e_1-e}{e} = \frac{e_1}{e}-1 = \frac{1+i_A}{1+i_B}-1 = \frac{i_A-i_B}{1+i_B}$$

$$E\alpha \approx i_A-i_B$$

上式为非抵补利率平价，其经济含义为：预期汇率变化率等于两国货币利率之差。在非抵补利率平价成立时，如果本国利率高于外国利率，则市场预期本币将会贬值；反之，预期本币远期升值。如果本国政府提高利率，则当市场预期未来的即期汇率不变时，本币的即期汇率将升值。

（三）利率、通货膨胀与汇率

由于实际利率等于名义利率减掉通货膨胀率，而这一简单的原理在本国和外国都适用，则对本国而言，

$$r_A = i_A - \pi_A^e$$

其中，r_A 为本国实际利率，i_A 为本国名义利率，π_A^e 为本国预期通货膨胀率。

$$r_B = i_B - \pi_B^e$$

其中，r_B 为外国实际利率，i_B 为外国名义利率，π_B^e 为外国预期通货膨胀率。

根据美国经济学家欧文·费雪的假设，当各国不存在资本管制时，国际资本的完全自由流动最终必然导致两国实际利率相等，即

$$r_A = r_B$$

因此有

$$i_A - \pi_A^e = i_B - \pi_B^e$$

$$i_A - i_B = \pi_A^e - \pi_B^e$$

如果将这一公式与利率平价结合起来，就可以得到利率、通货膨胀与汇率之间的关系

$$\alpha = \frac{f-e}{e} = i_A - i_B = \pi_A^e - \pi_B^e$$

这表明，在完全竞争和没有任何管制的条件下，即期汇率和远期汇率之间的关系由两国预期的物价上升速度来决定，而两国物价变化的差异又等于两国名义利率的差额。

利率平价理论将汇率的决定由商品市场转到了金融市场，汇率与利率之间有联动关系。这一理论有较强的实际应用价值，对汇率政策的制定也有很强的指导意义。现实中利率平价方程成立的情况如何呢？实证研究的结果表明，小幅度偏离利率平价的现象确实存在，但这不一定都是可以被利用的套利机会。一个最明显的原因是市场上存在交易成本。在外汇市场上的每一笔交易都需花费交易成本。因此，当市场上虽存在偏离利率平价的情况但偏离程度小于或等于这些交易成本时，不会有套利活动出现。因为这时套利无利可图。另外，政府对资本的控制使人们不能自由买卖货币和证券，也就无法对市场上的收益差异作出正确的反应。各国的差别税收也是一个原因。因为不同的税收会使同样的投资机会给不同国家的居民带来不同的收益。仅根据税前收益来判断投资盈利的可能性是会误入歧途的。此外，政治风险、从觉察盈利机会到实际进行交易之间的时滞等都是导致现实中出现对利率平价的偏离的原因。

四　国际收支决定论

随着生产与资本国际化的不断发展，国与国之间资本移动的规模日益扩大，并成为影响货币汇率（尤其是短期汇率）决定的一个重要因素。国际收支决定论就是适应这种需要而产生和发展起来的。国际收支决定论是由英国经济学家凯恩斯首先提出的，后经西方国家学者的发展而成为一种比较成熟的理论。

国际收支决定论认为，汇率主要取决于外汇资金流量的供给和需求。从需求方面来

说,当外汇需求增加而供给不变时,外汇汇率上升;当外汇需求减少而供给不变时,外汇汇率下跌。从供给方面来看,外汇供给增加而需求保持不变时,外汇汇率趋于下跌;反之,外汇汇率则上升。只有当外汇供给正好等于需求时,汇率才是均衡的。由于外汇的供给和需求是派生的,即它们来源于国际商品和服务的交易,外汇供给与需求的均衡不过是国际收支均衡的另一种表现,因此,这一理论在分析汇率形成机制时,集中分析国际收支的均衡条件,并将这种条件看作均衡汇率最直接的决定因素。

假设国际收支的最终目标是国际收支平衡,即经常项目差额与资本和金融项目差额之和为零:

$$BP = CA + KA$$

其中,BP 代表国际收支差额,CA 代表经常项目差额,KA 代表资本项目差额。

经常项目中最主要的项目是贸易项目,如果忽略其他经常项目,那么贸易项目差额取决于进口数额和出口数额。进口数额取决于外国收入和实际汇率,出口数额取决于本国收入和实际汇率,因此贸易差额取决于外国收入、本国收入、外国物价、本国物价、名义汇率。其中后面三个因素决定了实际汇率。用数学符号来表示:

$$CA = f(Y_A, Y_B, P_A, P_B, E)$$

其中,Y 代表收入,P 代表物价,E 为名义汇率。A 代表国内,B 代表国外。

资本项目和金融项目的影响因素很复杂,取决于政治、社会、经济、安全等诸多因素,为简化起见,本书用两个因素来说明:一是利率差别,二是汇率的预期变化,即

$$KA = g(i_A, i_B, \Delta E)$$

其中,i 表示利率,ΔE 表示未来的汇率变化。

综合经常项目和资本项目,有

$$BP = h(Y_A, Y_B, P_A, P_B, i_A, i_B, E, \Delta E)$$

如果把汇率以外的变量视为外生变量,那么影响国际收支平衡的就只剩下汇率了。反过来讲,汇率将在国际收支平衡的前提下由众多因素决定,即

$$E = E(Y_A, Y_B, P_A, P_B, i_A, i_B, \Delta E)$$

根据该公式可以得到汇率的决定因素和决定方式:① 本国收入。本国收入增加,进口增加,外汇需求增加,外汇供给减少,本国货币汇率下降。相反,本国收入减少,则通过相同的传递方式,导致本国货币汇率上升。② 外国收入。外国收入增加,本国出口增加,外汇收入增加,本国货币汇率上升。③ 本国物价水平。本国物价水平上升,出口品国际竞争力下降,出口减少,进口增加,本国货币汇率下降。④ 外国物价水平。外国物价水平上升,外国的出口竞争力减弱,外国出口减少,而进口增加,引起其他国家货币的汇率上升。⑤ 本国对外国利率的差异。如果本国利率高于外国利率,则国外资本流入增加,本国对外国供给增加,本国货币汇率上升。⑥ 对汇率变动的预期。如果人们预期本国货币的汇率将上升,则会倾向于把外国货币兑换成本国货币,以获得更多的利益。如果人人都

如此行动,就会导致本国货币汇率上升。

国际收支说运用外汇供给分析方法,将影响国际收支的各种因素纳入对汇率的分析中,对于分析短期汇率变化有重要的指导意义。但该学说只是指出了汇率和其他各变量间存在关联,并没有明确说明到底是如何关联的。

此外,由于一国的财政政策和货币政策也能影响一国的收入水平、价格水平和利率水平,因此财政政策、货币政策也是影响汇率的因素。扩张的财政政策一方面扩大总需求,使收入和价格水平上升,另一方面又提高了利率水平。前者有使本币贬值的压力,后者有使本币升值的压力,因此总的影响需视具体情况而定。扩张的货币政策既扩大了国内总需求,提高了国内收入水平,又降低了本国的利率水平,二者都会带来对外汇的超额需求,从而引起外汇升值,本币贬值。

国际收支说运用外汇的供给与需求分析,考察了影响汇率的种种因素,这一理论至今仍被广泛运用。国际收支说的分析主要在于汇率的短期决定和变化,综合了凯恩斯主义宏观经济理论、弹性论、利率平价理论等的贡献。而对长期汇率的变化,该学说没有提供令人满意的解释,因此无法解释第二次世界大战后国民收入增长最快的国家,如德国和日本,为什么同时又是货币长期处于坚挺地位的国家。

五 汇率决定的资产市场说

资产市场说是 20 世纪 70 年代中期发展起来的一种重要的汇率理论。该理论一经问世便得到从学术界到实践者的重视,成为国际货币基金组织、美国联邦储备银行和一些实力雄厚的跨国银行制定汇率政策或预测汇率变化的有力依据。资产市场说是在国际资本流动高度发展的背景下产生的,因此特别重视金融资产市场均衡对汇率的影响。它认为均衡汇率是两国资产市场供求均衡时两国货币之间的相对价格,如果两国资产市场的供求不均衡,则汇率发生变动,而汇率的变动又会消除资产市场上的超额供给或超额需求,有助于市场向均衡恢复。

资产市场说将商品市场、货币市场和证券市场结合起来对汇率进行分析,其大前提是资本在国际的完全流动,由于对资产替代问题的不同假设,资产市场说可以分为"货币论"和"资产组合平衡论"。前者假设外国资产之间存在完全的替代关系,外汇风险升水(Risk Premium)为零,即远期汇率与预期的未来即期汇率相等。这时,公众对于持有外国资产还是本国资产是无所谓的。后者假设国内外资产之间不存在完全的替代关系,外汇风险升水不为零,即远期汇率与预期的未来即期汇率不相等。这时,投资者就需要根据风险-收益分析法在国内外资产间进行精心组合。在"货币论"与"资产组合平衡论"的思路下分别又发展出一些进一步放宽假设的模型,我们在这里仅选取影响较大的蒙代尔-弗莱明模型、货币主义者模型、汇率超调模型以及资产组合模型。

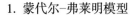

1. 蒙代尔-弗莱明模型

货币主义的汇率理论是在 20 世纪 60 年代出现的，主要强调了货币市场在汇率决定过程中的作用。代表人物主要有约翰逊、蒙代尔、多恩布什等。其中，蒙代尔因为对不同汇率制度下的货币和财政政策的分析及最优货币理论获得 1999 年诺贝尔经济学奖。

货币分析把汇率看作两国货币的相对价格，而不是两国商品的相对价格。它认为汇率是由货币市场上的存量均衡，即各国货币供给和货币需求的存量均衡来决定的。当两国货币存量同人们所愿意持有的量相一致时，两国货币的汇率可以达到均衡。

本书在此介绍货币分析汇率理论的重要代表——蒙代尔-弗莱明模型。[①]

蒙代尔在其 1963 年发表的《资本流动与固定和浮动汇率下的稳定政策》中，运用了凯恩斯的总需求理论和一般均衡的分析方法，对封闭经济下的 IS-LM 模型进行拓展，引入了对外贸易和国际资本流动，着重研究了在开放经济下货币和财政政策的短期效应。几乎与此同时，马库斯·弗莱明（Macus Fleming）也对开放经济下的稳定政策进行了类似的研究。他们的成果被合称为"蒙代尔-弗莱明模型"。

蒙代尔先设计了一个小国开放经济模型，并假设资本在国与国之间可以完全不受限制地流动，价格在短期内是黏性的。这个模型可以用下面三个等式简单进行描述：

$$Y=G+A(Y,i,e) \tag{13-1}$$

$$D+R=L(Y,i) \tag{13-2}$$

$$i=i^* \tag{13-3}$$

等式(13-1)是商品市场的均衡条件。Y 为国民收入，同时也是总需求，由政府部门的支出 G 和私人部门的需求 A 两部分构成。而私人需求 A 由个人消费、私人投资和净出口组成，取决于国民收入和国内利率水平 i。由于价格黏性的假设，因此国内外商品的相对价格即真实汇率就由名义汇率 e（间接标价法）所决定。又由于商品的净出口与真实汇率呈正相关的关系，因此私人需求 A 与汇率 e 也正相关。

等式(13-2)是货币市场均衡条件。货币供给为 D（中央银行持有的国内政府债券）和 R（中央银行持有的外汇储备）。货币需求与国民收入正相关，与利率负相关。

在资本充分流动的假设下，国内外资产是可以完全相互替代的。根据利率平价理论，国际金融市场的套利行为最终会导致国内利率水平 i 与国际利率水平 i^* 相一致，即等式(13-3)。

作为经济稳定政策工具的政府支出 G（财政政策）和中央银行持有的国内政府债券 D（货币政策），是该模型的外生变量，由一国政府和中央银行控制。而模型中的名义汇率 e 和外汇储备 R 之间的关系则取决于汇率制度的选择。蒙代尔模型正是由此展开了对不同汇率制度下经济稳定政策的讨论。

---

① 参见冯晓明：《开放经济下宏观稳定政策研究的奠基人——1999 年经济学诺贝尔奖得主蒙代尔及其思路评述》，《国际经济评论》，1999 年 11—12 月。

在固定汇率制下,中央银行有义务捍卫某一预先规定的汇率水平。中央银行在外汇市场上的干预行动是通过其外汇储备的变化来实现的。如果一国为了刺激经济而采取扩张性的财政政策,将导致国民收入增加;国民收入的增加引起对货币需求的增加,使得利率上升;现在,由于国内资产收益率 i 高于国际利率水平 i^*,资本开始流入,外汇储备 R 上升;外汇储备上升导致货币供给增加,利率下降;当利率下降到国际水平时,调节过程完成。此时,国民收入已经达到了新的水平,所以,财政政策是非常有效的。

但运用货币政策来调节经济却是徒劳的。假如采取扩张性的货币政策,中央银行通过在公开市场上进行债券的购买,增加货币供给 D,希望通过利率下降刺激投资来达到提高国民收入的目的。但利率下降会即刻引起资本外流。为了捍卫固定汇率,中央银行必须动用外汇储备在货币市场上进行干预,R 因此下降。而总的货币供给由 D 和 R 组成。D 上升的效应完全为 R 的下降所抵消,总的货币供给没有改变。利率仍然维持在原来的水平,刺激经济的目的没有达到。

相反,在浮动汇率制下,名义汇率由市场供求决定,中央银行只保持一定水平的外汇储备,不进行外汇干预。货币政策变成了最有效的工具。例如,当采取扩张性的货币政策时,国内利率下降,资本外流,在外汇市场上表现为本币的贬值;本币贬值刺激出口,增加了总需求,进而导致国民收入的上升。

在浮动汇率制下,财政政策失效。比如,扩张性的财政政策引起的国民收入的增加,导致货币需求增加,利率上升,触发资本流入,汇率升值;汇率升值减少了净出口。此时,财政政策只改变了总需求中公共部门和私人部门的构成比例,并没有改变需求总量,所以国民收入水平也没有改变。

2. 货币主义者模型

货币主义者模型也称弹性价格货币论。该模型假设国际资产市场上不存在障碍,即无交易成本和资本管制等,在投资者的需求函数中,国内债券与国外债券是完全替代的,即世界上只有一种资产。对于产品市场也有相似的假设:国际产品市场上也不存在障碍,即无运输成本和贸易管制等,在消费者需求函数中,国内产品和国外产品是完全替代的,即世界上只有一种商品。这一假设暗含着购买力平价:国内价格水平等于国外价格水平乘以汇率。

货币主义者的货币论是从货币供给等于需求的均衡条件开始的。货币需求是一国利率、收入和价格的函数。对货币供给与需求均衡的条件求对数,得:

$$m = P + \phi y - \lambda i \tag{13-4}$$

其中,m 为本国货币供给量的对数,P 为本国价格水平的对数,y 为本国实际收入水平的对数,i 为本国短期利率水平,ϕ 为货币需求的收入弹性,λ 为货币需求的利率半弹性(Semi-elasticity)。

假设外国有相似的货币需求函数,则有

$$m^* = P^* + \phi y^* - \lambda i^*$$

为简便起见,假定两国货币需求的收入弹性和利率半弹性相同。

$$m - m^* = (P - P^*) + \phi(Y - Y^*) - \lambda(i - i^*) \tag{13-5}$$

有 $\qquad P - P^* = (m - m^*) - \phi(Y - Y^*) + \lambda(i - i^*) \tag{13-6}$

由单一资产假设可以知道非抵补的利率平价:

$$i - i^* = \Delta S^e \tag{13-7}$$

由单一产品假设可以得到购买力平价,有

$$S = P - P^* \tag{13-8}$$

将(13-8)式代入(13-6)式,得

$$S = (m - m^*) - \phi(Y - Y^*) + \lambda(i - i^*) \tag{13-9}$$

(13-9)式显示了弹性价格论的基本观点:第一,国内货币供给量增加1%,S就增加1%,即本币贬值。这一结论很直观。第二,收入增加使本币汇率上浮,这与国际收支说的结论大相径庭。第三,国内利率的提高将使本币汇率下跌,同样,这也与国际收支决定论相悖。

解决这些矛盾的关键是,在弹性价格论中,一切因素都是通过对货币需求产生影响来影响汇率的。对于收入来说,收入增加,对货币的需求增加,在货币供给不变的情况下,国内价格下降,在购买力平价成立的假设下,汇率一定会发生变化,本币升值。这个结论为日元和德国马克的汇率变化所证实。日本和德国都是收入增长相对较快的国家,日元和德国马克也相应地处于坚挺地位。对于国内利率水平来说,利率提高,降低了对货币的需求,在货币供给不变的情况下,国内价格水平上升,在购买力平价成立的假设下,本币汇率下跌。

另外,通过费雪平价关系也可以看出 i 与 S 的正向关系。

$$i = r + \Delta P^e \tag{13-10}$$

$$i^* = r^* + \Delta P^{e^*} \tag{13-10a}$$

其中,r 为真实利率水平,ΔP^e 为预期通货膨胀率,i 为名义利率。假设本国和外国真实利率水平相等,则(13-9)式可以写成

$$S = (m - m^*) - \phi(Y - Y^*) + \lambda(\Delta P^e - \Delta P^{e^*}) \tag{13-9a}$$

国内利率水平的增加反映在预期通货膨胀率的增加上。因此,给定一个外生的固定的货币供给量,当价格水平提高时,本币汇率会下跌。

3. 汇率超调模型

汇率超调模型最初由美国麻省理工学院教授鲁格迪·多恩布什于1976年提出,也被称为"黏性价格货币论"。它同样强调货币市场均衡对汇率变动的作用。但它指出,在短期内,产品市场价格具有黏性,不会因货币市场的失衡而进行调整,但证券市场的反应极其灵敏,利率将立即进行调整,使货币市场恢复均衡。正是价格在短期内的黏性,使得利

率必然超调,即调整幅度要超过长期均衡水平。在资本完全流动的假设下,利率的变动引起资本在国际上的迅速流动,由此带来汇率的变动。与利率的超调相适应,汇率也必然超调。

具体分析如下:如果货币供给量增加使得货币市场失衡,而短期内价格黏着不变,实际货币供给量会增加。为了使货币需求量相应增加以达到货币市场的均衡,利率必然下降。在资本完全流动和替代的假设下,资金外流,导致本币贬值,外币升值。但是汇率不会永远处于这种状态。因为此时的商品市场未达到均衡。由于利率下降,国内总需求增加;由于本币贬值,世界需求转向本国商品。二者均将带来价格的上升。在价格上升的过程中,实际货币供给量相应减少,带来利率的回升,资本内流,外汇汇率下调,本币汇率上浮,直到达到货币主义者模型的长期均衡。

超调模型仍然保留了"货币主义者模型"中的货币需求方程(13-4)和非抵补利率平价条件(13-7),但认为购买力平价只有在长期内才能成立,即

$$\bar{E} = \bar{P} - \bar{P}^* \tag{13-11}$$

字母上的横杠代表长期。这样,货币主义者的汇率方程(13-9a)被改写为长期状态:

$$\bar{E} = (\bar{m} - \bar{m}^*) - \phi(\bar{Y} - \bar{Y}^*) + \lambda(\Delta\bar{P}^e - \Delta\bar{P}^{e*}) \tag{13-12}$$

假设预期是理性的,收入增长是外生的(或随机的,其平均值为零),货币增长是随机的。可知,理性预期的相对价格水平和汇率在长期内按现在的相对货币增长率 $\pi - \pi^*$ 变动。

$$\bar{E} = (m - m^*) - \phi(y - y^*) + \lambda(\pi - \pi^*) \tag{13-13}$$

这是长期的汇率决定公式。在短期内,汇率偏离了均衡点,需要有一个调整过程,使它在长期内能达到。设调整速度为 θ,有

$$E(\dot{e}) = -\theta(S - \bar{S}) + \pi - \pi^* \tag{13-14}$$

将(13-14)式与(13-7)式表示的未抵补利率平价条件相结合得到

$$E - \bar{E} = -1/\theta[(i - \pi) - (i^* - \pi^*)] \tag{13-15}$$

由(13-15)式可知,汇率与其长期均衡水平之间的差额同实际利率水平的差额有关。若一国实行紧缩的货币政策,将使名义利率上升,超过均衡水平,这将引起资本的内流,使本币汇率相应地上升,超过其均衡水平。

若将表示长期均衡汇率的(13-13)式与表示短期超调汇率的(13-15)式结合,可以得到一般的汇率决定方程:

$$E = (m - m^*) - \phi(y - y^*) + \lambda(\pi - \pi^*) - 1/\theta[(i - \pi) - (i^* - \pi^*)] \tag{13-16}$$

从(13-16)式中可以看出,当最后一项的系数为零,即调整速度 θ 为无穷大时,(13-16)式即为货币主义者模型的长期均衡表达式。

如果假设货币供给水平是随机的,可以得到预期的长期通货膨胀差异 $\pi - \pi^*$ 为零,有

$$E = (m-m^*) - \phi(y-y^*) - (1/\theta)(i-i^*) \tag{13-17}$$

4. 资产组合模型

资产组合决定理论是自国际货币体系进入浮动汇率制后所产生的一种新的汇率理论,在 20 世纪 80 年代受到了很大的关注。它偏重从短期和中期的角度来分析汇率的变化。该理论是资产组合学说在国际经济领域的延伸。

在资产组合模型中,布兰森、库礼等学者认为,货币论关于国际资产可以完全替代的假设过于严格,主张采用风险-收益法来分析国内外资产市场的失衡对汇率的影响。他们指出,短期内资产市场的失衡是通过对国内外各种资产的组合结构进行重新调整来消除的,而汇率正是使国内外资产市场的供求关系恢复并保持平衡所需要的关键变量。

资产组合模型来源于宏观经济学中托宾的"资产组合选择理论",该理论认为,理性的投资者会将其拥有的财富按照风险与收益的比较配置于可供选择的各种资产上。在国际资本完全流动的前提下,一国居民所持有的金融资产不仅包括本国货币、本国证券,即本国资产,还包括外国货币和外国证券,即外国资产。一国私人部门(包括居民个人、企业和银行)的财富可以用以下方式表示:

$$W = M + B_p + e \cdot F_p$$

其中,W 是私人部门持有的财富净额,M 是私人部门持有的本国货币,B_p 是私人部门持有的本国证券,e 是以本币表示外币价格的汇率,F_p 是私人部门持有的外国资产。

私人部门会将以上净财富在本国资产和外国资产之间进行分配,分配的比例需视各类资产的预期收益率而定。本国货币的预期收益率为零,本国证券的预期收益率为国内利率(i),外国资产的预期收益率为外国利率(i^*)与预期外汇汇率上升率(π^e)之和。各类资产选择的多少与其自身的预期收益率成正比,与其他资产的预期收益率成反比。因此,各类资产的数量是各类资产预期收益率的函数:

$$M = \alpha(i, i^*, \pi^e) \cdot W$$
$$B_p = \beta(i, i^*, \pi^e) \cdot W$$
$$e F_p = \gamma(i, i^*, \pi^e) \cdot W$$
$$\alpha + \beta + \gamma = 1$$

其中,α、β、γ 分别表示私人部门愿意以本国货币、本国证券和国外资产形式持有的财富比例。

如果某种资产的供给存量发生变化,或者预期收益率发生变化,私人部门实际持有的资产组合比例就会与其意愿持有的组合比例不吻合,资产组合出现不平衡,此时人们就会对各种资产的持有进行调整,以使资产组合符合意愿,恢复资产市场的平衡。在这一调整过程中,会产生本国资产与外国资产的替换,从而引起外汇供求的变化,带来汇率的变化。而汇率的变化反过来又会影响国外资产的对比,对资产平衡起着促进作用。下面我们看看资产组合的失衡是如何影响汇率的变动的。

（1）当外国资产市场失衡引起外国利率上升时，外国资产的预期收益率提高，γ 会增大，而 α、β 则会下降。这样，在原来的资产组合中，国内资产会出现超额供给，直到达到资产市场的再次平衡。反之，当外国利率下降时，则会引起外汇汇率下降。

（2）当一国国际收支经常项目出现盈余时，私人部门持有的净外国资产增加，使得实际持有外国资产的比例高于意愿比例。人们会将多余的外国资产转换为本国资产，从而使得外汇汇率下跌。反之，一国经常项目出现赤字时，外汇汇率则会上浮。

（3）当一国政府增加财政赤字而增发政府债券时，本国证券供给量相应增加。这一变化使人们的资产组合失去平衡，人们对外国资产的需求增加，引起外汇汇率的上浮。但是，由于本国债券供给的增加降低了债券价格，提高了利率水平，提高了人们对本国债券收益的预期，又诱使人们将资产需求转向本国，由此又会引起外汇汇率的下调。最终的影响将取决于这两方面的影响孰大孰小。

（4）当中央银行通过收购政府债券来增加货币供给量时，私人部门会发现本国货币供过于求，人们愿意以多余的货币去购买本国证券，使利率下降，从而引起人们对国外资产的需求，导致外汇汇率上升。

（5）当各种因素引起私人部门的预期汇率上升或下降时，他们将相应地增加或减少国外资产。在资产重新组合的过程中，人们会用本国资产去购买外国资产，或用外国资产去购买本国资产，从而导致外汇汇率的上升或下降。

综上所述，资产组合模型中关于各因素对汇率的影响可以用以下方程表示：

$$e = e(i^*, M, B, F, \pi^e)$$

资产组合决定理论的主要贡献在于避开人们对利率平价理论的攻击，并将传统理论所强调的经常账户收支纳入该理论中，对汇率研究方法进行了重大改革。它用一般均衡分析代替了局部均衡分析，用存量分析代替了流量分析，用动态分析代替了静态分析，并将长短期分析结合起来。

第四节　汇率的作用

一　汇率波动对国际收支的影响

汇率波动对经济增长和国际收支的各个方面都会产生影响。

（一）汇率波动对贸易收支的影响

从理论上讲，一国汇率下调，出口商在国际市场上销售商品所获得的外汇能够更多地换取本国货币，使出口商获利增加。同时，出口商可以按照更低的价格出口商品，增强出口商品的竞争能力，获得更多的外汇和利润。因此，汇率下调有利于出口扩张。对进口商来说，由于汇率下调，购买同等外币价值的商品需要更多的本国货币，即进口价格上涨，因此对进口有抑制作用。所以,在理论上,本币汇率下调有利于出口,不利于进口,从而有利于贸易收支的改善。但从实际情况来看,并不一定如此。许多国家的货币贬值之后,贸易收支不但没有改善,反而恶化了,主要原因是出口和进口弹性的变化。

在国际市场上,由于买方市场的存在,需求对生产有导向作用。当出口商品的需求弹性小或者无弹性时,本币贬值对需求不会产生明显的作用,也就是说,汇率下调对增加出口的作用不大。除出口的需求弹性之外,出口的供给弹性也是影响出口增加的一个重要因素。在需求有较大弹性的情况下,如果出口的供给弹性很小,生产能力不能因需求扩张而及时增强,汇率下调对出口的刺激作用就会受到严重的影响。例如,一国的出口产品是大米,当大米的出口价格降低时,国际市场的需求增大,但需求增大后,决定出口的因素就是供给能力。尽管国内大米的收购价格上升,但及时增加大米的供给也是困难的。因为水稻的生产受到多种因素的影响,况且,在短期内增加水稻供给几乎是不可能的,因为水稻的生产是有周期的。总之,汇率下调对出口的促进作用要以足够大的出口供给弹性为前提。

进口商品的需求弹性是汇率下调对进口产生抑制作用的关键。进口商品的需求弹性越大,外汇汇率上升对进口的抑制作用就越大。如果进口商品的需求弹性很小或无弹性,本币汇率下调对进口的抑制作用就小。进口商品的供给弹性对以外币表示的进口商品的价值有一定的影响。假定进口商品的供给弹性较小或无弹性,则供给者无法及时调整供给,在需求减少的情况下,有可能降低进口商品的供给价格,使进口国获得好处。

从以上分析可知,如果想要改善贸易收支,则希望出口商品、进口商品的需求弹性及出口商品的供给弹性越大越好,而进口商品的供给弹性越小越好。那么,这四个弹性值到底应该满足什么样的条件才能改善贸易收支呢?如果根据弹性理论,假设进口商品的供给弹性趋于无穷大,汇率下调前贸易收支基本平衡,则当进出口商品的需求弹性之和的绝对值大于1时,汇率下调能改善一国的贸易收支。这就是马歇尔-勒纳条件。[①]

通常情况下,在汇率下调初期,以本币表示的出口价格和出口量的增长速度较慢,生产者在汇率下调后调整生产、组织供给需要一段相当长的时期,因此,汇率下调后出口的增长不会很明显。汇率下调后,以本币表示的进口商品的价格会立即上涨,原因是既定的生产计划不能立即调整,签订的进口合同必须履行,从而形成进口商品的需求刚性,使以本币表示的进口额增加。因此,在汇率下调初期,出口增加较少,而进口增加,国际收支不但没有改善,反而恶化了。但在进口惯性消失以后,进口受到抑制,同时经过一段时间的调整,出口增加,这时国际收支才得到改善。

(二) 汇率波动对资本项目的影响

利用外资是我国对外开放的重要组成部分,人民币汇率下调使得相等的外币投资以

---

① 参见《新帕尔格雷夫经济学词典》(中译本),经济科学出版社 1992 年版,第 392 页。

人民币计算的投资额增大了,外商觉得在此时投资比在汇率调整前更合算,从而促进其在华投资。但人民币汇率下调会使外商感到投资所经营的企业获利减少,从而不愿投资。对于已经在华投资的外资企业而言,在既定的利润前提下,人民币汇率下调,会使外商汇回的利润减少,因此外商将不愿意再增加投资,或者想要抽走资金。故人民币汇率波动对外商投资的影响是不确定的。

汇率波动有可能成为一种倾向或趋势,当外商预期人民币汇率将进一步下降时,他将采取观望的态度,原因在于现在投资没有未来投资合算。相反,当预期人民币要升值时,会有大量的外国资本流入国内,这些资本可以流入股票市场、债券市场,也可以流入房地产市场。对于直接投资而言,人民币升值的预期会加速他们在国内的投资。

汇率的波动对短期资金也会产生影响。短期资金是为了投机、保值或盈利而发生的。为了避免货币贬值的损失,资金会逃往国外,造成资金外逃。由于人民币不能自由兑换,因此这些问题还不会那么严重,但随着金融市场的发展以及人民币的可自由兑换,这一问题将会暴露出来。

(三) 汇率波动对旅游收入的影响

我国的旅游收入占总外汇收入的比例较低,因此,汇率波动对旅游收入的影响也不大。

国际旅游业从本质上说是以劳务为中心的出口行业。因此,汇率波动对旅游收入来说,同样有个弹性问题。也就是说,人民币贬值后,相同数量的外币可以换得更多的人民币,更多的外国人可以到我国来旅游,但每个外国人在国内的花费减少,所以旅游外汇收入不一定会增加。况且来华旅游的外国人并不是因为认为我国的物价低才来的,他们更重视的是我国的文化和自然风光。

二　汇率波动对国内物价的影响

汇率可以从出口和进口两个方面对国内物价产生影响。

从出口方面来看,人民币汇率下调,使出口企业的人民币收入增加,从而引起对国内出口货源的需求增加。在汇率下调后的一段时间内,生产能力还来不及形成,因此,国内市场的供求矛盾加剧,从而造成出口企业抬价抢购,物价上升。

从进口方面来看,人民币汇率下调,进口商品的价格上升,并在国内市场迅速扩散,引起国内同等商品或替代商品价格上升。而我国进口商品中一半以上是生产资料,这些生产资料价格的上升,会造成制成品价格的上升并带动非外贸商品价格的上升。

如果汇率向上波动,情况又会怎样呢? 结论是,物价不一定稳定。人民币升值,出口产品外币价格降低,出口会减少,而进口需求会增加。如果人民币升值是在国际储备比较充裕的前提下发生的,那么对国内物价稳定是有利的。由于出口减少,进口增加,国际储备继续下降,并且在逆差持续很长时间时,人民币汇价会自动下降,从而物价将上升。

三 汇率波动对经济增长的影响

由于汇率下降会起到增加出口的作用,因此这无疑会带动经济增长,因为出口是社会总需求中的重要部分。出口增加会带动投资、消费的增加,并且增加就业。但出口带动经济增长要受到国内供求关系的影响。

在国内资源闲置,并有大量劳动力剩余的情况下,出口增加使闲置的资源和劳动力得到利用,从而有利于经济增长。在国内已经处于充分就业的情况下,出口增加意味着总需求的增加,需求过度造成物价上涨,结果要通过增加进口来缓和供求矛盾。

在国内资源紧缺、人民币贬值后,大量初级产品出口,从而加剧了国内同类产品的供给紧张,出口增长对经济增长的作用不大,而且造成物价上升,对长久的经济增长和充分就业不利。

出口增加对经济增长的作用的关键是出口的结构,如果出口商品中加工产品比重大,则有利于经济增长;反之,如果初级产品比重大,并且国内的供给也非常紧张,则出口对经济增长的作用不大。

进口增加对经济增长的影响,要视一国的进口结构而定。如果进口商品是国内短缺的投资品,进口增加等于投资增加,无疑对经济增长有利;当进口商品是消费品,特别是高档的奢侈消费品时,进口增加等于消费增加,对经济增长的作用不大,甚至会产生负面作用。

第五节 我国的汇率制度

一 双轨制下人民币汇率的决定

从 1979 年开始,我国为增加出口收入,把发展对外贸易提高到战略地位,对外贸体制进行了改革,改变了过去由外贸专业公司统一经营的体制,下放了一部分商品的进出口权,成立了一批由部门、地方、企业经营的工贸、技贸相结合的贸易公司,允许生产出口产品的企业经营出口,并按照责权利相结合的原则,改革外贸财务体制。另外,我国为了解决国内建设资金不足和技术落后问题,从 1979 年开始,积极利用外资,外资产品外销,外汇自行平衡。这样,一方面,我国同意批准成立的进出口公司实行自负盈亏,另一方面,外商投资企业产品出口所得外汇换成人民币,必须能够抵补其产品成本,这两方面都需要有一个合理的汇率。

但当时人民币汇率不适应出口贸易发展的要求,特别是对扩大出口和引进外资不利。如 1979 年,我国出口 1 美元的商品,全国平均换汇成本为 2.65 元人民币,出口收汇按照官方汇率卖给银行只能得到 1.5 元人民币。这样,每出口 1 美元的商品,出口单位和外资企业就要损失 1.15 元人民币,这就造成出口越多亏损越多的不合理现象。在这种条件下,为了鼓励出口、抑制进口,必须纠正人民币汇率定值过高的问题,发挥人民币汇率对进出口贸易的杠杆作用。但是,由于西方国家实行的是高物价、高工资和通货膨胀政策,因此从非贸易外汇的角度来看,人民币汇率又显得定值过低。要改变非贸易外汇兑换不合理的情况,增加旅游及其他非贸易外汇收入,反而要将人民币汇率上调。

一种汇率无法同时解决两方面的问题。1979 年 8 月,国务院颁发了《关于大力发展对外贸易增加外汇收入若干问题的规定》,决定从 1981 年 1 月 1 日起,除继续保留人民币的公开牌价,用于非贸易收支之外,规定另一种适用于进出口贸易结算和外贸单位经济效益核算的汇率,称为贸易外汇内部结算价。内部结算价为 1 美元合 2.8 元人民币,这一数值是根据 1978 年全国平均出口换汇成本 2.53 元再加 10% 的利润计算出来的。内部结算价与官方汇价相比,实际上是对人民币实行了贬值。这在一定程度上鼓励了出口、抑制了进口,加上当时外贸经营权的下放,致使 1981—1983 年,我国出现了前所未有的巨额贸易盈余。

但是,实行两种汇率,由于难以严格划分贸易外汇和非贸易外汇范围而出现混乱,管理上遇到了不少困难;同时,在对外关系上,国际货币基金组织认为双重汇率不符合国际货币基金协定,建议取消;还有些国家认为双重汇率是政府对出口的补贴,对从我国进口的商品征收反补贴税。为了解决双重汇率问题,我国在国际市场上美元汇率上浮的情况下,逐步调低对外公布的人民币汇率,使之与贸易外汇内部结算价接近。1984 年年底,人民币汇率已经调至 1 美元合 2.80 元人民币,与贸易外汇内部结算价相同。1985 年 1 月 1 日起取消贸易外汇内部结算价,恢复单一的汇率制度,并按 1 美元合 2.80 元人民币结算。

1985 年以后,我国外汇调剂业务发展得很快,形成了外汇调剂市场及相应的外汇调剂价格,因此又出现了官方汇率和外汇调剂价格并存的新的双轨汇率制度。

就官方汇率而言,1985 年以来,人民币汇率 4 次下调,主要是参考全国出口平均换汇成本的变化。另外,由于国内出现了明显的通货膨胀,物价上涨,人民币对内价值下降。在这种情况下,我国调低人民币汇率是很合理的。

人民币官方汇率的下调也是深化外贸体制改革的需要。1988 年,我国全面推行对外贸易承包责任制,实行以补贴包干为主的外贸体制改革。同时,对轻工、工艺、服装三个出口行业进行自负盈亏、放开经营的试点。1991 年,我国按照有利于调动中央、地方、企业三方的积极性,更有成效地扩大对外开放的原则,把外贸企业的补贴机制转为自负盈亏的机制,在汇价进一步下调的基础上取消补贴,使各类外贸企业实行自负盈亏的管理机制。外贸体制改革要求对人民币汇率进行相应的改革。可以说,人民币汇率的每次下调都与我国外贸发展和外贸体制的改革分不开。人民币汇率的下调,减轻了财政负担,为外贸企业自主经营、自负盈亏创造了条件,促进了出口的稳步增长,改善了国际收支状况。在此期间,随着外贸外汇管理体制的改革,我国逐步建立和健全了外汇调剂市场。1988 年以来,各省、自治区、直辖市、计划单列城市、经济特区都建立了外汇调剂中心,在北京设立了全国外汇调剂中心。当时,外汇调剂价确定比官方汇价高 1 元人民币,外汇调剂量迅速增长。到 1990 年,随着进出口业务的发展,并且以外汇调剂价的放开为标志,一个初具规模的外汇积聚和使用市场——外汇调剂市场真正形成。外汇调剂价,在人民币的贬值趋势下时高时低,最低时为 5.5 元,最高时突破了 10 元。到 1993 年 12 月,外汇调剂价为 1 美元兑 8.7 元人民币。

汇率作为我国内外经济活动的纽带,是宏观经济调控的重要手段之一。对外开放以来,我国引入了市场机制,实行了官方汇率与市场汇率并存的汇率制度,纠正了人民币汇率高估的状况,使之趋向合理,并适应当时计划经济与市场调节相结合的汇率运行机制,从而使过去只起编制计划和核算作用的人民币汇率逐步发挥对宏观经济的调节作用。这对于当时我国经济的改革开放、对外经济贸易的发展、利用外国资金、引进先进技术,都有促进作用。

二　并轨后人民币汇率的决定

(一) 并轨的原因分析

从 1994 年 1 月 1 日开始,我国实行人民币汇率并轨。并轨后的人民币汇率实行以市场供求为基础的、单一的、有管理的浮动制。由中国人民银行根据前一日银行间外汇交易市场形成的价格,每日公布人民币对其他主要货币的汇率。各外汇指定银行以此为依据,在中国人民银行规定的浮动幅度范围内,自行挂牌,对客户买卖外汇。在稳定境内通货的前提下,通过银行间外汇买卖和中国人民银行向外汇交易市场吞吐外汇,保持各银行挂牌汇率的基本一致和相对稳定。

人民币汇率的改革是从 1993 年下半年开始酝酿的,进行这一改革主要有三个方面的原因:

第一,随着社会主义市场经济体制的建立,我国进行了一系列的改革,包括价格改革、企业制度改革、财政金融改革等。改革已经达到一定的深度,因此,人民币汇率并轨的时机逐渐成熟。

第二,我国坚定地推行对外开放政策,进一步深化对外开放。我国经济要开放,必须对汇率制度进行改革,使人民币逐步走向可兑换,否则就与开放型经济的基本特征不符合,并影响我国对外开放的进程。开放型经济的基本特征是把国内经济融合到国外经济中去,更多地参与国际分工,使国内经济资源配置更多地和国际市场上的资源配置联系在一起,实现经济一体化。开放经济的发展必然要求本国货币逐步变为可兑换货币。

第三,外汇管制的松弛和投机因素的增加。1993 年,由于经济政策变化、心理预期和外汇投机因素增加,人民币调剂汇率连续发生 4 次剧烈的市场波动,每次都在 20% 以上,波动的频繁和激烈程度是前所未有的。这说明,当时的人民币汇率制度已经不适应经济发展的要求了。

（二）并轨后汇率的特点

并轨后的人民币汇率有以下几个特点：

第一，人民币不再由官方行政当局直接制定和公布，而是由外汇指定银行自行确定和调整。

第二，由外汇指定银行制定出的汇率是以市场供求为基础的。这是因为：① 新体制实行外汇收入结汇制，取消了外汇留成和上缴，一般企业在通常情况下不得持有外汇账户，所有经常账户项目下的外汇供给均进入外汇市场；② 实行银行售汇制，取消经常账户项目下支付用汇的经常性计划审批，同时取消外汇收支的指令性计划，这意味着经常账户下的绝大部分外汇需求都通过外汇市场来满足。

第三，以市场供求为基础而形成的汇率是统一的。新的体制实施后，官方汇率自然不复存在，同时在结售汇制下，外汇的供求均以外汇指定银行为中介，企业之间不得直接相互买卖外汇，外汇调剂市场也就完成了历史使命，外汇调剂价也相应地演变成市场汇率。由于汇率是各外汇指定银行自行确定的，而外汇供求在各银行业务范围内的分布又是不平均的，因此人民币汇率的全国统一，就必须通过建立全国银行同业间的外汇交易市场来实现。

从1994年人民币汇率并轨至2004年12月底，我国外汇汇率一直维持在1美元兑换8.30元人民币左右。从2005年7月开始，随着我国经济实力的不断上升，人民币汇率机制改革开始启动。从那以后，人民币汇率形成从固定汇率转为以市场供求为基础、参考一篮子货币进行调节、有管理的浮动汇率制度。人民币币值从"兑美元汇率"转为"兑一篮子货币汇率"。中国人民银行每个工作日闭市后公布当日银行间外汇市场美元等交易货币对人民币汇率的收盘价，作为下一个工作日该货币对人民币交易的中间价格。每日银行间外汇市场美元对人民币的交易价格仍在中国人民银行公布的美元交易中间价上下千分之三的幅度内波动，非美元货币对人民币的交易价在中国人民银行公布的该货币交易中间价上下一定幅度内浮动。在这一时期，虽然次贷危机发生以后人民币汇率机制改革的步伐有所放慢，但是总的趋势是非常明晰的；2010年6月19日新的汇率改革重新启动以后，人民币汇率的弹性更加敏感，波幅扩大，市场化取向更加明显；尤其是"十二五"规划强调要减少对出口的依赖，强调国际收支的平衡，为此必须减顺差、压缩外汇储备规模，人民币汇率作为政策工具施展作用的空间逐步拓展。2015年8月以后，伴随着人民币国际化的步伐不断加快，人民币汇率市场化程度进一步提高，这一趋势已经不可逆转。

三 人民币经常项目下的可自由兑换

从1996年12月1日起，我国履行国际货币基金协定第八条的义务，实现了国际收支经常项目下的可自由兑换。国际货币基金协定第八条中对基金成员国在可兑换性方面应承担的义务作出了具体的规定：① 避免对经常性支付的限制，各成员国未经国际货币基金组织的同意，不得对国际经常往来支付和资金转移施加汇兑限制。② 不得实行歧视性的货币措施或多种汇率措施。歧视性的货币措施主要是指双边支付安排，它有可能导致对非居民转移的限制以及多重货币的做法。③ 兑付外国持有的本国货币，任何一个成员国均有义务购买其他成员国所持有的本国货币结存，但要求兑换的国家能证明。总之，经常项目可兑换，是指一国对经常项目国际支付和转移不予限制，并不得实行歧视性货币安排或者多重货币制度。

国际货币基金组织对经常性收支有这样的限定，包括：① 所有与对外贸易、其他经济性业务包括服务在内以及正常的短期银行信贷业务有关的对外支付；② 应付的贷款利息和其他投资收入；③ 数额不大的贷款本金偿还或摊提直接投资折旧的支付；④ 数额不大的家庭生活费用汇款。

根据国际惯例，货币自由兑换分为四个层次：① 贸易项目的自由兑换；② 经常项目下的可自由兑换；③ 境内充分自由兑换；④ 境内外充分自由兑换。我国现阶段的经常项目可自由兑换也不是充分自由的，对劳务收支方面还有很多的限制。

与经常项目可自由兑换有密切关系的是我国的结售汇制度。我国在1994年汇率并轨后执行的是强制结售汇制度，即出口所得的外汇必须全部卖给中央银行指定的商业银行。出口企业在进口用汇时，只能再重新购买外汇。这种强制的结售汇制度使得企业不得不承担外汇风险，同时还必须支付两次手续费。如果改变强制结售汇制度，就可以降低企业的外汇风险和运营成本，增强市场竞争能力。

我国中央银行从1997年10月起，允许部分中资企业设立外汇账户，保留15%的经常项目外汇。2000年2月，我国又把保留的外汇限额增加到30%。2005年2月，我国结售汇制中的超限额的结汇期由10个工作日延长到90个工作日，这使企业自主使用外汇有了更大的空间。强制结售汇制度是过渡性措施，我国加入WTO以后，经常项目的自由兑换已经逐渐变得更加充分。需要强调的是，如果人民币贬值预期强化以及准备外流压力加剧，强制结售汇制度仍然有可能进一步强化。2015年8月11日，中国人民银行发布《中国人民银行关于完善人民币兑美元汇率中间价报价的声明》，史称"8·11汇改"。这一改革使人民币汇率市场化程度大幅提高，可以更加准确地反映外汇市场的供求关系，人民币汇率开始逐步双向波动。从那以后，人民币汇率制度进入一个新阶段，有管理的浮动汇率制度得以进一步巩固。

四 我国资本项目可自由兑换的问题

资本项目可兑换意味着一国取消对一切外汇收支的管制，居民不仅可以通过经常账户交易，也可以自由地通过资本账户交易获得外汇，所获外汇既可以在外汇市场上出售，也可以自行在国内或国外持有；国内外居民还可以将本币换成外币在国内外持有，满足资产需求。

我国实现资本项目可自由兑换还需要一段不短的时间,因为实现资本项目可自由兑换需要宏观经济和微观经济主体都很健康,而我国在两个方面都存在一定的缺陷。

资本项目可自由兑换需要宏观经济稳定并且健康,不存在发生严重金融危机的可能性。尽管我国经济四十多年持续增长,但我国的经济波动还是很明显的。经济增长有波动,物价指数有波动,国际收支状况有波动。这些波动在个别年份还很强烈。另外,我国金融机构的资产状况不理想,银行经营效率低下,存在巨额的不良资产。这些不良资产需要长期稳定的宏观环境来逐步消化。我国资本市场的问题不少,上市公司管理不够规范,作假行为存在,投机气氛较为浓烈,而且单只股票流通规模很小,经不起国际投机者的冲击。因此,放开资本项目的控制闸门,很可能会影响我国的金融稳定。而一旦发生了金融风潮,甚至金融危机,那么,就像洪水来临一样,是很难阻挡的。

资本项目可自由兑换需要金融市场发育良好。在金融市场中,货币市场和资本市场协调发展,要求金融工具多,而且流动性强;也要求各种金融工具定价合理,竞争充分。放开资本项目,首先要允许外汇投机,而外汇投机要被控制在合理的范围内,则需要货币市场健康有序。货币市场中的短期债券市场和同业拆借市场要有很大的规模,并且参与者众多,因此价格波动小。我国外汇市场、同业拆借市场尽管已经建立,并且运行了多年,但还存在规模小、参与者受限制的情况。特别是我国的短期债券市场,出于各种原因该市场中的工具很少,发育程度还很初级。因此,从市场的角度来看,我国在资本项目放开后承受可能产生的冲击的能力还不够。

资本项目可自由兑换需要监管机构有很强的监控能力。我国货币当局的监管能力和监管水平与所需要的还有很大的差距。中央银行的独立性也不是超然的,受到其他很多因素的左右。一旦出现金融动荡,金融当局的应付能力是无法适应的。

资本项目可自由兑换也需要企业、金融机构有很强的约束能力和抗风险能力。在加入 *WTO* 尤其是人民币纳入特别提款权以后,这些企业面临巨大的挑战,也有重要的机遇。我国企业和金融机构抗风险能力的增强,是我国实现资本项目自由兑换的重要条件。在各种货真价实的改革到位并取得成效之前,进行资本项目的完全自由兑换是不现实的。

近年来,随着我国金融体系与全球金融市场一体化程度的不断提高,随着金融监管能力和水平的不断提高,利率市场化和人民币国际化的必要性日益上升,资本项目可自由兑换的条件逐步具备,未来走向完全可自由兑换是一个必然的选择。

五 我国汇率制度存在的主要问题

我国现行的汇率制度成功地保持了人民币汇率的稳定,增强了国内外对人民币汇率水平的信心,有力地促进了我国对外贸易的发展,增强了外国投资者投资中国的信心。但以钉住美元为特色的汇率制度又存在严重的缺陷,主要表现在以下几个方面:

第一，汇率形成的市场机制没有真正发挥作用。强制的结售汇制属于强卖的性质，这种机制生成的汇率不是真正意义上的市场价格。同时，我国外汇市场上的交易主体过于集中，交易工具过于单一。目前我国外汇市场上的交易主体主要由国有商业银行、股份制银行、经批准的外资金融机构、少量资信较高的非银行金融机构和中央银行操作室构成。其中，中央银行是最大的买方，中国银行是最大的卖方。双方的交易额占市场总量的60%以上。交易主体的单一和交易的相对集中，使得外汇交易的市场色彩很淡。对于企业而言，相对固定的汇率无法培养企业的风险防范意识。目前的汇率还要考虑到国有企业的换汇成本，还要照顾国有企业的特性，这对国有企业增强汇率的风险意识是不利的。

第二，中央银行被动干预外汇市场，外汇管理与国际惯例格格不入。中央银行对外汇市场干预太多，外汇市场的出清成为中央银行干预下的人为平衡。政府要对外汇交易市场进行控制依赖于较为严厉的管制，主要手段是对经常性交易的事后真实性审验和资本项目交易的事前审批。国际经验表明，经常项目可自由兑换后，即使资本项目依然管制，只要汇率预期调整后国内外实际汇率仍然存在差异，借助经常项目实现非法的资本转移就是无法避免的。我国的实际情况也是如此。如果外汇监管当局仅在处理资本非法流入和流出问题上疲于奔命的话，随着经常项目的大幅度增加，非法流动的规模也会迅速扩大，外汇管理模式的有效性将受到挑战。

第三，汇率制度与宏观经济政策有一定的矛盾，影响政府解决国内问题的能力。钉住汇率制度在维持国际收支平衡和汇率稳定方面与实现国内充分就业和物价稳定方面有一定的矛盾，会迫使政府在一定程度上牺牲内部均衡来换取外部的均衡。外汇储备的变化已经在非常大的程度上影响了我国的货币供给，使得我国货币政策的稳定和货币政策的独立性受到伤害。实际上的固定汇率制度给政府解决国内问题带来了麻烦。例如，我国一些城市房地产价格上升过快，与短期国际资本流入的推波助澜不无干系。

第四，现行的汇率制度可能助长投机。如果名义汇率与实际汇率有很大的差距，就会为国际游资提供巨大的想象空间。2004年前后以及2005年人民币汇率形成机制改革以后，大量的国际投机资本进入我国。这些热钱虽然有助于缓解资本供给不足的矛盾，却也使我国经济产生了严重的过热压力。同样，2014年以来，伴随着人民币贬值压力的上升和贬值预期的强化，外资撤离与内资逃离的规模不断扩大，为了抑制资本流出的势头，我国政府只能选择加强外汇管制。因此，如何趋利避害始终是让我国货币当局颇为踌躇的难题。

引人注目的是，近年来，伴随着中国综合国力的增强、人民币国际化进程的加快、去美元化趋势的强化以及数字货币和虚拟货币的发展，人民币作为一种主权货币的独立性正在不断增强，对美元的依赖程度正在逐步降低。

第六节　关于人民币升值或贬值的争论

一　人民币升值问题的由来

　　1997 年亚洲金融危机后,中国经济受到了一定程度的影响。1998—2002 年,中国进入长达 4 年的通货紧缩期,零售物价指数连续几十个月负增长。自 2002 年起,一些国外学者提出,中国特殊的汇率制度使中国出现了通货紧缩。在这样的背景下,国外一些学者提出改革人民币的汇率制度,维持人民币合理价格的建议,实际上就是要求人民币升值。

　　2002 年 11 月,日本经济大臣在日本国会做证时明确指出,人民币被严重低估,应该尽快纠正这种做法。日本的这一做法,与其他国家在 1985 年要求日元升值的"广场协议"十分相似。"广场协议"让日元升值了 30%。此后,日元相对于其他主要货币不断升值,在不足 10 年的时间里,日元升值了 4 倍多。这样的升值给日本经济带来了很大的损害。由于美元走低,带动人民币走低,欧洲和亚洲的一些国家开始担心中国出口商品的巨大冲击,也纷纷要求人民币升值。欧盟于 2003 年 10 月取消了中国在"普通优惠制"下享有的优惠关税,将关税由 3.5% 提升到 5%。到 2004 年下半年,正式取消了中国的"普通优惠制"待遇。美国的"健全美元联盟"组织提出动用美国的"301 条款"来迫使人民币升值。此后,时任美联储主席格林斯潘和美国财政部长斯诺以不同的方式敦促人民币升值。

　　2005 年 7 月 21 日,中国人民银行宣布人民币兑美元汇率升值 2%,并且开始执行人民币新的汇率制度,即人民币汇率不再单一与美元挂钩,而是与一篮子外币挂钩。从此,人民币开启了长期单边升值的通道。尤其是 2010 年 6 月 19 日新的汇率改革启动以后,人民币汇率已经成为重要的政策手段,人民币已经不再是被动升值,而是转化为主动调整,人民币升值的速度加快了。这一单边升值的趋势一直持续到 2014 年上半年。

二　关于人民币升值的不同观点

　　关于人民币是否应该升值,有很多不同的观点。本书对三种不同的观点进行如下的归纳:

(一) 第一种观点:人民币应该升值

　　持这种观点的主要理由是:① 1998—2002 年的通货紧缩使得人民币币值被低估。② 中国政府对人民币汇率的干预已经超出了稳定汇率和增加外汇储备的目的,对市场的控制已经使人民币和美元的汇价严重偏离均衡水平。中国 3 万多亿美元的外汇储备已经远远超出正常情况下的需要,在这种情况下还维持原来的汇率水平,会损害全球贸易伙伴的利益。③ 人为控制汇率的结果,使得中国出口产品有明显的竞争优势。美元的贬值是因为财政和贸易的双赤字,而中国执行的是钉住汇率制度,美元贬值导致人民币也相同程

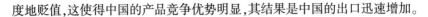

度地贬值,这使得中国的产品竞争优势明显,其结果是中国的出口迅速增加。

(二) 第二种观点:人民币汇率基本上是合理的

持这种观点的主要理由是:① 人民币升值不能从根本上改善美国和日本的贸易状况。高盛(亚洲)首席经济学家胡祖六认为,人民币升值对减少美国贸易赤字效果不大,对日本的影响很轻微,对欧洲根本就没有什么影响。而且人民币升值会使中国出口产品价格上升,损害进口国家消费者的福利,也不利于美国和日本等国的经济复苏。② 人民币升值会损害中国的出口,也会降低中国对其他国家的进口。人民币升值不利于中国经济,也不利于世界经济。③ 保持人民币的稳定有利于中国的长远改革。而人民币升值会减少国外对中国的直接投资,增加就业压力,最终导致人民币汇率政策的不稳定。

(三) 第三种观点:人民币应该调整汇率,但关键是找到合适的时机

持这种观点的主要理由在于,2002 年人民币升值问题提出后,中国正在筹备"十六大",国内学术界和实务界的反应都不够迅速,态度也不够坚定。2003 年上半年正当人民币升值压力加大时,中国政府在换届,而后又发生了"非典"。几次升值预期没有实现后,人民币升值压力进一步加大。这一观点的持有者认为,人民币的升值是不可避免的,关键问题是找到合适的机会。除了人民币升值,中国政府还有其他可以替代的措施,包括增加进口、增加企业和个人的外汇持有量、降低利率、采取措施阻止热钱流入中国。但随着中国经济的快速增长,物价上升的压力不断加大,降低人民币的存款利率并不是合理的选择。而通过物价上升来缓解人民币升值压力的做法,则更不可取。因为通货膨胀对经济的破坏,远比人民币被低估的害处大得多。

三　对人民币升值问题的思考

本书对人民币是否应该升值没有一个确定的结论,只是和读者一起分析如果人民币升值会给中国带来什么样的有利影响和不利影响。

(一) 人民币升值的有利影响

人民币升值的有利影响主要表现在以下几个方面:① 可以缓解政府的政治压力,也可以增大人民币的吸引力,提升中国经济在世界经济中的地位。② 有利于中国的进口,提高人民的生活水平和产业制造水平。③ 可以使国内财富总量增加,对外投资和对外国产品的消费也会增长。④ 对于缓解物价上升有一定的帮助。进口产品价格的下降会带动国内产品价格的下降或者降低国内产品价格上升的势头。⑤ 对于缓解各种外汇投机也有一定的帮助。⑥ 有助于中国改革汇率制度,一方面,借此机会可推动有弹性的人民币汇率制度的建立,另一方面,也会与国际上的主要国家减少贸易摩擦,从而有利于未来中国贸易环境的改善。

(二) 人民币升值的不利影响

人民币升值的不利影响主要体现在以下几个方面:① 出口增长和外商直接投资会受

到影响,可能会导致中国国际收支不平衡。对出口的影响是显而易见的,对利用外商直接投资的影响体现在三个方面:一是随着人民币的升值,同样规模的外国投资在中国的股权数量是下降的;二是随着人民币的升值,出口受到影响,外商投资,特别是原料在中国而市场在国外的外商投资的热情也会受到伤害;三是对于已经在中国投资设厂的外商而言,再投资会受到影响,因为人民币升值后,对利润汇出国外是有利的。② 经济增长放缓,就业问题将更加突出。出口的放缓会影响经济增长,经济增长减慢会伤害就业。对于直接在出口企业中工作的人来讲,影响将更明显,因为出口增长放缓直接减少了他们的就业机会。③ 金融不良资产处置问题加重。理由是人民币升值,银行不良资产的价值将被抬升,用外汇储备解决资本充足问题的力量将减弱。④ 政府债务负担加重。

四　人民币贬值趋势及其影响因素

(一) 人民币汇率变动趋势的影响因素

自 2014 年下半年以来,人民币一直呈现贬值趋势。尤其是进入 2023 年以来,人民币开始加速贬值。未来无论是股市、房市还是债市,其走势都与人民币汇率的变动密切相关。弄清楚汇率变动的趋势至关重要。汇率不仅取决于经济基本面的支撑,而且取决于政策面的变化;不仅取决于长期因素,而且取决于短期因素;不仅取决于经常项目,而且取决于资本项目;不仅要看短期波动,而且要看长期趋势。因此,汇率是远比股市、债市和房市更加复杂的问题。

无论是从基本面和技术面还是从政策面和市场面来看,人民币仍然面临贬值压力,贬值趋势已经形成。短期内,中央银行稳定人民币汇率的干预操作只是缓解这一趋势的进程,不可能让这一趋势完全逆转。我们有必要进行深入而全面的对策研究,尽可能趋利避害,化解由此带来的两难困境。

人民币汇率由单边升值到单边贬值趋势的逆转是由长期因素或者中国经济的基本面决定的:

第一,从中美两国经济增长状况的变动来看,人民币面临的是贬值压力。许多人强调中国的绝对经济增速仍然高于美国,人民币汇率不具备持续贬值的基础。问题在于:中国经济在结构调整的困境中挣扎,增速一直在下滑,美国经济虽然同样不景气,然而二者之间的差距在缩小,此消彼长的关系才是影响汇率变动方向之关键。人民币汇率问题与大家对中国经济前景的信心、对中国金融体系稳定与否的信心是联系在一起的。中国经济增速放缓是个不争的事实,人民币的信用基础也在减弱,虽然我们从情感上不愿意承认。

第二,从通货膨胀率的差异及其变动来看,美国的通货膨胀率居高不下,随着美国量化宽松政策的退出、美联储连续加息缩减资产负债表、美元的流动性收紧,未来通货膨胀率预期会逐步反转,在人民币贬值预期强化、中央银行被迫降准降息释放流动性、货币政策与财政政策中性偏松的情况下,中国即使能够扭转实体经济下滑的局面,未来通货膨胀预期也必然逐步回升。从对贸易项的影响来看,通货膨胀率上升会影响进出口商品的相对竞争力,进而影响进出口,最终导致本币贬值。就对资本与金融项目的影响而言,通货膨胀预期上升会导致实际利率下降,资本外流增加通过影响本币与外币的相对需求,导致本币汇率贬值预期上升,如果市场主体的货币替换加速,不断卖本币买外币,本币贬值就会成为现实。因此,通货膨胀率的相对变动给人民币汇率带来的同样是贬值压力。

第三,从国际收支状况来看,人民币汇率代表了本币与外币之间的相对供求关系。现实情况是,贸易项下虽然仍然是顺差,但是顺差在不断减少,而且顺差主要集中于中美贸易之间。可以预见的是,随着美国民粹主义抬头、保护主义盛行、贸易战危险上升,目前顺差的局面能够维持多久是个很大的未知数。国际收支已经从原来的双顺差演变为一顺一逆的局面。其中传递的潜台词意味着,外汇供求关系不是缓解,而是不断趋于紧张。从供求关系的角度来看,人民币面临继续贬值的压力。

第四,外汇储备规模代表一种货币的信用背景,代表中央银行干预外汇市场的能力,代表一国外汇市场的扭曲程度。讨论人民币汇率走势的关键,不在于中央银行外汇储备的绝对量,而在于外汇储备的变化量。中国拥有的外汇储备已经由 2014 年 6 月的 3.9932 万亿美元减少到 2023 年 8 月底的 3.2882 万亿美元,9 年时间减少了约 7 050 亿美元。人民币的信用基础事实上已经减弱了,中国人民银行干预外汇市场的能力下降了,这一因素的变化仍然对人民币汇率构成压力而不是支撑。

第五,从宏观经济政策的取向来看,美国的货币政策开始回归常态,量化宽松政策的退出表明美国经济不再需要通过度宽松的扩张性货币政策进行刺激,美联储连续加息表明美国货币政策的重点已经转向消除通货膨胀隐患,随着美联储缩表,美元的流动性势必进一步下降,这一因素支持美元继续升值。相反,在结构调整压力加大、实体经济下滑、资本外逃加剧、资本市场低迷的前提下,中国货币当局只能逆周期调节,逆势降息降准,维持中性偏宽松的政策取向。这一因素支持人民币继续贬值而不是升值。中美两国货币政策的取向同样表明人民币面临的是贬值压力。

人民币汇率的短期异常波动是由短期因素或者技术面、市场面以及政策面的变化决定的:

第一,从人民币与美元的利差及其变化来看,不是看人民币的利率是否高于或低于美元,而是看未来人民币与美元之间的利差是进一步扩大还是缩小。美元利率趋势上行成为一个确定无疑的事实。相反,中国货币政策的回旋余地较小,必须在拯救实体经济与稳定金融体系之间进行权衡,同时还要维持货币政策的独立性。货币政策中性偏松的取向决定了人民币的供给稳中有增,以利率衡量的资产回报率必然相对下降。从现在的趋势看,人民币与美元的利差未来会不断收窄而不是进一步扩大,这一因素给人民币带来的仍然是贬值压力。

第二,从市场因素来看,市场主体对美元的需求在不断增加。投机商在离岸市场不断买入美元抛售人民币;共建"一带一路"需要投入大量美元;外资大规模撤离对美元的需求上升;贪腐资金的逃离影响巨大;老百姓蚂蚁搬家的换汇压力同样不容忽视,这些都是影响美元需求增加的因素,势必导致资本流出不断增加,外汇储备日趋减少。与此同时,中央银行和国家外汇管理局采取了一系列限制资本外流的措施。其中传达的信息是:外汇供求局势趋紧,以及外资对中国未来前景的信心减弱,人民币贬值对市场预期的负面影响,有可能使这一趋势强化,短期内看不到扭转的迹象。

第三,从预期因素来看,通货膨胀预期回升意味着人民币购买力将会下降,汇率预期上升有可能导致换汇压力上升。汇率预期的恶化并不是非理性行为的产物,而是基本面恶化带来的必然结果。要想扭转人民币汇率的悲观预期,必须采取必要且合适的政策手段,走出结构转型的困境,让中国经济的基本面好转,只有这样,市场主体对于人民币和以人民币计价的资产的信心才能完全恢复。

第四,中央银行的干预也是一个重要的影响因素。为了稳定人民币汇率,中国人民银行不断抛售美元,减持美国国债,收紧离岸市场人民币的流动性,导致香港市场隔夜拆借利率大幅飙升。这种干预本身表明:人民币仍然面临贬值压力,否则就没有必要进行干预。短期内确实可以影响汇率,但不能改变汇率变动的根本趋势。更何况,干预的方式是否合适、成本是否可以承受、外汇储备是否消耗过快、干预是否有效等因素都决定了如此干预是否可持续。一旦弃汇率保外储的舆论占了上风,人民币汇率就少了一个有力的支撑。

2017 年以后,全球经济、政治、军事格局充满了不确定性,"黑天鹅"充斥的时代,风险防范仍然是首要的选择。现在,值得欣慰的亮点主要体现在两个有待持续观察的方面:一是美国经济基本面的复苏能否带动世界经济迅速走出低谷;二是中国经济的企稳能否持续带来基本面的好转。目前来看,前景仍然不够明朗,所以不能盲目乐观。

(二) 人民币汇率与中性谨慎的货币政策背景和取向

伴随着中国资本账户的逐渐开放与人民币国际化的推进,中国的资本流动性大大提高,趋势已经难以逆转,对于政策选择的回旋余地形成难以克服的制约。一方面,中国实体经济大幅下滑、通货紧缩困境、地方债高企、房地产市场收缩、资本市场低迷的现实要求货币政策进一步宽松;另一方面,人民币贬值预期与资本外逃的压力要求货币政策中性偏紧,通过稳定汇率化解金融危机的隐患;与此同时,如果中国政府既要救实体经济又要通过稳定汇率避免金融危机,中央银行就必须被迫加强资本管制,这会导致人民币国际化的退步,有违继续开放资本账户的承诺,面临巨大的国际压力。

在这种背景下,中国货币政策取向主要体现在三个方面。政策取向一:对外减少外汇市场干预,稳汇率已经不是重中之重。对国际社会的承诺、外汇储备的大幅减少、高昂的干预成本、干预的有效性以及可持续性决定了这一选择。政策取向二:对内加强资本管制,内部消化人民币贬值压力。事实上,有些管制措施日趋严厉,属于外松内紧。政策取向三:针对实体经济下滑的严峻局势,维持货币政策的宽松,进一步注入更多的流动性,稳汇率已经让位于稳增长。需要强调的是,无论中央银行采用何种政策工具,只要货币政策进一步宽松,就会注入更多的流动性,就会增加人民币的供给,就会导致市场利率和资本收益率的下降,以及人民币的贬值和资本外逃压力的上升。

(三) 进一步的解释与对策选择

第一,有人强调人民币并不具备持续贬值的基础,其实这只是一种笼统的说法,准确的说法是"人民币对一篮子货币并不具备持续贬值的基础",换言之,只要人民币钉住的货币篮子里的大多数货币对美元贬值,人民币汇率对美元就一定会相应贬值。

第二,从各国的货币政策来看,美联储货币政策维持中性偏紧,欧洲中央银行、日本中央银行维持宽松,中国人民银行则中性谨慎。必须一分为二地看待其中的隐含意义。一方面,美国经济的基本面相对较好,其他国家和地区则不容乐观。另一方面,这些国家的货币对美元有可能继续贬值。因此,从某种意义上说,人民币对一篮子货币并不具备持续贬值的基础与人民币对美元具备继续贬值的压力是一个意思。

第三,如何看待美联储加息的周期及其频率? 2022 年 3 月至 2023 年 7 月,美联储连续 11 次加息,累计加息幅度达 525 个基点。美国经济基本面持续改善与加息周期持续强化,都会对美元汇率构成强力支撑,势必会给包括人民币在内的其他货币的汇率带来巨大的压力。2024 年 9 月 18 日,美联储开始降息,把联邦基金利率下调了 50 个基点,美元指数不降反升。短期内,降息可能会使其他货币面临的贬值压力有所缓解,然而就长期而言,降息对美国经济带来的刺激性效果一旦得以体现,其他货币面临的贬值压力将会进一步加剧。

第四,对于中国政府而言,货币政策与汇率政策如何协调,降息降准、被动加息与稳汇率如何权衡,金融改革开放与挽救实体经济的矛盾如何化解,是我们无法回避、必须解决的难题。

第五,对于市场主体而言,人民币贬值压力如何释放、如何传导,政府的政策取向变化会导致流动性流向哪里,如何捕捉相应的投资机会,如何规避过快推进的制度变革以及不稳定的制度环境带来的投资风险,都是值得研究的问题。

总而言之,人民币汇率调整是一个非常复杂的问题。不仅是一个经济问题,也是一个社会和政治问题。本书所谈及的基本上都是经济方面的考虑。政府决策当然要考虑社会和政治方面的影响。

思考题

1. 外汇交易有哪些种类？

2. 外汇标价法有哪两种？与本币币值是什么关系？

3. 什么是浮动汇率制？与固定汇率制相比,浮动汇率制的优点与缺点是什么？

4. 简述香港的联系汇率制度。

5. 简述购买力平价理论。

6. 简述利率平价理论。

7. 关于汇率的国际收支决定论的主要观点是什么？

8. 分析汇率对国际收支的影响。

9. 人民币经常项目可自由兑换的含义是什么？

10. 我国汇率制度存在的主要问题是什么？

第十四章　国际收支与利用外资

第一节　国际收支

一　国际收支的定义

国际收支(Balance of Payments)是当今国际金融领域的重要课题之一,是一国对外经济交往的宏观反映,正确理解国际收支的概念对于掌握国际金融的基础知识有着极其重要的意义。

国际收支是指一国居民与其他国家的居民之间在一定时期(通常为一年)内进行的各种经济交易的系统记录。为了正确把握这一概念的内涵,须进一步对国际收支这一定义作些说明。

1. 国际收支与国际借贷

国际收支与国际借贷是两个不同的概念。国际借贷指的是一国在一定时期对外债权债务的余额,反映的是一定时点的一个具体的数值,是一个存量概念。国际收支说明的则是在一定时期(一段时间)内一国所发生的对外经济交易的动态状况,是一个流量概念,二者具有不同的属性。此外,国际收支与国际借贷所包含的内容也不完全一致。国际借贷仅仅包括产生债权和债务的经济交往,如商品、服务的进出口,资本的流出流入等,不产生债权债务的经济交往,如无偿援助、赠与、赔款、侨汇等都没有包括在内。但这些经济交易的存在,客观上对一国经济具有一定的影响,是一国对外经济交往中不可忽视的一种因素。国际收支适应了这一形势的要求,不但反映了产生债权债务的经济交往,也包括了不产生债权债务的经济交往。

2. 居民与非居民的确定

国际收支概念中所讲的居民(Residents)是一个经济概念,是指在一个国家内永久或长期居住并受其法律管辖与保护的自然人和法人。判断是否为居民的标准,并不是以国籍为依据,而是要看居住地和居住时间,即在本国居住时间超过一年的自然人和法人,不论其国籍如何,均属本国居民。相反,凡在本国居住时间不足一年的自然人和法人,不论其是否拥有本国国籍,一律为本国的非居民,因此,居民与公民的概念是不同的。

国际收支反映的是一国国际经济交易状况,因此只有居民与非居民之间的经济交往才是国际经济交往,属于国际收支的记录范围,居民与居民之间的经济交易则属于国内贸易的范畴,因此不能记录在国际收支当中。

3. 经济交易

国际收支概念中的经济交易,是指经济价值从一个经济实体向另一个经济实体转移。根据转移的内容和方向,经济交易可以划分为五类:① 金融资产与商品、服务之间的交换,即商品、服务买卖;② 商品、服务之间的交换,即物物交换;③ 金融资产与金融资产之间的交换;④ 无偿的、单向的商品和服务的转移;⑤ 无偿的、单向的金融资产的转移。

二　国际收支平衡表

一国的国际收支状况集中反映在该国的国际收支平衡表(Balance of Payment Presentation)当中。国际收支平衡表是按照一定的格式和原理,系统地记录国际收支各个项目的统计报表。由于各国的历史和经济发达程度的差异,以及所处经济环境的不同,各国依照自己的方法所编制的国际收支平衡表也各有千秋。按照国际货币基金组织的要求,各成员国必须按期向国际货币基金组织报送本国的国际收支平衡表。为了使各成员国报送的国际收支平衡表一致起来,便于对各国的国际收支状况进行对比分析,国际货币基金组织倡议各国在编制国际收支平衡表时遵守统一的原则,采用标准的形式。

(一) 编制原则

1. 记账原则

国际收支平衡表是按照会计复式记账的原理编制的,即将国际收支平衡表分为借方科目和贷方科目,同一笔经济交易要同时计入有关项目的借方和贷方,且金额相等,因此,原则上讲国际收支平衡表全部项目的借方总额与贷方总额总是相等的,其净差额为零。按照惯例,不论对于实际资源还是金融资产,借方都表示该经济体资产(资源)持有量的增加,贷方都表示资产(资源)持有量的减少。因此,记在借方的项目反映进口实际资源的经常项目,反映资产增加或负债减少的金融项目;记在贷方的项目表明进口实际资源的经常项目,反映资产减少或负债增加的金融项目。具体包括:① 进口商品属于借方,出口商品属于贷方;② 非本国居民为本国居民提供服务或从本国取得收入属于借方,本国居民为非本国居民提供服务或从他国取得收入属于贷方;③ 本国居民对他国居民的单方面转移属于贷方;④ 他国居民对本国居民的单方面转移属于借方;⑤ 本国居民偿还外国居民债务属于借方,非居民偿还本国居民属于贷方;⑥ 官方储备增加属于借方,储备减少属于贷方。

2. 所有权变更原则

在进行国际经济交易的过程中,与之有关的时间概念很多,如商务谈判、签订合同、发货、结算、交货、付款等，究竟以哪一个时间为标准来记录经济交易呢？国际货币基金组织倡议采取所有权变更原则，统一国际收支平衡表的记录时间。所谓所有权变更，是指交易的当事方在账目上放弃（获得）实际资产而获得（放弃）金融资产。所有权变更的时间即为国际收支的记录时间。根据这一原则，国际收支平衡表中记录的各种经济交易包括：在编表时期全部结清的经济贸易；在这一时期已经到期必须结清的经济交易（不管是否已经结清，如到期应支付的利息，不论实际是否已经支付，都要记录）；这一时期已经发生，但需跨年度结清的经济交易（如采取预付货款或延期付款方式进行的贸易，其期限如果跨越两个编表时期，则虽然这类交易还未最后结清，但其所有权已发生了转移，对于这类交易应依据其实际发生情况进行记录）。

3. 计价原则

在国际贸易中，由于存在多种形式的交易方式，交易价格千差万别，因此，如果没有一个统一的计价原则，各国编制的国际收支平衡表便没有可比性。国际货币基金组织规定一律用市场价格作为计入国际收支平衡表交易的记录价格。

4. 记账单位

记账单位选择得如何，直接关系到整个统计数字的真实性，因此，汇率稳定而又属于国际通用的货币，是可供选择的最好记账单位。

（二）主要内容

国际收支平衡表所包括的内容十分广泛，世界各国根据自身的对外经济情况编制的国际收支平衡表的内容详简程度也不一样。国际货币基金组织 1993 年出版了《国际收支手册》(第五版)，目前我国编制的国际收支平衡表也是按照这一标准进行的。第五版的国际收支平衡表包括三个内容：经常账户、资本与金融账户、错误与遗漏账户。其中，经常账户、资本与金融账户是基本账户。

1. 经常账户

经常账户包括货物、服务、收益和经常性转移。

（1）货物（Goods）。货物是指通过我国海关的进出口货物，以海关进出口统计资料为基础，根据国际收支统计口径的要求，出口、进口都以商品所有权变化为原则进行调整，均采用离岸价格（FOB）计价，即海关统计的到岸价进口额减去运输和保险费用统计为国际收支口径的进口；出口沿用海关的统计。此项目中还包括一些未经我国海关的转口贸易等，对商品退货也在此项目中进行了调整。

（2）服务（Services）。服务包括运输、旅游、通信、建筑、保险、金融服务、计算机和信息服务、专有权使用费和特许费、各种商业服务、个人文化娱乐服务以及政府服务等。

（3）收益（Income）。将服务交易与收益明确区分开来是《国际收支手册》第五版与第四版的重要差别。收益包括两大类交易：一是支付给非居民工人的报酬，二是投资有关金融资产产生的收益。职工报酬是指我国个人在国外工作(一年以下)而得到并汇回的收入以及我国支付在华外籍员工(一年以下)的工资。投资收益包括直接投资项下的利润、利息收支和再投资收益,证券投资收益(股息、利息等),以及其他投资收益。其中,资本利得与资本损失不作为收益放在经常项目中,而是包括在金融项目中。

(4)经常转移(Current Transfer)。经常转移包括侨汇、无偿捐赠和赔偿等项目,既包括货物形式也包括资金形式。

2. 资本与金融账户

资本与金融账户是指对资产所有权在国与国之间的流动行为进行记录的账户,包括资本和金融两个账户。

(1)资本账户。资本账户包括资本转移以及非生产资产和非金融资产的收买与放弃。资本转移包括下面三项所有权转移:一是固定资产所有权转移,二是与固定资产购买和放弃相联系的或以其为条件的资产转移,三是债权人不索取任何回报而取消的债务。

(2)金融账户。金融账户包括我国对外资产和负债的所有权变动的所有交易。金融账户按照投资方式可分为直接投资、证券投资、其他投资、国际储备;按照债权债务可分为资产、负债。

直接投资是投资者对非居民企业的经营管理拥有有效控制权。它可以采取直接在国外投资建立企业的形式,也可以采取购买非居民企业一定比例股票的形式,还包括对投资利润进行再投资的形式。其中,购买股票而形成直接投资的比例,国际货币基金组织规定是10%,我国规定是25%。

证券投资是指购买非居民政府的长期债券和非居民企业的股票、债券、基金等形成的投资。

其他投资是指凡不包括直接投资、证券投资和国际储备的一切资本交易均在此记录。这些资本交易除政府贷款、银行贷款、贸易融资等长短期贷款之外,还包括货币、存款、短期票据等交易。

储备或国际储备是指官方或一国货币当局所拥有的,可以用于满足国际收支平衡需要的对外资产,包括货币性黄金、特别提款权、在国际货币基金组织中的储备头寸和外汇储备等资产。

3. 错误与遗漏账户

除了经常账户、资本与金融账户,国际收支平衡表中还有一个错误与遗漏账户。产生错误与遗漏的原因是多种多样的,包括资料来源不一、记录时间不同、虚假成分存在等。为了平衡就需要建立一个抵消账户。

国际收支平衡表的标准格式简表如表14-1所示。

表14-1　国际收支平衡表标准格式简表

项　　目	贷方(+)	借方(-)
一、经常账户		
1. 商品(FOB 计价)		
2. 服务		
3. 收入		
4. 经常转移		
二、资本账户与金融账户		
1. 资本账户		
2. 金融账户		
(1) 直接投资		
(2) 证券投资		
(3) 其他投资		
(4) 储备资产		
① 货币性黄金		
② 特别提款权		
③ 在国际货币基金组织的储备头寸		
④ 外汇储备		
⑤ 其他债权		

国际收支平衡表的内容划分较细,项目较多,涵盖一国对外经济贸易与资本交易的众多活动。

三　国际收支差额

(一) 国际收支差额的种类

由于国际收支平衡表是根据复式记账原理编制的,因此任何一笔资金往来都有两个记录。借贷双方在整体上是相等的,即国际收支平衡表的余额应该为零。那么,如何分析一国国际收支状况呢? 通常情况下,对国际收支的分析是分析具体项目的平衡状况。而分析具体项目的平衡状况是通过各种差额的分析来实现的。通常有以下几个差额:

1. 贸易差额

贸易差额是指货物和服务出口与进口之间的差额。传统上,贸易差额是一个国家国际收支的代表,因为贸易在整个国际收支平衡表中的地位是非常重要的,其占整个国际收支的比重很大。另外,贸易差额数据来源于海关,及时、可靠,有利于分析一国对外经济状况。贸易总量即进出口总额占整个国家的 GNP 的比重,通常被称为对外依存度,可以反映一国对外经济的总规模和相对规模。在市场经济条件下,贸易差额可以反映一国产品在国际市场上的竞争力。

2. 经常项目差额

经常项目除了包含贸易项目,还包括收益和经常性转移两个部分。如果不考虑经常性转移,那么经常项目差额与贸易差额之间的差别就在于收入账户差额。由于收入账户主要反映直接投资和间接投资所获得的收益,因此,收入账户总额与差额可以在很大程度上反映一国在外国的金融资产与负债的总规模,也可以反映外国在本国的金融资产与负债的总规模。外国净金融资产越多,从本国流出的收入就越多;相反,本国在外国的净金融资产越多,所得到的收益也就越多。如果收入差额为负,为了让经常项目出现平衡,就必须让贸易项目出现顺差。

3. 长期资本差额

长期资本差额是一国吸引外商直接投资与本国在外国的直接投资的差额,加上本国举借的长期外债与外债本金偿还的差额。通常的关系是,长期资本差额出现顺差,那么意味着得到净国外资金,这些国外资金的获得必然推动一国进口规模的增大,因此正常的情况下,在不考虑其他项目时,长期资本项目的顺差与贸易项目的逆差相对应。但如果在直接投资或外债使用项目的作用下,本国出口也有很大幅度的增加,那么就不一定出现长期资本项目顺差与贸易项目逆差并存的局面,也可能出现这两个项目都是顺差的情况。我国多年来就是贸易项目与长期资本项目同时出现顺差的情况。这两个项目同时出现顺差会有力地推动国际储备的增加。

4. 短期资本差额

短期资本项目是指一年或一年以下的资本输出和输入。短期资本流动包括四种形式:① 贸易性短期资本流动,这是由国际贸易所引起的货币资金流动;② 金融性短期资本流动,这是基于各国经营外汇的银行及金融机构之间调拨头寸、拆放资金的需要而产生的;③ 保值性短期资本流动,这是为了避免外汇管制或货币风险而将资金从一国调往另一国,从而引起的短期的资本流动;④ 投机性短期资本流动,这是指利用国际金融市场两种基本价格(利率和汇率)的不稳定或某些国际政治变故,对外汇、黄金和其他短期金融资产投机而形成的资本流动。

短期资本项目所具有的特征是不稳定,这与长期资本项目中直接投资和长期借款相对稳定的特性具有非常大的差别。在多起国际金融危机的发生过程中,短期资本项目的迅速变化都是重要的导火索。但在国际收支平衡表中,由于是以年为单位设计的,而短期资本项目的期限等于或小于一年,因此,有可能短期资本项目在一年间发生很大的变化,而在国际收支平衡表中却没有反映出来。

5. 基本差额

基本差额是指经常项目与长期资本差额之和。这一差额的稳定性较好,因此对于长期资本进出规模较大的国家,分析和判断国际收支状况是很有用的指标。

6. 综合差额

综合差额是经常项目、资本与金融项目各种差额之和,即等于经常项目差额,加上资本转移差额、直接投资差额、证券投资差额、其他账户差额所得的最终差额。这一差额必然导致国际储备相反方向的变化。如果是在固定汇率制度中,政府为了维持汇率的稳定,就必须调整官方储备。因此,综合差额在政府有义务维持固定汇率制度时是很重要的。

以上各种差额的内在关系可以用图 14-1 来反映。

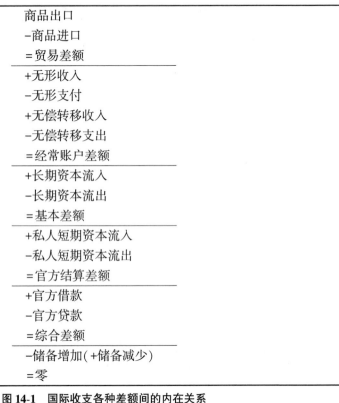

商品出口

−商品进口

＝贸易差额

+无形收入

−无形支付

+无偿转移收入

−无偿转移支出

＝经常账户差额

+长期资本流入

−长期资本流出

＝基本差额

+私人短期资本流入

−私人短期资本流出

＝官方结算差额

+官方借款

−官方贷款

＝综合差额

−储备增加(+储备减少)

＝零

图 14-1　国际收支各种差额间的内在关系

(二) 国际收支失衡的原因

国际收支平衡表有很多项目,我们也计算出很多差额。众多的交易项目可以划分为自主性交易与调节性交易。前者是企业、个人由于自身的需要而进行的各种交易,包括商品和服务的贸易、收益的转移,也包括直接投资、证券投资等。这些决策完全取决于交易者自身。调节性交易是指以调节收支而进行的补救性交易,包括借用短期国际资本、动用外汇储备等。如何判断一国的国际收支是否平衡,关键是看国际收支差额的解决是依靠哪种交易来实现的。如果是采用调节性交易来实现的平衡,那么,我们就可以称之为国际收支不平衡。

引起国际收支失衡的原因是多方面的,而且不同国家和地区以及同一国家和地区在不同时期出现国际收支失衡的原因也各不相同,概括起来主要有以下几种:

第一,季节性和偶然性因素。季节性因素导致国际收支不平衡是指由商品供求的季节性引起的进出口的淡旺季所产生的收支不平衡。偶然性因素主要是指突发性事件导致的国际收支的失衡,如政变、战争及自然灾害等。

第二,周期性因素。在市场经济条件下,由于受市场供求机制的影响,在价值规律的作用下,经济会出现周期性的波动。一国在经济周期性波动的过程中,经济变量会不同程度地发生变化,从而引起国际收支的不平衡。

第三,结构性因素。这是指一国的经济结构不能适应国际市场变化而导致的国际收支不平衡。每个国家都有其固有的产品进出口结构,当国际市场产品供求结构发生巨大变化时,就会对该国传统的产品进出口结构产生冲击。如果该国不能适应这一变化,就会影响其国际收支的平衡。

第四,货币因素。这是指一国的货币政策(如利率的变化)导致的国际收支的不平衡。一国所采取的货币政策会直接影响该国的物价水平、成本、汇率等货币因素的变化,进而对该国产品的进出口成本及资本的流动产生影响,从而导致国际收支的不平衡。

第五,外汇投机。国际金融市场上存在的巨额游资,以追求投机利润为目的,在各国之间频繁地移动,这种移动带有很大的突发性,数额巨大,常常会导致一国国际收支的失衡。例如,1997—1998年的亚洲金融危机在很大程度上就是由外汇投机造成的。

(三) 国际收支失衡的调节

一般来讲,国际收支的不平衡是常见的现象。一定程度的收支失衡也有一定的好处,例如,贸易顺差会使外汇储备增加,增强对外支付的能力和应对国际热钱冲击的能力;而当存在一定程度的贸易逆差时,可以利用国外资源,加快国内经济发展。但如果一个国家发生了持续性的国际收支失衡或者发生国际收支危机,那么无论是哪种方式的失衡都会对一国经济的发展产生不利的影响。国际收支逆差会使本国的经济增长受到影响,因为持续的逆差会造成外汇储备下降,影响生产资料的进口。国际收支逆差也会不利于一国的对外经济交往,损害一国的国际声誉。国际收支逆差还会引起进口产品价格上升,带动国内物价的上升,引发通货膨胀。

持续的、大量的国际收支顺差造成外汇储备增加,外汇占款增多,货币投放增加,引发物价上升。持续的贸易顺差也会引起国际贸易摩擦,影响正常的国际经贸关系。

国际收支的调节机制主要包括市场机制和政策调节机制。

1. 市场调节机制

市场调节机制包括货币价格机制、收入机制、利率机制。

货币价格机制的原理是,当一国国际收支出现逆差时,意味着对外支付大于收入,货币外流。如果其他条件不变,物价会下降,出口商品的价格也会下降,出口增长,国际收支状况得到改善。当出现国际收支顺差时,情况会完全相反。

收入机制是指当国际收支失衡时,国民收入的水平也会随之改变,从而通过影响总需求及进口需求改善贸易收支,即国际收支逆差→对外支付增加→国民收入下降→社会总需求下降→进口需求下降→贸易收支改善。

利率机制主要是通过调节资本和金融项目而实现的。作用机制是:国际收支逆差→本币供应量减少→本国相对利率上升→资金外流减少→逆差改善。

2. 政策调节机制

政策调节机制主要包括财政与货币政策、汇率政策、直接管制、国际协调等。

财政与货币政策。财政政策主要通过调整国家的财政支出政策和税收政策来调整政府与私人的支出,使总供给和总需求保持一致,从而恢复国际收支平衡。当出现大量顺差,外汇储备过多时,可以通过扩大财政预算,增加财政支出,并且降低税率来刺激投资和消费,这样会使国内物价上升,带动进口增加,减少贸易顺差。当发生严重的逆差时,政府可以减少财政支出,增加税收,使国内物价下降,带动出口增加,消除逆差。货币政策包括调整再贴现率、存款准备金率,进行公开市场操作等。通过货币政策的实施改变利率、物价和国民收入,间接影响国际收支。

汇率政策。在固定汇率的背景下,当国际收支出现严重的逆差时,让本币贬值,则有利于出口,不利于进口;当出现过多的顺差时,让本币升值,则有利于进口,不利于出口。这都可以改善国际收支状况。在浮动汇率的背景下汇率由市场决定,政府是通过参与外汇市场交易来调节汇率的高低的。

直接管制。直接管制是政府直接干预对外经济往来,包括外汇管制和贸易管制。外汇管制措施包括限制私人持有外汇,限制私人购买外汇,限制资本进出,实行复汇率制等。贸易管制包括进行进口配额管理、许可证管理,制定严格的进口标准和歧视性的采购政策,实行国际垄断贸易等。

国际协调。为了维持国际经济的正常秩序,各个国家间制定了关于国际收支的一般规则,建立国际组织或者签订国际协定来为逆差国提供资金;建立区域一体化来协调各国的经济政策,特别是国际收支政策。实践表明,各国间经济政策的相互协调,可以提升政策的效力。西方七国集团(G7)定期举行最高级别的会议,在这些国家间对财政、货币、汇率等多种政策进行协调,在一定程度上缓解了发达国家间的矛盾,促进了国际经济的稳健发展。

四 国际储备

(一) 国际储备的定义与构成

世界银行对国际储备所下的定义是,国际储备是一国货币当局占有的,当国际收支发生逆差时可以直接或者通过有保障的机制兑换成其他资产以稳定该国汇率的资产。根据上述定义,国际储备资产应该具有以下特征:① 国际性,即国际储备资产应该是国际上普遍认可和接受的资产;② 官方性,国际储备资产应该是一国政府所持有的、无条件支配的官方资产;③ 流动性,即资产可以随时转换成支付手段;④ 稳定性,也就是国际储备资产的内在价值要稳定,不能有太大的波动。

根据国际货币基金组织的计算方法,成员国的国际储备包括四个部分:① 黄金储备,即由成员国货币当局储备的那部分黄金;② 外汇储备,即成员国货币当局所能控制的国外存款和其他短期金融资产;③ 分配到而尚未使用的特别提款权;④ 成员国在国际货币基金组织的储备头寸,即在国际货币基金组织普通账户中成员国可自由提取使用的资产。

(二) 国际储备的作用

国际储备有四个方面的作用:① 在国际收支出现临时性逆差时,可以动用储备资产弥补逆差,而不必压缩进口和借用外债。② 维护国内外对本国货币的信心,支持本国货币汇率。③ 作为国家向外借债的保证。国外债权人,不论是政府、多边国际金融机构还是国际财团等,在提供贷款时,首先要考虑债务国的偿还能力。关于偿还能力最重要的也是最实际的标志,就是借款国的国际储备,这是到期偿还外债本息最可靠的保证。④ 对友好国家和遭受灾害的国家进行无偿援助。

(三) 国际储备管理的原则

国际储备是一国非常重要的资产,其管理是很重要的。一般说来,国际储备的管理要遵循以下原则:

第一,安全性原则。一国经济要发展,需要大量的国内及国际资源,也可能会发生难以预料的重大灾害。因此,我们必须存有相当数量的黄金和外汇储备,以应付由各种原因引起的国际收支逆差,以及应付国际经济与政治不可测的事件。必须使储备资产总量保持在安全水平以上。国际储备的安全水平是一个不断变动的量,它取决于经济结构、国际经济状况、经济开放程度、资金流出流入以及季节性因素等。确定一国储备资产的安全水平时,主要应考虑国际收支情况,但总的来说,储备资产应随着一国国际收支的扩大而逐年增长。

第二,适量性原则。储备资产应高于安全水平,并不意味着越多越好。因为储备资产是一种后备资产,如果储备过多而不加以利用,对经济发展是不利的。这主要表现在两个方面:一是外汇资金存而不用,不能更多引进先进技术和设备,从而不能充分利用国外资源,而且国际通货膨胀会引起外汇储备的损失;二是对国内经济来说,由于国内经济单位的外汇收入都要卖给银行,黄金储备也需用本币收购,因此,黄金和外汇储备增加,就会多投放基础货币,使国内的通货膨胀加剧。所以,必须使储备资产量保持在适当的水平上。

第三,流动性原则。根据国际收支情况和国际国内经济状况,适当保持储备资产的流动性,对经济发展是有利的。当储备资产超过安全水平时,可以采取合适的方式进行国际投资,以达到保值和获利的目的。当国际黄金价格上涨时,可以抛售一部分黄金换取外汇;反之,就抛售外汇换取黄金。在国内,当黄金储备大量增加时,可以采取"藏金于民"的政策,出售黄金制品,回笼一部分货币。

第四,多样性原则。这主要是指黄金和外汇的储备应保持适当的比例,以达到我国储备资产保值的目的。外汇储备的优点是在国际收支中划拨灵活,外汇资金存放款有利息收入,但是,单一币种的外汇储备容易遭受外汇贬值的损失,过多保持单一币种的外汇储备,必然要承担较大的风险。因此,储备中的外汇种类也应该多样,形成一个由多种货币组成的储备组合,以降低汇率风险。

经过四十多年的改革开放,我国的整体国力有了很大的提升。对外贸易总规模由过去的百亿美元,迅速增加到 2004 年的 1.26 万亿美元,2022 年更是达到 6.3096 万亿美元(42.01 万亿元人民币)。吸引外商直接投资由改革开放之初的微不足道,到连续多年排名世界首位,2022 年 1—12 月,全国实际使用外资金额 1 891.3 亿美元,增长 8%,折合人民币 12 326.8 亿元,比上年增长 6.3%。我国对"一带一路"共建国家进出口总额 13.83 万亿元,主要国家和地区对华投资总体保持稳定。

我国的国际储备特别是外汇储备因为对外贸易的顺差和资本项目的顺差而迅速增加,1999 年年末我国外汇储备余额仅 1 450 亿美元,2004 年年底外汇储备达到 6 099 亿美元,截至 2011 年 6 月末已经增至 3.1975 万亿美元,年均增长率高达 30.86%。2014 年 6 月更是高达 3.9932 万亿美元。而后,随着我国经济进入结构性转型,人民币升值压力上升,资本外逃加剧,外汇储备规模不断下降,截至 2022 年 8 月末,外汇储备规模下降到 3.1601 万亿美元。

关于我国的外汇储备规模,至少需要弄清楚以下两个问题。第一个问题是,我国外汇储备为什么会有如此快的增长? 主要原因在于:

(1) 我国经济增长势头强劲,对外贸易发展迅速。1978 年以来,尽管我国经济增长也有过几次波动,但保持了平均每年 8%~9% 的经济增长。我国的整体经济实力已经今非昔比。2003 年我国的 GDP 按汇率可折算为 1.167 万亿美元,2004 年超过 1.3 万亿美元,2011 年达到 7.497 万亿美元,2016 年达到 11.2182 万亿美元,2022 年达到 18.1 万亿美元。整体经济的快速发展为其他领域包括国际收支领域的成长奠定了基础。从国际贸易的角度来看,我国出口量迅速增长,1978 年只有 97.5 亿美元,2016 年达到 2.0058 万亿美元(13.84 万亿元人民币),2022 年达到 3.5936 万亿美元(23.97 万亿元人民币)。从进口来看,1978 年进口为 108.9 亿美元,2016 年达到 1.5203 万亿美元(10.49 万亿元人民币),2022 年达到 2.716 万亿美元(18.1 万亿元人民币)。从进出口差额来看,1990 年以前,我国贸易基本上是逆差的,其中,1986 年贸易逆差达 149 亿美元。但 1991 年以后,我国贸易除 1993 年逆差 122 亿美元以外,其余全部是顺差。2016 年贸易顺差达到 4 855 亿美元(3.35 万亿元人民币)。2022 年贸易顺差达到 8 776 亿美元(5.86 万亿元人民币)。

连续多年的巨额贸易顺差是我国外汇储备增加的重要原因。

（2）我国吸收的外商直接投资规模巨大，外债借入与偿还处于良性态势。我国利用外资从1979年的不足10亿美元，增长到2004年的549亿美元、2011年的1 061亿美元以及2016年的1 260亿美元，2022年这一数字为1 891.3亿美元，连续多年成为世界上利用外商直接投资最多的国家。从外债的借入与偿还来看，我国1998年以前外债的借入大于偿还，外债净流入，从1999年起，外债的偿还大于借入，但数额不是很大。连续多年数额巨大的外商直接投资，加上良性的外债运行，使得我国国际收支中的资本和金融项目也产生了巨大的顺差。

（3）人民币汇率的稳定对我国国际收支的顺差起到一定的正面作用。本章前半部分分析了人民币汇率问题，也阐述了关于人民币币值问题的若干争论，可以肯定的是，对于这些年的贸易顺差和资本项目顺差，人民币币值稳定是功不可没的。

第二个问题是，我国有无必要保持如此庞大的外汇储备？我国的外汇储备整体来看超出了适度规模，应该逐步放宽外汇管制措施，压缩外汇储备的规模。如此巨额的外汇储备，导致外汇占款不断增加，基础货币投放被迫增加，输入性通货膨胀压力因此上升。另外，巨额外汇储备面临美元大幅波动的风险，加大了外汇储备管理的难度。自2014年6月以来，伴随着中国经济增速放慢，人民币贬值压力加大，资本外流的压力不断上升，外汇储备的规模持续缩小，也引起了货币当局的担忧。需要强调的是，中国外汇储备规模2014年6月为3.9932万亿美元，2023年8月末下降到只有3.1601万亿美元。与此同时，2014—2022年中国贸易顺差分别为2 800亿、5 900亿、4 800亿、4 400亿、3 518亿、4 628亿、5 671亿、6 764亿、6 856亿美元，共计4.5337万亿美元。也就是说，大量的资本外流在把这些年积累的贸易顺差全部吃掉以后，还使外汇储备的规模减少了8 331亿美元。如果粗略估计，资本流出的规模在5.4万亿美元左右。这是中国改革开放以来面临的前所未有的挑战。

第二节　利用外资

利用外资主要有两种方式：一是利用外商直接投资，二是借用外债。

一　利用外商直接投资

（一）利用外商直接投资的方式

利用外商直接投资有许多方式，包括设立外商独资企业、中外合资经营企业、中外合作经营企业、外资金融机构，进行合作开发，开展补偿贸易，允许外商并购国内企业，允许境内企业境外上市等。

1. 设立外商独资企业

外商独资企业，是指外国的公司、企业、其他经济组织或者个人，依照我国法律，在我国境内设立的，全部资本由外国投资者投资的企业。根据外资企业法的规定，设立外资企业必须有利于我国国民经济的发展，并至少符合下列一项条件，即采用国际先进技术和设备，产品全部或者大部分出口。外资企业的组织形式一般为有限责任公司。也有少数外资企业采用股份有限公司的形式，并且符合条件的外资企业已经被允许在我国 A 股市场上市。

2. 设立中外合资经营企业

中外合资经营企业是由外国公司、企业和其他经济组织或个人同我国的公司、企业或其他经济组织在我国境内共同投资创办的企业。其特点是合营各方共同投资、共同经营，按照各自的比例共担风险、共负盈亏。合营各方可以用货币出资，也可以用建筑物、机器设备、场地使用权、工业产权、专有技术出资。各方出资折算成一定的出资比例，外国合营者的出资比率一般不低于25%。合资经营企业的组织形式为有限责任公司，董事会为最高权力机构。

中外合资经营企业是我国利用外商直接投资各种方式中最早兴办、数量最多的一种，遍布各行各业。

3. 设立中外合作经营企业

中外合作经营企业亦称契约式合营企业。它是由外国公司、企业和其他经济组织或个人同我国的公司、企业或其他经济组织在我国境内共同投资或提供合作条件而创办的企业。它与中外合资经营企业最大的不同在于，中外各方的投资一般不折算成出资比例，利润也不按出资比例分配。各方的权利和义务，包括投资或者提供合作条件、利润或者产品的分配、风险和亏损的分担、经营管理的方式和合同终止的财产的归属等事项，都在各方签订的合同中确定。

4. 设立外资金融机构

外资金融机构包括外资银行、外资保险公司、外资证券公司、外资基金管理公司等。外资金融机构既包括外资独资金融机构，也包括外资合资金融机构。本书在第二篇中已经阐述过，在此不再多言。

5. 进行合作开发

合作开发是海上和陆上石油合作勘探开发的简称。它是目前国际上在自然资源领域广泛采用的一种经济合作方式，其最大的特点是高风险、高投入、高收益。我国在石油资源开采领域的对外合作中都采用这种方式。

合作开发一般采用国际招标方式，外国公司可以单独也可以组成集团参与投标，中标者与中方签订石油合作勘探开发合同，确定双方的权利和义务，合同期一般不超过30年。该合同须经过对外经济贸易主管部门批准后才能生效。合作开发一般分为三个阶段,即勘探、开发和生产阶段。勘探阶段由外方承担全部勘探费用,并承担勘探阶段的全部风险。如果在勘探期内,在合同确定的区域内没有发现有开发价值的油气田,合同即告终止,中方不承担任何补偿责任。如果在合同确定的区域内发现有开发价值的油气田,合同即进入开发阶段,中方可以参股与外方共同开发,由双方按照商定的投资比例共同出资,但中方参股比例一般最高不超过51%。油田在投入商业性生产后,首先须按照政府规定缴纳有关税收和矿区使用费,然后中外双方按照合同确定的分油比例,以实物形式回收投资和分配利润。如所得不足以回收全部投资,由各方各自承担风险。

我国石油开采对外合作统一由中国海洋石油总公司和中国石油天然气总公司负责。

6. 开展补偿贸易

补偿贸易是技术贸易、商品贸易和信贷相结合的一种利用外资的形式。其基本含义是,由外商直接提供或在信贷基础上提供机器设备给我国企业,我国企业用该设备、技术生产的产品或其他产品,分期偿还进口设备、技术的价款和利息。补偿贸易的主要形式包括直接补偿、间接补偿、综合补偿和劳务补偿。直接补偿即用由外商提供的设备、技术直接生产出来的产品来偿还外商提供的设备、技术的价款和利息,这是补偿贸易最基本的形式。间接补偿即返销的产品不是用外商提供的设备、技术生产出来的,而是用本企业的其他产品来偿还。综合补偿即对外商提供的设备、技术等,一部分用这些机器设备、技术生产出来的产品直接偿还,另一部分用本企业的其他产品间接偿还。劳务补偿是指用于补偿的,不是产品,而是承接外商来料加工和来件装配的劳务费用。

7. 允许外资并购国内企业

允许外资并购国内企业,也是利用外资的重要方式。外资并购可以实现规模经济,并发挥杠杆效应,可以获取战略发展机会,实现诸如避税、筹资等财务上的协同效应。

8. 允许境内企业境外上市

境内企业在纽约、香港、伦敦等地上市,筹措资金,从而达到利用外资的目的。

(二) 我国利用外商直接投资的政策

1979—2011 年,我国外资政策的演变经历了三个阶段。

1. 第一阶段:1979—1985 年,我国外资政策的初创阶段

十一届三中全会以后,我国政府明确了利用外资在国民经济发展中的重要地位,制定出了积极采取多种方式利用外资的政策。这个时期主要的政策举措有:

(1) 转变指导方针,由排斥外资转向利用外资。1983 年 5 月,国务院在北京召开第一次利用外资工作会议,强调要统一思想认识,放宽政策,加强领导,办好中外合资企业。同年 9 月,国务院还发布了《关于加强利用外资工作的指示》。重申利用外资、引进先进技术对加快国民经济建设的重要意义,指出要把利用外资作为发展经济的长期方针,积极吸收外国政府和国际金融机构中低利率、中长期的贷款以用于重点项目和基础设施的建设,同时重视吸收外国直接投资以加快现有企业的技术改造。1984 年 2 月,邓小平南方谈话

充分肯定了经济特区所取得的成绩和政策的正确性,明确了进一步扩大对外开放、加快利用外资、引进技术的战略方针。

(2) 设立经济特区和沿海经济开放区,作为我国对外开放和利用外资的窗口和试点地区。1979 年开始设立经济特区。经济特区的主要优惠措施包括:根据不同行业和用途,在土地使用年限、使用费数额、缴纳办法等方面给予外商投资企业优惠;特区企业进口生产所必需的机器设备、原材料等其他生产资料及生活必需品,免征进口税;特区企业所得税税率为 15%;外商的合法利润、特区企业外籍职工的工资和其他正当收入,可以按照特区外汇管理办法的规定,通过特区内的我国银行或其他银行汇出;外商将利润用于再投资,为期 5 年以上的,可以申请减免用于再投资部分的所得税;特区企业采用我国生产的机器设备、原材料和其他物资,其价格可以按照当时同类商品的出口价格给予优惠,以外汇结算;外商出入境简化手续,给予方便。

(3) 开始制定外资法规。1979 年 7 月,五届人大二次会议通过并颁布了《中华人民共和国中外合资经营企业法》,对合资企业的形式、中外各方投资方式、董事会的组成及职权、利润分配、生产经营计划、开户银行、合同终止和纠纷解决等作出了规定。1983 年 9 月 20 日,国务院还发布了《中华人民共和国中外合资经营企业法实施条例》,使《中华人民共和国中外合资经营企业法》的原则规定具体化,对其中一些未涉及而在实际工作中又迫切需要解决的问题,如合资经营企业的申请设立、经营管理、解散、清算、争端解决等都作出了明确的规定。1985 年 3 月,财政部还发布了《中华人民共和国中外合资经营企业会计制度》。

从上述内容来看,我国第一阶段的外资政策具有如下特点:① 开放伊始,出于传统意识惯性和经验不足等原因,外资政策是非常粗略的,而且许多政策都缺乏可操作性。② 尽管采取了一些鼓励和优惠政策,但对外资流入实行限制的特点非常突出。这主要表现在对外商直接投资采取诸多限制措施,如经营领域被严格限定为少数产业、投资方式主要限于中外合资经营企业等。③ 当时的外资政策的适用范围主要限于经济特区和沿海经济开放地区,尚没有形成全国统一的外资政策体系。

2. 第二阶段:1986—1993 年,外资政策发展阶段

在这一阶段,通过总结第一阶段外资政策的经验教训,结合利用外资的新形势和新问题,我国政府制定了各种各样的外资法规和具体政策,并对以往的外资政策进行了修改和补充,最终形成了较为完整的外资政策体系。这个时期的主要政策举措有:

(1) 进一步明确利用外资的指导思想和战略部署。1987 年 3 月,六届人大五次会议的《政府工作报告》提出了利用外资的三条原则:第一,借外债的总额要有控制,外债结构要合理,要同自己的偿还能力和消化能力相适应;第二,一定要用在生产建设上,重点是出口创汇企业、进口替代企业和先进技术企业;第三,利用外资要讲求经济效益,创造纯收入。1992 年 10 月,党的十四大报告指出:必须进一步扩大对外开放,更多更好地利用国外

资金、资源、技术和管理经验。对外开放的地域要扩大,形成多层次、多渠道、全方位开放的格局。利用外资的领域要拓宽。采取更灵活的方式,继续完善投资环境,为外商投资经营提供更方便的条件和更充分的法律保障。按照产业政策,积极吸引外商投资,引导外资主要投向基础设施、基础产业和企业的技术改造,投向资金、技术密集型产业,适当投向金融、商业、旅游、房地产等领域。

（2）建立了利用外资的法规体系。在这一阶段,我国政府继续制定和出台了一系列新的关于外商投资的法律法规,并且对旧的法律法规进行了修订,基本建立起利用外资的法律法规体系。该阶段通过的法律法规主要包括:1986 年颁布的《中华人民共和国外资企业法》、1988 年颁布的《中华人民共和国中外合作经营企业法》、1990 年修订并颁布的《中华人民共和国中外合资经营企业法》、1991 年颁布的《中华人民共和国外商投资企业和外国企业所得税法》等。上述法律成为我国规范外商投资的基本法律。

（3）对外资实行普遍的优惠政策。1986 年 10 月,国务院发布了《关于鼓励外商投资的规定》。该规定对外商投资企业,特别是先进技术企业和产品出口企业在税收、土地使用费、劳务费、利润再投资、生产经营外部条件等方面给予特别优惠,并保障企业享有独立的经营自主权,按照国际上通行的办法进行经营管理。随后,全国各地方、各部门为吸引和"争夺"外资,竞相出台各种各样的外资优惠政策,出现了"外资优惠竞争"。

由此可见,与第一阶段相比,我国第二阶段的外资政策发生了如下显著的变化:① 在指导思想上已经完全确立了积极利用外资的观念,对外资的限制不断取消,外资允许进入的规模和领域不断扩大;② 外资政策激励的重点由间接投资转向直接投资;③ 尽管仍然对外资实行一定的限制,但进行鼓励和实行优惠的特点更加明显;④ 形成了全国统一的外资政策体系。

3. 第三阶段:1994 年至今,外资政策的完善阶段

在这一阶段,我国的外资政策主要针对以前特别是第二阶段利用外资实践中出现的种种问题,通过制定相应的政策来加以规范,同时根据加入 WTO 的需要,逐步取消对外资的一些限制,对外资实行一定程度的国民待遇,完善国内的投资环境。这一时期主要的政策举措有:

（1）制定监管措施,规范"三资企业"行为。1995 年 6 月 9 日,颁布《外商投资企业进口管理实施细则》,对外商投资企业投资额内进口的配额商品、外商投资企业为生产内销产品而进口的商品和外商投资企业为生产出口产品而进口的商品的管理作出了明确的规定。1997 年 5 月 28 日,颁布《外商投资企业投资者股权变更的若干规定》,其中规定,企业投资者股权变更必须符合我国法律法规对投资者资格的规定和产业政策的要求,并按照本规定经审批机关批准和登记机关变更登记,未经审批机关批准的股权变更无效。另外,对部分三资企业的走私、骗税、逃汇、套汇、侵犯知识产权等非法行为进行了严厉打击。

（2）取消对外资的部分限制，实行一定程度的国民待遇。这主要包括：进一步放宽外资进入领域的限制，推进商业、外贸、金融、保险、证券、电信、旅游等领域的开放。允许符合条件的外商投资企业在 A 股、B 股市场上市；扩大跨国公司在华设立的投资性公司的经营范围；简化外商投资企业设立的审批手续，对不涉及综合平衡的国家鼓励的外商投资企业，不论金额大小，均可以在省级政府审批；取消对外商独资企业进口设备的价值鉴定等；取消对外商投资企业的高价收费，废除对外籍人员购买飞机、车、船票，各种门票，公共文化设施的歧视性收费标准；修改《中华人民共和国中外合作经营企业法》《中华人民共和国外商投资法》和《中华人民共和国中外合资经营企业法》，废除对三资企业外汇平衡、当地含量、出口业绩和企业生产计划备案的要求。

（3）适应新形势的变化，对外资实行新的鼓励政策。这主要包括两类：一是鼓励外商投资企业的技术开发和创新，对于外国企业向我国转让技术、三资企业的技术开发实行不同形式的所得税、关税、增值税减免；二是鼓励外商向中西部地区投资，除了对中西部地区有优势的外商投资项目给予税收优惠，还包括放宽中西部地区吸收外商投资的限制，允许沿海地区的外商投资企业到中西部地区承包经营和管理外商投资企业和内资企业等。

（4）清理政策法规，完善投资环境。遵照 WTO 的规则和在双边协议中的对外承诺，修改或废止有关外商投资的法律法规，完善符合国际惯例的对外经济法律体系；开始建立及时调整并公开发布外商投资政策的机制，提高吸收外商投资产业政策的透明度和统一性；建立健全保护知识产权的法律体制，加大执法力度，尤其是近些年不断在全国范围内采取大规模的打击侵权盗版，保护商标、专利的行动；通过完善立法和加强执法保障外商投资企业的经营管理自主权，维护投资各方的合法权益不受侵犯；完善社会服务体系，健全社会中介服务机构；提高政府部门的办事效率，减少管理层次，做到制度公开、政策透明。许多地方在审批外商投资项目时还实行联合办公制；坚决制止对外商投资企业一切形式的乱检查、乱收费、乱摊派、乱罚款。

在我国加入 WTO 后，根据 WTO 的规则和承诺，经国务院批准，我国发布了《外商投资产业指导目录》及附件，在投资准入方面进一步开放，其主要变动如下：① 将鼓励类目录由 186 条增加到 262 条，而限制类目录由 112 条减少到 75 条，大幅度放宽了行业准入限制；② 扩大投资领域，逐步开放金融、保险、电信、物流等知识密集型服务业；③ 投资地域多样化，鼓励外商投向中西部地区，参与正在实施的中部崛起、西部大开发战略；④ 投资方式多样化。

综上，第三阶段我国的外资政策具有如下特点：① 对外资的限制大幅度取消，国民待遇原则越来越明显；② 对外资的优惠仍然很突出，但相应的规范和管理有所加强；③ 外资政策逐步与国际惯例特别是 WTO 的规则接轨；④ 单纯依靠优惠政策来吸引外资的倾向有所缓和。

我国利用外商直接投资的成绩举世公认。我国已经连续多年在利用外商直接投资方面位居世界第一,外商直接投资的规模在 1997 年以后一直在 400 亿美元以上,其中,2004 年达到 606 亿美元,扣掉外商投资利润的汇回,净外商直接投资约 550 亿美元,2011 年达到 1 061 亿美元,2016 年达到 1 260 亿美元,2022 年达到 1 891.3 亿美元。外资企业对我国进出口贸易的贡献率 2019 年为 42.7%,2020 年为 46.6%,有的年份甚至超过 50%。

我国吸引外商直接投资的竞争力很强,分析如下:

美国学者罗伯特·斯托鲍夫(Robert Stobauch)于 1969 年 9 月在《哈佛商业评论》上发表了《如何分析外国投资环境》一文,他考虑了几个主要因素,包括货币稳定性、近五年通货膨胀率、资本流出的限制、外商股权、外国企业与本地企业之间的待遇差别和控制、政治稳定性、当地资本供应能力、关税保护态度。我们可以从这几个方面分析我国吸引外商投资的竞争力:

(1) 我国政治稳定、社会安宁。当前,全世界动荡与不安的地区不少,而我国国泰民安,政通人和。

(2) 我国货币稳中有升。人民币汇率从 1994 年至 2004 年年底,基本稳定在 1 美元=8.27 元人民币的水平上,汇率的稳定降低了外商投资的汇率风险。而后人民币汇率一直呈现单边升值的趋势,2015 年下半年以来,人民币虽然面临贬值压力,但总体上仍然保持相对稳定。

(3) 我国物价稳定。尽管我国 20 世纪 80 年代末和 90 年代初出现了较高的物价上涨,但总体上讲,我国物价是稳定的。这一宏观环境有利于外国投资者衡量投资成本和产品销售收入,降低价格风险。

(4) 我国经济增长强劲,劳动力成本低,市场潜力巨大,投资收益较高,极大地吸引了外国投资。

(5) 我国对外商投资在投资领域和股权上的限制越来越少。2001 年我国加入 WTO,许多领域对外资基本上没有过多的限制,个别领域如银行、电信等的限制也比较宽松。

(6) 我国已经实现经常项目的可自由兑换,外商投资正常的外汇需求可以较容易地得到满足。尽管我国资本项目还不可以自由兑换,限制了外资进入我国的方式,但对外商直接投资的限制越来越少。

(7) 外商投资企业在税收等方面享受了比国内企业更优惠的待遇。

(8) 我国资金富余,国内资金配套外资的能力强。

(9) 关税保护逐渐减弱,但过去较强的关税保护让外商直接投资有利可图。

二　借用外债

(一)国际金融机构与外债的种类

1. 世界银行贷款

世界银行是目前世界上最有影响力的国际金融组织之一。它成立于 1945 年,当时的正式名称是国际复兴开发银行,简称世界银行。后来随着国际形势的发展,又相继成立了国际开发协会、国际金融公司等机构,从而组成了现在的世界银行集团。目前的世界银行集团由国际复兴开发银行、国际开发协会、国际金融公司和多边投资担保机构所组成。

由于国际开发协会主要向低收入的发展中国家提供长期的无息贷款,因此习惯上把国际开发协会贷款称为"世界银行软贷款"。对于符合要求的低收入的发展中国家,国际开发协会贷款的条件十分优惠。贷款偿还期可以长达 50 年,其中宽限期 10 年。所谓宽限期,就是在这期间只付息不还本。虽然自 1987 年起,世界银行对中国等发展中国家贷款的偿还期缩短为 35 年(宽限期仍为 10 年),但与其他形式的贷款相比,它的贷款条件仍很优惠。世界银行软贷款为无息贷款,但每年要对未偿还部分征收 0.75% 的手续费,另外还要征收 0~0.5% 的承诺费。所谓承诺费,是对已由世界银行承诺但借款人还未支取部分的贷款征收的费用。自 1995 年起,国际开发协会已经不再向我国提供贷款。

国际复兴开发银行主要向发展中国家提供低于市场利率的中长期贷款,习惯上称为"世界银行硬贷款"。国际复兴开发银行的贷款期限为 20 年,宽限期为 5 年,承诺费为 0.25%~0.75%,利率为每季度调整一次的浮动利率。世界银行根据其筹资成本等情况,定期调整硬贷款的利率。由于国际复兴开发银行、国际开发协会是由相同的机构和人员经营的,因此习惯上又把上述两种贷款统称为世界银行贷款。

国际金融公司的贷款业务不同于国际复兴开发银行和国际开发协会。它的目的是促进私人资本的建立和发展,贷款的对象是成员国的私人企业,而且不需要政府担保。它的贷款利率一般高于世界银行的贷款利率,贷款偿还期一般为 7~15 年,并根据项目建设期的长短确定一定的宽限期,贷款的承诺费率为 1%。除贷款外,国际金融公司还对发展中国家的私人企业直接投资或入股。

我国于 1980 年恢复在世界银行的合法地位后,从 1981 年起开始利用世界银行贷款。自 1992 以来我国几乎都是世界银行的第一大借款国。世界银行已经成为我国对外借款的重要渠道。

2. 国际货币基金组织贷款

国际货币基金组织成立于 1945 年,是与世界银行同样重要的国际金融组织。它的宗旨是促进国际货币合作,支持国际贸易的发展和均衡增长,稳定国际汇兑,以及提供临时性融资,帮助成员国调整国际收支的暂时失调。

它不向成员国提供一般的项目贷款,而是在成员国出现国际收支暂时不平衡时,通过出售特别提款权或其他货币,换取成员国货币的方式,向成员国提供资金援助。国际货币基金组织贷款的条件比较严格,它按照成员国在基金中的份额、面临国际收支困难的程度及解决这些困难的政策能否奏效等条件来确定贷款的数额。

1981 年和 1986 年,我国在出现较大国际收支不平衡的情况下,曾经借用国际货币基金组织的贷款。1987 年至今,我国一直没有使用国际货币基金组织的贷款来平衡国际收支。

3. 亚洲开发银行贷款

亚洲开发银行成立于 1966 年,目的是促进亚洲及太平洋地区经济的增长与合作。亚洲开发银行的资金可以分为三类:普通资金贷款,即硬贷款;亚洲开发基金贷款,即软贷款;技术援助基金,即提供技术援助赠款。

从 1986 年下半年起,亚洲开发银行普通资金贷款实行浮动利率,每半年调整一次。普通贷款的偿还期为 10~30 年,包括 2~7 年的宽限期,具体贷款期限的长短主要取决于借款国的具体情况、贷款方式和贷款项目本身的财务状况。另外,亚洲开发银行对尚未支付的贷款部分收取 0.75% 的承诺费。

4. 国际农业发展基金组织贷款

国际农业发展基金组织是按照世界粮食会议决议,于 1977 年设立的联合国的一家专门机构,是专门为发展中国家提供优惠贷款发展粮食生产的国际组织。它以优惠条件帮助发展中国家发展农业,特别强调加强粮食方面的生产、消除贫困及营养不良这两个基本目标。

根据国际农业发展基金现行的贷款政策和标准,贷款条件分为三类:优惠贷款偿还期 50 年,含宽限期 10 年,每年收取 1% 的服务费;中等贷款偿还期 20 年,含宽限期 5 年,年利率 4%;普通贷款偿还期 15~18 年,含宽限期 3 年,年利率 8%。

目前,国际农业发展基金对我国的贷款采取 1% 和 4% 利率交替使用的办法。国际农业发展基金的资金有限,每年只向我国提供一两个中型项目的贷款。

5. 外国政府贷款

外国政府贷款是指外国政府向发展中国家提供的长期优惠性贷款。它具有政府间援助的性质,其赠予成分一般在 35% 以上。所谓赠予成分,是与市场利率和一般偿还期相比较而计算出的贷款的优惠程度。目前我国已经与日本、比利时、丹麦、法国、英国、意大利、西班牙、德国、奥地利、瑞士、卢森堡、荷兰、挪威、瑞典、芬兰、加拿大、澳大利亚、科威特、韩国等国建立了双边政府贷款关系。

我国利用的外国政府贷款主要有日本海外协力基金贷款、日本能源贷款、日本"黑字还流"贷款和其他外国政府贷款。

日本海外协力基金,是日本政府专为对外经济援助而设立的机构。它通过向广大发展中国家提供长期优惠性贷款,促进当地的产业发展和经济稳定。其贷款主要用于农业、水利、电力、交通、通信、化肥、环保及城市基础设施等项目。贷款偿还期 30 年,含 10 年宽限期,年利率为 2.5%~3.5%。

日本能源贷款由日本输出入银行提供,专门用于石油、天然气、煤炭等能源项目的开发。日本输出入银行是隶属于日本政府的官方金融机构,它通过提供多种形式的出口信贷,促进日本的对外贸易。由于它是官方金融机构,资金由日本政府提供,且需要双方政府谈判协商,因此我国把日本输出入银行贷款视为政府贷款,由国家统一安排。日本能源贷款是日本输出入银行为促进与能源有关的贸易,为我国能源行业提供的"资源开发项目贷款",其贷款偿还期为15~18年,含5~7年的宽限期,年利率为日本输出入银行在向日本大藏省筹资的成本基础上加一定的手续费,约5%。

所谓"黑字",是指外贸中的顺差。日本政府向我国提供的"黑字还流"贷款由两部分组成:一部分是海外协力基金贷款,年利率3%左右;另一部分是输出入银行贷款,年利率5%左右。"黑字还流"贷款可以用于能源开发、技术改造、出口项目等。

其他外国政府贷款是指除日本政府以外的外国政府贷款和混合贷款。外国政府贷款的资金来源一般分为两部分:一部分为政府财政预算资金,另一部分为商业银行的商业性资金。外国政府贷款的条件与商业性贷款相比,具有一定的优惠性。

6. 国外商业银行和其他金融机构贷款

国外商业银行和其他金融机构贷款是一国国内机构从国外的商业银行和其他金融机构以借贷方式筹措的资金。它一般包括两种形式:一种是由一两家国外金融机构提供的贷款;另一种是由一家金融机构牵头、多家国外金融机构组成银团,联合向某借款人提供较大金额的长期贷款,通常称为国际银团贷款(亦称为辛迪加贷款)。

国际银团贷款现在已经成为国际上筹集巨额中长期资金的主要形式。它的金额一般为几千万或几亿美元,有的多达十几亿美元。贷款用途十分明确,如购买成套设备、飞机或船舶等。它的借款人往往是各国中央或地方政府、中央银行、官方金融机构、开发银行、进出口银行和跨国公司等。

国外银行和其他金融机构贷款分短期贷款和中长期贷款两种。短期贷款为一年以下的贷款,一般用于解决短期性资金不足。中长期贷款为一年以上的贷款,短则2年或3年,长则15年,一般为5~10年。它一般作为项目贷款,主要解决中长期资金不足的问题。

中长期贷款,在国际金融市场上其利率普遍为在LIBOR的基础上,视金额大小、期限长短、市场资金供求、货币风险和客户资信情况分别加上一定的利差,利差一般为0.25%~1.25%。

国外银行贷款方式灵活、手续简便,使用方向基本不受限制,不仅可以购置设备和技术,还可以购买材料、一般商品及支付定金等。

7. 出口信贷

出口信贷是以出口国政府为后盾,通过银行对出口贸易提供的信贷。世界各国为支持和扩大本国出口,通过对本国出口信贷给予利息贴补并提供担保的方法,鼓励本国商业银行对本国出口商或外国进口商(或银行)提供较低利率的贷款,以满足买方支付的需要。对于出口贸易中金额较大、付款期限较长,如成套设备的出口,经常采用提供出口信贷的方法。出口信贷在国际贸易业务中具有十分重要的作用。

出口信贷按照接受对象的不同分为买方信贷和卖方信贷。买方信贷是出口方银行直接向进口商或进口方银行提供的商业信贷。买方信贷一般限于合同金额的 85%,并以合同金额的 15% 作为定金,在签订合同后一个月内支付。卖方交货完毕或工厂建成投产,进口商或进口方银行再向出口方银行分次还款,每半年还款一次。

卖方信贷是出口方银行向本国出口商(即卖方)提供的商业信贷,也是出口商向国外进口商提供延期付款的一种信贷方式。出口商为销售产品,与出口方银行签订信贷合同,得到出口信贷作为对进口商购买自己产品的垫付资金,从而允许买方赊购、分期付款。使用卖方信贷,进口商在订货时一般先付合同金额 15% 的定金,其余贷款在全部交货或工厂开工投产后陆续偿还。进口商还款后,出口商把货款归还给出口方银行。

出口信贷的期限视合同的具体情况而定,一般从 18 个月到 10 年,建设期为宽限期。出口信贷利率一般按照经济合作与发展组织的规定执行。该组织的出口信贷利率,半年调整一次,按照签约时的固定利率计息。除利息外,借款人还要支付银行办理托收的手续费,支付贷款国出口信贷保险机构的保险费、承诺费和印花税等。

由于出口国政府有一定的政策补贴,因此出口信贷的利率比市场利率略低,通过这种方式可以筹借到购置成套设备、大型设备所需要的巨额资金,而且出口商的竞争可以使借款人有多个选择机会。但是由于出口信贷必须与购买货物相联系,因此有时出口信贷的条件较好,但该国设备不一定适用,或设备虽适用,但价格往往比公开招标高,而且出口信贷只能提供购买设备部分的资金,不能用于进口原材料和支付当地费用。

8. 发行境外债券

发行境外债券是一国政府、机构或企业等在境外向投资者发行的到期偿还、有一定收益的有价证券。这种方式在国际金融市场筹资活动中变得日益重要。

境外债券按照利率划分,可以分为固定利率债券和浮动利率债券两种;按照偿还期限划分,可以分为短期债券、中期债券、长期债券等多种。

境外债券发行的当事人包括发行人、投资人和承销团等。发行人即发行债券的主体,它可以是政府、金融机构或企业。投资人即实际购买债券的主体。承销团一般由一家金融机构牵头,若干家金融机构参加,负责所发行债券的承购包销。

发行境外债券前,发行人首先需经过国外评级机构的评级,然后确定发行条件。发行条件包括发行额、发行货币的选择、偿还期限、利率、发行价格、发行费用等。

发行后的债券可以在二级市场上流通,二级市场的价格随着国际金融市场行情的变化而变化。

目前世界上主要的国际债券市场有美国美元债券市场(纽约)、欧洲美元债券市场(伦敦、卢森堡)、亚洲美元债券市场(新加坡、中国香港)、瑞士法郎债券市场(苏黎世)、日本日元债券市场(东京)等。

9. 国际金融租赁

国际金融租赁是又一种被广泛采用的利用国际商业贷款的形式。在这种形式中,外国租赁公司从国外商业银行获得贷款购买用户选定的设备,然后按照契约规定将设备租赁给国内承租人使用,承租人向出租人定期缴纳一定的租金,取得设备的使用权。租金实际上是在租赁期内分摊租赁公司购买设备的成本和利润。租赁实际上是租赁公司给予承租人的长期信贷,是商品信贷和货币信贷相结合的一种融资方式。国际金融租赁是一种以租金偿付全部投资额的不可撤销的租赁方式,它适宜办理长期、大型、巨额的设备租赁,如电子计算机、成套设备、建筑机械、飞机、轮船等。国际金融租赁由外国租赁公司融资并保持设备所有权,为国内承租人提供设备的使用权。这有利于用户根据自己的需要确定设备、租期、租金支付方式等,以便早日获得经济效益,避免购置设备造成的资金占用。在租赁期满后,一般根据双方事先的商定,承租人按照残值作价买下设备。

10. 项目融资

项目融资是指为一个特定经济实体所安排的融资,其贷款人在最初考虑安排贷款时允许由这一经济实体的现金流作为偿还来源,也允许由这一经济实体的资产作为贷款的安全保障。项目融资属于项目导向,债权有限追索,风险分担,而且属于借款者的表外融资。项目融资有很多形式,典型的是 BOT（Build-Operate-Transfer）,此外还有 BT（Build-Transfer）、TOT（Transfer-Operate-Transfer）、BTO（Build-Transfer-Operate）、BBO（Buy-Build-Operate）等形式。项目融资对于诸如港口、铁路、公路、地铁、电站等基础设施领域有较大的应用空间。

（二）我国的外债规模与政策分析

我国外债的举借规模不断扩大,从绝对数额来讲,1985 年我国外债余额为 158.3 亿美元,到 1990 年增长到 525.5 亿美元,后又增长到 1995 年的 1 066 亿美元,1999 年的 1 518 亿美元,2003 年的 1 936 亿美元,2011 年的 6 949.97 亿美元。根据国家外汇管理局公布的数据,总体来看,2023 年年末我国全口径外债余额稳步上升,外债风险总体可控,外债规模稳定的基础依然牢固。2023 年年末我国全口径外债余额为 24 475 亿美元,较 2022 年年末减少 52 亿美元,降幅 0.2%,主要来自汇率折算因素的影响。从币种结构来看,本币外债占比 47%;从期限结构来看,中长期外债占比 44%。2023 年年末,我国外债负债率为 13.7%,债务率为 69.7%,偿债率为 7.6%,短期外债与外汇储备的比例为 42.1%。上述指标均在国际公认的安全线（分别为 20%、100%、20% 和 100%）以内。

从相对指标来讲,关于外债有几个重要指标:债务率、负债率、偿债率、偿息率。债务率是外债余额与货物、服务贸易外汇收入之比。负债率是外债余额与 GDP 之比。偿债率是当年中长期外债还本付息额加上短期外债付息额,再除以当年的外汇收入。偿息率是债务付息总额除以货物、服务贸易外汇收入。

一般来讲,国际上对债务率、负债率、偿债率设置了关键值,即债务率 275%、负债率50%、偿债率 30%、偿息率 20%。如果某一国家的债务指标超过了关键值,就被认定为严重负债的国家。如果一个国家不属于严重负债国家,但四个指标中最少有三个超过了关键值的 60%,即债务率 165%、负债率 30%、偿债率 18%、偿息率 12%,则视为中等负债国家。

除了上述指标,短期外债与外汇储备的比率也是很重要的指标。短期外债与外汇储备的比率是短期外债余额占当年外汇储备的比例。外债对我国经济起着积极的作用,主要表现在以下几个方面:

第一,外债的使用增加了我国对外国资本的使用,加快了我国经济建设的步伐。我国在铁路、公路、港口、机场、能源、通信、河流改造、农田水利等领域使用外债的规模较大。基础设施领域建设的加快推动了我国加工工业的发展。

第二,外债的使用推动了我国项目管理水平的提升。利用外债项目,必须按照国际项目管理的规范程序进行。包括项目事前分析、招标与投标、项目监理等一系列国际规范做法被引入我国,并且被用在非外债项目上。项目管理水平的提高促进了我国经济的高速发展。另外,外债项目由于有外债偿还这一硬约束,使用外债的国有企业的效益水平比使用国内外汇贷款的国有企业的效益水平高。

第三,外债项目促进了我国出口能力的增强。我国不少外债项目直接或间接地增强了我国出口企业的竞争能力。因此,看上去,我国使用了外债,外债偿还负担加重,但实际上,由于出口能力增强,外债偿还负担就显得不是那么重了。

虽然外债的使用有各种各样的好处,但其还有一个无法回避的问题,即外债的偿还。而如果外债偿还出现问题,就会引起较为严重的偿还危机。在外债种类中,国际金融组织贷款和外国政府贷款的期限较长,利率也相对优惠。而商业贷款的期限较短,利率大多是浮动利率,因此,还本负担较重,利率风险较高。而且在国际惯例中,通常有加速偿还的条款,即如果到期的本金和利息的偿还发生违约,那么那些没有到期的本金也自动视为到期。这样,偿还负担将变得非常沉重。在国际金融危机中,尽管有各种各样的内在原因,但导火索通常都是外债偿还出现了问题。例如,亚洲金融危机中,韩国的金融危机实际上就是由外债的偿还危机引发的。由于韩国债务中商业银行的短期贷款占有很大的比重,而这些商业贷款通常都有提前到期的条款,即如果对应该到期的本金和利息的偿还出现困难,那么那些没有到期的本金也自动视为到期,因此,一旦出现外债偿还的困难,这一困难会自动增大很多倍。

由于外债存在引发金融危机的不利影响,因此,我国对使用外债一直持有审慎的态度,在尽量争取国际金融机构优惠贷款的同时,严格控制商业贷款,特别是短期贷款,使我国外债的期限结构保持非常合理的状态。我国也十分重视外债使用的管理和监督,外债使用项目的效益水平一直达到国际上很高的水准。这是由于我国外债管理严格,并且效益明显,包括世界银行在内的国际金融机构提供给我国的贷款规模一直在世界各国中名列前茅。从我国使用外债数十年的实际情况来看,我国外债的使用从整体上讲是成功的。

思考题

1. 什么是国际收支？国际收支平衡表的主要内容有哪些？结构如何？

2. 国际收支的差额主要有哪些？其相互关系是什么？

3. 如何理解国际收支的平衡与失衡？如何调节国际收支的失衡？

4. 国际储备是如何构成的？国际储备的基本功能是什么？

5. 分析我国外汇储备迅速增加的原因。我国的外汇储备规模是否合理？为什么？

6. 我国利用外资经历了哪几个主要阶段？在每个阶段,我国在利用外资上出台了哪些重大的政策？

教辅申请说明

　　北京大学出版社本着"教材优先、学术为本"的出版宗旨，竭诚为广大高等院校师生服务。为更有针对性地提供服务，请您按照以下步骤通过**微信**提交教辅申请，我们会在 1~2 个工作日内将配套教辅资料发送到您的邮箱。

◎扫描下方二维码，或直接微信搜索公众号"北京大学经管书苑"，进行关注；

◎点击菜单栏"在线申请"—"教辅申请"，出现如右下界面：

◎将表格上的信息填写准确、完整后，点击提交；

◎信息核对无误后，教辅资源会及时发送给您；
如果填写有问题，工作人员会同您联系。

温馨提示：如果您不使用微信，则可以通过以下联系方式（任选其一），将您的姓名、院校、邮箱及教材使用信息反馈给我们，工作人员会同您进一步联系。

教辅申请表

1. 您的姓名：*

2. 学校名称*

3. 院系名称*

• • •　• • •

感谢您的关注，我们会在核对信息后在1~2个工作日内将教辅资源发送给您。

提交

联系方式：

北京大学出版社经济与管理图书事业部

通信地址：北京市海淀区成府路 205 号，100871

电子邮箱：em@pup.cn

电　　话：010-62767312 /62757146

微　　信：北京大学经管书苑（pupembook）

网　　址：www.pup.cn